Horst W. Hamacher, Elke Korn, Ralf Korn, Silvia Schwarze

# Mathe & Ökonomie



UniversumVerlag UV

PraxisReihe Bildung und Information

Herausgeber:
Bertelsmann Stiftung, Ruhrforschungszentrum, Heinz Nixdorf Stiftung, Ludwig-Erhard-Stiftung, Arbeitsgemeinschaft Jugend und Bildung e.V.

Horst W. Hamacher, Elke Korn, Ralf Korn, Silvia Schwarze

# Mathe & Ökonomie

## Neue Ideen
## für den praxisnahen Unterricht

UniversumVerlag UV

## Die Autoren

Zwei der Autoren sind renommierte Professoren der Technischen Universität Kaiserslautern: Horst W. Hamacher für den Bereich der Wirtschaftsmathematik und Ralf Korn für die Finanzmathematik.

Die Deutsche Bibliothek – CIP-Einheitsaufnahme

**Horst W. Hamacher, Elke Korn, Ralf Korn, Silvia Schwarze:**
Mathe & Ökonomie
Neue Ideen für den praxisnahen Unterricht
Wiesbaden: Universum Verlag, 2004
(PraxisReihe Bildung und Information)
ISBN 3-89869-105-5

Universum Verlag GmbH & Co. KG
65175 Wiesbaden
Internet: www.universum.de
E-Mail: UV@universum.de


Titelfoto: Monika Werneke
Druck: p.altmann-druck GmbH, Berlin

# Inhalt

# Vorwort

Nach wieviel Jahren amortisiert sich ein Investitionsprojekt? Wie bestimmt man den optimalen Lagerbestand eines Produktionsunternehmens? Mathematik und Wirtschaft haben vielfältige Verbindungen. Dass solche Anknüpfungspunkte im traditionellen Mathematikunterricht bislang kaum Berücksichtigung finden, erstaunt, da sie mit schulmathematischen Methoden bearbeitet werden können. Mit „Mathe & Ökonomie“ werden Lehrerinnen und Lehrern Materialien zur Verfügung gestellt, um den Mathematikunterricht anwendungsbezogen mit Beispielen aus der Welt der Wirtschaft attraktiv zu gestalten.

Die Gemeinschaftsinitiative „Soziale Marktwirtschaft“ der Bertelsmann Stiftung, der Heinz Nixdorf Stiftung und der Ludwig-Erhard-Stiftung hat sich zum Ziel gesetzt, in verschiedenen Bereichen von Politik und Gesellschaft die Grundgedanken der Sozialen Marktwirtschaft zu fördern und zu verbreiten. In diesem Kontext entstand in Kooperation mit dem Ruhrforschungszentrum, eine Einrichtung der Landesvereinigung der Arbeitgeberverbände Nordrhein-Westfalen, das Projekt »Mathe & Ökonomie« als eine Fortsetzung der Arbeiten im Themenschwerpunkt Ökonomische Bildung und Qualifizierung.

Nach der Entwicklung, Erprobung und Einführung eines Curriculums für ökonomische Bildung in der gymnasialen Oberstufe (»Wirtschaft in die Schule!«) sowie der Lehrerfortbildung («Ökonomische Bildung online«) stand als ein weiterer Schritt die Verbesserung wirtschaftlicher Kenntnisse derjenigen Lehrerinnen und Lehrern sowie Schülerinnen und Schüler an, die in ihrer Ausbildung andere als gesellschaftswissenschaftliche Schwerpunkte gesetzt hatten. Insbesondere im mathematisch-naturwissenschaftlichen Unterricht der gymnasialen Oberstufe, gibt es viele Anknüpfungspunkte zur Wirtschaft. Mit dem vorliegenden Band soll ein Beitrag dazu geleistet werden, die Attraktivität des Mathematikunterrichts zu steigern.

Unser besonderer Dank gilt den Autoren Prof. Dr. Horst W. Hamacher, Elke Korn, Prof. Dr. Ralf Korn und Silvia Schwarze für die konstruktive und vertrauensvolle Zusammenarbeit. Gedankt sei darüber hinaus Ulrike Lexis (ehemals Bertelsmann Stiftung) und Gerda M. Heinrich (ehemals Ruhrforschungszentrum), die die Pionierarbeit für dieses Projekt geleistet haben.

Unsere Hoffnung ist, dass dieser Band mit seinem integrativen Ansatz problemlösendes Denken im Sinne der Pisa-Aufgaben fördert, und darüber hinaus Interesse an den spannenden wirtschaftlichen Fragestellungen, die mit Hilfe der Mathematik gelöst und durchdrungen werden können, weckt.

Dr. Gudrun Ramthun
*Ruhrforschungszentrum*

Clemens Wieland
*Bertelsmann Stiftung*

# Einleitung

Das vorliegende Buch „Mathematik und Ökonomie“ möchte in vielerlei Hinsicht Anregungen zur Verwendung neuer Inhalte im Mathematikunterricht geben und dabei sowohl traditionelle als auch innovative Möglichkeiten der Erarbeitung des Stoffs anbieten.

## *Mathematik und Wirtschaft – Hand in Hand seit mehr als 4000 Jahren*

Mathematik und Wirtschaft sind in der Tat schon sehr lange ein befreundetes Paar. Ein wichtiger Einflussfaktor in der Geschichte der Mathematik war hierfür der Handel und seine tatsächliche Abwicklung. Die Erschaffung der Zahlen wurde unter anderem durch Tauschgeschäfte motiviert. Die Notwendigkeit komplizierter Berechnungen bei umfangreicheren Handelstransaktionen oder größeren Produktionsvorhaben förderten schließlich das Rechnen mit „Papier und Bleistift“ (bzw. Tafel und Keil oder Sand und Stock). So wurden in den ersten Aufgabensammlungen der Babylonier Rechentechniken anhand praktischer Fragestellungen erklärt. Zum Beispiel findet sich auch bereits auf einer Tafel aus dem 17 Jh. v. Chr. eine Aufgabe zur Zinseszinsrechnung (zu sehen im Louvre, Abteilung „Antiquités Orientales“). Man rechnete dort mit einem Zinssatz von 20 %![1]

Auch nach mehr als 4000 Jahren Partnerschaft ist die Kommunikation zwischen den beiden Partnern „Mathematik und Ökonomie“ immer noch ausgesprochen lebhaft. Man regt sich gegenseitig ständig zu neuen Fortschritten an. Die Betonung liegt hier tatsächlich auf „gegenseitig“, denn nicht nur ökonomische Entscheidungen fordern eine bessere planerische Grundlage und bessere Methoden, um z.B. den möglichen Geschäftsgewinn eines Unternehmens vorherzusagen; auch neue mathematische Entdeckungen führen zu neuen Finanzprodukten und neuen Produktionsmethoden. Dieses Zusammenspiel von Mathematik und Wirtschaft begegnet einem im täglichen Leben nahezu überall, ohne das es bewusst von uns wahrgenommen wird. So sind die Wirtschaftsprognosen in der Morgenzeitung nach neuesten Kenntnissen der Wahrscheinlichkeitsrechnung erstellt (oder sollten es zumindest sein ...). Wenn wir öffentliche Verkehrsmittel benutzen, sind die Zeitpläne der Busse und Bahnen (hoffentlich !) mit Optimierungsmethoden bestimmt worden, um uns möglichst schnell und preiswert von unserem Wohnort zu unserem Arbeitsplatz zu bringen. Auch am Arbeitsplatz finden wir Mathematik im Dienste der Ökonomie in geballter Form vor, z.B.:

- Unser Arbeitseinsatz bei der Produktion von Wirtschaftsgütern wird mit Hilfe eines Arbeitsablaufplans organisiert (ob dies mit der Absicht erfolgt, jedem eine zufriedenstellende Arbeit zu geben oder aber einen möglichst großen Gewinn zu erwirtschaften, ist dabei offen).
- Die Kosten unserer Arbeit und der erwartete Gewinn aus dem Verkauf des Produkts sind auf der Basis einer Kosten- und Leistungsrechnung ermittelt worden (wenn hier nicht „ordentlich gerechnet“ wird, ist unser Arbeitsplatz in Gefahr !).
- Die Aktien unseres Unternehmens werden eventuell an der Börse gehandelt, und ihr Kurs stellt einen Indikator dafür dar, wie der Finanzmarkt die Zukunftschancen unseres

[1] vgl.: Alten, H.-W., Djafari Naini, A., Folkerts, M., Schlosser, H., Schlote, K.-H., Wußing, H., 4000 Jahre Algebra, Geschichte, Kulturen, Menschen, Springer Verlag, Berlin 2003.

Unternehmens einschätzt (auch hier spielt Mathematik eine Rolle, wie wir später noch sehen werden).

Das Schöne an vielen dieser Anwendungen und ihrer zugrunde liegenden mathematischen Forschungsergebnisse ist, dass man die Grundzüge durchaus in einem gewissen Umfang auch Schülern vermitteln kann. Eine Anleitung hierfür zu geben, ist eines der Hauptziele dieses Buchs.

Leider wird das Paar „Mathematik und Ökonomie" oft nicht bewusst wahrgenommen, denn für viele Menschen sind diese Zwei einfach zu „spießig". Der Normalbürger hat oft den Eindruck, dass „Mathematik und Ökonomie" nur von Menschen betrieben werden, die nicht von dieser Welt sind, sondern in anderen Sphären schweben. Dieses Desinteresse und die dadurch entstehende mangelnde Übung im Umgang mit Mathematik hat zur alarmierenden Konsequenz, dass viele Leute nur sehr schlecht rechnen und analytisch denken können, obwohl sie sogar eigentlich eine mathematische Begabung besitzen. Noch schlimmer wird es im ökonomischen Bereich. Viel zu viele Menschen, nicht nur Kinder und Jugendliche, ganz besonders auch Erwachsene, haben noch nicht einmal ein Grundwissen in bezug auf ökonomische Zusammenhänge. Elementare Dinge wie Zinszahlungen, Kreditaufnahme, Ertrag und Risiko sind beinahe Fremdwörter. Und das, obwohl dieses Grundwissen für die tägliche Lebensführung unentbehrlich ist. Viele Personen kommen in Schwierigkeiten, weil sie den Zinseszins-Effekt unterschätzen und dadurch in eine Schuldenfalle geraten. Auch das Abwägen zwischen Ertrag und Risiko ist für den Alltag unverzichtbar. Selbst die „Standortplanung" ist nicht nur für große Firmen mit mehreren Niederlassungen interessant. Auch für die junge Familie mit berufstätigen Eltern und ab und an im Haushalt helfender Oma ist eine optimale Wohnort-Auswahl wichtig.

Um diesen Missstand zu beseitigen wollen wir mit diesem Buch eine entsprechende Hilfe anbieten. Neben der neuartigen Darbietung von Mathematik anhand wirtschaftlicher Fragestellungen, wollen wir auch einige ökonomische Grundlagen vermitteln bzw. dazu anregen, sich Informationen an geeigneter Stelle zu besorgen.

## *Projektorientierter Ansatz in der Mathematik*

Dieses Buch soll ein Versuch sein, in einer konstruktiven Weise auf die Schülereinwände

1. Warum soll ich Mathematik lernen?
2. Ich verstehe nichts mehr, warum soll ich mich also bemühen?
3. Es ist unangenehm, wenn man bescheinigt bekommt, dass man Fehler gemacht hat!

gegen den Mathematikunterricht einzugehen. Das Mittel, das wir dabei benutzen, ist der projektorientierte Unterricht. Wir wollen zeigen, dass Schulmathematik eingesetzt werden kann, um praktische Probleme der Wirtschaft mathematisch modellieren und lösen zu können. Unser Ansatz basiert dabei auf dem folgenden Modellierungszyklus der Wirtschaftsmathematik, bei dem wirtschaftliche Prozesse in blau, mathematische in rot dargestellt sind.

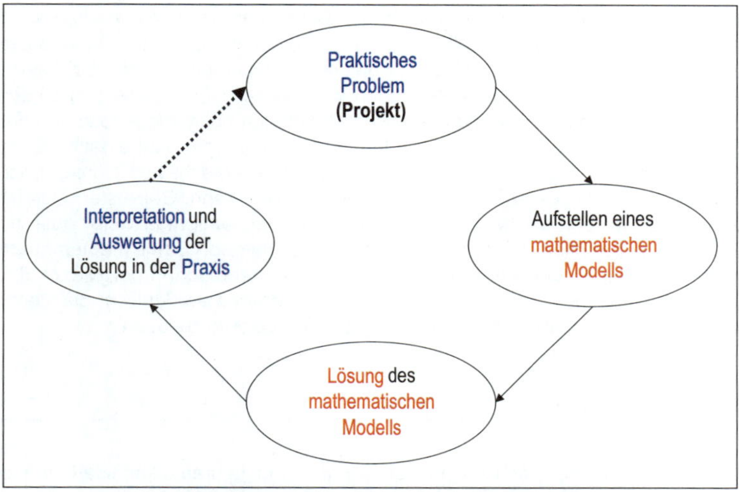


*Der Modellierungszyklus in der Wirtschaftsmathematik*

Das praktische Problem stammt aus der Realität des Wirtschaftslebens, mit dem wir in einer ähnlichen Form im Laufe unserer Beratungstätigkeit für Industriebetriebe oder öffentliche Institutionen konfrontiert werden bzw. worden sind. Das möglichst gute Verständnis dieses praktischen Problems, im Folgenden als Projekt bezeichnet, ist der erste Prozess im Modellierungszyklus. Bei der Anwendung im Mathematikunterricht sollte das Verständnis des Projekts für Schüler relativ leicht sein, damit sie sich auf die folgenden Prozesse konzentrieren können (ein Projekt, das detailliertere Kenntnisse wirtschaftlicher Zusammenhänge erfordert, wäre als interdisziplinäres Projekt in Zusammenarbeit mit dem Sozial- oder Gemeinschaftskundeunterricht denkbar !). Bei der Aufstellung eines ersten mathematischen Modells im zweiten Prozess des Zyklus wird die Abstraktionsfähigkeit der Schüler geübt. Das Modell sollte das Projekt möglichst gut widerspiegeln. Vereinfachungen des ursprünglichen Problems sind dabei jedoch – wie in der tatsächlichen Beratungstätigkeit – durchaus sinnvoll, sollten aber bewusst wahrgenommen werden. Im dritten Prozess des Zyklus stellt man fest, ob das Modell mit bekannten mathematischen Methoden gelöst werden kann. Ist dies nicht der Fall, ist es nötig, neue Lösungsmethoden zu erlernen bzw. zu entwickeln. Ob das gewählte Modell tatsächlich sinnvolle Antworten für das praktische Problem der Wirtschaft geliefert hat, sieht man im vierten Prozess, bei dem man die gefundene Lösung in der wirtschaftlichen Praxis interpretiert und auswertet. Der gestrichelte Pfeil zurück zum ersten Prozess deutet die beiden möglichen Alternativen an, die sich nach der Interpretation und Auswertung ergeben können: Ist man mit der mit mathematischen Methoden gefundenen Lösung zufrieden, implementiert man die entsprechende praktische Lösung im Projekt. Ist dies nicht der Fall, hat man durch die erste Runde des Modellierungszyklus zusätzliche Charakteristika des Projekts gefunden, die durch eine modifizierte Modellierung zu einer verbesserten praktischen Lösung führen können.

Der Einsatz dieses Modellierungsansatzes hat sich in zahlreichen Fällen wirtschaftlicher Probleme bewährt. Beim Einsatz im Schulunterricht kann somit die erste Frage von Schülern – Warum soll ich Mathematik lernen? – beantwortet werden. Für die zweite Frage - Ich verstehe nichts mehr, warum soll ich mich also bemühen? – gibt es durch Beteiligung an verschiedenen Stufen des Modellierungsprozesses für viele Schüler eine sinnvolle Antwort: Schüler können sich im Modellierungszyklus je nach Talent und Fähigkeit auf verschiedene Weise einbringen und dabei ihr mathematisches Wissen erweitern. Wie dies geschehen kann, versuchen wir in unserem Buch zu zeigen. Insbesondere ist in einigen Kapiteln des Buchs dargelegt, wie Wissen der Sekundarstufe I in einer Wiederholung eingebracht werden kann, um in einem ersten Durchlauf des Modellierungszyklus mehr über das wirtschaftliche Problem zu verstehen und einen zweiten Durchlauf vorzubereiten, der die wirtschaftlichen Gegebenheiten besser widerspiegelt. In diesem zweiten Durchlauf sind dann oft komplexere mathematische Methoden nötig, die jedoch Teil des üblichen Mathematikcurriculums sind. Zum dritten Schülereinwand gegen die Mathematik - Es ist unangenehm, wenn man bescheinigt bekommt, dass man Fehler gemacht hat! – zeigt unser Ansatz, dass man manche Fehler positiv in den Unterricht einbauen kann. Bei ersten Durchläufen des Modellierungszyklus werden sie bewusst in Kauf genommen, weil man weiß, dass die Modelle die wirtschaftliche Wirklichkeit nur sehr unzureichend wiedergeben. Für mathematische Fehler, die man innerhalb einer Modellierung macht, zeigt die Interpretation in der wirtschaftlichen Umgebung deren – meist sehr unangenehme - Konsequenzen und verdeutlicht die Verantwortung, die man übernimmt, wenn man Mathematik benutzt, um Probleme zu lösen.

## *Unser Buch im Einsatz*

Das Buch wendet sich hauptsächlich an LehrerInnen und LehramtskandidatInnen des Fachs Mathematik. Natürlich würden wir nicht böse sein, wenn sich auch Schüler und Eltern für das Buch interessieren.

In sechs Kapiteln haben wir sechs wirtschaftliche Problemklassen ausgewählt, die wir für besonders geeignet halten, im Schulunterricht eingesetzt werden zu können. Das zur Behandlung der Probleme nötige schulmathematische Wissen wird detailliert besprochen. Neben Wiederholungen des Stoffs der Unterstufe und der Sekundarstufe I (die bezogen auf die Modellierung von wirtschaftlichen Problemen auch von guten Schülern nach unserer Erfahrung als weniger „langweilig" empfunden wird) sind die vermittelten mathematischen Inhalte meistens dem Bereich der Sekundarstufe II zuzuordnen.

Neben der Bereitstellung neuer mathematischer Anwendungen im Bereich der Ökonomie möchten wir auch die Möglichkeit geben, einige Innovationen bezüglich der Vermittlung des Stoffs zu testen. Wir haben es deshalb gewagt, dieses Mathematikbuch anders als ein übliches Schulbuch aufzubauen.

Hierbei ist unsere Hauptinnovation sicherlich die Vermittlung mathematischer Problemlösungskompetenz innerhalb von Diskussionen eines jungen Beraterteams, das in jedem der sechs Kapitel mit wirtschaftlichen Problemen konfrontiert wird und darauf entsprechend reagieren muss. Entsprechend dem Ansatz des Modellierungszyklus wird das jeweilige Problem dann in verschiedenen Durchläufen in mathematischen Modellen dargestellt und die Lösungen dieser Modelle werden im Laufe des Kapitels erarbeitet. Obwohl sich unser Buch an Lehrende des Fachs Mathematik wendet, hat diese Dialogform natürlich die Aufgabe, Schüler anzusprechen. Entsprechend können die Dialoge und die Projektbeschreibungen von den Lehrern an Schüler verteilt werden, um die Projektarbeit im Schulunterricht zu initiieren.

Unser Hauptaugenmerk beim Einsatz dieser Dialoge ist es, zu zeigen, dass man „über Mathematik reden kann". Wir wollen demonstrieren, dass die Diskussion mathematischer und wirtschaftlicher Fragestellungen in einer lockeren Art und Weise erfolgen kann, ohne abzuheben. Wir wollen auch klarmachen, dass solche Gespräche durchaus zum Alltag gehören. Tatsächlich ähneln die Dialoge sehr denjenigen, die wir im Rahmen unserer Beratertätigkeiten führen.

Eine Idee zum Einsatz der Dialoge wäre, diese als Theaterstück einzuüben, sie eventuell frei auszugestalten und die Schülergruppe entspannt darüber diskutieren zu lassen. Im Rahmen einer Projektwoche könnte man sogar nur die Dialoge auswählen und damit arbeiten.

Mathematische und ökonomische Grundlagen werden in Exkursen auf traditionelle Art bereitgestellt. Dies ermöglicht auch einen Einsatz des Buchs im Schulunterricht unter vollständigem Verzicht auf den Einsatz der Dialoge, was wir allerdings dann ein wenig schade finden würden, denn der Aspekt des „über Mathematik reden können" geht dann verloren.

Vielfach bietet sich unser Buch auch für ein interdisziplinäres Unterrichtsprojekt (z.B. Projekt „Börse" in Zusammenarbeit mit dem Sozialkundeunterricht oder dem „Börsenkreis" der Schule) an. Die wichtigsten nicht-mathematischen Grundlagen hierfür haben wir an geeigneter Stelle bereit gestellt.

Ein weiterer innovativer Aspekt unseres Buchs besteht in seiner weitgehenden Modularität. So setzen die einzelnen Kapitel nur wenig bis nichts aus den vorangehenden Kapiteln voraus, was einem die Möglichkeit gibt, sich je nach Zeitplan und Geschmack gezielt Kapitel oder auch einzelne Abschnitte herauszupicken, mit denen man einen Kursabschnitt, eine Projektwoche oder einen Arbeitskreis gestalten kann.

Jedes der Kapitel enthält eine Fülle von Unterrichtsmaterialien, die unmittelbar im Unterricht eingesetzt werden können. Insbesondere werden von uns eine Vielzahl (gelöster !) Übungsaufgaben bereit gestellt. Hierbei sind auch insbesondere offene Aufgaben (in Form von „Diskussionen) vorhanden, die sich gerade vor dem Hintergrund der Anwendung der Mathematik in der Ökonomie anbieten. Der Inhalt des Buchs und weitere Materialien sind auf der dem Buch beiliegenden CD in elektronischer Form verfügbar. So können Teile des Buchs – Dialoge, animierte Powerpoint Präsentationen, Excel Programme, etc. – im Unterricht von LehrerInnen vorgeführt werden, aber auch Schülern zur Verfügung gestellt werden. Auf diese Weise erleben die Schüler, wie man mit Mathematik „arbeiten" kann.
Unser Wunsch ist, dass auf diese Weise die merkwürdige Diskrepanz zwischen der enormen Bedeutung der Mathematik in unserer Gesellschaft und der weitverbreiteten Unlust im Umgang mit ihr durch eine größeren Akzeptanz und einem besserem Verständnis ersetzt wird. Wenn wir durch unser Buch ein wenig dazu beitragen können, wären wir sehr glücklich.

## *Das Beraterteam*

Da das Unternehmensberaterteam „Clever Consulting" in unserem Buch eine entscheidende Rolle bei der Veranschaulichung des Modellierungszyklus spielt, soll es auch in der Einleitung kurz erwähnt werden. Hierbei sind die einzelnen Figuren in den Gesprächen in Charakter, Talent und Auftreten an Personen angelehnt, die in ähnlicher Form jeder in seiner Bekanntschaft hat (oder zumindest haben könnte):

- der gescheite Sebastian, der schnell den Überblick auch über sehr komplizierte Probleme hat, aber oft bei Kleinigkeiten Fehler macht,
- die pingelige, kluge und idealistische Nadine mit einer großen Leidenschaft für Schokolade,
- der immer gutgelaunte, nicht besonders begabte Oliver, der aber trotzdem alle Aufgaben bewältigt (und sich dabei oft des Computers als Helfer bedient, um mangelnde Genialität durch Beispielrechnungen auszugleichen) und ein besonderes Talent hat, mathematische Sachverhalte anschaulich darzustellen, und

- die modebewusste, mathematisch manchmal desinteressierte Selina, die aber immer dann plötzlich Mathematik begreift, wenn es ihr ans Portemonnaie geht.

Wir hoffen auf diese Weise Identifikationsfiguren für die Schüler zu schaffen und wollen aufzeigen, dass nicht nur Genies Mathematik betreiben können.

## *Danksagung*

Wir möchten zahlreichen Personen und Institutionen danken, ohne die dieses Buch nicht entstanden wäre. Vorarbeiten im Rahmen von zahlreichen Modellierungstagen, Unterrichtseinheiten und Lehrerfortbildungsveranstaltungen erfolgten im Rahmen von Projekten, die vom Land Rheinland-Pfalz und der Volkswagenstiftung (Projekt WiMS/TeMS – Wirtschafts- und Technomathematik in Schulen) bzw. der Europäischen Union (Projekt MaMaEuSch – Management Mathematics for European Schools) unterstützt wurden.

Das Buchprojekt selbst wird gemeinschaftlich von der Bertelsmann Stiftung, der Heinz Nixdorf Stiftung und der Ludwig-Erhard-Stiftung in Zusammenarbeit mit dem Ruhrforschungszentrum finanziert und herausgegeben. Hier möchten wir insbesondere Frau Lexis und Herrn Wieland für die hervorragende Zusammenarbeit danken.

Bei der Erstellung des Buchs wurden wir von Frau Sabiene Menkens bezüglich Stilfragen und anderer Details der deutschen Sprache unterstützt. Hierfür ein großes Dankeschön! Herr Boris Klees hat sich bei der Erstellung und Lösung von Übungsaufgaben und bei der Endgestaltung des Layouts verdient gemacht, wofür wir ihm herzlich danken wollen. Herr Stefan Lorenz hat alle Übungsaufgaben zur Finanzmathematik geprüft und gelöst. Auch hierfür herzlichen Dank. Ein großes Dankeschön geht auch an Herrn Dr. Ulrich Nögel für seine konstruktiven Kommentare zu den einzelnen Texten aus dem Bereich der Finanzmathematik und der Mithilfe bei Lehrerprobungen. Schließlich möchten wir uns bei all den Lehrern bedanken, die durch Kommentare und konstruktive Kritik bei eigens zur Erprobung der einzelnen Kapitel des Buchs organisierten Lehrerfortbildungen zur Verbesserung des Buchs beigetragen haben.

Kaiserslautern, im Juni 2004

Horst W. Hamacher
Elke Korn
Ralf Korn
Silvia Schwarze

# KAPITEL 1: Produktionsplanung und Lineare Optimierung

## *Übersicht*

*Stichwörter der Ökonomie:*

- Entscheidungen
- Produktionsniveau
- Gewinnmaximierung
- Kapazitätsbeschränkungen

*Stichwörter der Schulmathematik:*

- Geraden und Halbräume
- Polyeder
- Schnittpunktberechnung von Geraden
- Parallelverschiebungen
- Arbeiten mit Ungleichungen
- Lösen von Gleichungssystemen
- Lineare (Un-)Abhängigkeit von Vektoren
- Inversenberechnung
- Umwandlung von Ungleichungen in Gleichungen
- Elementare Zeilenoperationen
- Pivotoperationen
- Anzahlbestimmung von Untermengen
- Binomialkoeffizienten
- Darstellung linearer Funktionen
- Umwandlung von Maximierungs- in Minimierungsaufgaben

*Inhalt*

## *Leitfaden für das 1. Kapitel*

Die Abschnitte 1.1, 1.4 und 1.8 sind in ***Dialogform*** geschrieben. Wie in allen Kapiteln dieses Buchs können sie von Schülern in Eigenarbeit gelesen werden, oder sie können als Ausgangssituation von Lehrern und Schülern anderen Schülern vermittelt werden. Die Dialoge stellen Situationen dar, wie wir sie in ähnlicher Weise in unserer Beratungstätigkeit erleben.
In den Abschnitten 1.2 und 1.3 wird das ***graphische Verfahren*** zur Lösung von Linearen Programmen mit zwei Variablen behandelt. Es ist in manchen Schulen Mittelstufenstoff. Daher sind diese so geschrieben, dass sie ggf. für Oberstufenschüler kopiert und von diesen als Wiederholung gelesen werden können. Außerdem wird in Abschnitt 1.2 die ***schrittweise Modellierung eines wirtschaftlichen Problems*** mit Hilfe eines Linearen Programms vorgeführt und geübt. Für Leser mit Zugang zu PowerPoint sind zahlreiche animierte Beispiele und gelöste Übungsaufgaben in der beigefügten CD enthalten. Diese Materialien können natürlich auch kopiert und für den Unterricht benutzt werden. Insbesondere die Animationen haben in unserer Erfahrung zu einem verbesserten Verständnis der Schüler beigetragen.
Hauptziel der Abschnitte 1.5 und 1.6 ist die Einführung des ***Simplexverfahrens***. Dafür ist ein sicherer Umgang mit Matrizen, insbesondere elementaren Zeilenoperationen, Pivotoperationen und dem Gauß-Verfahren unerlässlich. Dieses Material wird im Text kurz eingeführt und mit Beispielen und Übungsaufgaben vertieft. Zusätzliches Material mit gelösten Übungsaufgaben befindet sich auf der beigefügten CD. Der formale Beweis der Gültigkeit des Simplexverfahrens ist für die gesamte Lerngruppe schwer nachzuvollziehen, während das Durchführen des Verfahrens keine Schwierigkeiten machen wird, wenn das obige Matrizenkalkül verstanden worden ist.
Im Abschnitt 1.7 werden die ***Rolle der Linearen Optimierung bei der Lösung wirtschaftlicher Probleme*** und die Geschichte der Lösungsverfahren dargestellt.
Im Anhang A ist das ***Gauß-Verfahren zur Berechnung der Inversen*** ausgeführt worden. Für besonders interessierte Schüler bietet es sich an, dieses Berechnungsverfahren durchzuführen, um das Optimalitätskriterium nachprüfen zu können (siehe Anhang B).
Im Anhang C findet man verschiedene ***Internetressourcen***, die im Unterricht oder von den Schülern zu Hause sinnvoll genutzt werden können. Insbesondere findet man dort auch Internetadressen, bei denen man die in diesem Kapitel eingeführten Konzepte online üben kann.

## *1.1 Gespräch: Produktionsplanung der Firma SchokoLeb*

*Das Wochenende ist vorbei und für die meisten Menschen beginnt ein arbeitsreicher Montagmorgen. So ist es auch im Büro des Clever-Consulting Teams. Sebastian installiert neue Programme auf seinem Computer. Nadine ordnet ihren Schreibtisch neu. Selina ärgert sich laut schimpfend über die aktuellen Börsenkurse. Und Oliver reibt sich noch den Schlaf aus den Augen und erzählt von einer Party am Samstag.*

*Oliver*: Ihr wisst, dass ich so etwas eigentlich nicht mag – Parties, auf denen man Geschäftskontakte knüpfen soll. Aber am Samstag hat es ausnahmsweise Spaß gemacht. Ich habe da eine alte Freundin getroffen, die ich seit Urzeiten …

*Nadine*: Entschuldigung, Oliver! Kannst du uns bitte mit deinen Frauengeschichten verschonen. Du weißt, dass wir die Einladung beim Oberbürgermeister mit viel Mühe bekommen haben, weil wir die Hoffnung hatten ein paar neue Geschäftsverbindungen zu knüpfen.

*Oliver*: Ja, nun warte doch mal ab! Also diese alte Freundin hat mich mit einem Herrn Ritter bekannt gemacht, der irgendwie sehr deprimiert aussah. Es stellte sich heraus, dass er Produktionsplaner bei der Firma *SchokoLeb* ist, die Kakaoprodukte herstellt. Diesem Unternehmen scheint es in der letzten Zeit nicht mehr so richtig gut zu gehen und deshalb soll die ganze Produktion umgestellt werden. Nachdem sie eine Marktanalyse gemacht hat, möchte seine Firma einige ihrer Produkte zurückfahren, andere in erhöhtem Umfang herstellen und manche völlig neu einführen. Er hat nun die undankbare Aufgabe bekommen, einen Plan zu machen, um wie viel genau die Herstellung der einzelnen Produkte erhöht oder erniedrigt werden soll, so dass der Gewinn möglichst groß ist. Er sprach die ganze Zeit davon alles hinschmeißen zu wollen, weil alles viel zu kompliziert wäre und kein Mensch mehr die Zusammenhänge richtig verstehen könne. Bevor er sich dann aber endgültig seinen depressiven Gedanken hingeben konnte, ist es mir noch gelungen, seine Telefonnummer herauszubekommen. Was meint ihr, wäre das etwas für unsere *Clever Consulting* Gruppe?

*Selina*: Ach, ich weiß nicht, hat der Mann denn Geld, um unsere Beratung zu bezahlen?

*Sebastian*: Mensch Selina, lass uns doch erst einmal darüber nachdenken, ob da ein Problem drin steckt, dass uns evt. interessiert und bei dem wir mit unseren Methoden und Erfahrungen etwas ausrichten können.

*Nadine*: Klingt in der Tat vielversprechend! Da sollten wir nicht vorschnell aufgeben!

*Oliver*: Wisst ihr was? Ich rufe ihn an und frage nach, ob er mit uns einen Termin machen will. Es lohnt sich bestimmt, ein paar Stunden zu investieren.

*Drei Telefongespräche später hat Oliver erfolgreich einen Termin mit der Firmenleitung der Firma SchokoLeb in der kommenden Woche vereinbart. Die Clever Consulting Gruppe beschließt, dass Oliver, Nadine und Sebastian gemeinsam zu diesem Termin gehen. Danach könne man immer noch entscheiden, ob man sich in diesem Projekt engagieren soll oder nicht.*

*Eine Woche später liegt ein internes Protokoll vor, das Nadine gemeinsam mit Sebastian von dem Gesprächstermin verfasst hat.*

Internes Protokoll des Kontaktgesprächs mit Firma *SchokoLeb*
30. Februar 2003

Beginn: 9:30 Uhr

Ende: 11:00 Uhr

Teilnehmer: Nadine, Oliver, Sebastian (*Clever Consulting*)
Frau Sorrati und die Herren Werkstoll und Ritter (*SchokoLeb*)

Situation:
Bisher wurden in Massenfertigung 20 verschiedene Produkte (verschiedene Sorten Schokolade und Kakao) hergestellt. Nach einer Marktuntersuchung könnten weitere zehn Produkte mit Gewinn verkauft werden.
Herr Werkstoll zeigt uns ein detailliertes Diagramm, das zeigt, wie die Arbeitsablaufplanung durchgeführt wird (Die Firma *SchokoLeb* ist nach dem ersten Kontaktgespräch noch nicht bereit, uns dieses Ablaufdiagramm zur Verfügung zu stellen.) Aus dem Diagramm wird ersichtlich, wie die einzelnen Produkte die Anlagen der Firma durchlaufen.
Außerdem liegen umfangreiche Daten darüber vor, wie viel Kapazität jede einzelne Produktionseinheit (z.B. 50 kg Kakao, 100kg Schokolade, usw.) in den einzelnen Anlagen in Anspruch nimmt. Die zur Verfügung stehenden Kapazitäten der einzelnen Anlagen sind bekannt.
Im Zuge der Produktionsumstellung hat die Marketingabteilung Absatzzahlen sowohl für die alten als auch für die neu einzuführenden Produkte herausgefunden. Man geht also davon aus, dass man weiß, wie viele Einheiten der einzelnen Schokoladen- und Kakaosorten auf dem Markt absetzbar sind. Für jede Produktionseinheit ist außerdem ermittelt worden, wie viel Gewinn beim Verkauf erwirtschaftet werden kann.
Die Betriebsleitung will nun wissen, wie viele Einheiten eines jeden Produkts unter Berücksichtigung der gegeben Kapazitäten der Anlagen produziert werden sollen.

Gesprächsverlauf:
Frau Sorrati wollte von uns wissen, ob wir Erfahrung im Umgang mit entsprechenden Problemen haben. Wir haben uns bedeckt gehalten, ein paar Methoden erwähnt, mit denen man das Problem bearbeiten kann und Nadine erwähnte beiläufig „Lineare Optimierung“ und hat damit die *SchokoLeb*-Leute hinreichend beeindruckt. Abschließend hat Herr Werkstoll uns durch die Firma geführt.

Gesprächsergebnis:
Wir sind so verblieben, dass wir ein Exposé vorlegen, wie wir an die Sache herangehen wollen. Herr Ritter hat dabei betont, dass er verstehen möchte, was wir machen, so dass unsere Methoden auch für einen Menschen mit Schulmathematikkenntnissen nachvollziehbar sein sollten. Wir erhielten von Frau Sorrati Daten für ein Beispiel mit einer kleinen Anzahl von Produkten und Produktionsanlagen (s. Tabelle 1), die – wie sie sagte - keine Firmengeheimnisse verraten, aber doch realistisch genug seien, um ein Gefühl dafür zu bekommen, ob wir der Firma helfen können.

Termin:
Wir haben eine Woche Zeit, um Ergebnisse zu präsentieren. Falls wir die Vertreter von *SchokoLeb* von unserer Arbeit überzeugen können, ist ein Auftrag der Firma *SchokoLeb* möglich. Für die jetzigen Vorarbeiten gibt es kein Geld!

| | *P1* | *P2* | *P3* | *P4* | *P5* | *P6* | *P7* | *P8* | *P9* | *P10* | |
|---|---|---|---|---|---|---|---|---|---|---|---|
| Gewinn | 1 | 3 | 2 | 5 | 2 | 7 | 1 | 2 | -1 | 2 | in 100€ |
| Markt | 20 | 15 | 30 | 35 | 10 | 11 | 25 | 13 | 100 | 30 | in Einheiten |
| | | | | | | | | | | | Verfügbare Kapazität in % ↓ |
| *A1* | 2 | 0 | 3 | 0 | 3 | 8 | 1 | 2 | 4 | 1 | 80 |
| *A2* | 1 | 3 | 5 | 3 | 6 | 3 | 2 | 1 | 0 | 1 | 75 |
| *A3* | 0 | 2 | 0 | 1 | 4 | 2 | 1 | 0 | 0 | 0 | 45 |
| *A4* | 2 | 0 | 0 | 2 | 0 | 0 | 2 | 4 | 2 | 4 | 50 |
| *A5* | 0 | 0 | 0 | 0 | 2 | 3 | 0 | 0 | 0 | 0 | 45 |

**Tabelle 1.1** *Beispieltabelle der Firma SchokoLeb mit zehn Produkten, fünf Produktionsanlagen, Informationen über Gewinn, Absatzmarkt und Kapazitätsbelastung je Produktionseinheit und die gesamte verfügbare Kapazität pro Produktionsanlage.*

**Diskussion 1.1:**

- Welche wirtschaftliche Bedeutung hat die Tabelle?
- Auf welche Weise könnte man die Daten der Tabelle ermittelt haben?
- Welche der Daten können als vertrauenswürdig gelten, welche würde man eher mit einer gewissen Skepsis betrachten?

*Oliver*: Jetzt kann ich verstehen, warum der gute Herr Ritter an dem Abend so deprimiert war. Kapiert einer von euch, worum es bei der Sache eigentlich geht?

*Nadine*: Ich habe mir beim Schreiben des Protokolls mit Sebastian schon Gedanken gemacht. Das ganze Problem ist unglaublich kompliziert. Obwohl nur 10 Kakaoprodukte betrachtet werden, gibt es unüberschaubar viele Möglichkeiten, die Produktionspalette von *SchokoLeb* zu ändern. Ich glaube aber, dass wir das Ganze mit Hilfe einer Methode angehen können, die Lineare Optimierung heißt.

*Selina*: Jedenfalls sollten wir uns von *SchokoLeb* einen Vertrag für die kleine Vorstudie geben lassen. Da kommt wenigstens etwas Geld in unsere Kassen, während wir nachdenken.

*Sebastian*: Nee, vergiss das! Wir haben schon ein paar Mal nachgefragt und das war – zumindest Frau Sorrati und Herrn Werkstoll - schon zu viel. Die wollen von uns wissen, ob wir mit relativ wenig Aufwand von ihrer Seite etwas herausbekommen, was ihnen nützt.

*Nadine*: Ich finde, wir sollten erst ein kleines Beispiel mit weniger Daten betrachten. Am besten eines mit zwei Produkten und drei Produktionsanlagen.

*Oliver*: Ok. Ich schlage vor, dass wir unser gesammeltes Wissen hervorkramen, das wir in diesem Bereich haben. Danach bearbeiten wir das kleinere Beispiel und schauen uns an, wie man das löst. Dann überprüfen wir, ob wir die Methode so richtig verstanden haben und machen uns an das Beispiel von Frau Sorrati.

*Nadine*: Das ist, finde ich, eine gute Idee. Wir sollten die Aufgaben verteilen und alles aufschreiben, was wir herausfinden. Für das Exposé können wir dann immer noch auswählen, was wir an die Firma *SchokoLeb* weitergeben. Und ich schreibe aus meinen Uni-Unterlagen heraus, was ich über Lineare Optimierung finde und was man dazu so aus der Mathematik braucht.

*Selina*: Ich mache mich an das kleine Beispiel.

*Sebastian*: Ich suche im Internet, was ich da finde. Vielleicht können wir – zumindest für die Vorstudie – Software benutzen, die frei verfügbar ist.

*Oliver*: Ich finde, dass ist ein guter Plan. Ich werde euch allen als Gesprächspartner zur Verfügung stehen und dann das endgültige Exposé anfertigen.

## 1.2 Grafisches Verfahren für Probleme mit nur zwei Produkten

Selina hat das folgende kleine Beispiel entwickelt (wir nennen es in Zukunft das **kleine *SchokoLeb*-Beispiel**, um es von dem Testbeispiel unterscheiden zu können, das für die Firma bearbeitet werden soll):

| | Kakaopulver | Schokolade | Vorhandene Kapazität (in % der täglichen Gesamtkapazität) |
|---|---|---|---|
| Gewinn | 30 | 50 | |
| Anlage 1 | 3 | 2 | 18 |
| Anlage 2 | 1 | 0 | 4 |
| Anlage 3 | 0 | 2 | 12 |

**Tabelle 1.2** *Kapazitäts- und Gewinninformation eines kleinen Beispiels der Firma SchokoLeb*

Es ist im Prinzip dasselbe Problem wie das von der Firma *SchokoLeb* vorgestellte. Allerdings stehen nur zwei neue Produkte zur Diskussion; ein feines Kakaopulver und eine herbe Zartbitterschokolade. Auf den drei Anlagen, die zur Produktion dieser zwei neuen Produkte beitragen, stehen freie Kapazitäten zur Verfügung. In der ersten Anlage werden die Kakaobohnen gereinigt, geröstet und gebrochen. Sie wird von beiden Produkten beansprucht. In den beiden anderen Anlagen wird aus den vorbereiteten Kakaobohnen Kakaopulver bzw. Schokolade hergestellt. Die Firma glaubt, dass sich beide Produkte in unbegrenzter Höhe absetzen lassen und erwartet für jeweils 50kg Kakaopulver nach Abzug aller Kosten einen Gewinn von 30 Euro und für jeweils 100kg Schokolade einen Gewinn von 50 Euro. Wie viel Kakaopulver bzw. Schokolade soll sie nun herstellen, um einen möglichst hohen Gewinn zu erzielen?

Bei der Modellierung, also der Erstellung eines mathematischen Modells, denken wir in Einheiten à 50 kg für das Kakaopulver und à 100 kg für die Schokolade und arbeiten mit **Entscheidungsvariablen $x_1$** und **$x_2$**, wobei $x_1$ die Anzahl der Einheiten des ersten Produkts (Kakaopulver) und $x_2$ die Anzahl der Einheiten des zweiten Produkts (Schokolade) ist, die produziert werden sollen. Zum Beispiel bedeutet $x_1 = 5$ und $x_2 = 3$, dass wir 250 kg ( $= x_1 \cdot 50$ kg = $5 \cdot 50$ kg) Kakaopulver und 300 kg ($= x_2 \cdot 100$ kg = $3 \cdot 100$ kg) Schokolade produzieren.
Mit der **Zielfunktion** $30 \cdot x_1 + 50 \cdot x_2$ rechnet man dann den Gewinn in Abhängigkeit von diesen Entscheidungsvariablen aus. Als Beispiel schauen wir uns den Produktionsplan von oben, also $x_1 = 5$ und $x_2 = 3$, an und berechnen den Gewinn durch $30 \cdot x_1 + 50 \cdot x_2 = 30 \cdot 5 + 50 \cdot 3 = 300$ Euro. Man nennt die Zahl 300 (ohne die Interpretation als Euro) den zu $x_1 = 5$ und $x_2 = 3$ zugehörigen **Zielfunktionswert** (→Ü.1.1 und Zusatzübung (s. CD) 1.21).

Bislang haben wir den Teil der Tabelle ignoriert, der uns auf die Kapazitätsbeschränkungen hinweist. Ohne diese Beschränkungen dürfte man beliebig viel produzieren und könnte einen unend-

lich hohen Gewinn einfahren. Leider ist dem nicht so. Wir interpretieren die Tabelle mit der Kapazitätsinformation wie folgt:
Die zu Anlage1 gehörende Zeile der Tabelle besagt z.B.: Jede Einheit Kakaopulver (= 50 kg) und Schokolade (= 100kg) benötigt jeweils 3% bzw. 2% der Kapazität von Anlage 1. Produzieren wir also jeweils nur eine Einheit, so werden 3% + 2% = 5% der Anlage benötigt. Das wäre o.k., denn es stehen 18% zur Verfügung. Wollen wir aber, wie oben im Beispiel durchgerechnet, $x_1 = 5$ und $x_2 = 3$ Einheiten produzieren, bräuchten wir

$$3\% \cdot x_1 + 2\% \cdot x_2 = 3\% \cdot 5 + 2\% \cdot 3 = 21\%$$

der Kapazität der Anlage 1. Da nur 18% zur Verfügung stehen, ist dieser Produktionsplan also nicht mehr möglich. Man sagt, dass die Kombination $x_1 = 5$ und $x_2 = 3$ oder $(x_1 \mid x_2) = (5 \mid 3)$ **unzulässig** ist.

Die zu den anderen Anlagen gehörenden Zeilen interpretieren wir genau so. Dann ist $(x_1 \mid x_2) = (5 \mid 3)$ auch für die Anlage 2 unzulässig, denn $1\% \cdot 5 + 0\% \cdot 3 = 5\%$ ist größer als die auf Anlage 2 zur Verfügung stehenden 4%. Für Anlage 3 ist dieser Produktionsplan dagegen zulässig.

Warum ist das so? Die Frage nach Zulässigkeit oder Unzulässigkeit hängt davon ab, ob die für die Produktion benötigte Kapazität von allen drei Anlagen erreicht wird oder nicht. Dies lässt sich in Form von Ungleichungen oder **Nebenbedingungen** formulieren:

$$\begin{aligned} 3 \cdot x_1 &+ 2 \cdot x_2 \leq 18 \\ 1 \cdot x_1 &+ 0 \cdot x_2 \leq 4 \\ 0 \cdot x_1 &+ 2 \cdot x_2 \leq 12 \end{aligned}$$

Wir suchen einen Produktionsplan - ausgedrückt durch die Entscheidungsvariablen $x_1$ und $x_2$ - bei dem alle drei Nebenbedingungen gleichzeitig erfüllt sind. Die Dimensionen der Werte (in diesem Fall die Dimension %) haben wir auf den beiden Seiten der Ungleichungen weggelassen, da sie nicht benötigt werden.

Beispiel 1.1:
Wie schon oben gezeigt, ist der Plan $(x_1 \mid x_2) = (5 \mid 3)$ unzulässig, da die beiden ersten Ungleichungen verletzt sind:

$$\begin{aligned} 3 \cdot x_1 + 2 \cdot x_2 &= 3 \cdot 5 + 2 \cdot 3 = 21 > 18 \\ 1 \cdot x_1 + 0 \cdot x_2 &= 1 \cdot 5 + 0 \cdot 3 = 5 > 4 \\ 0 \cdot x_1 + 2 \cdot x_2 &= 0 \cdot 5 + 2 \cdot 3 = 6 \leq 12. \end{aligned}$$

Betrachten wir dagegen $(x_1 \mid x_2) = (4 \mid 3)$! Setzen wir $x_1 = 4$ und $x_2 = 3$ in die Nebenbedingungen ein, so erhalten wir

$$\begin{aligned} 3 \cdot x_1 + 2 \cdot x_2 &= 3 \cdot 4 + 2 \cdot 3 = 18 \leq 18 \\ 1 \cdot x_1 + 0 \cdot x_2 &= 1 \cdot 4 + 0 \cdot 3 = 4 \leq 4 \\ 0 \cdot x_1 + 2 \cdot x_2 &= 0 \cdot 4 + 2 \cdot 3 = 6 \leq 12\,. \end{aligned}$$

Also sind alle drei Nebenbedingungen erfüllt. $(x_1 \mid x_2) = (4 \mid 3)$ ist somit ein zulässiger Plan. Den zugehörigen Gewinn erhält man durch Berechnung des Zielfunktionswerts

$$30 \cdot x_1 + 50 \cdot x_2 = 30 \cdot 4 + 50 \cdot 3 = 120 + 150 = 270$$

(→Ü.1.2 und Zusatzübung (s. CD) 1.22).

Die Zahl 270 bezeichnet den Gewinn in Euro. Wir müssen noch aufpassen, dass unsere Produktionseinheiten nicht-negativ sind, denn was bedeutet, bitte schön, eine Produktion von –2 Einheiten Kakaopulver? Ok, verbieten wir also – in diesem Fall ohne *SchokoLeb* zu fragen – alle Pläne, in denen die Entscheidungsvariablen negativ sind. Das geht ganz einfach, indem wir **Vorzeichenbedingungen** einführen:

$$x_1 \geq 0$$
$$x_2 \geq 0$$

Jetzt ist unser mathematisches Modell zur Lösung des Produktionsproblems komplett. Es ist ein erstes Beispiel für ein sog. lineares Optimierungsproblem oder, wie man es auch nennt, ein

***Lineares Programm:***

*Maximiere die* ***Zielfunktion*** $30 \cdot x_1 + 50 \cdot x_2$

*unter den* ***Nebenbedingungen***

$$3 \cdot x_1 + 2 \cdot x_2 \leq 18$$
$$1 \cdot x_1 + 0 \cdot x_2 \leq 4$$
$$0 \cdot x_1 + 2 \cdot x_2 \leq 12$$

*und*

*den* ***Vorzeichenbedingungen***

$$x_1 \geq 0$$
$$x_2 \geq 0.$$

Oder in der Version für Schreibfaule:

***Lineares Programm (LP)***

$$\max\ 30 \cdot x_1 + 50 \cdot x_2$$
$$\text{udN}$$
$$\begin{aligned} 3 \cdot x_1 + 2 \cdot x_2 &\leq 18 \\ 1 \cdot x_1 + 0 \cdot x_2 &\leq 4 \\ 0 \cdot x_1 + 2 \cdot x_2 &\leq 12 \\ x_1, x_2 &\geq 0\,. \end{aligned}$$

So sieht das Ganze doch recht übersichtlich aus. Aber es nützt uns nur dann etwas, wenn wir das ursprüngliche Produktionsproblem tatsächlich lösen können. Gesucht ist demzufolge ein Paar $(x_1 \mid x_2)$, dass einerseits zulässig ist (also sowohl die Nebenbedingungen als auch die Vorzeichenbedingungen erfüllt) und andererseits einen maximalen Gewinn ergibt.

Um diese Frage beantworten zu können, benutzen wir zunächst etwas Geometrie:

Die Entscheidungsvariablen interpretieren wir als Koordinaten in einem Koordinatensystem. Die Vorzeichenbedingungen $x_1 \geq 0$ und $x_2 \geq 0$ sind dann leicht darzustellen: Das ist die Menge der Punkte im positiven Quadranten des Koordinatensystems (s. Abbildung 1.1). Die Nebenbedingungen

$$1 \cdot x_1 + 0 \cdot x_2 \leq 4$$
$$0 \cdot x_1 + 2 \cdot x_2 \leq 12$$

kann man einfacher schreiben als

$$x_1 \leq 4$$
$$2 \cdot x_2 \leq 12, \text{ d.h. } x_2 \leq 6\,.$$

was auch sehr leicht zeichnerisch darstellbar ist (s. Abbildung 1.1).

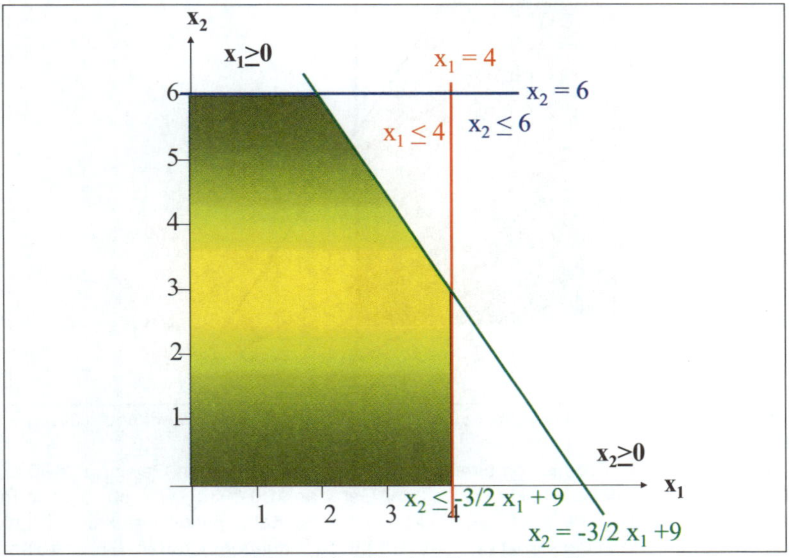


**Abbildung 1.1** *Zulässiger Bereich des LP*

Es bleibt, die letzte Nebenbedingung $3 \cdot x_1 + 2 \cdot x_2 \leq 18$ zeichnerisch darzustellen. Man zeichnet dazu die Gerade, die der Gleichung

$$3 \cdot x_1 + 2 \cdot x_2 = 18 \text{ oder } x_2 = -3/2 \cdot x_1 + 9$$

entspricht (s. Abbildung 1.1). Die Menge aller Punkte, die $3 \cdot x_1 + 2 \cdot x_2 \leq 18$ erfüllen, ist dann gleich der Menge aller Punkte $(x_1 \mid x_2)$, für die $x_2 \leq -3/2 \cdot x_1 + 9$ gilt.

Insgesamt ergibt sich als Bereich aller zulässigen Pläne $(x_1 \mid x_2)$ ein sog. **Polyeder *P*** oder **Zulässigkeitsbereich** (gelb schraffierter Bereich in Abbildung 1.1). Jeder Punkt in diesem Polyeder entspricht einem zulässigen Produktionsplan und umgekehrt (→Ü.1.3-4 und Zusatzübung (s. CD) 1.23).

Die Firma *SchokoLeb* möchte aber von uns wissen, welche Produktkombination sie produzieren soll, um einen möglichst großen Gewinn zu erzielen. Wie können wir das ermitteln? Wir geben uns zunächst einen festen Wert $z$ für den Gewinn vor und stellen alle Kombinationen dar, die diesen Gewinn als Zielfunktionswert erwirtschaften:

$$z = 30 \cdot x_1 + 50 \cdot x_2$$

In Abbildung 1.2 sieht man, wie das für einige verschiedene Werte von $z$ aussieht.

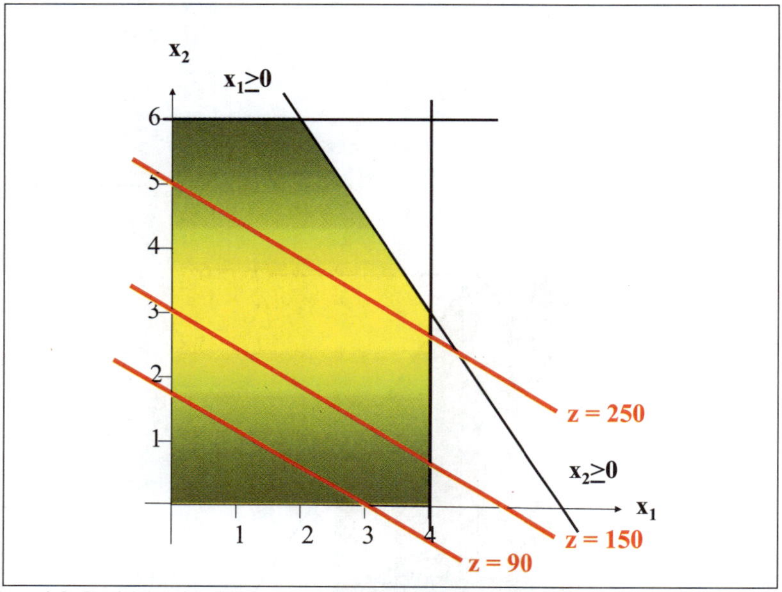


**Abbildung 1.2** *Produktkombinationen ($x_1 \mid x_2$) mit verschiedenen Zielfunktionswerten $z = 30 \cdot x_1 + 50 \cdot x_2$*

So ist z.B. die Menge der Produktkombinationen ($x_1 \mid x_2$), die denselben Gewinn $z = 90$ ergeben, darstellbar als die Menge aller Punkte ($x_1 \mid x_2$) der Geraden $90 = 30 \cdot x_1 + 50 \cdot x_2$. Die Produktkombination $x_1 = 3$ und $x_2 = 0$ (also 3 Einheiten = 150 kg Kakaopulver und keine Schokolade) ergibt diesen Gewinn, denn der Punkt ($x_1 \mid x_2$) = (3 | 0) liegt auf der Geraden. Genauso verhält es sich bei der Kombination $x_1 = 1$ und $x_2 = 1{,}2$ (also 1 Einheit = 50 kg Kakaopulver und 1,2 Einheiten = 120 kg Schokolade). Alle Punkte, die auf dieser Geraden und gleichzeitig im zulässigen Bereich des LP liegen, entsprechen Produktkombinationen mit demselben Gewinn $z = 90$ Euro. Grafisch ergeben sich diese zulässigen Punkte als der Durchschnitt der Geraden mit dem Zulässigkeitsbereich. Die beiden anderen Geraden

$$150 = 30 \cdot x_1 + 50 \cdot x_2$$
$$250 = 30 \cdot x_1 + 50 \cdot x_2$$

sind Parallelen zu der ersten. Da der Durchschnitt dieser Geraden mit dem Zulässigkeitsbereich nicht leer ist, gibt es tatsächlich Produktkombinationen, die einen Gewinn von $z = 150$ bzw. $z = 250$ erwirtschaften. So kann man z.B. kein Kakaopulver und 3 Einheiten (= 300 kg) Schokolade produzieren, um 150 Euro zu verdienen (d.h. ($x_1 \mid x_2$) = (0 | 3)), oder 2 Einheiten (= 100 kg) Kakaopulver und 3,8 Einheiten (= 380 kg) Schokolade, um einen Gewinn von 250 Euro zu erzielen (d.h. ($x_1 \mid x_2$) = (2 | 3,8)) .
(→Ü.1.5 und Zusatzübung (s. CD) 1.24-25)

In der Darstellungsform $z = 30 \cdot x_1 + 50 \cdot x_2$ kann man den Gewinn besonders gut erkennen, weil er auf einer Seite der Geradengleichung isoliert steht. In der dazu gleichwertigen Standardform für Geraden

$$x_2 = -\frac{30}{50}x_1 + \frac{z}{50}$$

ist das nicht mehr so leicht der Fall. Man schaue sich die Gleichungen in der Abbildung 1.2 jedoch noch einmal in der jeweiligen Standardform an. In der Standardform sieht man, dass alle Gleichungen unabhängig vom Wert des Gewinns $z$ dieselbe Steigung aufweisen, in unserem Fall -30/50. Um einen möglichst großen Gewinn zu erhalten, wollen wir also eine der parallelen Geraden finden, für die zum einen $z$ möglichst groß ist und zum anderen der Schnitt der Geraden mit dem Zulässigkeitsbereich nicht leer ist. D.h., wir verschieben die Gerade solange in Richtung wachsenden $z$, bis eine weitere Verschiebung dazu führt, dass der Zulässigkeitsbereich verlassen wird. In unserem Beispiel sieht man, dass man dies tun kann, bis sie durch den Eckpunkt $(x_1^* \mid x_2^*) = (2 \mid 6)$ geht (s. Abbildung 1.3). Das ist der Punkt, mit dem der Zielfunktionswert $z = 360$ erwirtschaftet werden kann. Einen größeren Zielfunktionswert kann man nicht erreichen, da alle weiter draußen liegenden Geraden keinen gemeinsamen Punkt mit dem zulässigen Bereich haben. Wir werden also der Firma *SchokoLeb* eine **Optimallösung** empfehlen, nämlich $x_1^* = 2$ Einheiten (= 100 kg) Kakaopulver und $x_2^* = 6$ Einheiten (= 600 kg) Schokolade zu produzieren. Der dadurch erwirtschaftete Gewinn wird $z^* = 360$ Euro betragen.

Mit Powerpoint kann man diese Verschiebung besonders einfach dokumentieren. Beim online-Lesen dieses Textes (siehe beiliegende CD) mit einem PC, auf dem Powerpoint installiert ist, erreicht man durch Doppelklicken auf Abbildung 1.2 eine Auflösung der Abbildungen in Teilsequenzen. Weitere animierte Beispiele findet man ebenfalls auf der CD.

Lineare Programme, wie wir sie bei der Lösung des kleinen *SchokoLeb*-Beispiels benutzt haben, tauchen in vielen anderen Zusammenhängen auf (vgl. Abschnitt 1.7). Wir werden zunächst das grafische Verfahren, das wir oben benutzt haben, allgemein formulieren und dann weitere Beispiele lösen. Wir betrachten beim grafischen Verfahren ausschließlich Probleme mit zwei Entscheidungsvariablen $x_1$ und $x_2$ (im Beispiel aus Abschnitt 1.2 waren dies die Produktionseinheiten von Schokolade und Kakaopulver). Später werden wir sehen, was zu tun ist, wenn mehr als zwei Entscheidungsvariable zu betrachten sind.

Wir müssen wissen, wie viel Gewinn $c_1$ und $c_2$ wir pro Einheit von $x_1$ bzw. $x_2$ erwirtschaften, so dass unsere **allgemeine Zielfunktion** die Form

$$c_1 \cdot x_1 + c_2 \cdot x_2$$

hat (im kleinen *SchokoLeb*-Beispiel ist $c_1 = 30$ und $c_2 = 50$). Wir nennen $c_1$ und $c_2$ die **Zielfunktionskoeffizienten**. Die Zielfunktion wollen wir maximieren, also den **Zielfunktionswert** $z = c_1 \cdot x_1 + c_2 \cdot x_2$ möglichst groß machen.
(→Ü.1.6 und Zusatzübung (s. CD) 1.26).

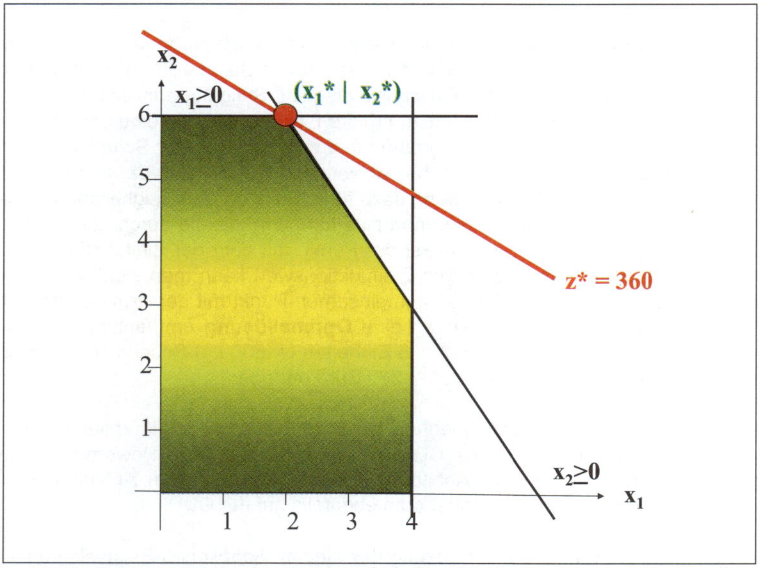


***Abbildung 1.3*** *Optimale Produktkombinationen* $(x_1^* \mid x_2^*) = (2 \mid 6)$ *mit maximalem Gewinn* $z^* = 360$ *Euro*

Außerdem haben wir Nebenbedingungen zu erfüllen (so wie im Beispiel aus Abschnitt 1.2 die Kapazitätsnebenbedingungen). Wir können im Voraus nie wissen, wie viele solcher Nebenbedingungen wir haben werden, so dass wir einfach annehmen, wir hätten $m$ solcher Nebenbedingungen (in Abschnitt 1.2 waren das $m = 3$ viele). Die ***i-te*** **Nebenbedingung** hat dabei die Form

$$a_{i1} \cdot x_1 + a_{i2} \cdot x_2 \leq b_i \,.$$

Die Zahlen $a_{i1}$ und $a_{i2}$ nennen wir **Koeffizienten** (der Nebenbedingungen) und $b_i$ sind die **Kapazitätskoeffizienten** (oder **Begrenzungskoeffizienten**). Im Beispiel aus Abschnitt 1.2 ist

$$\begin{array}{lll} a_{11} = 3 & a_{12} = 2 & b_1 = 18 \\ a_{21} = 1 & a_{22} = 0 & b_2 = 4 \\ a_{31} = 0 & a_{32} = 2 & b_3 = 12\,. \end{array}$$

Wir können dann ein Lineares Programm durch folgendes Verfahren lösen.

**Algorithmus 1.1: Grafisches Verfahren zur Lösung Linearer Programme mit zwei Variablen**

Input: *Lineares Programm der Form*

$$\max\ c_1x_1 + c_2x_2$$
$$\textit{unter den Nebenbedingungen}.$$
$$a_{11}x_1 + a_{12}x_2 \leq b_1$$
$$a_{21}x_2 + a_{22}x_2 \leq b_2$$
$$\dots$$
$$a_{m1}x_1 + a_{m2}x_2 \leq b_m$$
$$x_1, x_2 \geq 0$$

Output: Optimallösung ($x_1$* | $x_2$*) mit optimalem Zielfunktionswert $z^*$.

Schritt 1: Für $i = 1,...,m$ zeichne nacheinander die Geraden $a_{i1}\ x_1 + a_{i2}\ x_2 = b_i$ und die zugehörigen Halbräume $a_{i1}\ x_1 + a_{i2}\ x_2 \leq b_i$.

Schritt 2: Bestimme den Zulässigkeitsbereich als das Polyeder $P$, das gegeben ist als Durchschnitt der Halbräume $a_{i1}\ x_1 + a_{i2}\ x_2 \leq b_i$ und $x_1$, $x_2 \geq 0$.

Schritt 3. Wähle irgendeine Zahl $z$ und zeichne die Gerade $c_1\ x_1 + c_2\ x_2 = z$.

Schritt 4: Verschiebe diese Gerade parallel, so dass der Wert von $z$ größer wird. Tue dies so lange bis ein Wert $z =: z^*$ erreicht ist, so dass die Gerade $c_1\ x_1 + c_2\ x_2 = z^*$ das Polyeder $P$ nur noch berührt, d.h. das Polyeder vollständig auf einer Seite der Geraden liegt.

Schritt 5: Output ($x_1$* | $x_2$*) als einen der Eckpunkte, in denen die Gerade $c_1\ x_1 + c_2\ x_2 = z$ das Polyeder berührt.

Bei der Formulierung des Algorithmus haben wir – wie das allgemein in der Mathematik üblich ist – das Multiplikationszeichen einfach weg gelassen. Wir werden auch im weiteren Verlauf dieses Kapitels so verfahren, falls Missverständnisse ausgeschlossen sind.

Aus Algorithmus 1.1 kann man das folgende wichtige Ergebnis ableiten:

***Hauptsatz der Linearen Optimierung (für 2 Entscheidungsvariablen):***

Wenn das Lineare Programm eine optimale Lösung besitzt, dann gibt es immer einen Eckpunkt ($x_1$* | $x_2$*) des Zulässigkeitspolyeders, der optimal ist.

Als weiteres Beispiel lösen wir das folgende LP, bei dem wir nur die Daten angeben, ohne zu wissen, welches wirtschaftliche Problem dahinter steckt.

Beispiel 1.2:

Wir betrachten ein LP mit Zielfunktionskoeffizienten $c_1$ = -1 und $c_2$ = 2 und (Kapazitäts-) Koeffizienten

| | | |
|---|---|---|
| $a_{11} = 1$ | $a_{12} = 0$ | $b_1 = 5$ |
| $a_{21} = 0$ | $a_{22} = 1$ | $b_2 = 3$ |
| $a_{31} = -1$ | $a_{32} = 1$ | $b_3 = 2.$ |
| $a_{41} = 1$ | $a_{42} = 1$ | $b_4 = 5\,.$ |

Das LP hat somit die Form

$$\max\; -x_1 + 2x_2$$

$$\textit{unter den Nebenbedingungen}\,.$$

$$\begin{aligned} x_1 \quad &\leq 5 \\ x_2 &\leq 3 \\ -x_1 + x_2 &\leq 2 \\ x_1 + x_2 &\leq 5 \\ x_1, x_2 &\geq 0 \end{aligned}$$

Abbildung 1.4 zeigt die Darstellung des Zulässigkeitspolyeders aus den Schritten 1 und 2 und eine Zielfunktionsgerade aus Schritt 3. Im Schritt 4 erreichen wir die Zielfunktionsgerade $z^* = 5 = -x_1 + 2x_2$, die im Schritt 5 die Optimallösung ($x_1^*$ | $x_2^*$) = (1 | 3) mit optimalem Zielfunktionswert $-x_1 + 2x_2 = -1 + 2 \cdot 3 = 5$ ergibt.

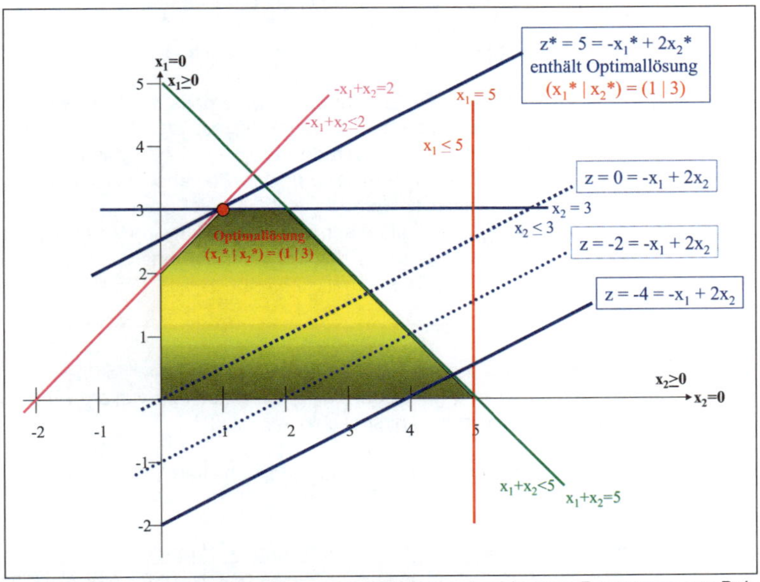


**Abbildung 1.4** *Anwendung von Algorithmus 1.1 zur Lösung des Linearen Programms aus Beispiel 1.2 (Doppelklicken auf die Abbildung aktiviert Powerpoint, so dass der Ablauf des Algorithmus verfolgt werden kann.)*

(→Ü.1.7 und Zusatzübung (s. CD) 1.27)

**Diskussion 1.2:**

Nachdem man sich für einen bestimmten Produktionsplan entschieden hat, möchte man gerne wissen, für welche Änderungen des Profits, dieser Produktionsplan noch optimal bleibt. Wenn man nur zwei Entscheidungsvariable hat, sind die folgenden Fragen sinnvoll:

- Kann man aus dem graphischen Verfahren entsprechende Informationen ablesen?
- Kann man in den vorhergehenden Beispielen Bereiche der Zielfunktionskoeffizienten angeben, in denen sich eine Änderung nicht auf die Optimalität auswirkt?
- Könnte man der Firma für jeden Eckpunkt des Zulässigkeitspolyeders eine Zielfunktion angeben, für die diese Ecke optimal ist?

## Übungsaufgaben

***Ü.1.1*** Bestimmen Sie jeweils den Zielfunktionswert für folgende Werte von $x_1$ und $x_2$.

| $x_1$ | $x_2$ | Zielfunktionswert: $30 \cdot x_1 + 50 \cdot x_2$ |
|---|---|---|
| 2 | 3 | |
| 4 | 1 | |
| 8 | 2 | |
| 15 | 23 | |
| 120 | 0 | |

***Ü.1.2*** Entscheiden Sie jeweils über die Zulässigkeit der folgenden Produktionspläne gegeben durch $x_1$ und $x_2$.

| $x_1$ | $x_2$ | Wird $3 \cdot x_1 + 2 \cdot x_2 \leq 18$, $1 \cdot x_1 + 0 \cdot x_2 \leq 4$, $0 \cdot x_1 + 2 \cdot x_2 \leq 12$ erfüllt? | Berechne den Zielfunktionswert $30 \cdot x_1 + 50 \cdot x_2$ |
|---|---|---|---|
| 2 | 3,5 | | |
| 2 | 5,8 | | |
| 2 | 7 | | |
| 3,5 | 3,9 | | |
| -2 | 6 | | |

***Ü.1.3*** Suchen Sie die Punkte $(x_1 \mid x_2)$ aus Ü.1.2 in Abbildung 1.1.

***Ü.1.4*** Zeichnen Sie die Menge aller zulässigen Punkte des Linearen Programms mit den Nebenbedingungen

$$\begin{aligned} -x_1 + x_2 &\leq 1 \\ x_1 + x_2 &\leq 3 \\ x_1, x_2 &\geq 0\,. \end{aligned}$$

***Ü.1.5*** Welchen Gewinn erwirtschaftet die Produktkombination $(x_1 \mid x_2) = (3 \mid 4)$? Ist diese Kombination zulässig? Welche andere zulässige Kombination erwirtschaftet denselben Gewinn?

**Ü.1.6**

a) Nachdem wir der Firma *SchokoLeb* unsere Ergebnisse mitgeteilt haben, werden wir von der Firmenleitung informiert, dass sich die Gewinndaten geändert haben. Der Gewinn pro Einheit Kakao ist dramatisch gestiegen - von 30 auf 150 Euro.

Hat dies Auswirkungen auf die Produktionsentscheidung? Wie sieht der neue optimale Produktionsplan aus?

b) Die Firma *SchokoLeb* möchte wissen, bei welchen Gewinndaten der Produktionsplan $(x_1 \mid x_2) = (0 \mid 6)$ den meisten Gewinn ergibt. Können wir da helfen?

**Ü.1.7** Lösen Sie die beiden LPs

$$a) \max \quad x_2$$
$$\textit{unter den Nebenbedingungen}$$
$$-x_1 + x_2 \leq 1$$
$$x_1 + x_2 \leq 3$$
$$x_1, x_2 \geq 0$$

$$b) \max \quad 2x_1 + 8x_2$$
$$\textit{unter den Nebenbedingungen}$$
$$-126x_1 + 120x_2 \leq 126$$
$$126x_1 + 132x_2 \leq 756$$
$$x_1, x_2 \geq 0$$

Folgen Sie bei der Lösung den Schritten in Algorithmus 1.1. Zeichnen Sie die Zielfunktionsgerade $z = c_1 x_1 + c_2 x_2$ in a) bzw. b) für $z = 1$ bzw. $z = 16$. Bestimmen Sie die Richtung, in der der Zielfunktionswert größer wird und finden Sie schließlich in Schritt 4 die Optimallösung.

Die Lösungen dieser Übungen mit PowerPoint-Folien und weitere Übungen befinden sich auf beiliegender CD.

## 1.3 Bestimmung der Optimallösung durch Lösen von Gleichungssystemen mit zwei Variablen

In den vorhergehenden Beispielen haben wir die Optimallösung eines Linearen Programms vollständig mit geometrischen Mitteln bestimmt. In Ü.1.7 b) haben wir erlebt, dass es oft schwierig ist, die Optimallösung aus der Zeichnung exakt abzulesen. Im Laufe des Kapitels werden wir sehen, dass man von der Geometrie zu rechnerischen Verfahren übergehen kann, die hauptsächlich auf Konzepten der Linearen Algebra beruhen. Letztere kann man auf Computern implementieren, ohne geometrische Zeichnungen machen zu müssen. Als ersten Schritt dazu werden wir in diesem Abschnitt zeigen, wie man die Optimallösung berechnet, wenn wir auf Grund der Verschiebung der Zielfunktionsgeraden wissen, in welcher Ecke sie liegt.

Wir betrachten das LP aus Ü.1.7 b), das in Abbildung 1.5 dargestellt ist. Die Optimallösung $(x_1^* \mid x_2^*) = (7/3 \mid 7/2)$ wird man wohl kaum aus der Zeichnung ablesen können (warum?). Aus Algorithmus 1.1 wissen wir aber zweifelsfrei, dass die Optimallösung der Eckpunkt des Zulässigkeitspolyeders ist, der sich durch das Schneiden der beiden Geraden

$$-126x_1 + 120x_2 = 126$$
$$126x_1 + 132x_2 = 756$$

ergibt. Wir bekommen somit die Optimallösung, wenn wir das obige Gleichungssystem mit zwei Gleichungen und zwei Unbekannten lösen. Wir gehen davon aus, dass bekannt ist, wie man solche Gleichungen löst, führen es aber zur Wiederholung hier einmal vor. Durch Addition der bei-

den Gleichungen erhalten wir $(-126 + 126)\,x_1 + (120 + 132)\,x_2 = (126 + 756)$, also $252x_2 = 882$ oder $x_2 = 882/252 = 3{,}5 = 7/2$. Durch Einsetzen dieses Wertes in eine der beiden ursprünglichen Gleichungen, z.B. die erste, erhalten wir $-126x_1 + 120 \cdot 3{,}5 = 126$, also $-126x_1 = 126 - 120 \cdot 3{,}5 = 126 - 420 = -294$, so dass $x_1 = -294/-126 = 7/3$.
Damit haben wir bestätigt, dass tatsächlich $(x_1^* \mid x_2^*) = (7/3 \mid 7/2)$ der gesuchte Eckpunkt des Zulässigkeitspolyeders und damit die Optimallösung des Linearen Programms aus Ü.1.7 b) ist.

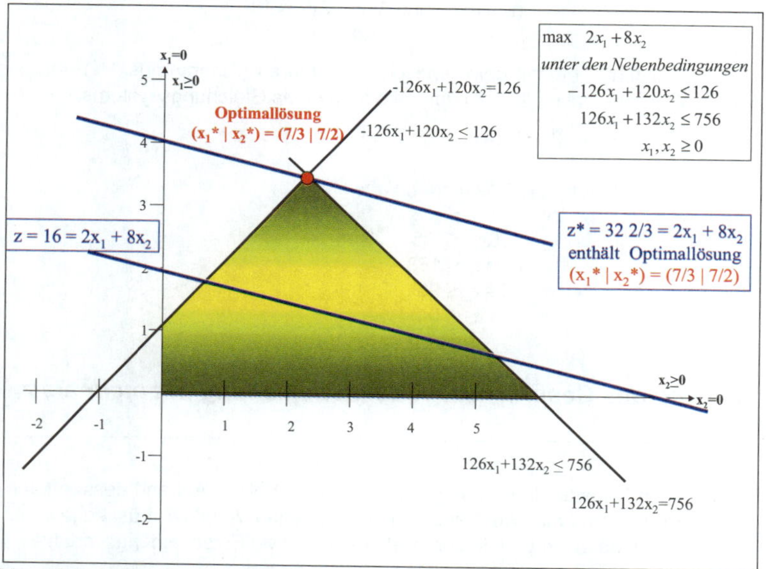


**Abbildung 1.5** *Anwendung von Algorithmus 1.1 zur Lösung des Linearen Programms aus Ü.1.7 b).*

Als weiteres Beispiel betrachten wir das kleine *SchokoLeb*-Problem

$$\begin{aligned} &max\ \ 30x_1 + 50x_2 \\ &udN\ \ 3x_1 + 2x_2 \le 18 \\ &\qquad x_1 \le 4 \\ &\qquad 2x_2 \le 12 \\ &\qquad x_1, x_2 \ge 0\,. \end{aligned}$$

Wir hatten uns mit dem grafischen Verfahren überzeugt, dass die Ecke des Zulässigkeitspolyeders, in dem sich die Geraden $3x_1 + 2x_2 = 18$ und $2x_2 = 12$ schneiden, die Optimallösung bestimmt. Aus der zweiten Gleichung ergibt sich, dass $x_2 = 6$ ist. Durch Einsetzen in die erste Gleichung erhalten wir $3x_1 = 18 - 2 \cdot 6 = 18 - 12 = 6$, also $x_1 = 2$. Der Eckpunkt, und damit die Optimallösung des *SchokoLeb*-LPs, ist also durch $(x_1^* \mid x_2^*) = (2 \mid 6)$ gegeben, was wir schon in der Zeichnung haben ablesen können.
(→Ü.1.8 und Zusatzübung (s. CD) 1.28-42)

## Übungsaufgaben

***Ü.1.8***

a) Bestätigen Sie die Optimallösungen von (i) Ü.1.6 a), (ii) Ü.1.6 c) und (iii) Ü.1.7 a) durch Ausrechnen der Schnittpunkte der Geraden

$$\text{(i) } x_1 = 4 \text{ und } 3x_1 + 2x_2 = 18$$
$$\text{(ii) } x_1 = 5 \text{ und } 3x_1 + 2x_2 = 18$$
$$\text{(iii) } -x_1 + x_2 = 1 \text{ und } x_1 + x_2 = 3 \,.$$

b) Lösen Sie das folgende LP mit dem grafischen Verfahren (Algorithmus 1.1) und bestimmen Sie den exakten Wert der Optimallösung durch Lösung eines Gleichungssystems.

$$max\ 12x_1 + 24x_2$$

*unter den Nebenbedingungen*

$$\begin{array}{rcl} 2x_1 & & \leq 8 \\ & 6x_2 & \leq 36 \\ 21x_1 & + 24x_2 & \leq 168 \\ -16x_1 & + 24x_2 & \leq 96 \\ & x_1, x_2 & \geq 0 \,. \end{array}$$

## 1.4 Fortsetzung des Gesprächs: Produktionsplanung mit mehr als zwei Produkten

*Nadine*: Das finde ich toll, was du da aufgeschrieben hast, Selina. Anhand dessen kann man die Lösung Linearer Programme mit zwei Variablen gut verstehen. Aber wir müssen ja das Testproblem der Firma *SchokoLeb* lösen und das hat viel mehr als zwei Entscheidungsvariable.

*Oliver*: Ach, das wird doch genau so gehen wie das Problem, das Selina gelöst hat. Wir zeichnen einfach auf, welche Entscheidungsmöglichkeiten es gibt und suchen uns die beste aus, so wie wir das bei *SchokoLeb* auch gemacht haben.

*Sebastian*: Nein, ich fürchte, das geht nicht so einfach. Bei diesem Problem haben wir doch viel mehr als drei Entscheidungsvariable und da können wir beim besten Willen nichts mehr mit Zeichnen ausrichten. Oder kannst du vierdimensional zeichnen, Oliver? Nach unserem Arbeitsplan wollte doch Nadine schauen, was sie für den allgemeinen Fall herausfindet.

*Nadine*: Ich glaube, ich habe tatsächlich Einiges gefunden. Die meisten Bücher, die ich angeschaut habe, um etwas über die Lösung Linearer Programme zu erfahren, fangen allerdings so - oder so ähnlich - an:

*Gegeben sei ein Lineares Programm*

$$min\ <c, x>$$

*unter den Nebenbedingungen*

$$Mx = b$$
$$x \geq 0 \,.$$

Ich habe eine ganze Weile nachdenken und auch etliches in Büchern und im Internet suchen müssen, bis ich den Zusammenhang zu unserem Problem gefunden habe, das auf den ersten Blick ganz anders aussieht. Allerdings müsstet ihr euch dafür ein wenig an eure Kenntnisse in der

Linearen Algebra zurückerinnern, also wissen, wie man mit Vektoren und Matrizen umgeht. Um euch beim Erinnern zu helfen, werde ich euch zunächst sagen, wie man ein lineares Optimierungsproblem in Gleichungsform aufstellt, damit wir es besser mathematisch behandeln können und warum es – so merkwürdig sich dies auch anhört - egal ist, ob man maximiert oder minimiert. Dann schauen wir uns an, wie man Gleichungen durch elementare Zeilenoperationen, Pivotoperationen und das Gauß-Verfahren löst. Schließlich zeige ich euch das Simplexverfahren zur Lösung Linearer Programme, das auf den vorhergehenden Konzepten aufbaut.

*Oliver*: Cool. Aber geht es nicht wirklich einfacher mit Zeichnen?

*Sebastian*: Mensch, hör' auf, das haben wir doch schon besprochen. Ohne dass wir uns jetzt ein wenig mit Matrizen beschäftigen, kommen wir hier wirklich nicht weiter. Wir sollten froh sein, dass Nadine das für uns ausgearbeitet hat.

## 1.5 Lineare Optimierung und Matrizen

Hat man nur zwei Entscheidungsvariablen $x_1$ bzw. $x_2$ kann man sie in einem **Vektor**[2] $x = (x_1 \;\; x_2)$ (dem **Entscheidungsvektor**) zusammenfassen. Haben wir mehr als zwei, z.B. fünf Entscheidungsvariable, so können wir dasselbe Symbol benutzen, das dann eine andere Interpretation hat, nämlich

$$x = (x_1 \;\; x_2 \;\; x_3 \;\; x_4 \;\; x_5)\,.$$

Analog speichert man die Daten eines Entscheidungsproblems kompakt, indem man weitere Vektoren und Matrizen benutzt. Für das kleine *SchokoLeb*-Beispiel

$$max\ 30\,x_1 + 50\,x_2$$

$$\begin{array}{rcrcr} \multicolumn{5}{c}{\textit{unter den Nebenbedingungen}} \\ 3x_1 & + & 2x_2 & \leq & 18 \\ 1x_1 & + & 0x_2 & \leq & 4 \\ 0x_1 & + & 2x_2 & \leq & 12 \\ & x_1, & x_2 & \geq & 0 \end{array}$$

benutzt man den **Zielfunktionsvektor**

$$c = (c_1 \;\; c_2) = (30 \;\; 50)\,,$$

die **Koeffizientenmatrix**

$$A = \begin{pmatrix} a_{11} & a_{12} \\ a_{21} & a_{22} \\ a_{31} & a_{32} \end{pmatrix} = \begin{pmatrix} 3 & 2 \\ 1 & 0 \\ 0 & 2 \end{pmatrix}$$

und den **Kapazitätsvektor**

$$b = \begin{pmatrix} b_1 \\ b_2 \\ b_3 \end{pmatrix} = \begin{pmatrix} 18 \\ 4 \\ 12 \end{pmatrix}.$$

[2] Im Folgenden unterscheiden wir nicht zwischen Zeilen- und Spaltenvektoren. Alternativ könnte man an dieser Stelle die Transpositionsoperation einführen und Vektoren grundsätzlich als Zeilenvektoren festlegen. An entsprechenden Stellen wäre dann die Transposition durchzuführen.

Wenn wir die Daten $c, A, b$ gegeben haben, dann können wir die ausführliche Information wieder zurückbekommen, indem wir Skalarprodukt und Matrixmultiplikationen durchführen. Das **Skalarprodukt** zwischen dem Zielfunktionsvektor $x$ und dem Entscheidungsvektor $c$ ist durch

$$\langle c,x\rangle = \langle (c_1 \quad c_2),(x_1 \quad x_2)\rangle := c_1x_1 + c_2x_2$$

gegeben. Im kleinen *SchokoLeb* Beispiel ist das $<c, x> = <(30, 50), (x_1 \; x_2)> := 30\,x_1 + 50\,x_2$. Als Symbol für das Skalarprodukt zwischen zwei Vektoren benutzen wir eckige Klammern. Hätten wir fünf statt zwei Entscheidungsvariable, wäre das Skalarprodukt

$$\langle c,x\rangle = \langle (c_1 \quad c_2 \quad c_3 \quad c_4 \quad c_5),(x_1 \quad x_2 \quad x_3 \quad x_4 \quad x_5)\rangle := c_1x_1 + c_2x_2 + c_3x_3 + c_4x_4 + c_5x_5\,.$$

(→Zusatzübung (s. CD) 1.43-44)

Die **Matrixmultiplikation** zwischen der Koeffizientenmatrix $A$ und dem Entscheidungsvektor $x$ ist durch

$$Ax = \begin{pmatrix} a_{11} & a_{12} \\ a_{21} & a_{22} \\ a_{31} & a_{32} \end{pmatrix} \begin{pmatrix} x_1 \\ x_2 \end{pmatrix} = \begin{pmatrix} a_{11}x_1 + a_{12}x_2 \\ a_{21}x_1 + a_{22}x_2 \\ a_{31}x_1 + a_{32}x_{32} \end{pmatrix}$$

gegeben. Hier haben wir den Vektor $x$ als Spaltenvektor geschrieben. Im *SchokoLeb*-Beispiel ist das

$$Ax = \begin{pmatrix} 3 & 2 \\ 1 & 0 \\ 0 & 2 \end{pmatrix} \begin{pmatrix} x_1 \\ x_2 \end{pmatrix} = \begin{pmatrix} 3x_1 + 2x_2 \\ 1x_1 + 0x_2 \\ 0x_1 + 2x_{32} \end{pmatrix}.$$

(→Zusatzübung (s. CD) 1.45-50)

Wenn wir dann die Vektorungleichungen

$$Ax \le b = \begin{pmatrix} b_1 \\ b_2 \\ b_3 \end{pmatrix}$$

$$x \ge 0$$

aufschreiben, heißt das, dass die drei Ungleichungen

$$\begin{aligned} a_{11}x_1 + a_{12}x_2 &\le b_1 \\ a_{21}x_1 + a_{22}x_2 &\le b_2 \\ a_{31}x_1 + a_{32}x_2 &\le b_3 \end{aligned}$$

und die Vorzeichenbedingungen

$$x_1, x_2 \ge 0$$

gleichzeitig gelten müssen. In unserem kleinen *SchokoLeb*-Beispiel bedeutet also $Ax \le b$, $x \ge 0$ dass die Nebenbedingungen

$$3x_1 + 2x_2 \leq 18$$
$$1x_1 + 0x_2 \leq 4$$
$$0x_1 + 2x_2 \leq 12$$

und zusätzlich die Vorzeichenbedingungen $x_1 \geq 0$ und $x_2 \geq 0$ erfüllt sind, so wie wir das in unserem Modell wollen.

Wenn wir jetzt alle möglichen Vektoren $x$ untersuchen, die die Nebenbedingungen erfüllen, ist es aus mathematischer Sicht viel leichter, mit Gleichungen zu arbeiten als mit Ungleichungen. Dazu führen wir für jede der Ungleichungen eine **Schlupfvariable** ein:

$$\begin{array}{lcl} 3x_1 + 2x_2 \leq 18 & \rightarrow & 3x_1 + 2x_2 + x_3 \phantom{+ x_4 + x_5} = 18 \\ 1x_1 + 0x_2 \leq 4 & \rightarrow & 1x_1 + 0x_2 + x_4 = 4 \\ 0x_1 + 2x_2 \leq 12 & \rightarrow & 0x_1 + 2x_2 + x_5 = 12 \end{array}.$$

Zusätzlich zu den zwei Entscheidungsvariablen haben wir genauso viele Schlupfvariable wie wir Nebenbedingungen (im kleinen *SchokoLeb* Beispiel also die drei Schlupfvariablen $x_3$, $x_4$ und $x_5$). Man kann leicht erkennen, dass $(x_1 \ \ x_2)$ mit $x_1 \geq 0, x_2 \geq 0$ alle Ungleichungen des linken Ungleichungssystems genau dann erfüllt, wenn der Vektor $(x_1 \ x_2 \ x_3 \ x_4 \ x_5)$ mit $x_1, x_2, x_3, x_4, x_5 \geq 0$ alle Gleichungen des Gleichungssystems erfüllt. Die Schlupfvariablen sind keine Entscheidungsvariablen, haben also in der Zielfunktion den Wert 0, so dass wir das Lineare Programm, das *SchokoLeb* modelliert, wie folgt schreiben können:

$$\begin{array}{l} \max\ 30x_1 + 50x_2 + 0x_3 + 0x_4 + 0x_5 \\ \textit{unter den Nebenbedingungen} \\ \quad 3x_1 + 2x_2 + x_3 = 18 \\ \quad 1x_1 + 0x_2 + x_4 = 4 \\ \quad 0x_1 + 2x_2 + x_5 = 12 \\ \quad\quad x_1, x_2, x_3, x_4, x_5 \geq 0 \end{array}.$$

Allgemein sieht das Lineare Programm nun wie folgt aus:

$$\begin{array}{l} \max < c, x > \\ \textit{unter den Nebenbedingungen} \\ \quad Mx = b \\ \quad x \geq 0 \end{array},$$

wobei $M = (A \mid I)$ eine Koeffizientenmatrix mit $m$ Zeilen und $m+n$ Spalten ist, deren letzte $m$ Spalten die Einheitsvektoren

$$e_1 = \begin{pmatrix} 1 \\ 0 \\ 0 \\ \vdots \\ 0 \end{pmatrix}, e_2 = \begin{pmatrix} 0 \\ 1 \\ 0 \\ \vdots \\ 0 \end{pmatrix}, e_3 = \begin{pmatrix} 0 \\ 0 \\ 1 \\ \vdots \\ 0 \end{pmatrix}, \cdots e_m = \begin{pmatrix} 0 \\ 0 \\ 0 \\ \vdots \\ 1 \end{pmatrix}$$

sind und somit die Einheitsmatrix

$$I = \begin{pmatrix} 1 & 0 & 0 & \cdots & 0 \\ 0 & 1 & 0 & \cdots & 0 \\ 0 & 0 & 1 & \cdots & 0 \\ \vdots & \vdots & \vdots & \cdots & \vdots \\ 0 & 0 & 0 & \cdots & 1 \end{pmatrix}$$

bilden. Das Problem hat $n$ Entscheidungsvariablen $x_1,\ldots,x_n$ und $m$ Schlupfvariablen $x_{n+1},\ldots,x_{n+m}$.

<u>Beispiel 1.3:</u>
Im kleinen *SchokoLeb*-Beispiel ist

$$c = (30 \;\; 50 \;\; 0 \;\; 0 \;\; 0)$$

$$M = \begin{pmatrix} 3 & 2 & 1 & 0 & 0 \\ 1 & 0 & 0 & 1 & 0 \\ 0 & 2 & 0 & 0 & 1 \end{pmatrix}, \; b = \begin{pmatrix} 18 \\ 4 \\ 12 \end{pmatrix}.$$

<u>Beispiel 1.4:</u>
Wir betrachten das Lineare Programm

$$\begin{aligned} &\max\; 7x_1 + 3x_2 - 12x_3 \\ &\textit{unter den Nebenbedingungen} \\ &-2x_1 - 4x_2 \leq 13 \\ &15x_2 + 9x_3 \leq 6 \\ &3x_1 + 7x_2 - 10x_3 \leq 0 \\ &-5x_1 - 6x_3 \leq 9 \\ &x_1, x_2, x_3 \geq 0 \end{aligned}$$

Wenn man die Nebenbedingungen in Gleichungsform schreibt, sieht das Lineare Programm wie folgt aus:

$$\begin{aligned} &\max\; 7x_1 + 3x_2 - 12x_3 + 0x_4 + 0x_5 + 0x_6 + 0x_7 \\ &\textit{unter den Nebenbedingungen} \\ &-2x_1 - 4x_2 + x_4 = 13 \\ &15x_2 + 9x_3 + x_5 = 6 \\ &3x_1 + 7x_2 - 10x_3 + x_6 = 0. \\ &-5x_1 - 6x_3 + x_7 = 9 \\ &x_1, x_2, x_3, x_4, x_5, x_6, x_7 \geq 0 \end{aligned}$$

Es hat die $n = 3$ Entscheidungsvariablen $x_1$, $x_2$, $x_3$ und zu jeder der $m = 4$ Nebenbedingungen jeweils eine Schlupfvariable, also insgesamt die $m = 4$ vielen Schlupfvariable $x_4$, $x_5$, $x_6$, $x_7$. Der Zielfunktionsvektor ist $c = (7 \;\; 3 \;\; -12 \;\; 0 \;\; 0 \;\; 0 \;\; 0)$, die Koeffizientenmatrix ist

$$M = \begin{pmatrix} -2 & -4 & 0 & 1 & 0 & 0 & 0 \\ 0 & 15 & 9 & 0 & 1 & 0 & 0 \\ 3 & 7 & -10 & 0 & 0 & 1 & 0 \\ -5 & 0 & -6 & 0 & 0 & 0 & 1 \end{pmatrix}$$

und der Kapazitätsvektor ist

$$b = \begin{pmatrix} 13 \\ 6 \\ 0 \\ 9 \end{pmatrix}.$$

(→Ü.1.9)

**Diskussion 1.3:**

- Welche wirtschaftliche Interpretation haben die Schlupfvariablen?
- Was bedeutet diese Interpretation konkret für die in den Abschnitten 1.2 und 1.3 berechneten Produktionspläne?

Jetzt haben wir fast die Standardform eines Linearen Programms erreicht, von der Nadine gesprochen hat. Der einzige Unterschied ist der, dass in der Standardform minimiert wird statt zu maximieren. Das kann man aber einfach dadurch erreichen, dass man die Vorzeichen der Zielfunktionskoeffizienten umdreht. Es gilt nämlich:

$$\text{minimiere } < c\,,x > \; = \; \text{- maximiere } < (\text{-}c)\,, x > .$$

Beispiel 1.5:
Wenn wir das kleine *SchokoLeb*-Beispiel in Standardform formulieren, benutzen wir bei der Minimierung den Zielfunktionsvektor (-30 -50 0 0 0).
(→Ü.1.10-11)

Die **Standardform eines Linearen Programms** ist damit wie folgt definiert:

$$\min \langle c, x \rangle$$
$$\textit{unter den Nebenbedingungen}$$
$$Mx = b$$
$$x \geq 0$$

(→Ü.1.12-13)

## Übungsaufgaben

***Ü.1.9*** Wandeln Sie die folgenden Ungleichungssysteme in Gleichungssysteme um. Schreiben Sie dann jeweils das Ungleichungssystem und das Gleichungssystem in Matrixform und vergleichen Sie.

$$a)\quad \begin{aligned} 3x_1 + 5x_2 + 7x_3 &\le 5 \\ 6x_1 - 12x_2 - x_3 &\le -3 \\ 7x_1 + 2x_2 - 5x_3 &\le 16 \\ 9x_1 + 17x_2 - 14x_3 &\le 8 \end{aligned} \qquad b)\quad \begin{aligned} 83x_1 + 2x_2 - 43x_3 + 23x_4 &\le 10 \\ 8x_1 + 2x_2 - 23x_3 - 14x_4 &\le 432 \\ 43x_1 - 7x_2 + 4x_3 + 5x_4 &\le 83 \end{aligned}$$

***Ü.1.10*** Wandeln Sie folgende Maximierungs-Probleme in Minimierungs-Probleme um.

$a)$ $\max\ 3x_1 + x_2 - 23x_3 + x_4$

$b)$ $\max\ 23x_1 - x_2$

$c)$ $\max\ 53x_1 - 23x_2 + 42x_3 - 32x_4$

$d)$ $\max\ 5x_1 + 2x_2 - x_3 + x_4 - 23x_5$

***Ü.1.11*** Wandeln Sie folgende Maximierungs-Probleme in Minimierungs-Probleme um.

$a)$ $\max\ \langle (34\quad 28\quad -13), x\rangle$

$b)$ $\max\ \langle (31\quad -98\quad -99\quad -8), x\rangle$

$c)$ $\max\ \langle (82\quad -82), x\rangle$

$d)$ $\max\ \langle (34\quad -13\quad 94\quad -72\quad -83), x\rangle$

***Ü.1.12*** Wandeln Sie folgende Lineare Programme in Standardform um.

$a)$ $\max\ 3x_1 + x_2 - 4x_2$

*unter den Nebenbedingungen*

$$\begin{aligned} 7x_1 + 3x_2 - 5x_2 &\le 18 \\ x_1 - 6x_2 + 2x_3 &\le 10 \\ 18x_2 + 9x_3 &\le 9 \\ x_1, x_2, x_3 &\ge 0 \end{aligned}$$

$b)$ $\min 13x_1 + 20x_2 + 16x_3 + 23x_4$

*unter den Nebenbedingungen*

$$\begin{aligned} 28x_1 - 16x_2 - 8x_3 - 4x_4 &\le 0 \\ x_1 + 23x_2 + 16x_3 + 23x_4 &\le 13 \\ 38x_1 + 26x_2 + 18x_3 - 14x_4 &\le 87 \\ x_1 \qquad\quad - x_3 + 35x_4 &\le 12 \\ x_1, x_2, x_3, x_4 &\ge 0 \end{aligned}$$

$c)$ $\max\ x_2$

*unter den Nebenbedingungen*

$$\begin{aligned} 7x_1 + 16x_2 &\le 9 \\ 4x_1 - 22x_2 &\le 27 \\ -13x_1 + x_2 &\le 44 \\ 14x_1 + 14x_2 &\le 14 \\ x_1, x_2 &\ge 0 \end{aligned}$$

$d)$ $\max 2x_1 + 3x_2 + 5x_3 + 7x_4 + 11x_5 + 13x_6$

*unter den Nebenbedingungen*

$$\begin{aligned} 17x_1 - 19x_2 + 23x_3 - 29x_4 \qquad\quad - 31x_6 &\le 37 \\ 9x_1 + 8x_2 - 16x_3 + 15x_4 - 30x_5 + 31x_6 &\le 62 \\ 48x_1 - \qquad 36x_3 \qquad\quad - 12x_5 \qquad\quad &\le 0 \\ 15x_1 + 16x_2 + 17x_3 - 17x_4 - 16x_5 - 15x_6 &\le 25 \\ x_1, x_2, x_3, x_4, x_5, x_6 &\ge 0 \end{aligned}$$

***Ü.1.13*** Wandeln Sie folgende Lineare Programme in Standardform um.

*a)* $\max 13x_1 - 13x_2 \quad + 16x_4$

*unter den Nebenbedingungen*

$$\begin{aligned} 18x_2 - 9x_3 + 4{,}5x_4 &\le 36 \\ 17x_1 \quad + 17x_3 + 17x_4 &\le 17 \\ -25x_1 - 5x_2 \quad - 33x_4 &\le 3 \\ 18x_1 + 9x_2 + 4{,}5x_3 \quad &\le 36 \end{aligned}$$

*b)* $\max -x_1 - x_2 - x_3 - x_4$

*unter den Nebenbedingungen*

$$\begin{aligned} -x_1 + x_2 + x_3 + x_4 &\le 1 \\ x_1 - x_2 + x_3 + x_4 &\le 1 \\ x_1 + x_2 - x_3 + x_4 &\le 1 \\ x_1 + x_2 + x_3 - x_4 &\le 1 \\ x_1, x_2, x_3, x_4 &\ge 0 \end{aligned}$$

*c)* $\min 2x_1 + x_2 - 2x_3$

*unter den Nebenbedingungen*

$$\begin{aligned} 18x_1 + 3x_2 - 60x_3 &\le 99 \\ 18x_1 + 3x_2 \quad &\le 99 \\ 3x_2 + 4x_3 &\le 5 \\ 2x_1 + 20x_2 + 6x_3 &\le 21 \\ x_1, x_2, x_3, x_4 &\ge 0 \end{aligned}$$

*d)* $\max -5x_1 - 4x_2 - 3x_3 - 2x_4 - x_5$

*unter den Nebenbedingungen*

$$\begin{aligned} 15x_1 + 4x_2 - 5x_3 + 47x_4 + 9x_5 &\le 26 \\ 49x_1 + 67x_2 - 7x_3 \quad + 44x_5 &\le 9 \\ 98x_1 + 81x_2 - 18x_3 + 84x_4 - 49x_5 &\le 96 \\ 6x_2 + 3x_3 \quad + 6x_5 &\le 991 \\ x_1, x_2, x_3, x_4, x_5 &\ge 0 \end{aligned}$$

## *1.6 Das Simplexverfahren zur Lösung Linearer Programme*

Um das Simplexverfahren einführen zu können, benötigen wir die Begriffe elementare Zeilenoperationen, Pivotoperationen und das Lösen von Gleichungssystemen. Elementare Zeilenoperationen und Pivotoperationen werden dabei benutzt um Gleichungssysteme einfacher zu machen und schließlich eine Lösung des Gleichungssystems sehr leicht ablesen zu können.

Wenn wir eine Matrix gegeben haben, werden wir darin die folgenden drei **elementaren Zeilenoperationen** durchführen:

$\boldsymbol{Z_i := kZ_i}$: Multiplikation einer Zeile: Alle Komponenten einer Zeile $Z_i$ werden mit einer Zahl $k$ multipliziert.

$\boldsymbol{Z_i \leftrightarrow Z_k}$: Vertauschen von zwei Zeilen $Z_i$ und $Z_k$.

$\boldsymbol{Z_k := Z_k + kZ_i}$: Addition des $k$-fachen einer Zeile $Z_i$ zu einer Zeile $Z_k$.

Beispiel 1.6:
Wir betrachten im Folgenden eine Serie von elementaren Zeilenoperationen an einer Matrix $M$

$$\begin{pmatrix} 3 & 3 & 9 & 6 & 0 \\ 0 & 0 & 2 & 0 & 3 \\ 2 & 3 & 7 & 5 & 3 \end{pmatrix} \xrightarrow{Z_1 := \frac{1}{3} Z_1} \begin{pmatrix} 1 & 1 & 3 & 2 & 0 \\ 0 & 0 & 2 & 0 & 3 \\ 2 & 3 & 7 & 5 & 3 \end{pmatrix} \xrightarrow{Z_3 := Z_3 - 2Z_1} \begin{pmatrix} 1 & 1 & 3 & 2 & 0 \\ 0 & 0 & 2 & 0 & 3 \\ 0 & 1 & 1 & 1 & 3 \end{pmatrix}$$

$$\xrightarrow{Z_2 \leftrightarrow Z_3} \begin{pmatrix} 1 & 1 & 3 & 2 & 0 \\ 0 & 1 & 1 & 1 & 3 \\ 0 & 0 & 2 & 0 & 3 \end{pmatrix} \xrightarrow{Z_3 := \frac{1}{2} Z_3} \begin{pmatrix} 1 & 1 & 3 & 2 & 0 \\ 0 & 1 & 1 & 1 & 3 \\ 0 & 0 & 1 & 0 & \frac{3}{2} \end{pmatrix}$$

Bei einer **Pivotoperation** wählen wir in einer gegebenen Matrix $M$ einen Eintrag $m_{ij}$ aus, der nicht die Zahl Null sein darf. Um dieses Element $m_{ij}$ wird sich im Folgenden alles drehen, daher wird $m_{ij}$ das **Pivotelement**, von französisch Pivot = Drehpunkt, genannt. Nach der Bezeichnungsweise der Matrixrechnung steht $m_{ij}$ in der $i$-ten Zeile (der **Pivotzeile**) und der $j$-ten Spalte (der **Pivotspalte**) von $M$. Nun werden in der Pivotoperation mit Pivotelement $m_{ij}$ elementare Zeilenoperationen angewandt. Unser Ziel ist dabei, die $j$-te Spalte in den $i$-ten Einheitsvektor $e_i$ umzuwandeln. Das geht durch:

- Division der $i$-ten Zeile durch das Pivotelement $m_{ij}$, d.h. $Z_i := (1/m_{ij})\, Z_i$

- Eliminierung aller Einträge in der $j$-ten Spalte außer dem $i$-ten Eintrag: $Z_k := Z_k - m_{kj} Z_i$

Beispiel 1.7:
Wir betrachten die letzte Matrix aus Beispiel 1.6 und wenden Pivotoperationen an (die Pivotelemente sind hier und im Folgenden jeweils (blau) eingerahmt).

$$\begin{pmatrix} 1 & 1 & 3 & 2 & 0 \\ 0 & \boxed{1} & 1 & 1 & 3 \\ 0 & 0 & 1 & 0 & 3/2 \end{pmatrix} \xrightarrow{Z_1:=Z_1-1Z_2} \begin{pmatrix} 1 & 0 & 2 & 1 & -3 \\ 0 & 1 & 1 & 1 & 3 \\ 0 & 0 & \boxed{1} & 0 & 3/2 \end{pmatrix}$$

$$\xrightarrow{Z_1:=Z_1-2Z_3} \begin{pmatrix} 1 & 0 & 0 & 1 & -6 \\ 0 & 1 & 1 & 1 & 3 \\ 0 & 0 & \boxed{1} & 0 & 3/2 \end{pmatrix} \xrightarrow{Z_2:=Z_2-1Z_3} \begin{pmatrix} 1 & 0 & 0 & 1 & -6 \\ 0 & 1 & 0 & 1 & 3/2 \\ 0 & 0 & 1 & 0 & 3/2 \end{pmatrix}.$$

In der ersten Matrix ist $m_{22}$ das Pivotelement, d.h. die Pivotzeile ist die Zeile 2 und die Pivotspalte ist die Spalte 2. In der zweiten Matrix ist $m_{33}$ das Pivotelement, d.h. die Pivotzeile ist die Zeile 3 und die Pivotspalte ist die Spalte 3.

Mit Pivotoperationen können wir sehr leicht Gleichungssysteme lösen, wie sie bei Linearen Programmen auftauchen. Dies werden wir uns im Folgenden ansehen.

Alle Daten eines Gleichungssystems $Mx = b$ fassen wir in der **erweiterten Matrix** $(M \mid b)$ zusammen, deren letzte Spalte aus dem Vektor der rechten Seiten des Gleichungssystems besteht.

Beispiel 1.8:
Wir betrachten das Gleichungssystem mit zwei Gleichungen und fünf Variablen

$$\begin{array}{llllll} 3x_1 & +6x_2 & & +12x_4 & +3x_5 & = 12 \\ 2x_1 & +4x_2 & +1x_3 & +10x_4 & +2x_5 & = 9\,. \end{array}$$

Die Koeffizientenmatrix $M$ und der Vektor $b$ der rechten Seiten beschreiben in der erweiterten Form

$$(M \mid b) = \left(\begin{array}{ccccc|c} 3 & 6 & 0 & 12 & 3 & 12 \\ 2 & 4 & 1 & 10 & 2 & 9 \end{array}\right)$$

kompakt die Daten dieses Gleichungssystems.

Wenn wir nun elementare Zeilenoperationen auf die erweiterte Matrix ($A \mid b$) anwenden, ändern wir zwar die Koeffizienten, aber wir ändern sie jeweils auf beiden Seiten der Gleichungen, so dass die Lösungsmenge unverändert bleibt. Auf diese Weise können wir das Gleichungssystem vereinfachen, bis wir eine Lösung ablesen können. Dieses Verfahren ist nach dem Mathematiker Friedrich Gauß (1777 - 1855) benannt (**Gauß-Verfahren)**.

**Algorithmus 1.2: Gauß-Verfahren zur Lösung eines linearen Gleichungssystems**

Input: Lineares Gleichungssystem, gegeben durch erweiterte Matrix ($M \mid b$).

Output: Lösung des Gleichungssystem $Mx = b$ oder Beweis, dass keine Lösung existiert.

Schritt 1 Führe von der ersten Spalte beginnend Pivotoperationen durch, so dass möglichst viele Einheitsvektoren geschaffen werden.

Schritt 2 Bezeichne die so entstehende modifizierte erweiterte Matrix mit ($M' \mid b'$).

Schritt 3 Weise den Variablen, die zum $i$-ten Einheitsvektor gehören, den $i$-ten Wert von $b'$ zu und allen anderen Variablen den Wert 0.

Schritt 4 Entweder löst der so bestimmte Vektor $x$ das Gleichungssystem oder es gibt keine Lösung.

Beispiel 1.9:

Wir betrachten das Gleichungssystem aus dem vorherigen Beispiel 1.8 und lösen es mit dem Gauß-Verfahren:

$$(M \mid b) = \left(\begin{array}{ccccc|c} \boxed{3} & 6 & 0 & 12 & 3 & 12 \\ 2 & 4 & 1 & 10 & 2 & 9 \end{array}\right) \xrightarrow{Z_1 := \frac{1}{3} Z_1} \left(\begin{array}{ccccc|c} \boxed{1} & 2 & 0 & 4 & 1 & 4 \\ 2 & 4 & 1 & 10 & 2 & 9 \end{array}\right)$$

$$\xrightarrow{Z_2 := Z_2 - 2Z_1} \left(\begin{array}{ccccc|c} 1 & 2 & 0 & 4 & 1 & 4 \\ 0 & 0 & 1 & 2 & 0 & 1 \end{array}\right) = (M' \mid b')$$

Die (rot markierten) Einheitsvektoren $e_1$ und $e_2$ entsprechen der ersten und dritten Spalte der erweiterten Matrix und gehören deshalb zu den Variablen $x_1$ und $x_3$. Ihre Werte lesen wir aus der letzten Spalte ab: $x_1 = 4$ und $x_3 = 1$. Alle anderen Variablen haben den Wert 0, also $x_2 = x_4 = x_5 = 0$. Insgesamt erhalten wir somit den Lösungsvektor $x = (4\ \ 0\ \ 1\ \ 0\ \ 0)$. Zur Probe sieht man, dass

$$Mx = \begin{pmatrix} 3 & 6 & 0 & 12 & 3 \\ 2 & 4 & 1 & 10 & 2 \end{pmatrix} \begin{pmatrix} 4 \\ 0 \\ 1 \\ 0 \\ 0 \end{pmatrix} = \begin{pmatrix} 3\cdot 4 + 6\cdot 0 + 0\cdot 1 + 12\cdot 0 + 3\cdot 0 \\ 2\cdot 4 + 4\cdot 0 + 1\cdot 1 + 10\cdot 0 + 2\cdot 0 \end{pmatrix} = \begin{pmatrix} 12 \\ 9 \end{pmatrix} = b.$$

Beispiel 1.10:
In diesem Beispiel werden wir sehen, wie das Verfahren entdeckt, dass das Gleichungssystem nicht lösbar ist.

$$\left(\begin{array}{ccccc|c} \boxed{1} & 2 & -1 & 5 & -3 & 1 \\ 2 & 4 & -2 & 12 & 2 & 4 \\ 1 & 2 & -1 & 6 & 1 & 4 \end{array}\right) \xrightarrow[Z_3:=Z_3-1Z_1]{Z_2:=Z_2-2Z_1} \left(\begin{array}{ccccc|c} 1 & 2 & -1 & 5 & -3 & 1 \\ 0 & 0 & 0 & \boxed{2} & 8 & 2 \\ 0 & 0 & 0 & 1 & 4 & 3 \end{array}\right)$$

$$\xrightarrow{Z_2:=\frac{1}{2}Z_2} \left(\begin{array}{ccccc|c} 1 & 2 & -1 & 5 & -3 & 1 \\ 0 & 0 & 0 & \boxed{1} & 4 & 1 \\ 0 & 0 & 0 & 1 & 4 & 3 \end{array}\right) \xrightarrow[Z_3:=Z_3-1Z_2]{Z_1:=Z_1-5Z_2} \left(\begin{array}{ccccc|c} 1 & 2 & -1 & 0 & -23 & -4 \\ 0 & 0 & 0 & 1 & 4 & 1 \\ 0 & 0 & 0 & 0 & 0 & 2 \end{array}\right)$$

Da die Lösungsmenge durch Anwendung der Pivotoperationen unverändert bleibt, sieht man an der letzten Zeile, die der Gleichung $0x_1 + 0x_2 + 0x_3 + 0x_4 + 0x_5 = 2$ entspricht, dass keine Lösung existieren kann.

Statt Pivotoperationen „von links nach rechts" in der Matrix $M$ zu machen, können wir auch Spalten vorgeben und sie mit Pivotoperationen in verschiedene Einheitsvektoren umwandeln. (Wenn das möglich ist, nennt man diese Vektoren der Matrix $M$ **linear unabhängig**.) Das kann z.B. sinnvoll sein, wenn man die Einheitsvektoren in der Matrix „fast" sieht.

Beispiel 1.11:
In dem Gleichungssystem, das durch die erweiterte Matrix

$$(M \mid b) = \left(\begin{array}{ccccc|c} 2 & 8 & 0 & 14 & 1 & 10 \\ 1 & 3 & 0 & 5 & 0 & 4 \\ 0 & 4 & 2 & 11 & 0 & 7 \end{array}\right)$$

definiert ist, erkennt man die Einheitsvektoren $e_1$ und $e_3$ schon in den Spalten fünf und drei. Somit lösen wir das Gleichungssystem wie folgt:

$$(M \mid b) = \left(\begin{array}{ccccc|c} 2 & 8 & 0 & 14 & 1 & 10 \\ 1 & 3 & 0 & 5 & 0 & 4 \\ 0 & 4 & \boxed{2} & 11 & 0 & 7 \end{array}\right) \xrightarrow{Z_3:=\frac{1}{2}Z_3} \left(\begin{array}{ccccc|c} 2 & 8 & 0 & 14 & 1 & 10 \\ \boxed{1} & 3 & 0 & 5 & 0 & 4 \\ 0 & 2 & 1 & 11/2 & 0 & 7/2 \end{array}\right)$$

$$\xrightarrow{Z_1:=Z_1-2Z_2} \left(\begin{array}{ccccc|c} 0 & 2 & 0 & 4 & 1 & 2 \\ 1 & 3 & 0 & 5 & 0 & 4 \\ 0 & 2 & 1 & 11/2 & 0 & 7/2 \end{array}\right) = (M' \mid b')$$

und wir lesen aus den zu den Einheitsvektoren gehörenden Spalten die Lösung $x_5 = 2$, $x_1 = 4$, $x_3 = 7/2$ , also $x = (4\ 0\ 7/2\ 0\ 2)$ ab.

(→Zusatzübung (s. CD) 1.51-52)

Die Lösung in Beispiel 1.11 haben wir auf folgende Art erhalten:

Wähle in der $m$-zeiligen Matrix $M$ $m$ Spalten aus, so dass diese Spalten mit Pivotoperationen in $(M \mid b)$ in die m verschiedenen Einheitsvektoren umgewandelt werden können. Für die zugehörigen Variablen lassen sich nach dieser Umwandlung die Werte in der letzten Spalte ablesen. Den Wert für die restlichen Variablen setzen wir jeweils auf Null. Eine solche Lösung nennen wir **Ba-**

**sislösung** des linearen Gleichungssystems. (Der Name kommt daher, dass die Spalten der Matrix, die wir ausgewählt haben, eine Basis des Spaltenraums der Matrix $M$ bilden.)

Bei der Lösung eines Linearen Programms (in Standardform!) dürfen wir unter allen Lösungen des Gleichungssystems $Mx = b$ nur solche betrachten, die zusätzlich die Vorzeichenbedingung $x \geq 0$ erfüllen. Eine Basislösung, die diese zusätzliche Eigenschaft erfüllt, heißt **zulässige Basislösung** (→Zusatzübung (s. CD) 1.55-56).

***Hauptsatz der linearen Optimierung:***

Zu jedem Linearen Programm, das eine Optimallösung besitzt, gibt es immer ein solche, die eine zulässige Basislösung ist.

Der Beweis dieses Satzes baut auf Kenntnissen der Polyedertheorie auf. Man zeigt, dass man eine optimale Lösung, die keine Basislösung ist, in eine solche umwandeln kann, ohne den Zielfunktionswert zu verändern.[3] Einen Spezialfall dieses Satzes haben wir schon in Abschnitt 1.2 kennen gelernt, wo wir feststellten, dass es immer einen Eckpunkt als Optimallösung eines Linearen Programms mit zwei Variablen gibt. Zwischen Basislösungen eines Gleichungssystems und Ecken eines Polyeders gibt es enge Zusammenhänge, die wir im Folgenden noch weiter betrachten werden.

Mit dem Hauptsatz ist das Problem, unter den unendlich vielen zulässigen Lösungen eines linearen Programms eine beste zu finden, darauf reduziert, dies unter den endlich vielen zulässigen Basislösungen zu tun. Leider gibt es jedoch zu viele von diesen Basislösungen, denn wenn wir $m$ Spalten aus $n + m$ Spalten aussuchen, haben wir

$$Cn(n+m,m) := \binom{n+m}{m} = \frac{(n+m)!}{m!\,n!} = \frac{(n+1)(n+2)...(n+m)}{m!}$$

viele Möglichkeiten und diese Zahl wächst, wie Tabelle 1.3 zeigt, sehr schnell.

| $n$ | $m$ | Cn(n+m,m) |
|---|---|---|
| 2 | 3 | 10 |
| 5 | 3 | 56 |
| 5 | 5 | 252 |
| 10 | 5 | 3.003 |
| 10 | 10 | 184.756 |
| 20 | 10 | 30.045.015 |

**Tabelle 1.3** *Binomialkoeffizienten Cn(n+m,m) als Anzahl von möglichen Basislösungen in einem Linearen Programm*

Für jede dieser Möglichkeiten müssten wir dann außerdem prüfen,
- ob wir die $m$ Spalten durch Pivotoperationen auf die $m$ verschiedenen Einheitsvektoren transformieren können,
- ob die sich ergebenden Werte der Variablen alle ≥ 0 sind und
- welche der zulässigen Basislösungen, die wir auf diese Art gefunden haben, eine solche mit kleinstem Zielfunktionswert ist

[3] Einen detaillierten Beweis findet man z.B. in Hamacher, H.W. und Klamroth, K. „Lineare und Netzwerkoptimierung – Linear and Network Optimization“: Ein bilinguales Lehrbuch“, Vieweg Verlag, 2000

Offensichtlich ist dieses Verfahren viel zu aufwändig. Für das kleine *SchokoLeb*-Beispiel wären dies zehn Möglichkeiten, was noch akzeptabel wäre (→Ü.1.14). Aber schon für das ursprüngliche Testbeispiel von *SchokoLeb* mit $n = 10$ und $m = 5$ hätten wir 3.003 viele Kombinationen auszuprobieren. Und wenn man sich an das Protokoll des Kontaktgesprächs erinnert, will die Firma noch größere Probleme lösen.

Statt also alle Möglichkeiten zu untersuchen, gibt es ein geniales Verfahren, das diese vollständige Enumeration vermeidet. (Dass dieses Verfahren tatsächlich als genial anerkannt worden ist, sieht man daran, dass von den drei Menschen, die es unabhängig voneinander in den 40er Jahren des letzten Jahrhunderts erfunden haben, zwei den Nobelpreis in Ökonomie bekommen haben, vgl. Abschnitt 1.7.) Der Kern dieses Verfahrens, des **Simplexverfahrens**, ist die folgende Idee:

In jeder Iteration geht man von einer zulässigen Basislösung $x$ zu einer anderen zulässigen Basislösung $x'$, die folgende Eigenschaften hat:

- die zu $x$ bzw. $x'$ gehörenden Einheitsvektoren in $M$ unterscheiden sich um genau eine Spalte (d.h. genau eine Spalte wird beim Übergang von $x$ zu $x'$ durch eine andere ausgetauscht). Man sagt, dass $x'$ eine zu $x$ **benachbarte zulässige Basislösung** ist oder dass man einen **Basisaustausch** vorgenommen hat.

- der Zielfunktionswert $< c , x' >$ von $x'$ ist mindestens so gut wie der von $x$.

Das Schöne ist, dass man all dies mit den uns bekannten Pivotoperationen machen kann. Außerdem ist es möglich mit einem einfachen Kriterium in einer Matrix abzulesen, ob man eine optimale Basislösung erreicht hat.

Wir zeigen dies am Beispiel des kleinen *SchokoLeb*-Problems.

Beispiel 1.12:
Bei der Umwandlung des kleinen *SchokoLeb* Beispiels in ein Lineares Programm in Standardform (siehe Beispiele 1.2 und 1.4) erhalten wir die Daten $c$, $M$ und $b$, die wir in eine Matrix schreiben, die **Simplextableau** genannt wird:

$$T = \left(\begin{array}{c|c} c & 0 \\ \hline M & b \end{array}\right) = \left(\begin{array}{ccccc|c} -30 & -50 & 0 & 0 & 0 & 0 \\ \hline 3 & 2 & 1 & 0 & 0 & 18 \\ 1 & 0 & 0 & 1 & 0 & 4 \\ 0 & 2 & 0 & 0 & 1 & 12 \end{array}\right),$$

in das wir außer den Daten noch eine Null rechts oben aufgenommen haben. Zusätzlich zu der Trennlinie für die rechte Seite des Gleichungssystems haben wir unter der obersten Zeile eine Linie gezogen, die darauf hinweisen soll, dass die oberste Zeile des Tableaus die Information über die Zielfunktion enthält. Ein solches Tableau nennen wir **Simplextableau**, wenn sich im Teil von $T$, der zur Matrix $M$ gehört, $m$ verschiedene Einheitsvektoren befinden.

Da wir ein System linearer Ungleichungen mit Hilfe von Schlupfvariablen in ein System linearer Gleichungen überführt haben, enthält die Matrix $M$ schon drei Einheitsvektoren in den Spalten 3, 4 und 5, die zu den Schlupfvariablen gehören. Die zugehörige Lösung des Gleichungssystems, also die zu {3, 4, 5} gehörende Basislösung, ist $x_{3\text{-}4\text{-}5}$ = (0 0 18 4 12). Diese Lösung hat den Zielfunktionswert 0. In der grafischen Darstellung (s. Abbildung 1.1) entspricht diese Basislösung der Ecke (0 | 0) des Zulässigkeitspolyeders.

Wir gehen jetzt von $x_{3\text{-}4\text{-}5}$ zu einer benachbarten zulässigen Basislösung über, in dem wir die erste Spalte in $M$ in den zweiten Einheitsvektor in $T$ durch Pivotoperationen transformieren.

$$T=\left(\begin{array}{ccccc|c} -30 & -50 & 0 & 0 & 0 & 0 \\ \hline 3 & 2 & 1 & 0 & 0 & 18 \\ \boxed{1} & 0 & 0 & 1 & 0 & 4 \\ 0 & 2 & 0 & 0 & 1 & 12 \end{array}\right) \xrightarrow[Z_1:=Z_1-3Z_2]{Z_0:=Z_0-(-30)Z_2} \left(\begin{array}{ccccc|c} 0 & -50 & 0 & 30 & 0 & 120 \\ \hline 0 & 2 & 1 & -3 & 0 & 6 \\ 1 & 0 & 0 & 1 & 0 & 4 \\ 0 & 2 & 0 & 0 & 1 & 12 \end{array}\right)$$

Die neue Basislösung ist $x_{3\text{-}1\text{-}5}$ = (4 0 6 0 12). Die zugehörige Ecke im Zulässigkeitspolyeder aus Abbildung 1.1 ist (4 | 0), eine benachbarte Ecke der vorherigen Ecke (0 | 0). Wir haben in der Basis die vierte Spalte (in der vor der Änderung der zweite Einheitsvektor stand) mit der ersten Spalte getauscht (in der nun nach der Änderung der zweite Einheitsvektor steht). Der Zielfunktionswert ist $-30x_1 - 50x_2 + 0x_3 + 0x_4 + 0x_5 = -120$, das ist gerade – bis auf das Vorzeichen - der Eintrag oben rechts im neuen Simplextableau.
Als nächstes führen wir den Basisaustausch {3,1,5} → {2,1,5} durch, d.h. wir ersetzen den Einheitsvektor in Spalte 3 mit Hilfe von Pivotoperationen durch einen Einheitsvektor in Spalte 2:

$$\left(\begin{array}{ccccc|c} 0 & -50 & 0 & 30 & 0 & 120 \\ \hline 0 & \boxed{2} & 1 & -3 & 0 & 6 \\ 1 & 0 & 0 & 1 & 0 & 4 \\ 0 & 2 & 0 & 0 & 1 & 12 \end{array}\right) \xrightarrow{Z_1:=\frac{1}{2}Z_1} \left(\begin{array}{ccccc|c} 0 & -50 & 0 & 30 & 0 & 120 \\ \hline 0 & \boxed{1} & \frac{1}{2} & -\frac{3}{2} & 0 & 3 \\ 1 & 0 & 0 & 1 & 0 & 4 \\ 0 & 2 & 0 & 0 & 1 & 12 \end{array}\right)$$

$$\xrightarrow[Z_3:=Z_3-2Z_1]{Z_0:=Z_0-(-50)Z_1} \left(\begin{array}{ccccc|c} 0 & 0 & 25 & -45 & 0 & 270 \\ \hline 0 & 1 & \frac{1}{2} & -\frac{3}{2} & 0 & 3 \\ 1 & 0 & 0 & 1 & 0 & 4 \\ 0 & 0 & -1 & 3 & 1 & 6 \end{array}\right)$$

Die neue Basislösung ist $x_{2\text{-}1\text{-}5}$ = (4 3 0 0 6) mit Zielfunktionswert $-30x_1 - 50x_2 + 0x_3 + 0x_4 + 0x_5 = -270$, ist also wieder – bis auf das Vorzeichen - gleich dem Eintrag in der rechten oberen Ecke des Simplextableaus. Wieder entspricht die Basislösung einer Ecke des Zulässigkeitspolyeders, nämlich der Ecke (4 | 3), die wieder benachbart zur vorherigen Ecke (4 | 0) ist.

Als letzten Basisaustausch ersetzen wir in der Basis die fünfte durch die vierte Spalte:

$$\left(\begin{array}{ccccc|c} 0 & 0 & 25 & -45 & 0 & 270 \\ \hline 0 & 1 & \frac{1}{2} & -\frac{3}{2} & 0 & 3 \\ 1 & 0 & 0 & 1 & 0 & 4 \\ 0 & 0 & -1 & \boxed{3} & 1 & 6 \end{array}\right) \xrightarrow{Z_3:=\frac{1}{3}Z_3} \left(\begin{array}{ccccc|c} 0 & 0 & 25 & -45 & 0 & 270 \\ \hline 0 & 1 & \frac{1}{2} & -\frac{3}{2} & 0 & 3 \\ 1 & 0 & 0 & 1 & 0 & 4 \\ 0 & 0 & -\frac{1}{3} & \boxed{1} & \frac{1}{3} & 2 \end{array}\right)$$

$$\xrightarrow[\substack{Z_1:=Z_1-(-\frac{3}{2})Z_3 \\ Z_2:=Z_2-1Z_3}]{Z_0:=Z_0-(-45)Z_3} \left(\begin{array}{ccccc|c} 0 & 0 & 10 & 0 & 15 & 360 \\ \hline 0 & 1 & 0 & 0 & \frac{1}{2} & 6 \\ 1 & 0 & \frac{1}{3} & 0 & -\frac{1}{3} & 2 \\ 0 & 0 & -\frac{1}{3} & 1 & \frac{1}{3} & 2 \end{array}\right)$$

Die letzte Basislösung ist $x_{2\text{-}1\text{-}4}$ = (2 6 0 2 0) mit Zielfunktionswert $-30x_1 - 50x_2 + 0x_3 + 0x_4 + 0x_5 = -360$, wieder ablesbar oben rechts in der Matrix. In Abbildung 1.1 ist (2 | 6) die zugehörige Ecke.

In jedem Schritt ist der Zielfunktionswert besser, also kleiner (zur Erinnerung: wir minimieren) geworden. Diesem Tableau sieht man an, dass man keine weitere Basislösung mehr bestimmen muss, denn es gilt folgendes Ergebnis, das wir in Anhang B beweisen:

***Optimalitätskriterium:***

Wenn in einem Simplextableau $T$ bis auf den Eintrag in der rechten, oberen Ecke, alle Einträge in der obersten Zeile und in der letzten Spalte nicht-negativ sind, dann ist die zugehörige Basislösung eine Optimallösung des Linearen Programms.

Von den zehn möglichen Basislösungen (vgl. Tabelle 1.3) haben wir in Beispiel 1.12 nur vier anschauen müssen, bis wir das Optimum erreicht haben. Das ist offensichtlich eine erhebliche Ersparnis im Rechenaufwand. Woher weiß man aber, in welcher Reihenfolge die Basisaustausche vorgenommen werden sollen? Dazu gibt es eine Regel, die man anwendet, wenn die Einträge in der rechten Spalte nicht-negativ sind, d.h. wenn die Basislösung zulässig ist, allerdings das Optimalitätskriterium verletzt:

***Basisaustauschregel:***

- Wähle als Pivotspalte $s$ eine solche, in der der Eintrag in der obersten Zeile negativ ist (eine solche Spalte muss es geben, weil ansonsten das Optimalitätskriterium erfüllt wäre).
- Wähle als Pivotzeile $r$ eine solche, so dass der Quotient aus dem Eintrag in der rechten Spalte und der Pivotspalte nicht-negativ und möglichst klein ist (falls kein solcher nicht-negativer Quotient existiert, kann der Zielfunktionswert beliebig groß gemacht werden, so dass das Lineare Programm nicht lösbar ist).
- Das Pivotelement steht auf der Kreuzung der so ermittelten Pivotzeile und -spalte.

Wenn man sich Beispiel 1.12 noch einmal anschaut, wird man feststellen, dass alle Basisaustausche auf diese Art durchgeführt wurden. Algorithmus 1.3 ist eine formale Beschreibung des Simplexverfahrens.

**Algorithmus 1.3: Simplexverfahren zur Lösung Linearer Programme**

Input: Lineares Programm in Ungleichungsform mit $b_i \geq 0$ für alle $i = 1,\ldots,m$.

Output Optimale Lösung $x = (x_1 \ x_2 \ x_3 \ \ldots \ x_n)$ oder Feststellung, dass der Zielfunktionswert beliebig groß werden kann.

Schritt 1 Wandle das Lineare Programm in Ungleichungsform durch Einführung von Schlupfvariablen (und ggf. durch Transformation der Maximierung in eine Minimierung) in ein Lineares Programm in Standardform um.

Schritt 2 Für die Einträge des Start-Simplextableaus führen wir eine Bezeichnung aller Einträge ein:

$$T = \left(\begin{array}{c|c} c & 0 \\ \hline M & b \end{array}\right) = \left(\begin{array}{ccccc|c} t_{01} & t_{02} & t_{03} & \cdots & t_{o,n+m} & t_{0,n+m+1} \\ \hline t_{11} & t_{12} & t_{13} & \cdots & t_{1,n+m} & t_{1,n+m+1} \\ \vdots & \vdots & \vdots & \cdots & \vdots & \vdots \\ t_{m1} & t_{m2} & t_{m3} & \cdots & t_{m,n+m} & t_{m,n+m+1} \end{array}\right).$$

Schritt 3 Falls für alle $j = 1,\ldots,n+m$ gilt: $t_{0j} \geq 0$, dann Output die zu diesem Tableau gehörige Basislösung und $z^* = - t_{0,n+m+1}$ als optimalen Zielfunktionswert.
Sonst: Wähle Spalte $s$ mit negativem Eintrag in der obersten Zeile, d.h. $t_{0s} < 0$ als Pivotspalte.

Schritt 4 Falls alle Einträge in dieser Spalte negativ oder gleich 0 sind
Output: Der Zielfunktionswert kann beliebig groß werden, es gibt also keine Optimallösung.
Sonst: Wähle als Pivotzeile eine solche, in der der Quotient

$$\frac{t_{i,m+n+1}}{t_{is}} \geq 0$$

und minimal unter allen nicht-negativen Quotienten ist.

Schritt 5 Wähle den Eintrag $t_{i,s}$ als Pivotelement und wende die Pivotoperationen auf das gesamte Tableau $T$ an.

Schritt 6 Bezeichne das Tableau nach den Pivotoperationen wieder mit $T$ und gehe zu Schritt 3.

Beispiel 1.13:
Wir wollen nun das folgende lineare Programm in Ungleichungsform mit Hilfe von Algorithmus 1.3 lösen:

$$\begin{aligned} &\max\ 2x_1 + 3x_2 \\ &\textit{unter den Nebenbedingungen} \\ &3x_1 \le 5 \\ &5x_2 \le 3 \\ &3x_1 + 2x_2 \le 10 \\ &x_1, x_2 \ge 0 \end{aligned}$$

Schritt 1: Zunächst wandeln wir das Lineare Programm in ein Lineares Programm in Standardform um:

$$\begin{array}{lcl} \max\ 2x_1 + 3x_2 & & -\min\ -2x_1 - 3x_2 \\ \textit{unter den Nebenbedingungen} & & \textit{unter den Nebenbedingungen} \\ 3x_1 \le 5 & \Rightarrow & 3x_1 + x_3 = 5 \\ 5x_2 \le 3 & & 5x_2 + x_4 = 3 \\ 3x_1 + 2x_2 \le 10 & & 3x_1 + 2x_2 + x_5 = 10 \\ x_1, x_2 \ge 0 & & x_1, x_2, x_3, x_4, x_5 \ge 0 \end{array}$$

Bei der Anwendung des Simplexverfahrens ist $m$ = 3 und $n$ = 2.

Schritt 2: Nun führen wir die Bezeichnung für die Einträge des Start-Simplextableaus ein:

$$T = \left(\begin{array}{c|c} c & 0 \\ \hline M & b \end{array}\right) = \left(\begin{array}{ccccc|c} t_{01} & t_{02} & t_{03} & t_{04} & t_{05} & t_{06} \\ \hline t_{11} & t_{12} & t_{13} & t_{14} & t_{15} & t_{16} \\ t_{21} & t_{22} & t_{23} & t_{24} & t_{25} & t_{26} \\ t_{31} & t_{32} & t_{33} & t_{34} & t_{35} & t_{36} \end{array}\right) = \left(\begin{array}{ccccc|c} -2 & -3 & 0 & 0 & 0 & 0 \\ \hline 3 & 0 & 1 & 0 & 0 & 5 \\ 0 & 5 & 0 & 1 & 0 & 3 \\ 3 & 2 & 0 & 0 & 1 & 10 \end{array}\right)$$

Schritt 3: Nicht für alle $j$ = 1,...,$n$+$m$ gilt $t_{0j} \ge 0$. Daher wählen wir Spalte $s$ = 1 mit negativem Eintrag in der obersten Zeile ($t_{01}$ = -2 < 0) als Pivotspalte.

Schritt 4: Nicht alle Einträge in Spalte 1 sind negativ oder gleich 0. Wir wählen als Pivotzeile die Zeile $i$ = 1, da in dieser Zeile der Quotient

$$\frac{t_{i,m+n+1}}{t_{is}} = \frac{t_{16}}{t_{11}} = \frac{5}{3}$$

minimal ist.

Schritt 5 und 6: Wir wählen den Eintrag $t_{i,s} = t_{11}$ als Pivotelement und wenden die Pivotoperationen auf das gesamte Tableau $T$ an. Das neue Tableau bezeichnen wir wieder mit $T$.

$$\left(\begin{array}{ccccc|c} -2 & -3 & 0 & 0 & 0 & 0 \\ \hline \boxed{3} & 0 & 1 & 0 & 0 & 5 \\ 0 & 5 & 0 & 1 & 0 & 3 \\ 3 & 2 & 0 & 0 & 1 & 10 \end{array}\right) \xrightarrow{Z_1:=Z_1:3} \left(\begin{array}{ccccc|c} -2 & -3 & 0 & 0 & 0 & 0 \\ \hline \boxed{1} & 0 & \frac{1}{3} & 0 & 0 & \frac{5}{3} \\ 0 & 5 & 0 & 1 & 0 & 3 \\ 3 & 2 & 0 & 0 & 1 & 10 \end{array}\right)$$

$$\xrightarrow[Z_3:=Z_3-3Z_1]{Z_0:=Z_0+2Z_1} \left(\begin{array}{ccccc|c} 0 & -3 & \frac{2}{3} & 0 & 0 & \frac{10}{3} \\ \hline 1 & 0 & \frac{1}{3} & 0 & 0 & \frac{5}{3} \\ 0 & 5 & 0 & 1 & 0 & 3 \\ 0 & 2 & -1 & 0 & 1 & 5 \end{array}\right) = T$$

Schritt 3: Nicht für alle $j = 1,\ldots,n+m$ gilt $t_{0j} \geq 0$. Daher wählen wir Spalte $s = 2$ mit negativem Eintrag in der obersten Zeile ( $t_{02} = -3 < 0$) als Pivotspalte.

Schritt 4: Nicht alle Einträge in Spalte 2 sind negativ oder gleich 0 daher wählen wir als Pivotzeile die Zeile $i = 2$ da in dieser Zeile der Quotient

$$\frac{t_{i,m+n+1}}{t_{is}} = \frac{t_{26}}{t_{22}} = \frac{3}{5}$$

minimal ist.

Schritt 5 und 6: Wir wählen den Eintrag $t_{i,s} = t_{22}$ als Pivotelement und wenden die Pivotoperationen auf das gesamte Tableau $T$ an. Das neue Tableau bezeichnen wir wieder als $T$.

$$\left(\begin{array}{ccccc|c} 0 & -3 & \frac{2}{3} & 0 & 0 & \frac{10}{3} \\ \hline 1 & 0 & \frac{1}{3} & 0 & 0 & \frac{5}{3} \\ 0 & \boxed{5} & 0 & 1 & 0 & 3 \\ 0 & 2 & -1 & 0 & 1 & 5 \end{array}\right) \xrightarrow{Z_2:=Z_2:5} \left(\begin{array}{ccccc|c} 0 & -3 & \frac{2}{3} & 0 & 0 & \frac{10}{3} \\ \hline 1 & 0 & \frac{1}{3} & 0 & 0 & \frac{5}{3} \\ 0 & \boxed{1} & 0 & \frac{1}{5} & 0 & \frac{3}{5} \\ 0 & 2 & -1 & 0 & 1 & 5 \end{array}\right)$$

$$\xrightarrow[Z_3:=Z_3-2Z_1]{Z_0:=Z_0+3Z_1} \left(\begin{array}{ccccc|c} 0 & 0 & \frac{2}{3} & \frac{3}{5} & 0 & \frac{77}{15} \\ \hline 1 & 0 & \frac{1}{3} & 0 & 0 & \frac{5}{3} \\ 0 & 1 & 0 & \frac{1}{5} & 0 & \frac{3}{5} \\ 0 & 0 & -1 & -\frac{2}{5} & 1 & \frac{19}{5} \end{array}\right) = T$$

Schritt 3: Da $t_{0j} \geq 0$ für alle $j = 1,\dots,n+m$ gilt stoppt das Simplexverfahren. Der Output ist die zu diesem Tableau gehörige Basislösung, also

$$x_{1-2-5} = \begin{pmatrix} \frac{5}{3} & \frac{3}{5} & 0 & 0 & \frac{19}{5} \end{pmatrix}$$

mit Zielfunktionswert

$$z^* = -\left(-\frac{77}{15}\right) = \frac{77}{15}.$$

(→Ü.1.15-17 und Zusatzübung (s. CD) 1.61-75)

**Übungsaufgaben**

***Ü.1.14*** Betrachten Sie das kleine *SchokoLeb* Beispiel, das bereits von einem Ungleichungssystem in ein Gleichungssystem umgeformt wurde (s. Beispiel 1.3).

a) Wie viele Basislösungen kann es höchstens geben?

b) Berechnen Sie alle Basislösungen.

c) Berechnen Sie für alle zulässigen Basislösungen den Zielfunktionswert. Welches ist die beste Basislösung?

d) Zeichnen Sie den Zulässigkeitsbereich. Zeichnen Sie dann die Punkte $(x_1 \mid x_2)$ für alle Basislösungen ein. Geben Sie an Hand der Zeichnung eine anschauliche Erklärung, was die Basislösungen sind. Was ist hier der Unterschied zwischen zulässigen und unzulässigen Basislösungen?

***Ü.1.15*** Gegeben ist folgendes Lineares Programm in Ungleichungsform

$$\begin{aligned} \max\ & 2x_1 + x_2 + 3x_3 \\ udN\ & 2x_1 \qquad + 6x_3 \leq 10 \\ & -2x_1 + 8x_2 + 4x_3 \leq 12 \\ & 3x_1 + 6x_2 + 5x_3 \leq 20 \\ & x_1, x_2, x_3 \geq 0 \end{aligned}.$$

Finden Sie die Optimallösung, indem Sie Algorithmus 1.3 anwenden.

***Ü.1.16*** Gegeben ist folgendes Lineares Programm in Ungleichungsform

$$\begin{aligned} \min\ & -x_1 \\ udN\ & -x_1 + x_2 \le 2 \\ & x_1 + x_2 \le 6\ . \\ & 2x_1 - x_2 \le 6 \\ & x_1, x_2 \ge 0 \end{aligned}$$

Finden Sie die Optimallösung, indem Sie Algorithmus 1.3 anwenden.

***Ü.1.17*** Gegeben ist folgendes Lineares Programm in Ungleichungsform

$$\begin{aligned} \max\ & x_3 + x_4 \\ udN\ & 3x_1 + x_2 + 2x_3 + x_4 \le 8 \\ & 2x_1 + x_2 + x_3 + x_4 \le 6\ . \\ & x_1, x_2, x_3, x_4 \ge 0 \end{aligned}$$

Finden Sie die Optimallösung, indem Sie Algorithmus 1.3 anwenden.

## *1.7 Ausblick: Lineare Optimierung in der Wirtschaft*

Der Fachbereich Mathematik der Universität Kaiserslautern hat 1999 bei der Vorbereitung des Bachelor Studiengangs eine Umfrage bei Wirtschaftsunternehmen gemacht. Eine der Fragen, die dabei gestellt wurden, war die nach Methoden, die in der Wirtschaft häufig benutzt und die für unverzichtbar in der praxisorientierten Mathematikausbildung gehalten werden. Bei den Antworten war die Lineare Optimierung klarer Spitzenreiter.

Dies ist kein Wunder, wenn man sich die Fülle von Anwendungsbeispielen ansieht, die mit Methoden der Linearen Optimierung bearbeitet werden können. Eine gute Quelle sind die Beispielbibliotheken der Softwarepakete GAMS und AMPL (Internet Adresse, siehe Anlage C). So führt etwa die GAMS Bibliothek Lineare Programmierungsmodelle für die folgenden wirtschaftlichen Bereiche an:

- Landwirtschaft
- Ökonometrie
- Entwicklungshilfe
- Energiemanagement
- Finanzplanung
- Waldwirtschaft
- Kohleindustrie

und zahlreiche Einzelprobleme im Managementbereich von Fluglinien, in der Lagerhaltung, im Transportbereich etc.

**Diskussion 1.4:**

- Kann man – zusätzlich zu den oben angegeben wirtschaftlichen Einsatzgebieten der Linearen Optimierung weitere Internet finden?
- Wie sinnvoll (im Bezug auf wirtschaftliche Argumente) sind die in den gefundenen Beispielen benutzten Zielfunktionen?

- Könnte man sich alternative Zielfunktionen überlegen?
- Was passiert, wenn man mehrere Zielfunktionen findet, die wirtschaftlich sinnvoll sind, sich aber widersprechen?

Neben den in diesem Text dargestellten grundlegenden Verfahren zur Lösung Linearer Programme gibt es noch viel mehr Ergebnisse, die wir mit Hilfe der Schulmathematik nicht durchdringen können und einem spezielleren Studium der Mathematik, Wirtschaftswissenschaften oder dem Wirtschaftsingenieurwesen vorbehalten sind.

Die „Erfindung" der Linearen Optimierung wird von den meisten Fachleuten drei Personen zugeschrieben, die entscheidend zur Entwicklung des Simplexverfahrens beigetragen haben. L.V. Kantorovich (Russland) löste mit einer ersten Version dieses Verfahrens 1939 Organisations- und Planungsprobleme. Seine Arbeiten wurden allerdings erst Ende der 50er Jahre des 20. Jahrhunderts der Öffentlichkeit bekannt. Eine vollständige Beschreibung des Simplexverfahrens in der Art, wie es in Algorithmus 1.3 vorgestellt wurde, geht auf G. B. Dantzig (USA) zurück, der es im Zusammenhang mit seiner Tätigkeit als mathematischer Berater für die US Air Force entwickelte. Unabhängig davon wurde diese Methode auch von T.C. Koopmans (Niederlande) entdeckt, der sie hauptsächlich zur Lösung von Transportproblemen benutzte. Koopmans ist auch derjenige, der die Bezeichnung „Lineare Programmierung" einführte. Die Professoren Kantorovich und Koopmans erhielten für ihre Beiträge Nobelpreise, Professor G. B. Dantzig (USA), den viele als die wichtigste Person bei der Forschungsarbeit zur Lösung Linearer Programme ansehen, ging dagegen leer aus.

Die Lineare Programmierung hat in den 70er und 80er Jahren des vergangenen Jahrhunderts immer wieder im Zusammenhang mit einem mathematischen Problem Schlagzeilen in der populären Presse gemacht, das sich kurz und prägnant als „$P = NP$?" beschreiben lässt. Etwas vereinfacht, geht es bei dieser Fragestellung darum, dass Optimierungsprobleme in mehrere Klassen eingeteilt werden, wobei $P$ die Klasse von Problemen ist, zu denen man ein effizientes Lösungsverfahren kennt. $NP$ oder genauer die $NP$-vollständigen Probleme sind dagegen solche, für die man kein effizientes Verfahren kennt, die aber untereinander so verwandt sind, dass aus der effizienten Lösbarkeit eines einzigen dieser Probleme folgen würde, dass alle Probleme dieser Klasse auch effizient lösbar sind. Die Frage „$P = NP$?" bedeutet, dass man z.Zt. nicht weiß, ob ein solcher Algorithmus für ein $NP$-schweres Problem jemals gefunden werden kann. (Auf die Lösung dieser Frage ist übrigens ein Preis von 1.000.000 $ ausgesetzt!)

Bis 1979 war unklar, ob das Lineare Programm in der Problemklasse $P$ liegt oder ob es $NP$ schwer ist. Zwei US Forscher, V. Klee und G.J. Minty, zeigten 1972, dass das Simplexverfahren (in einem näher zu präzisierenden Sinne) kein effizientes Verfahren ist. Dies gelang ihnen dadurch, dass sie ein Problembeispiel entwarfen, in dem alle möglichen Ecken eines Zulässigkeitspolyeders vom Simplexverfahren durchlaufen werden müssen, bevor die optimale entdeckt werden kann. Dieses Ergebnis war insbesondere deshalb überraschend, weil das Simplexverfahren in der Praxis hervorragend funktioniert. Ein russischer Forscher, L.G. Khachian, entwickelte 1979 ein alternatives Verfahren zur Lösung Linearer Programme, die Ellipsoidmethode, mit der er nachweisen konnte, dass das Lineare Programm in $P$ liegt.

Die Presse hat leider die nicht triviale Fragestellung „$P = NP$?" auf den Zusammenhang zwischen der Dechiffrierung von Geheimcodes und der Lösung von Linearen Programmen reduziert. Ersteres ist, in der Tat, ein $NP$-schweres Problem. Schlagzeilen, die den Lesern suggerieren sollten, dass alle Geheimcodes durch die Entdeckung eines effizienten Verfahrens zur Lösung linearer Programme nun leicht zu knacken wären, wurden in den Zeiten des Kalten Krieges als besonders bedrohlich empfunden (insbesondere, da Herr Khachian aus Russland kam). Beschäftigt man sich ein wenig mehr mit der Materie, erkennt man jedoch, wie völlig falsch diese Meldungen waren.

Heute werden die meisten Linearen Programme, die als Modelle für wirtschaftliche Probleme dienen, entweder mit Verfeinerungen des im Algorithmus 1.3 zusammengefassten Simplexverfahrens oder mit einem – insbesondere bei Problemen mit vielen Variablen und Nebenbedingungen – dazu in Konkurrenz stehenden Verfahren, das von N. Karmakar 1985 entwickelt wurde, gelöst.

## *1.8 Die Lösung des SchokoLeb Problems*

*Sebastian*: Nadine, das ist ja toll. Das Testproblem aus Tabelle 1.1 ist sicherlich ein Lineares Programm in Ungleichungsform. Wir wissen jetzt, wie wir es in Gleichungsform bringen und dann müssen wir nur noch so lange Pivotoperationen und Basisaustausche durchführen, bis wir das Optimalitätskriterium erfüllt haben.

*Selina*: Dann haben wir ja den Auftrag der Firma *SchokoLeb* so gut wie sicher. Schließlich können wir Herrn Ritter genau erklären, wie alles funktioniert und warum er sich sicher sein kann, dass wir das Optimale aus der ganzen Sache für die Firma *SchokoLeb* rausholen.

*Nadine*: Im Prinzip habt ihr Recht. Hat jemand von euch schon mal das Beispiel durchgerechnet? Wir haben, wenn wir die Marktbeschränkungen einmal weglassen, fünf Nebenbedingungen, zehn Entscheidungsvariable und zusätzlich fünf Schlupfvariable, also insgesamt 15 Variable. Das Simplextableau, mit dem wir beginnen können, habe ich euch mitgebracht (siehe Tabelle 1.4). Obwohl ich gestern vier Stunden gerechnet habe, habe ich allerdings noch keine optimale Lösung mit dem Simplexverfahren erhalten.

| | | | | | | | | | | | | | | | |
|---|---|---|---|---|---|---|---|---|---|---|---|---|---|---|---|
| 1 | 3 | 2 | 5 | 2 | 7 | 1 | 2 | -1 | 2 | 0 | 0 | 0 | 0 | 0 | 0 |
| 2 | 0 | 3 | 0 | 3 | 8 | 1 | 2 | 4 | 1 | 1 | 0 | 0 | 0 | 0 | 80 |
| 1 | 3 | 5 | 3 | 6 | 3 | 2 | 1 | 0 | 1 | 0 | 1 | 0 | 0 | 0 | 75 |
| 0 | 2 | 0 | 1 | 4 | 2 | 1 | 0 | 0 | 0 | 0 | 0 | 1 | 0 | 0 | 45 |
| 2 | 0 | 0 | 2 | 0 | 0 | 2 | 4 | 2 | 4 | 0 | 0 | 0 | 1 | 0 | 50 |
| 0 | 0 | 0 | 0 | 2 | 3 | 0 | 0 | 0 | 0 | 0 | 0 | 0 | 0 | 1 | 45 |

**Tabelle 1.4** *Ausgangstableau des SchokoLeb-Problems (ohne Marktbeschränkung)*

*Sebastian*: Außerdem müssten wir noch für jede der zehn Entscheidungsvariablen eine Ungleichung betrachten, die die Markbeschränkungen berücksichtigt (vgl. Tabelle 1.1). Das wären dann zehn weitere Ungleichungen mit zehn zusätzlichen Schlupfvariablen. Dann hätten wir insgesamt 15 Nebenbedingungen und 25 Variablen. Das kann man nicht von Hand rechnen!

*Oliver*: Wie gut, dass es das Internet gibt. Wie bei der Aufgabenverteilung vereinbart, habe ich mich umgeschaut und einige interessante Links gefunden. Es gibt da spezielle Software zum Lösen Linearer Programme. Bevor wir entscheiden, ob wir uns so etwas kaufen, habe ich frei verfügbare Versionen aus dem Netz runtergeladen (s. Anhang C). Man kann im Internet auch nachlesen, wie man die Eingaben macht und kann sich Beispiele rechnen lassen. Ich zeige euch einmal, wie ich eine Software, die AMPL (Algebraic Mathematical Programming Language) heißt, benutzt habe. Man muss ein Modell aufstellen, dass fast genau so aussieht, wie wir das von dem kleinen *SchokoLeb*-Beispiel kennen. Schaut euch das in dem Modell SchokoLeb.mod von AMPL an. Die Marktbeschränkungen habe ich dabei erst einmal weggelassen.

```
set ANLAGEN;
set PRODUKTE;

param CC {PRODUKTE};
param MM {ANLAGEN,PRODUKTE};
param BB {ANLAGEN};

var XX {j in PRODUKTE} >= 0;

minimize total_cost:  sum {j in PRODUKTE} CC[j] * XX[j];

subject to constraints {i in ANLAGEN}:
sum {j in PRODUKTE} MM[i,j] * XX[j] = BB[i];
```

**Tabelle 1.5** *AMPL Modell SchokoLeb.mod*

*Oliver*: Dann muss man dem Modell noch die Daten angeben, mit denen es rechnen soll. Die stehen in SchokoLeb.dat. Ich glaube, Ihr werdet das verstehen auch ohne dass AMPL Handbuch gelesen zu haben.

```
set ANLAGEN := A1 A2 A3 A4 A5;
set PRODUKTE := P1 P2 P3 P4 P5 P6 P7 P8 P9 P10 S1 S2 S3 S4 S5;

param:  CC  :=
 P1       -1
 P2       -3
 P3       -2
 P4       -5
 P5       -2
 P6       -7
 P7       -1
 P8       -2
 P9        1
 P10      -2
 S1       0
 S2       0
 S3       0
 S4       0
 S5       0;

param:    BB  :=
  A1      80
  A2      75
  A3      45
  A4      50
  A5      45;
```

```
param MM :
        P1  P2  P3  P4  P5  P6  P7  P8  P9  P10 S1  S2  S3  S4
    S5:=
    A1  2   0   3   0   3   8   1   2   4   1   1   0   0   0   0
    A2  1   3   5   3   6   3   2   1   0   1   0   1   0   0   0
    A3  0   2   0   1   4   2   1   0   0   0   0   0   1   0   0
    A4  2   0   0   2   0   0   2   4   2   4   0   0   0   1   0
    A5  0   0   0   0   2   3   0   0   0   0   0   0   0   0   1;
```

**Tabelle 1.6** *Datensatz SchokoLeb.dat*

*Oliver*: Die Lösung des Problems kann man sich einfach durch den Befehl „solve" anzeigen lassen. In unserem Beispiel bekommen wir als Lösung

```
XX [*] :=
P1   0
P2   0
P3   0
P4   13.8372
P5   0
P6   9.30233
P7   0
P8   0
P9   0
P10  5.5814
S1   0
S2   0
S3   12.5581
S4   0
S5   17.093 .
```

*Oliver*: Wir können also zu der Firmenleitung von *SchokoLeb* gehen und ihr genau sagen, was sie tun sollen: Produziert von den Produkten P4, P6 bzw. P10 jeweils 13,8372 bzw. 9,30233 bzw. 5,5814 Einheiten und lasst die Produktion von allen anderen Produkten sein. Dabei haben wir übrigens Glück gehabt, denn die Marktbeschränkungen aus unserer Tabelle 1.1 sind zufälligerweise erfüllt, so dass die Lösung wirklich zulässig ist. Wir können der Firmenleitung sogar noch mehr sagen: Die Auslastung der einzelnen Anlagen ist nicht besonders gut, wie wir an den Werten S3 = 12,5581 und S5 = 17,093 der Schlupfvariablen ablesen können. Wir können *SchokoLeb* mitteilen, dass die Anlagen A3 und A5 bei diesem Produktionsplan noch freie Kapazitäten haben.

*Selina*: Das gefällt mir. Kommt, wir machen gleich einen Termin mit der Firma aus und teilen ihnen mit, was wir herausgefunden haben.

**Diskussion 1.5:**

Sehr häufig hat man bei der Modellierung von wirtschaftlichen Problemen eine zusätzliche Voraussetzung, dass Variable ganzzahlig sein müssen.
- Man überlege sich Beispiele, wo dies sinnvoll ist.
- Sind Probleme mit ganzzahligen Variablen genauso leicht zu lösen wie Probleme, in denen die Variable nicht ganzzahlig sein müssen?
- Kann man ein graphisches Verfahren für Probleme mit zwei ganzzahligen Variablen entwickeln?

(→Ü.1.18-19 und Zusatzübung (s. CD) 1.76-88)

## Übungsaufgaben

***Ü.1.18*** Eine Papierfirma stellt drei verschiedene Papiersorten her. Dazu stehen 2 verschiedene Maschinen zur Verfügung, die jeweils alleine jede Papiersorte herstellen können (jedes Papier ist also fertig, wenn es eine Maschine durchlaufen hat, egal welche). Die Maschinen können folgende Mengen herstellen:

| | Maschine 1 in Tonnen pro Stunde | Maschine 2 in Tonnen pro Stunde |
|---|---|---|
| Papier mit 60 g/m$^2$ | 53 | 52 |
| Papier mit 80 g/m$^2$ | 51 | 49 |
| Papier mit 120 g/m$^2$ | 52 | 45 |

Dabei gelten folgende Produktionskosten bzw. Verkaufspreise:

| | Kosten (Maschine 1) in Euro pro Tonne | Kosten (Maschine 2) in Euro pro Tonne | Verkaufspreis in Euro pro Tonne |
|---|---|---|---|
| Papier mit 60 g/m$^2$ | 76 | 75 | 77 |
| Papier mit 80 g/m$^2$ | 82 | 80 | 81 |
| Papier mit 120 g/m$^2$ | 96 | 95 | 99 |

Marktforschungen haben ergeben, das pro Monat höchstens die folgenden Mengen verkauft werden können: Papier mit 60 g/m$^2$: 30000 Tonnen, Papier mit 80 g/m$^2$: 20000 Tonnen und Papier mit 120 g/m$^2$: 12000 Tonnen.

Außerdem sind wegen Wartungs- und Instandhaltungsarbeiten für Maschine 1 nur 672 Stunden und für Maschine 2 nur 600 Stunden pro Monat verfügbar.

Welche Mengen soll die Papierfirma auf welchen Maschinen produzieren, um einen möglichst großen Gewinn zu erzielen?

***Ü.1.19*** Eine speziellen Aluminiumlegierung muss, auf Grund gesetzlicher Vorgaben, den folgenden Anforderungen genügen:

| | Maximalmenge in g für einen 2000g Barren | Minimummenge in g für einen 2000g Barren |
|---|---|---|
| Aluminium | unbegrenzt | 1500 |
| Silizium | 300 | 250 |
| Eisen | 160 | |
| Magnesium | 70 | |

Zur Herstellung werden allerdings keine reinen Rohmetalle verwendet. Aus Gründen des Umweltschutzes verwendet man hingegen Metallschrott, der sich wie folgt zusammensetzt

| | Inhaltsstoffe (Aluminiumschrott) in % | Inhaltsstoffe (Siliziumschrott) in % | Inhaltsstoffe (Schrott Sorte 1) in % | Inhaltsstoffe (Schrott Sorte 2) in % | Inhaltsstoffe (Schrott Sorte 3) in % |
|---|---|---|---|---|---|
| Aluminium | 0,97 | 0,00 | 0,70 | 0,75 | 0,80 |
| Silizium | 0,01 | 0,97 | 0,02 | 0,06 | 0,06 |
| Eisen | 0,02 | 0,03 | 0,18 | 0,09 | 0,10 |
| Magnesium | 0,00 | 0,00 | 0,10 | 0,10 | 0,04 |

Auf Grund von Recycling Bestimmungen müssen pro Barren mindestens 400 g vom Schrott Sorte 3 verwenden werden. Ansonsten stehen für die Produktion von 1000 Barren insgesamt folgende Mengen zu folgenden Preisen zur Verfügung:

| | Aluminiumschrott | Siliziumschrott | Schrott Sorte 1 | Schrott Sorte 2 | Schrott Sorte 3 |
|---|---|---|---|---|---|
| Menge in kg | unbegrenzt | unbegrenzt | 200 | 750 | unbegrenzt |
| Preis in Euro/kg | 210 | 380 | 30 | 80 | 170 |

Minimieren Sie die Produktionskosten für einen 2000 g Barren Aluminium.

**Hinweis:** Für die Berechnung des Problems empfiehlt es sich, nach der Modellierung, ein Programm wie z.B. AMPL zu verwenden. Wenn Sie AMPL herunter geladen haben, so müssen Sie die Datei sw.exe ausführen. In dieser tippten Sie dann „ampl" ein. Alle Eingaben werden mit Return abgeschlossen! Nun sollte oben in der Fensterüberschrift „running ampl" stehen. Im Fenster geben Sie schließlich hinter „ampl:" zunächst „model aluminium.mod;" ein, danach „data aluminium.dat;" (dies gilt natürlich nur, wenn Sie Dateien, die Sie für Ampl erstellt haben (das geht z.B. mit dem Windows Editor) mit aluminium.mod bzw. aluminium.dat bezeichnet haben). Schließlich geben Sie „solve;" ein. Der Zielfunktionswert wird nun angegeben. Die Lösung selbst erhält man mit dem Befehl „display x;".

## *Anhang: Weitere Informationen*

### Anhang A: Pivotoperationen und Berechung von inversen Matrizen

Wir betrachten eine quadratische Matrix $B$ mit $m$ Zeilen und $m$ Spalten und schauen uns die folgenden $m$ Gleichungssysteme an:

$$M_B\begin{pmatrix} z_{11} \\ z_{21} \\ z_{31} \\ \vdots \\ z_{m1} \end{pmatrix} = e_1,\; M_B\begin{pmatrix} z_{12} \\ z_{22} \\ z_{32} \\ \vdots \\ z_{m2} \end{pmatrix} = e_2,\; M_B\begin{pmatrix} z_{13} \\ z_{23} \\ z_{33} \\ \vdots \\ z_{m3} \end{pmatrix} = e_3,\ldots,\; M_B\begin{pmatrix} z_{1m} \\ z_{2m} \\ z_{3m} \\ \vdots \\ z_{mm} \end{pmatrix} = e_m.$$

Hierbei sind $e_1,\ldots,e_m$ die oben eingeführten Einheitsvektoren.

Ob wir diese Gleichungssysteme lösen können oder nicht, sehen wir durch Anwendung des Gauß Algorithmus. Schauen wir uns ein Beispiel an (Pivotelemente sind wieder blau markiert und gerahmt):

Beispiel 1.14:

$$(M_B \mid e_1)=\left(\begin{array}{ccc|c} \boxed{2} & 1 & 0 & 1 \\ 0 & 0 & 1 & 0 \\ 2 & 0 & 0 & 0 \end{array}\right)\rightarrow\left(\begin{array}{ccc|c} \boxed{1} & \frac{1}{2} & 0 & \frac{1}{2} \\ 0 & 0 & 1 & 0 \\ 2 & 0 & 0 & 0 \end{array}\right)\rightarrow\left(\begin{array}{ccc|c} 1 & \frac{1}{2} & 0 & \frac{1}{2} \\ 0 & 0 & 1 & 0 \\ 0 & \boxed{-1} & 0 & -1 \end{array}\right)$$

$$\rightarrow\left(\begin{array}{ccc|c} 1 & \frac{1}{2} & 0 & \frac{1}{2} \\ 0 & 0 & 1 & 0 \\ 0 & \boxed{1} & 0 & 1 \end{array}\right)\rightarrow\left(\begin{array}{ccc|c} 1 & \frac{1}{2} & 0 & \frac{1}{2} \\ 0 & \boxed{1} & 0 & 1 \\ 0 & 0 & 1 & 0 \end{array}\right)\rightarrow\left(\begin{array}{ccc|c} 1 & 0 & 0 & 0 \\ 0 & 1 & 0 & 1 \\ 0 & 0 & 1 & 0 \end{array}\right)$$

$$(M_B \mid e_2)=\left(\begin{array}{ccc|c} \boxed{2} & 1 & 0 & 0 \\ 0 & 0 & 1 & 1 \\ 2 & 0 & 0 & 0 \end{array}\right)\rightarrow\left(\begin{array}{ccc|c} \boxed{1} & \frac{1}{2} & 0 & 0 \\ 0 & 0 & 1 & 1 \\ 2 & 0 & 0 & 0 \end{array}\right)\rightarrow\left(\begin{array}{ccc|c} 1 & \frac{1}{2} & 0 & 0 \\ 0 & 0 & 1 & 1 \\ 0 & \boxed{-1} & 0 & 0 \end{array}\right)$$

$$\rightarrow\left(\begin{array}{ccc|c} 1 & \frac{1}{2} & 0 & 0 \\ 0 & 0 & 1 & 1 \\ 0 & \boxed{1} & 0 & 0 \end{array}\right)\rightarrow\left(\begin{array}{ccc|c} 1 & \frac{1}{2} & 0 & 0 \\ 0 & \boxed{1} & 0 & 0 \\ 0 & 0 & 1 & 1 \end{array}\right)\rightarrow\left(\begin{array}{ccc|c} 1 & 0 & 0 & 0 \\ 0 & 1 & 0 & 0 \\ 0 & 0 & 1 & 1 \end{array}\right)$$

$$(M_B \mid e_3)=\left(\begin{array}{ccc|c} \boxed{2} & 1 & 0 & 0 \\ 0 & 0 & 1 & 0 \\ 2 & 0 & 0 & 1 \end{array}\right)\rightarrow\left(\begin{array}{ccc|c} \boxed{1} & \frac{1}{2} & 0 & 0 \\ 0 & 0 & 1 & 0 \\ 2 & 0 & 0 & 1 \end{array}\right)\rightarrow\left(\begin{array}{ccc|c} 1 & \frac{1}{2} & 0 & 0 \\ 0 & 0 & 1 & 0 \\ 0 & \boxed{-1} & 0 & 1 \end{array}\right)$$

$$\rightarrow\left(\begin{array}{ccc|c} 1 & \frac{1}{2} & 0 & 0 \\ 0 & 0 & 1 & 0 \\ 0 & \boxed{1} & 0 & -1 \end{array}\right)\rightarrow\left(\begin{array}{ccc|c} 1 & \frac{1}{2} & 0 & 0 \\ 0 & \boxed{1} & 0 & -1 \\ 0 & 0 & 1 & 0 \end{array}\right)\rightarrow\left(\begin{array}{ccc|c} 1 & 0 & 0 & \frac{1}{2} \\ 0 & 1 & 0 & -1 \\ 0 & 0 & 1 & 0 \end{array}\right)$$

Hierbei verwenden wir jeweils die folgenden elementaren Zeilenoperationen in den erweiterten Matrizen (die natürlich die Gleichungssysteme unverändert lassen):

- Division der ersten Gleichung durch 2
- Subtraktion des 2-fachen der ersten Gleichung von der dritten Gleichung
- Division der dritten Gleichung durch (-1)
- Vertauschen der zweiten und dritten Gleichung
- Subtraktion des (1/2)-fachen der zweiten Gleichung von der ersten Gleichung

Das Ergebnis dieser Operationen ist jeweils der rot markierte Lösungsvektor in der letzten Spalte. Man überzeugt sich leicht durch Probe, dass diese Vektoren tatsächlich die entsprechenden Gleichungssysteme lösen:

$$M_B\begin{pmatrix} 0 \\ 1 \\ 0 \end{pmatrix}=\begin{pmatrix} 2 & 1 & 0 \\ 0 & 0 & 1 \\ 2 & 0 & 0 \end{pmatrix}\begin{pmatrix} 0 \\ 1 \\ 0 \end{pmatrix}=\begin{pmatrix} 1 \\ 0 \\ 0 \end{pmatrix}=e_1$$

$$M_B\begin{pmatrix}0\\0\\1\end{pmatrix}=\begin{pmatrix}2&1&0\\0&0&1\\2&0&0\end{pmatrix}\begin{pmatrix}0\\0\\1\end{pmatrix}=\begin{pmatrix}0\\1\\0\end{pmatrix}=e_2$$

$$M_B\begin{pmatrix}1/2\\-1\\1\end{pmatrix}=\begin{pmatrix}2&1&0\\0&0&1\\2&0&0\end{pmatrix}\begin{pmatrix}1/2\\-1\\0\end{pmatrix}=\begin{pmatrix}0\\0\\1\end{pmatrix}=e_3.$$

Fassen wir die drei Lösungsvektoren zu einer Matrix

$$\begin{pmatrix}0&0&1/2\\1&0&-1\\0&1&0\end{pmatrix}$$

zusammen, so erhalten wir als Matrixmultiplikation von $M_B$ mit dieser Matrix die Identitätsmatrix $I$:

$$\begin{pmatrix}2&1&0\\0&0&1\\2&0&0\end{pmatrix}\begin{pmatrix}0&0&1/2\\1&0&-1\\0&1&0\end{pmatrix}=\begin{pmatrix}1&0&0\\0&1&0\\0&0&1\end{pmatrix}=:I.$$

Wir nennen die rote Matrix die **inverse Matrix** oder einfach die **Inverse** von $M_B$ und bezeichnen sie mit $M_B^{-1}$.

Da wir bei der Ermittlung der Spalten von $M_B^{-1}$ jeweils dieselben elementaren Zeilenoperationen angewandt haben, können wir im Gauß-Verfahren gleich alle Einheitsvektoren, also die Matrix $I$, anhängen und die drei Teile in Beispiel 1.14 durch einen Teil ersetzen. Wir erhalten somit den folgenden Algorithmus zur Bestimmung der Inversen einer Matrix $B$.

**Algorithmus 1.4: Bestimmung der Inversen**

Input: Quadratische Matrix $M_B$ mit $m$ Zeilen und $m$ Spalten.
Output: Inverse Matrix $M_B^{-1}$ oder Nachweis, dass $M_B$ nicht invertierbar ist.

| | |
|---|---|
| Schritt 1 | Hänge die Einheitsmatrix $I$ an die Matrix $M_B$ an. |
| Schritt 2 | Wende auf die Matrix $M = (M_B \mid I)$ Pivotoperationen an, bis der erste Teil der Matrix in die Einheitsmatrix umgewandelt ist. |
| Schritt 3 | Falls dies gelingt,<br>Output: der zweite Teil der Matrix als die Inverse $M_B^{-1}$.<br>Sonst: d.h., es können durch Pivotoperationen im ersten Teil der Matrix nur weniger als $m$ Einheitsvektoren erzeugt werden, ist $M_B$ nicht invertierbar. |

Beispiel 1.15:
Wir wiederholen die Berechnung von $M_B^{-1}$ aus Beispiel 1.14 mit dem Algorithmus 1.4:

$$(M_B \mid I)=\left(\begin{array}{ccc|ccc} \boxed{2} & 1 & 0 & 1 & 0 & 0 \\ 0 & 0 & 1 & 0 & 1 & 0 \\ 2 & 0 & 0 & 0 & 0 & 1 \end{array}\right) \to \left(\begin{array}{ccc|ccc} \boxed{1} & \frac{1}{2} & 0 & \frac{1}{2} & 0 & 0 \\ 0 & 0 & 1 & 0 & 1 & 0 \\ 2 & 0 & 0 & 0 & 0 & 1 \end{array}\right) \to \left(\begin{array}{ccc|ccc} 1 & \frac{1}{2} & 0 & \frac{1}{2} & 0 & 0 \\ 0 & 0 & 1 & 0 & 1 & 0 \\ 0 & \boxed{-1} & 0 & -1 & 0 & 1 \end{array}\right)$$

$$\to \left(\begin{array}{ccc|ccc} 1 & \frac{1}{2} & 0 & \frac{1}{2} & 0 & 0 \\ 0 & 0 & 1 & 0 & 1 & 0 \\ 0 & \boxed{1} & 0 & 1 & 0 & -1 \end{array}\right) \to \left(\begin{array}{ccc|ccc} 1 & \frac{1}{2} & 0 & \frac{1}{2} & 0 & 0 \\ 0 & \boxed{1} & 0 & 1 & 0 & -1 \\ 0 & 0 & 1 & 0 & 1 & 0 \end{array}\right).$$

$$\to \left(\begin{array}{ccc|ccc} 1 & 0 & 0 & 0 & 0 & \frac{1}{2} \\ 0 & 1 & 0 & 1 & 0 & -1 \\ 0 & 0 & 1 & 0 & 1 & 0 \end{array}\right) = \left(I \mid M_B^{-1}\right)$$

Wir haben somit die Inverse von $B$ sehr viel effizienter berechnet als in Beispiel 1.14.

Beispiel 1.16:
Wir wollen nun sehen, was im Algorithmus passiert, wenn $M_B$ nicht invertierbar ist.

$$(M_B \mid I)=\left(\begin{array}{ccc|ccc} 4 & 0 & 2 & 1 & 0 & 0 \\ -2 & 1 & 0 & 0 & 1 & 0 \\ 2 & 1 & 2 & 0 & 0 & 1 \end{array}\right) \to \left(\begin{array}{ccc|ccc} \boxed{2} & 1 & 2 & 0 & 0 & 1 \\ -2 & 1 & 0 & 0 & 1 & 0 \\ 4 & 0 & 2 & 1 & 0 & 0 \end{array}\right) \to \left(\begin{array}{ccc|ccc} \boxed{1} & \frac{1}{2} & 1 & 0 & 0 & \frac{1}{2} \\ -2 & 1 & 0 & 0 & 1 & 0 \\ 4 & 0 & 2 & 1 & 0 & 0 \end{array}\right)$$

$$\to \left(\begin{array}{ccc|ccc} 1 & \frac{1}{2} & 1 & 0 & 0 & \frac{1}{2} \\ 0 & \boxed{2} & 2 & 0 & 1 & 1 \\ 0 & -2 & -2 & 1 & 0 & -2 \end{array}\right) \to \left(\begin{array}{ccc|ccc} 1 & \frac{1}{2} & 1 & 0 & 0 & \frac{1}{2} \\ 0 & \boxed{1} & 1 & 0 & \frac{1}{2} & \frac{1}{2} \\ 0 & -2 & -2 & 1 & 0 & -2 \end{array}\right) \to \left(\begin{array}{ccc|ccc} 1 & \frac{1}{2} & 1 & 0 & 0 & \frac{1}{2} \\ 0 & 1 & 1 & 0 & \frac{1}{2} & \frac{1}{2} \\ 0 & 0 & 0 & 1 & 1 & -1 \end{array}\right).$$

An dieser Stelle können wir den Algorithmus abbrechen, da in der letzen Zeile der linken Teilmatrix nur noch Nullen stehen. Es ist daher unmöglich, die linke Seite in eine Einheitsmatrix umzuwandeln. $M_B$ ist also nicht invertierbar.

(→Ü.1.20 und Zusatzübung (s. CD) 1.53-54)

**Übungsaufgaben**

***Ü.1.20*** Berechnen Sie zu den folgenden Matrizen die inversen Matrizen (falls möglich).

$$a)\ A=\begin{pmatrix} -4 & 0 \\ 1 & 8 \end{pmatrix} \qquad b)\ B=\begin{pmatrix} 5 & 8 \\ 6 & -1 \end{pmatrix} \qquad c)\ C=\begin{pmatrix} -4 & -9 \\ 16 & 36 \end{pmatrix}$$

$$d)\ D=\begin{pmatrix} 5 & 8 & 2 \\ -6 & 2 & 1 \\ 8 & 0 & 1 \end{pmatrix} \qquad e)\ F=\begin{pmatrix} 5 & 9 & 1 \\ 1 & 2 & 3 \\ 4 & 7 & -2 \end{pmatrix} \qquad f)\ G=\begin{pmatrix} 1 & -6 & -8 \\ 0 & -2 & 7 \\ -7 & -6 & 3 \end{pmatrix}$$

## Anhang B: Inverse Matrizen und das Optimalitätskriterium im Simplexverfahren

Im Simplexverfahren können wir die Optimalität in der obersten Zeile des Simplextableaus ablesen: Wenn alle diese Einträge Werte haben die größer oder gleich Null sind (und dies gleichzeitig auch für alle Einträge in der letzten Spalte gilt), haben wir eine optimale zulässige Basislösung erreicht (vgl. Abschnitt 1.6). In diesem Abschnitt werden wir sehen, dass das Optimalitätskriterium auch durch inverse Matrizen formuliert werden kann.

Dazu betrachten wir eine Indexmenge $B$ von $m$ Spalten der Matrix $M$. Diese Indexmenge spaltet die Matrix $M$ und die Vektoren $c$ und $x$ in zwei Teile, nämlich solche, deren Index in der Menge $B$ liegt und solche, deren Index in der restlichen Menge $N := \{1,\ldots,n+m\} \setminus B$ liegt. Entsprechend können wir $M$, $c$ und $x$ als $M = (M_B, M_N)$, $c = (c_B, c_N)$ und $x = (x_B, x_N)$ und die Zielfunktion und die Nebenbedingungen entsprechend partitioniert schreiben:

$$\langle c,x\rangle = \langle c_B, x_B\rangle + \langle c_N, x_N\rangle$$
$$Mx = M_B x_B + M_N x_N = b$$

Wenn die Spalten, deren Indizes in $B$ liegen linear unabhängig sind, nennt man die $m$ x $m$ Matrix $M_B$ eine **Basismatrix**. $x_B$ nennen wir in dieser Situation den Vektor der **Basisvariablen**, $x_N$ den Vektor der **Nichtbasisvariablen**. Die lineare Unabhängigkeit von $M_B$ erkennt man daran, dass $M_B$ eine Inverse $M_B^{-1}$ hat, die z.B. durch das Gauß-Verfahren bestimmt werden kann (vgl. Anhang A). Die Gleichung $M_B\, x_B + M_N\, x_N = b$ können wir somit mit $M_B^{-1}$ multiplizieren und erhalten die **Basisdarstellung** einer beliebigen Lösung $x = (x_B, x_N)$ von $Mx = b$

$$x_B = M_B^{-1} b - M_B^{-1} M_N x_N$$

(→Zusatzübung (s. CD) 1.57-58)

Setzt man in dieser Basisdarstellung $x_N = 0$, so ist $x_B = M_B^{-1} b$. $x = (x_B, x_N) = (M_B^{-1} b, 0)$, so ist $x$ eine Basislösung. Dass dieses Konzept der Basislösung dasselbe ist wie das in Abschnitt 1.6 eingeführte, sieht man, wenn man beachtet, dass das Gauß-Verfahren ein Gleichungssystem durch die Transformation $(M_B^{-1} \mid b) \rightarrow (I \mid M_B^{-1} b)$ mittels Pivotoperationen löst.

Beispiel 1.17:

Betrachten wir die Daten des kleinen *SchokoLeb* Beispiels, d.h.

$$c = (-30 \quad -50 \quad 0 \quad 0 \quad 0)$$
$$M = \begin{pmatrix} 3 & 2 & 1 & 0 & 0 \\ 1 & 0 & 0 & 1 & 0 \\ 0 & 2 & 0 & 0 & 1 \end{pmatrix}, \; b = \begin{pmatrix} 18 \\ 4 \\ 12 \end{pmatrix}$$

Für $B = \{1,4,2\}$, ist

$$M_B = \begin{pmatrix} 3 & 0 & 2 \\ 1 & 1 & 0 \\ 0 & 0 & 2 \end{pmatrix}, \; M_N = \begin{pmatrix} 1 & 0 \\ 0 & 0 \\ 0 & 1 \end{pmatrix}$$
$$c_B = (c_1 \; c_4 \; c_2) = (-30 \quad 0 \quad -50), \; c_n = (c_3 \; c_5) = (0 \quad 0)$$
$$und$$
$$x_B = (x_1 \; x_4 \; x_2), \; x_n = (x_3 \; x_5)$$

Mit dem Gauß-Verfahren berechnen wir die Inverse $M_B^{-1}$:

$$(M_B \mid I) = \left(\begin{array}{ccc|ccc} \boxed{3} & 0 & 2 & 1 & 0 & 0 \\ 1 & 1 & 0 & 0 & 1 & 0 \\ 0 & 0 & 2 & 0 & 0 & 1 \end{array}\right) \rightarrow \left(\begin{array}{ccc|ccc} 1 & 0 & \frac{2}{3} & \frac{1}{3} & 0 & 0 \\ 0 & 1 & -\frac{2}{3} & -\frac{1}{3} & 1 & 0 \\ 0 & 0 & \boxed{2} & 0 & 0 & 1 \end{array}\right) \rightarrow \left(\begin{array}{ccc|ccc} 1 & 0 & 0 & \frac{1}{3} & 0 & -\frac{1}{3} \\ 0 & 1 & 0 & -\frac{1}{3} & 1 & \frac{1}{3} \\ 0 & 0 & 1 & 0 & 0 & \frac{1}{2} \end{array}\right)$$

$$\rightarrow \left(\begin{array}{ccc|ccc} 1 & 0 & 0 & \frac{1}{3} & 0 & \frac{-1}{3} \\ 0 & 1 & 0 & \frac{-1}{3} & 1 & \frac{1}{3} \\ 0 & 0 & 1 & 0 & 0 & \frac{1}{2} \end{array}\right) = \left(I \mid M_B^{-1}\right)$$

und erhalten daraus den Vektor der Basisvariablen

$$x_B = \begin{pmatrix} x_1 \\ x_4 \\ x_2 \end{pmatrix} = M_B^{-1} b = \begin{pmatrix} \frac{1}{3} & 0 & -\frac{1}{3} \\ -\frac{1}{3} & 1 & \frac{1}{3} \\ 0 & 0 & \frac{1}{2} \end{pmatrix} \begin{pmatrix} 18 \\ 4 \\ 12 \end{pmatrix} = \begin{pmatrix} 2 \\ 2 \\ 6 \end{pmatrix}.$$

***Optimalitätskriterium (Inversenform):***

Wenn $M_B$ eine Basismatrix mit folgenden Eigenschaften ist:

1. $x_B := M_B^{-1} b \geq 0$
2. $c_{red} := c - c_B M_B^{-1} M \geq 0$

dann ist die Basislösung, die durch $x := (x_B, x_N)$ mit $x_N := 0$ gegeben ist, eine optimale Lösung des Linearen Programms. Die Einträge $c_{red} := c - c_B M_B^{-1} M$ bzw. $x_B := M_B^{-1} b$ entsprechen den Einträgen in der obersten Zeile bzw. letzten Spalte des Simplextableaus.

Zum Beweis dieser Aussage setzen wir die Basisdarstellung $x_B = M_B^{-1} b - M_B^{-1} M_N x_N$ in die Zielfunktion ein:

$$\begin{aligned} \langle c, x \rangle &= \langle c_B, x_B \rangle + \langle c_N, x_N \rangle \\ &= \left\langle c_B, M_B^{-1} b - M_B^{-1} M_N x_N \right\rangle + \langle c_N, x_N \rangle \\ &= \left\langle c_B, M_B^{-1} b \right\rangle - \left\langle c_B, M_B^{-1} M_N x_N \right\rangle + \langle c_N, x_N \rangle \\ &= \left\langle c_B, M_B^{-1} b \right\rangle + \langle c_N, x_N \rangle - \left\langle c_B M_B^{-1} M_N, x_N \right\rangle \\ &= \left\langle c_B, M_B^{-1} b \right\rangle + \left\langle c_N - c_B M_B^{-1} M_N, x_N \right\rangle \end{aligned}$$

Da nach Voraussetzung im Optimalitätskriterium $c_{red} = c - c_B M_B^{-1} M \geq 0$ und somit $c_{red,N} := c_N - c_B M_B^{-1} M_N \geq 0$ ist, kann sich der Zielfunktionswert $<c, x>$ durch Erhöhung der Komponenten von $x_N = 0$ auf Werte, die größer als 0 sind, nicht verbessern (da wir $<c, x>$ ja minimieren wollen). Da jede Lösung von $Mx = b$ die Form der Basisdarstellung hat, ist damit das Optimalitätskriterium bewiesen.

QED

Beispiel 1.17 (Fortsetzung):

Wir haben uns zu Beginn des Beispiels schon überzeugt, dass $x_B := M_B^{-1}b \geq 0$. Außerdem gilt mit $c_B$ = $(c_1\ c_4\ c_2)$ = (-30 0 -50)

$$c_{red} := c - c_B M_B^{-1} M = (-30 \quad -50 \quad 0 \quad 0 \quad 0) - (-30 \quad 0 \quad -50) \begin{pmatrix} \frac{1}{3} & 0 & -\frac{1}{3} \\ -\frac{1}{3} & 1 & \frac{1}{3} \\ 0 & 0 & \frac{1}{2} \end{pmatrix} \begin{pmatrix} 3 & 2 & 1 & 0 & 0 \\ 1 & 0 & 0 & 1 & 0 \\ 0 & 2 & 0 & 0 & 1 \end{pmatrix}$$

$$= (-30 \quad -50 \quad 0 \quad 0 \quad 0) - (-10 \quad 0 \quad -15) \begin{pmatrix} 3 & 2 & 1 & 0 & 0 \\ 1 & 0 & 0 & 1 & 0 \\ 0 & 2 & 0 & 0 & 1 \end{pmatrix}$$

$$= (-30 \quad -50 \quad 0 \quad 0 \quad 0) - (-30 \quad -50 \quad -10 \quad 0 \quad -15) = (0 \quad 0 \quad 10 \quad 0 \quad 15)$$

so dass das Optimalitätskriterium erfüllt ist. Eine optimale Basislösung erhält man indem man $x_N$ = $(x_3, x_5)$ = (0,0) zu den Variablen $x_1$, $x_4$ und $x_2$ ergänzt, also

$$(x_1 \quad x_2 \quad x_3 \quad x_4 \quad x_5) = (2 \quad 6 \quad 0 \quad 2 \quad 0).$$

(→Zusatzübung (s. CD) 1.59-60)

**Anhang C: Internet Ressourcen**

Die folgenden Internetressourcen sind nur ein Ausschnitt dessen, was im www verfügbar ist.

REALISTISCHE FALLBEISPIELE:

Viele kleine Beispiele von LP Anwendungen zum Üben vom LP Modellieren und Lösen:
http://www.ms.ic.ac.uk/jeb/or/lp.html

Sammlung von Fallbeispielen:
http://www-fp.mcs.anl.gov/otc/Guide/CaseStudies/index.html

Überblick über LP Anwendungen (kommentierte Bibliographie) :
http://catt.bus.okstate.edu/itorms/volumes/vol1/papers/murphy/index.html#Top

GAMS: Bibliothek von Fallbeispielen mit LP Modellierung in GAMS Modellierungssprache:
http://www.gams.com/modlib/modlib.htm
Auflistung nach Themen:
http://www.gams.com/modlib/libhtml/subindx.htm#agecon

AMPL: Bibliothek von Fallbeispielen mit LP Modellierung in AMPL Modellierungssprache:
http://www.ampl.com/EXAMPLES/index.html

FREI VERFÜGBARE OPTIMIERUNGSSOFTWARE

Dies sind meistens Studentenversionen von kommerziellen Versionen, die nur relativ kleine Anzahlen von Variablen und Nebenbedingungen (z.B. 150 Nebenbedingungen, 200 Variable). Für den Schulunterricht und für einfache realistische Anwendungen reichen diese Versionen.

LINDO:

http://www.lindo.com/table/downloadt.html

XPRESS:

http://www.dashoptimization.com/student_request.html
registrieren, dann freie Software runterladen unter
http://www.dashoptimization.com/download/2003c.exe

AMPL:

http://www.ampl.com/DOWNLOADS/index.html
Online Lösung von LPs durch *Kestrel* (=AMPL mit remote Lösung von größeren Beispielen als mit Studentenversion) auf:
http://www.ampl.com/REMOTE/index.html#localAMPL
Sofort anfangen kann man online (wenn man sich ein wenig mit AMPL beschäftigt hat) unter
http://www.ampl.com/TRYAMPL/startup.html

Grafisches Verfahren mit online Eingabe von Zielfunktion und Daten
http://bridge.ecn.purdue.edu/~yiguo/lp/clientside/

SONSTIGES

Üben von Pivotoperationen:
http://www.sor.princeton.edu/~rvdb/JAVA/pivot/advanced.html

Lösen von Linearen Programmen durch Pivotoperation mit Excel:
http://www.math.louisville.edu/~t0ried01/simplex.xls

# KAPITEL 2: Das neue Fließband der Auto AG

## *Übersicht*

*Stichwörter der Ökonomie*

- Arbeitsgang
- Arbeitsstationen
- Auslastung
- Bandwirkungsgrad
- Bearbeitungszeit
- Fließbandfertigung
- Produktionsmenge
- Taktzeit

*Stichwörter der Schulmathematik*

- Binomialkoeffizient
- exponentielles Wachstum
- Funktionen, ~schar
- Gleichseitige Hyperbel
- Kombinatorik
- Nullstelle
- Pascalsches Dreieck
- Permutation
- Potenzmenge
- Stichprobe, geordnete/ungeordnete
- Teilmenge
- Umgekehrt proportional
- Ungerade Funktion
- Zulässige/optimale Lösung

*Inhalt*

## *Leitfaden für das 2. Kapitel*

Das vorliegende Kapitel beschreibt die ***Planungsvorgänge in der Fließbandfertigung*** anhand eines Beispiels aus der Autoindustrie. Produktionsplanung beinhaltet immer auch ***kombinatorische Aufgaben***. So beschreibt der erste Abschnitt die Entstehung einer kombinatorischen Fragestellung aus der ökonomischen Anwendung heraus. Im folgenden zweiten Abschnitt wird die geschilderte Problematik auf mathematischem Gebiet erfasst, neue Begriffe werden hergeleitet. Die Untersuchungen bleiben währenddessen nahe an der ***wirtschaftlichen Anwendung***. Der dritte Abschnitt geht ausführlich auf den Zusammenhang zwischen Binomialkoeffizienten und dem Pascalschen Dreieck ein. Dabei stehen vor allem technische Aspekte im Vordergrund. Für den interessierten Leser wurden hier zwei mathematische Beweise eingefügt. Der vierte Abschnitt erklärt kurz das exponentielle Wachstum von Funktionen. An dieser Stelle wird erneut die ***Verbindung zwischen Theorie und Praxis*** geknüpft. Exponentielles Wachstum von realistischen Aufgaben ist häufig verantwortlich für Schwierigkeiten bei der Lösung mit dieser Probleme. Lösungsalgorithmen stoßen dabei mitunter an die Grenzen der verfügbaren Rechenleistung. Der fünfte Abschnitt wendet sich dann wieder vollkommen der Produktionsplanung zu. Verschiedene Fachbegriffe aus der Fertigung werden eingeführt. Kennzahlen und Diagramme dienen als Hilfsmittel auf der Suche nach einem Lösungsweg. Im abschließenden sechsten Abschnitt wird das Problem der ***ganzzahligen Lösungen*** besprochen. Sie erschwert die eingangs behandelte Fragestellung. Mittels Algorithmen kann man im gewählten Beispiel damit umgehen und Lösungen finden.

Der Prozess des ***mathematischen Modellierens*** ist vielschichtig und in der Praxis immer wieder mit Rückschlägen behaftet. Das vorliegende Kapitel soll diesen Vorgang beschreiben, soweit das in der gegebenen Kürze möglich ist. Ausgehend von der ***realen Aufgabenstellung*** wird das Problem mit bekannten oder neu erschlossenen ***mathematischen Methoden*** formalisiert. Die gefundenen Lösungsansätze müssen immer wieder durch ***Rückführung auf die Anwendung*** erprobt werden. Dabei können Schwächen in der Modellierung deutlich werden, möglicherweise werden neue Ansätze gewählt. Am Ende des Modellierungsprozesses steht eine ***Lösung***, die dem Kunden präsentiert wird. In der Praxis ist die Modellierungsphase oft durch Abgabetermine und finanzielle Mittel begrenzt. Die Lösungen sind daher selten als endgültige „Musterlösungen“ zu betrachten. Verbesserungen und Ausweitungen der Modelle sind in der Regel immer wieder möglich. Dementsprechend schließt dieses Kapitel mit einer zufriedenstellenden Lösung, die trotzdem weiterführende Fragestellungen erlaubt.

## 2.1 Anruf bei der Auto AG

*Auch wenn es auf den ersten Blick kaum danach aussieht, aber alle vier Kollegen des Clever Consulting Teams widmen sich gerade ihrer Arbeit. Oliver steht mit einer Kaffeetasse zwei Türen weiter und unterhält sich gerade über den neuesten Star Trek Film; während Nadine lange Listen schreibt, auf denen sich Einträge wie Haselnüsse, brauner Zucker und Auberginen befinden. Sebastian blättert im Internet bei einem Buch-, CD- und Software-Versand und hat offensichtlich nur die Seite mit den Import-CDs im Blick; unterdessen Selina am Telefon mit einem Autohändler die aktuellen Sportwagenmodelle bespricht.*

*Selina*: So, ich habe jetzt einiges über die Produktion in der *Auto AG* und über die geplante neue Produktionslinie erfahren.

*Nadine*: Das klang aber eher, als wolltest du dir ein neues Auto kaufen.

*Selina*: Das stimmt auch! Und zwar einen schicken, azurblauen Sportwagen! Dabei kam ich mit dem Autohändler ins Plaudern. Zufälligerweise war der Produktionsleiter der *Auto AG* gerade bei ihm zu Besuch. So erfuhr ich, dass demnächst ein neues Sportwagenmodell produziert werden soll, wofür die *Auto AG* ein neues Fließband in Betrieb nehmen möchte. Natürlich habe ich erwähnt, dass wir Experten auf dem Gebiet der Produktionsplanung sind.

*Nadine*: Was sind wir?

*Selina*: Na, sieh es nicht so eng! Ganz ahnungslos sind wir nicht, denk einmal an die Zusammenarbeit mit der Firma *SchokoLeb*. Außerdem haben wir uns immer schnell in Themengebiete eingearbeitet. Es hat sich jedenfalls gelohnt, ein bisschen zu prahlen, denn am Ende kam der Produktionsleiter persönlich an das Telefon!

*Sebastian*: Hat er dir einfach so Firmeninterna erzählt? Das sind doch sicherlich wichtige Informationen, die man nicht jedem sagt. Du hättest ja auch für die Konkurrenz arbeiten können!

*Selina*: Na, ein bisschen überreden musste ich den Produktionsleiter schon. Ich habe ihm erzählt, wer wir sind und an welchen Projekten wir bereits gearbeitet haben. Es hat ihn wohl beruhigt zu hören, dass wir in der Vergangenheit mit anderen Firmen erfolgreich zusammengearbeitet haben. Ich habe ihm angeboten, dass wir einen Vorschlag für die Planung des Fließbandes ausarbeiten werden.

*Nadine*: Natürlich unverbindlich für ihn, nehme ich an?

*Selina*: Anders hätte ich ihn nicht überzeugen können. Aber das ist eine große Chance. Wenn man in der *Auto AG* zufrieden mit uns ist, wird man uns bestimmt weitere Projekte anvertrauen, und du kannst dir gar nicht vorstellen, was da alles geplant werden muss!

*Oliver*: Jetzt erzähl doch endlich einmal von dem neuen Fließband!

*Selina berichtet ihren Kollegen sehr detailliert von dem Telefonat mit Herrn Wiedner, dem Produktionsleiter der Auto AG. Das Unternehmen plant, ein neues modernes Fließband in Betrieb zu nehmen. Produziert wird ein neues Sportwagenmodell. Die Produktion eines Wagens ist in elf Teilschritte, sogenannte **Arbeitsgänge** zerlegt. Die Auto AG weiß, wie lange die einzelnen Arbeitsgänge auf den Maschinen dauern werden. Diese Zeitdauer nennt man die **Bearbeitungszeit** eines Arbeitsganges. Alle Arbeitsgänge werden entlang eines Fließbandes abgearbeitet, das heißt entlang des Fließbandes stehen **Stationen**, an denen die Arbeitsgänge erledigt werden.*

*Nadine*: Aha, für die elf Arbeitsgänge gibt es also elf Stationen am Fließband.

*Selina*: Nein, so einfach ist es nicht. Manche der Arbeitsgänge dauern sehr lange, manche sind sehr kurz. Das Fließband muss an jeder Station anhalten und solange stehen bleiben, bis alle Stationen ihre Arbeiten abgeschlossen haben. Die Ingenieure von *Auto AG* nennen das die **Taktzeit** des Fließbandes.

An dieser Stelle wollen wir das Gespräch bei *Clever Consulting* kurz verlassen und uns das gerade Besprochene einmal veranschaulichen.

Es gibt also elf Arbeitsgänge, die hintereinander bearbeitet werden sollen:

**Abbildung 2.1** *Elf Arbeitsgänge sind für die Erstellung des Sportwagens nötig. Die Länge der Blöcke zeigt die Bearbeitungszeit der Arbeitsgänge*

Würde für jeden Arbeitsgang eine Station am Fließband eingerichtet werden, dann könnten elf Sportwagen gleichzeitig auf dem Fließband stehen, an jeder Station einer. Das Fließband stoppt an den Stationen und läuft erst dann weiter, wenn alle Stationen ihre Arbeit erledigt haben. Das würde bedeuten, die Taktzeit wäre genau so lang, wie die Bearbeitungszeit des längsten Arbeitsganges.

Selina ist im Gespräch gleich aufgefallen, dass das keine sehr gute Idee ist. Manche der Arbeitsgänge sind nämlich sehr kurz, z.B. Arbeitsgang 3. An der zugehörigen Station wäre man viel schneller mit der Arbeit fertig als bei Arbeitsgang 8. Die Station wäre also nicht gut ausgelastet, der Arbeiter an dieser Station hätte eine lange Wartezeit zwischen zwei Arbeitsgängen. Das gefällt natürlich der Unternehmensleitung überhaupt nicht. Einerseits kosten der Arbeiter und die Maschine viel Geld, beides sollte nicht ungenutzt stehen. Andererseits wäre es ja auch sehr ungerecht, wenn der Arbeiter auf Station 3 ständig Pausen machen könnte, während Nummer 8 ohne Unterbrechungen arbeiten müsste.

Dass dies keine gute Lösung ist, ist leicht zu erkennen. Was kann man jedoch dagegen unternehmen? Oft ist die naheliegende Lösung auch die beste: Stationen, die nicht genug ausgelastet sind, werden einfach mit weiteren Arbeitsgängen belegt. Am Ende möchte man, dass die Arbeit *gerecht* auf die Stationen verteilt ist.

Lässt sich der Begriff *gerecht* denn überhaupt mathematisch fassen? Um das klären zu können, muss man sich überlegen, was man mit einer gerechten Aufteilung meint. Im allgemeinen Sprachgebrauch bedeutet gerecht, dass jedem das Gleiche zusteht. Ob das nun ein gleich großes Stück vom Kuchen ist oder die gleiche Belastung mit Arbeit, ist gleichgültig. In unserem Fall wäre also eine gleichmäßige Verteilung der Arbeitsgänge auf die Stationen wünschenswert. Dann würde keine Station darauf warten müssen, dass eine andere fertig wird. Die Stationen wären besser ausgelastet und die Taktzeit wäre kurz. An dieser Stelle wollen wir uns wieder in das Gespräch der *Clever Consulting* einschalten.

*Oliver*: O.K., das habe ich verstanden, wir müssen die Arbeitsgänge gruppieren, und zwar möglichst so, dass die Bearbeitungszeiten der einzelnen Stationen die gleiche Dauer haben (→Ü.2.1). Dabei wird die Anzahl der Stationen natürlich kleiner als elf sein. Wie viele Stationen sollen es denn werden?

*Selina*: Na, das wüsste die *Auto AG* ja gerne von uns!

*Nadine*: Langsam! Das geht mir schon wieder viel zu schnell!. Ist es denn überhaupt immer möglich, dass man die Arbeitsgänge so gruppiert, dass alle Stationen gleich ausgelastet sind?

*Sebastian*: Hm, lass mich einmal überlegen. Bei elf Arbeitsgängen sieht man das nicht so schnell. Da muss man relativ viele Möglichkeiten durchprobieren. Nehmen wir stattdessen ein einfacheres Beispiel: Wenn wir nur zwei Arbeitsgänge hätten, sagen wir, einen mit zwei Stunden und einen mit drei Stunden Bearbeitungszeit, dann kann man die zwei Stationen gar nicht gleich auslasten!

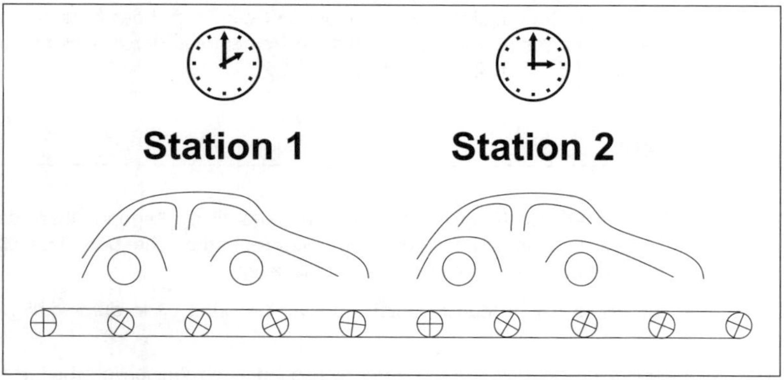


*Oliver*: Es sei denn, man bildet nur eine Station, die beide Arbeitsgänge enthält und fünf Stunden Bearbeitungszeit benötigt.

*Nadine*: Na gut, damit macht man es sich einfach. Wenn man nur eine Station mit allen Arbeitsgängen bildet, dann wird es keine Wartezeiten an Stationen geben. Das ist allerdings keine gute Lösung. Man könnte in diesem Fall jeweils nur ein Auto auf dem ganzen Fließband stehen haben.

*Oliver*: Das wäre dann eher ein Stehband als ein Fließband.....

*Sebastian*: Also gut, halten wir fest: Abgesehen von der einfachen Lösung, nur eine Station zu bilden, muss es nicht sein, dass es eine Lösung gibt, bei der alle Stationen gleich ausgelastet sind. Wir sollten also nach einer Lösung suchen, bei der die Stationen möglichst gut ausgelastet sind.

*In dem Punkt sind sich alle vier einig. Was nun genau „möglichst gut" bedeutet und wie man „möglichst gut" mathematisch formuliert, darüber wird sich die Gruppe später Gedanken machen müssen. Im weiteren Gespräch erzählt Selina ihren Kollegen noch ein wichtiges Detail:*

*Selina*: Weil das Auto z.B. erst lackiert werden darf, wenn die Karosserie verschweißt wurde, ist es notwendig, die einzelnen Arbeitsgänge zu sortieren. Die Reihenfolge der Arbeitsgänge ist für den Sportwagen daher durch technische Voraussetzungen festgelegt. So müssen wir uns zumindest darum keine Gedanken machen, denn diese Sortierung hat bereits die Technische Abteilung der *Auto AG* erstellt.

*Oliver*: Machen es diese Vorgaben für uns nicht schwerer? Immerhin müssen wir deswegen bei unserer Planung sehr aufpassen, dass die Reihenfolge nicht verändert wird.

*Sebastian*: Nein, im Gegenteil! Es wird für uns leichter gemacht, denn wäre die Produktionsreihenfolge nicht festgelegt, müssten wir alle möglichen Reihenfolgen untersuchen, um die beste herauszufinden. Dann gäbe es viel mehr Fälle zu untersuchen. Wir sollten also froh sein (→Ü.2.2).

**Übungsaufgaben**

***Ü.2.1*** Gruppieren Sie die folgenden Bearbeitungszeiten unter Beibehaltung der Reihenfolge auf zwei verschiedene Arten, sodass alle Stationen gleich ausgelastet sind: 3, 4, 5, 2, 7, 5, 1, 1. Bitte beachten Sie: Wenn Sie eine Lösung gefunden haben, sollten Sie sich diese genau ansehen.

***Ü.2.2*** Gruppieren Sie die folgenden Bearbeitungszeiten auf mindestens zwei verschiedene Arten, sodass alle Stationen gleich ausgelastet sind. Dabei darf die Anzahl der Stationen beliebig gewählt werden. Im Gegensatz zur Aufgabe Ü.2.1 darf die Reihenfolge der Arbeitsgänge verändert werden. Bearbeitungszeiten: 1, 1, 2, 2, 3, 3, 4, 4

## *2.2 Wie viel ist viel?*

*Oliver*: Wie viele Möglichkeiten von Gruppierungen gibt es eigentlich? Angenommen, das wäre eine überschaubare Menge, dann könnten wir ein Computerprogramm schreiben, dass alle Möglichkeiten durchgeht und uns die beste Lösung als Ergebnis liefert.

*Selina*: Oh nein, sollen wir jetzt alle Möglichkeiten aufschreiben und dann durchzählen? Ohne mich!

*Nadine*: Nein, natürlich nicht. So etwas muss man sich doch auch logisch erarbeiten können. Außerdem, wenn wir das auf diese Weise durchführen, wissen wir nur die Lösung für unser Problem mit elf Arbeitsgängen. Es wäre schön, wenn wir ein Ergebnis für jede denkbare Zahl von Arbeitsgängen ermitteln könnten, also in Abhängigkeit von einer Zahl $n$, die für die **Anzahl der Arbeitsgänge** steht.

*Oliver*: Am besten zeichnen wir uns die Arbeitsgänge einmal auf. Wenn man das Problem vor Augen hat, fällt einem leichter etwas dazu ein.

*Nadine*: Bitteschön, hier ist Schmierpapier.

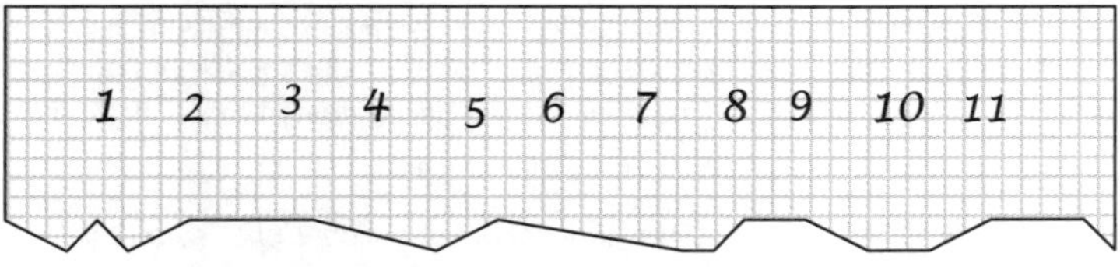


*Nadine*: Wenn wir jetzt eine Einteilung in Stationen vornehmen, muss diese Reihenfolge erhalten bleiben, oder?

*Sebastian*: So ist es.

*Nadine*: Gut, d.h., wir können hier auf dem Zettel Stationen bilden, indem wir Striche zwischen die Arbeitsgänge ziehen. Das geht schnell und man muss nicht ständig die Zahlen neu schreiben. Ich kann zum Beispiel drei Stationen bilden, indem ich zwei Striche ziehe:

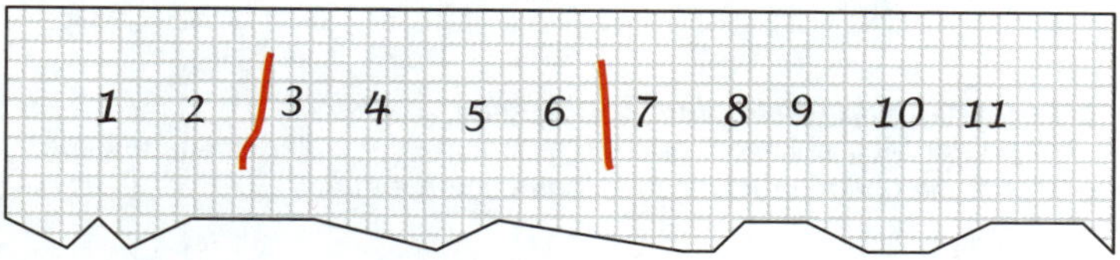


*Nadine*: Aufs Geratewohl habe ich die Stationen [1, 2], [3, 4, 5, 6] und [7, 8, 9, 10, 11] gebildet. Ob das eine gute Lösung ist, spielt zunächst keine Rolle. Wir wollen nur sehen, wie viele Möglichkeiten, Stationen zu bilden, wir überhaupt haben.

*Sebastian*: Jetzt müssen wir nur noch herausfinden, wie viele Möglichkeiten es gibt, zwei Striche zwischen den Arbeitsgängen zu platzieren. Dann wissen wir, wie viele Möglichkeiten es gibt, die Arbeitsgänge in drei Stationen zu teilen (→Ü.2.3).

*Oliver*: Genau! Eine ausgezeichnete Idee! Das machen wir anschließend für alle möglichen Anzahlen von Stationen, also von eins bis elf, dann haben wir's geschafft! Wie viele Möglichkeiten gibt es, die zwei Striche zu platzieren?

*Sebastian*: Ich kann mich dunkel an eine Formel erinnern, die wir im Studium verwendet hatten. Mit der konnte man errechnen, wie viele Möglichkeiten es gibt, $k$ Elemente aus einer Menge von $n$ Elementen zu entnehmen.

*Nadine*: Ah, ich glaube, ich weiß, was du meinst. Es nannte sich „$k$ aus $n$" und hatte etwas mit **Stichproben** zu tun. Wichtig war außerdem, dass für die entnommenen Elemente die Reihenfolge keine Rolle spielt.

Selina: In unserem Fall müssten wir also „2 aus 10" bilden, die Anzahl der Möglichkeiten, zwei Striche aus zehn Möglichkeiten auszuwählen.

*Sebastian holt seine alte Formelsammlung hervor, um nach der genauen Definition zu suchen. In der Zwischenzeit wollen wir uns mit der Definition von „$k$ aus $n$" beschäftigen:*

Wir stellen uns folgende Frage: Wie viele Möglichkeiten gibt es, $k$-elementige **Teilmengen** aus einer $n$-elementigen Menge zu bilden, wenn die Reihenfolge innerhalb der Teilmenge keine Rolle spielt und Elemente nicht mehrfach benutzt werden dürfen? Abbildung 2.2 illustriert diesen Vorgang mit $k = 6$ und $n = 18$.

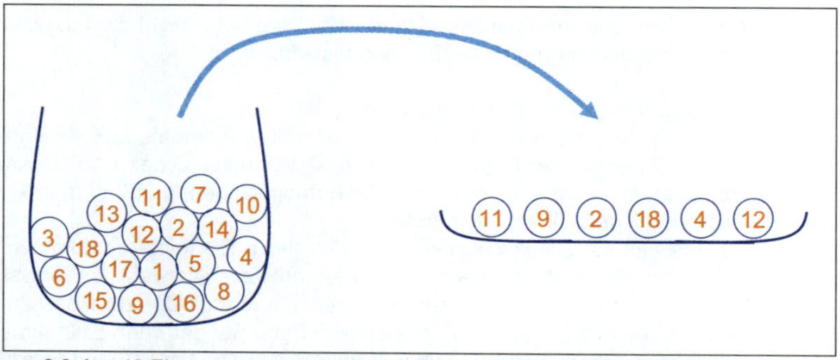


**Abbildung 2.2** *Aus 18 Elementen werden sechs entnommen, ohne die Reihenfolge der Entnahme zu berücksichtigen und ohne Wiederholungen*

***Ungeordnete Stichproben ohne Zurücklegen***
Die Anzahl der Möglichkeiten, aus $n$ Elementen eine $k$-elementige ungeordnete Stichprobe ohne Zurücklegen zu entnehmen, beträgt:

$$\frac{n\cdot(n-1)\cdot(n-2)\cdot\ldots\cdot 2\cdot 1}{k\cdot(k-1)\cdot(k-2)\cdot\ldots\cdot 2\cdot 1\cdot(n-k)\cdot(n-k-1)\cdot\ldots\cdot 2\cdot 1}=\frac{n!}{k!\cdot(n-k)!}=\binom{n}{k}.$$

$\binom{n}{k}$ spricht man: „$k$ aus $n$“. Diese Darstellung ist eine übliche Abkürzung für die oben dargestellte Formel. Man nennt diesen Wert auch den **Binomialkoeffizienten**.

Was haben die Ausrufezeichen im Binomialkoeffizienten zu bedeuten? $n!$, die **Fakultät** von $n$, ist eine geläufige Abkürzung für das Produkt der Zahlen von 1 bis $n$. Es gilt also:

$$n! = 1\cdot 2\cdot 3\cdot\ldots\cdot(n-2)\cdot(n-1)\cdot n.$$

Man spricht: „$n$ Fakultät“. Der Begriff der Fakultät ist nur für nichtnegative ganze Zahlen $n$ definiert. Für $n$ = 0 gilt:

$$0! = 1.$$

Damit man sich zur Berechnung der Fakultät besonders bei großen $n$ nicht die Finger wund tippen muss, haben viele Taschenrechner diese Funktion fest eingebaut.

Warum ist der Binomialkoeffizient gerade so definiert?
Zuerst wollen wir herausfinden, wie viele Möglichkeiten es gibt, $k$ Elemente aus $n$ Elementen zu entnehmen, wenn die Reihenfolge der Entnahme wichtig ist. Wir untersuchen also die Anzahl der **geordneten Stichproben**. Das bedeutet, dass z.B. die Kombinationen 1, 2, 3 und 2, 3, 1 zu unterscheiden sind und einzeln gezählt werden müssen.
Für die erste Entnahme gibt es $n$ Möglichkeiten, da jedes der $n$ Elemente entnommen werden kann. Bei der zweiten Entnahme stehen noch $n - 1$ Elemente zur Auswahl. Es gibt also $n$ - 1 Möglichkeiten. Mit jeder weiteren Entnahme verringert sich die Menge der zur Auswahl stehenden Elemente und damit die Anzahl der Möglichkeiten um Eins. Bei der $k$-ten Entnahme stehen noch $n - k + 1$ Möglichkeiten offen. Die Anzahl der Möglichkeiten, die bei $k$ Zügen auftreten können, ergeben sich aus der Multiplikation der Anzahl der Möglichkeiten in den einzelnen Zügen.

Das bedeutet, die Anzahl der Möglichkeiten, $k$ aus $n$ Elementen mit Beachtung der Reihenfolge zu wählen, beträgt

$$n \cdot (n-1) \cdot \ldots \cdot (n-k+2) \cdot (n-k+1).$$

Zählt man die Möglichkeiten einer geordneten Stichprobe, erhält man einen viel höheren Wert als bei einer ungeordneten Stichprobe, da die Reihenfolge eine Rolle spielt und damit alle Möglichkeiten, die entnommenen Elemente anzuordnen, mitgezählt werden.
Eine Menge von $k$ Elementen lässt sich auf $k!$ verschiedene Arten anordnen, man spricht hier von **Permutationen**. Das kann man leicht nachvollziehen, wenn man sich vorstellt, dass man aus einer Menge von $k$ Elementen alle, also $k$, entnimmt, wobei die Reihenfolge der Entnahme wichtig ist. Nach der gerade entwickelten Anzahlformel gibt es dafür

$$k \cdot (k-1) \cdot \ldots \cdot 2 \cdot 1 = k!$$

Möglichkeiten.
Beim Entnehmen mit Berücksichtigung der Reihenfolge haben wir jede ungeordnete Stichprobe $k!$ mal gezählt. Der Binomialkoeffizient ergibt sich also als

$$\frac{n \cdot (n-1) \cdot \ldots \cdot (n-k+1)}{k \cdot (k-1) \cdot \ldots \cdot 2 \cdot 1} = \frac{n \cdot (n-1) \cdot \ldots \cdot (n-k+1) \cdot (n-k) \cdot (n-k-1) \cdot \ldots \cdot 2 \cdot 1}{k! \cdot (n-k) \cdot (n-k-1) \cdot \ldots \cdot 2 \cdot 1} = \frac{n!}{k! \cdot (n-k)!} = \binom{n}{k}$$

(→Ü.2.4).

*In der Zwischenzeit hat Sebastian die Erklärungen zum Binomialkoeffizienten in seinen Unterlagen gefunden. Die vier Kollegen versuchen nun herauszufinden, ob der Binomialkoeffizient für ihre Aufgabenstellung tauglich ist.*

*Sebastian*: Also: Wir haben zehn Stellen, an denen Striche stehen können. Zwei Striche möchte ich positionieren. Das heißt, ich suche mir aus den zehn Stellen zwei aus. Das ist genauso, als würde ich eine 2-elementige ungeordnete Stichprobe ohne Zurücklegen bilden. Ohne Zurücklegen, weil an jeder Stelle selbstverständlich nur einmal ein Strich gezogen werden kann, jede Position daher auch nur einmal in der Stichprobe auftauchen darf.

*Selina*: Ja, aber wieso ungeordnet? Gerade haben wir doch noch gesagt, die Reihenfolge der Arbeitsgänge ist wichtig und jetzt plötzlich nicht mehr? Ich verstehe gar nichts mehr!

*Sebastian*: Ungeordnet heißt ja nur, dass es egal ist, ob eine Teilmenge [1, 2, 3] heißt oder [2, 1, 3]. In diesem Zusammenhang ist es unwichtig, ob ich für die Striche die zweite und die sechste Stelle aussuche oder die sechste und die zweite. Verstehst du, was ich meine?

*Selina*: Ich glaube, darüber muss ich noch einmal nachdenken. Aber mach' erst einmal weiter.

*Nadine*: Ich werde gleich mit dem Taschenrechner ausrechnen, wie viele Möglichkeiten es für zwei Striche gibt.

*Während Nadine die Zahlen in den Taschenrechner tippt, sehen wir uns ebenfalls die Berechnung an.*

$$\binom{10}{2} = \left(\frac{10!}{2! \cdot (10-2)!}\right) = \left(\frac{10!}{2! \cdot 8!}\right) = \left(\frac{10 \cdot 9 \cdot \ldots \cdot 2 \cdot 1}{2 \cdot 1 \ \cdot \ 8 \cdot 7 \cdot \ldots \cdot 2 \cdot 1}\right) = \left(\frac{3628800}{2 \cdot 40320}\right) = 45$$

*Nadine*: Es gibt 45 verschiedene Möglichkeiten, zwei Striche an zehn Stellen zu platzieren.

*Oliver*: Oder anders gesagt: Es gibt 45 Möglichkeiten, drei Stationen aus elf Arbeitsgängen zu bilden (→Ü.2.5).

*Selina*: Ich bin beeindruckt. So einfach ist das. Na gut, und das müssen wir zehnmal machen und die Ergebnisse addieren?

*Sebastian*: Wir müssen das sogar elfmal machen! Es können null bis zehn Striche platziert werden! Das macht elf Berechnungen.

*Selina*: Was? Du machst mich ganz verrückt mit deinen Ideen. Was heißt null Striche platzieren? So ein Blödsinn!

*Sebastian*: Nein, überlege doch erst einmal! Null Striche heißt, dass man nicht unterteilt, also nur eine Station bildet. Die muss dann alle Arbeitsgänge enthalten und es gibt auch nur eine Möglichkeit, so eine Station zu bilden. Trotzdem muss man diese Möglichkeit berücksichtigen.

*Nadine*: Okay, langsam. Wir sollten das vielleicht erst als Formel aufschreiben, sonst verliere ich den Überblick. Wir haben $n$ Arbeitsgänge und wollen $k$ Stationen bilden, korrekt?

*Selina*: Korrekt.

*Nadine*: Gut, dann weiter. Um $k$ Stationen zu bilden, brauche ich $k-1$ Striche. Diese kann ich auf $n-1$ Stellen positionieren. Also rechne ich „$k-1$ aus $n-1$".

*Währenddessen hat Nadine folgende Formel zu Papier gebracht:*

> $n$ ... Anzahl Arbeitsgänge
> $k$ ... Anzahl Stationen
>
> Die Anzahl der Möglichkeiten, $k$ Stationen zu bilden, beträgt
>
> $$\binom{n-1}{k-1}.$$

*Nadine*: Und nun fassen wir $n$ von diesen Binomialkoeffizienten zusammen. Wir müssen für $k = 1$ bis $k = n$ diese Werte errechnen und addieren. Der erste Summand steht für $k = 1$, also für „eine Station bilden", bzw. für „null Striche ziehen". Der zweite Summand steht für „zwei Stationen bilden" usw.

Anzahl der Möglichkeiten Stationen für $n$ Arbeitsgänge zu bilden:

$$\binom{n-1}{0}+\binom{n-1}{1}+\binom{n-1}{2}+\cdots+\binom{n-1}{n-1}.$$

*Selina*: Schön sieht sie aus, deine Summe! Aber man muss sehr viel in den Taschenrechner eintippen, bis man die Lösung hat. Würde mich nicht wundern, wenn ich mich dabei ständig vertippe (→Ü.2.6).

*Sebastian*: Es steht sicherlich noch mehr in meinen Aufzeichnungen vom Studium. Manchmal kann man solche Formeln vereinfachen, vielleicht finde ich was.

*Oliver*: Für heute habe ich jedenfalls genug Binomialkoeffizienten gesehen. Ich werde jetzt heimgehen.

*Selina*: Gute Idee. Dann bis morgen!

*Während die Experten von Clever Consulting den Heimweg antreten, wollen wir uns im nächsten Kapitel genauer ansehen, ob man diese Summenformel wirklich noch vereinfachen kann.*

**Diskussion 2.1:**

In den bisherigen Betrachtungen war die Reihenfolge der Arbeitsgänge durch technische Aspekte festgelegt. Angenommen, die Reihenfolge der $n$ Arbeitsgänge ist frei wählbar, wie viele Möglichkeiten der Zuordnung von Arbeitsgängen zu Stationen gibt es?

**Übungsaufgaben**

***Ü.2.3*** Wie viele Möglichkeiten gibt es, vier Stationen bei sieben Arbeitsgängen zu bilden? Stellen Sie alle Stationen durch Striche zwischen Zahlen dar.

***Ü.2.4*** Gegeben sei die Menge {1, 2, 3, 4, 5}.

a) Bilden Sie alle geordneten Stichproben 3 aus 5. Wie viele sind es?

b) Bilden Sie nun alle Möglichkeiten für eine geordnete Stichprobe 3 aus 3. Wie viele sind es?

c) Bilden Sie alle ungeordneten Stichproben 3 aus 5. Wie viele sind es?

**Tipp:** Bilden Sie in b) und c) nicht neu, sondern wählen Sie geschickt aus a) aus.

d) Berechnen Sie die Anzahl der ungeordneten Stichproben 3 aus 5 als Quotienten der Ergebnisse von a) und b) und mit Hilfe der Binomialkoeffizienten.

***Ü.2.5.*** a) Überprüfen Sie Ihr Ergebnis aus Ü.2.3 mit Hilfe von Binomialkoeffizienten.

b) Berechnen Sie folgende Binomialkoeffizienten:

$$\binom{5}{3}, \binom{47}{0}, \binom{47}{47}, \binom{9}{4}, \binom{10}{6}, \binom{18}{4}, \binom{19}{0}, \binom{4}{2}, \binom{6}{2}, \binom{9}{5}$$

***Ü.2.6*** Wie viele Möglichkeiten gibt es, Stationen bei sieben Arbeitsgängen (also eins bis sieben Stationen) zu bilden?

## *2.3 Binomialkoeffizienten und das Pascalsche Dreieck*

### Das Pascalsche Dreieck

Um den Binomialkoeffizienten näher kennen zu lernen, holen wir etwas weiter aus und gehen zurück in der Mathematikgeschichte. Wir blicken in das 17. Jahrhundert, als in Frankreich der Mathematiker, Theologe und Philosoph *Blaise Pascal* (1623-1662) lebte. Ihm wird das sogenannte **Pascalsche Dreieck** zugeschrieben, das wir uns nun genauer ansehen wollen.

1

1 1

1 2 1

1 3 3 1

1 4 6 4 1

1 5 10 10 5 1

1 6 15 20 15 6 1

1 7 21 35 35 21 7 1

**Abbildung 2.3** *Pascalsches Dreieck*

Die obige Abbildung zeigt ein Pascalsches Dreieck. Was fällt bei diesem Dreieck auf? Nun, erst einmal ist es symmetrisch zu einer senkrechten Spiegelachse. Weiterhin sind der linke und der rechte Rand der Pyramide gesäumt von Einsen. Wenn man etwas genauer hinschaut, wird einem vielleicht auffallen, dass direkt unterhalb der Einsen, entlang des Seitenrandes, sich die Folge der natürlichen Zahlen zeigt, also 1, 2, 3, 4,... .

Wie bildet man dieses Dreieck und was hat es damit auf sich?

Das Pascalsche Dreieck wird tatsächlich nach einer Rechenregel gebildet und man kann es um beliebig viele Zeilen erweitern.

Das Bildungsgesetz lautet: Jeder Eintrag des Dreiecks ergibt sich aus der Summe der Einträge, die in der vorigen Zeile schräg über dem Eintrag stehen. Zur Veranschaulichung soll das Bildungsgesetz am Beispiel vorgeführt und danach in einer mathematischen Schreibweise dargestellt werden.

1

1 1

1 2 1

1 3 3 1

1 4 6 = 3 + 3

**Abbildung 2.4** *Bildung des Pascalschen Dreiecks*

1

1 1

1 2 1

1 3 3 1 0

1 4 6 4 1

**Abbildung 2.5** *Bildung der Randelemente*

Im Weiteren ist zu beachten, dass die Nummerierung der Zeilen und Zeilenelemente im Pascalschen Dreieck jeweils bei Null beginnt. Wie man sehen kann, ergibt sich das zweite Element der vierten Zeile, indem die beiden direkt darüber angeordneten Elemente addiert werden. Bei der Berechnung des nullten und letzten Elements jeder Zeile stellt man sich vor, dass an der leeren Stelle darüber eine Null steht. Damit ist auch schon das erste Rätsel gelöst: an den Rändern des Dreiecks können sich immer nur Einsen bilden, denn es ergibt sich für diese Elemente immer wieder: 1 + 0 = 1 (→Ü.2.7).

Wie angekündigt folgt die mathematische Schreibweise dieser Rechenregel:

***Bildungsregel zur Erzeugung eines Pascalschen Dreiecks***

Das $k$-te Element der $n$-ten Zeile im Dreieck sei $d_{nk}$. Dann gilt:

$$d_{nk} = d_{n-1,k-1} + d_{n-1,k}$$
$$d_{00} = 1$$
$$d_{n0} = 1;\ d_{nn} = 1 \quad \text{für alle } n \in \mathbb{N}$$

(→Ü.2.8) Die zweite Bedingung dieser Formulierung ist notwendig, um das Dreieck zu initialisieren, d.h. dem Dreieck einen Start zu ermöglichen. Ebenso stehen die beiden Bedingungen in der dritten Zeile für die Initialisierung der einzelnen Zeilen. Diese drei Bedingungen sind notwendig, da die Bildungsregel sonst auf Elemente zugreifen würde, die es nicht gibt. Bei der obigen Formulierung ist darauf zu achten, dass beim Zählen der Zeilen und Zeilenelemente jeweils mit Null begonnen wird.

Was hat das Pascalsche Dreieck mit dem Binomialkoeffizienten zu tun? Das Besondere am Pascalschen Dreieck ist: Jedes Element des Dreiecks ist ein Binomialkoeffizient! Das Element $d_{nk}$ hat den Wert des Binomialkoeffizienten „$k$ aus $n$“. Man könnte das Pascalsche Dreieck auch so schreiben:

$$\binom{0}{0}$$
$$\binom{1}{0} \quad \binom{1}{1}$$
$$\binom{2}{0} \quad \binom{2}{1} \quad \binom{2}{2}$$
$$\binom{3}{0} \quad \binom{3}{1} \quad \binom{3}{2} \quad \binom{3}{3}$$
$$\ldots$$

**Abbildung 2.6** *Pascalsches Dreieck aus Binomialkoeffizienten*

Eine beliebige $n$-te Zeile des Pascalschen Dreiecks lässt sich demnach wie folgt schreiben:

$$\binom{n}{0} \quad \cdots \quad \binom{n}{k-1} \quad \binom{n}{k} \quad \binom{n}{k+1} \quad \cdots \quad \binom{n}{n}.$$

(→Ü.2.9-10)

Dass die Elemente des Pascalschen Dreiecks $d_{nk}$ tatsächlich den Binomialkoeffizienten „$k$ aus $n$“ entsprechen, können wir für die ersten Zeilen des Pascalschen Dreiecks ohne Probleme nachrechnen. Das allein ist aber noch kein **Beweis** für die allgemeine Gültigkeit unserer Entdeckung. Um diese zu zeigen, muss bewiesen werden, dass die Binomialkoeffizienten den Bildungsregeln des Pascalschen Dreiecks genügen.

Für interessierte Leser ist dieser Beweis im folgenden Exkurs dargestellt.

**Übungsaufgaben**

***Ü.2.7*** Das Pascalsche Dreieck enthält entlang der Seitenränder direkt unterhalb der Einsen die Folge der natürlichen Zahlen. Wie lässt sich das erklären? Gilt diese Beobachtung für jedes Pascalsche Dreieck (mit beliebig vielen Zeilen)?

***Ü.2.8*** Bilden Sie die nullte bis zehnte Zeile des Pascalschen Dreiecks.

***Ü.2.9*** Bilden Sie die 13. Zeile des Pascalschen Dreiecks mit Hilfe der Binomialkoeffizienten.

***Ü.2.10*** Berechnen Sie die folgenden Elemente des Pascalschen Dreiecks: $d_{11,2}$, $d_{11,4}$, $d_{11,7}$, $d_{12,3}$, $d_{12,5}$ und $d_{12,8}$.

## Beweis*: Binomialkoeffizienten bilden das Pascalsche Dreieck

Wir wollen beweisen, dass die Bildungsregel des Pascalschen Dreiecks Binomialkoeffizienten „$k$ aus $n$" erzeugt. Oder anders gesagt, dass die Binomialkoeffizienten der Bildungsregel für das Pascalsche Dreieck genügen.
Wiederholen wir zuerst einmal die Bildungsregel für das Pascalsche Dreieck.

$$d_{nk} = d_{n-1,k-1} + d_{n-1,k} \qquad (1)$$

$$d_{00} = 1 \qquad (2)$$

$$d_{n0} = 1; d_{nn} = 1 \quad \text{für alle } n \in \mathbb{N} \qquad (3)$$

Beginnen wir mit der einfachsten Regel, nämlich mit (2). Dass diese für Binomialkoeffizienten gilt, zeigen wir durch Einsetzen.

$$\binom{0}{0} = \frac{0!}{0! \cdot (0-0)!} = \frac{1}{1} = 1 \quad \Rightarrow \quad \binom{0}{0} = d_{00}$$

Nun zu Regel (3). Wir müssen zeigen, dass „0 aus $n$" und „$n$ aus $n$" für jedes beliebige $n$ Eins ergeben:

$$\binom{n}{0} = \frac{n!}{0! \cdot (n-0)!} = \frac{n!}{1 \cdot n!} = \frac{n!}{n!} = 1 \quad \text{für alle } n \in \mathbb{N} \quad \Rightarrow \quad \binom{n}{0} = d_{n0},$$

$$\binom{n}{n} = \frac{n!}{n! \cdot (n-n)!} = \frac{n!}{n! \cdot 0!} = \frac{n!}{n! \cdot 1} = \frac{n!}{n!} = 1 \quad \text{für alle } n \in \mathbb{N} \quad \Rightarrow \quad \binom{n}{n} = d_{nn}.$$

Wieder ist uns dies relativ einfach durch Einsetzen und Ausrechnen der Binomialkoeffizienten gelungen. Etwas mehr Rechenkunst erfordert es, die Bedingung (1) zu prüfen.
Wir müssen zeigen, dass folgende Gleichung gilt:

$$\binom{n}{k} = \binom{n-1}{k-1} + \binom{n-1}{k}$$

oder ausführlicher:

$$\frac{n!}{k!(n-k)!} = \frac{(n-1)!}{(k-1)!((n-1)-(k-1))!} + \frac{(n-1)!}{k!((n-1)-k)!}.$$

Wir beginnen mit der rechten Seite der Gleichung und versuchen durch Umformen, die linke Seite der Gleichung zu erhalten.

$$\binom{n-1}{k-1}+\binom{n-1}{k}=$$

$$\frac{(n-1)!}{(k-1)!\cdot((n-1)-(k-1))!}+\frac{(n-1)!}{(k)!\cdot((n-1)-k)!}=$$

$$\frac{(n-1)\cdot(n-2)\cdot\dots\cdot(n-k+1)\cdot(n-k)\cdot(n-k-1)\cdot\dots\cdot 2\cdot 1}{(k-1)!\cdot(n-k)\cdot(n-k-1)\cdot\dots\cdot 2\cdot 1}+\frac{(n-1)\cdot(n-2)\cdot\dots\cdot(n-k)\cdot(n-k-1)\cdot\dots\cdot 2\cdot 1}{k!\cdot(n-k-1)\cdot\dots\cdot 2\cdot 1}$$

Bisher wurden die Brüche nur umgeformt und Fakultäten wurden ausgeschrieben. Dies wurde unternommen, damit man erkennen kann, wo sich die Brüche kürzen lassen. Die rot gedruckten Terme lassen sich nun gegeneinander kürzen und die Brüche vereinfachen sich zu:

$$\frac{(n-1)\cdot(n-2)\cdot\dots\cdot(n-k+1)}{(k-1)!}+\frac{(n-1)\cdot(n-2)\cdot\dots\cdot(n-k)}{k!}.$$

Im nächsten Schritt bringen wir die Brüche durch Erweitern auf den gleichen Nenner, um die Addition durchzuführen, denn schließlich soll am Ende nur ein Bruch stehen bleiben.

$$\frac{(n-1)\cdot(n-2)\cdot\dots\cdot(n-k+1)\cdot k}{(k-1)!\cdot k}+\frac{(n-1)\cdot(n-2)\cdot\dots\cdot(n-k)}{k!}=$$

$$\frac{(n-1)\cdot(n-2)\cdot\dots\cdot(n-k+1)\cdot k+(n-1)\cdot(n-2)\cdot\dots\cdot(n-k)}{k!}$$

Jetzt fällt auf, dass die Summanden im Zähler gleiche Terme enthalten. Diese lassen sich also ausklammern.

$$\frac{(n-1)\cdot(n-2)\cdot\dots\cdot(n-k+1)\cdot k+(n-1)\cdot(n-2)\cdot\dots\cdot(n-k+1)\cdot(n-k)}{k!}=$$

$$\frac{[(n-1)\cdot\dots\cdot(n-k+1)]\cdot[k+n-k]}{k!}=$$

$$\frac{(n-1)\cdot\dots\cdot(n-k+1)\cdot n}{k!}$$

Nun sind wir nicht mehr weit von unserem Ziel entfernt. Erweitern des Bruches führt uns zum Ziel:

$$\frac{n\cdot(n-1)\cdot\dots\cdot(n-k+1)\cdot(n-k)\cdot\dots\cdot 2\cdot 1}{k!\cdot(n-k)\cdot\dots\cdot 2\cdot 1}=$$

$$\frac{n!}{k!\cdot(n-k)!}=\binom{n}{k}\quad\Rightarrow\quad\binom{n-1}{k-1}+\binom{n-1}{k}=\binom{n}{k}.$$

■

Mit der Bestätigung der letzten der drei Bildungsregeln können wir unseren Beweis abschließen.

**<u>Vereinfachte Berechnung der Binomialkoeffizienten</u>**

Wir haben den Zusammenhang zwischen dem Pascalschen Dreieck und den Binomialkoeffizienten „$k$ aus $n$“ dargestellt. Doch was haben wir durch diese Beziehung gewonnen?

Zum Einen wissen wir, dass wir Binomialkoeffizienten ganz einfach mit Hilfe des Pascalschen Dreiecks erzeugen können. Ist die $n$-te Zeile des Pascalschen Dreiecks bekannt, lässt sich durch einfache Addition die $(n + 1)$-te Zeile erzeugen. Diese Rechnung könnte man sehr leicht auf einem Blatt Papier oder sogar im Kopf durchführen. Dagegen führt die ursprüngliche Berechnung der Binomialkoeffizienten zu Multiplikationen mit sehr großen Zahlen, bei denen in der Regel der Taschenrechner benötigt wird (→Ü.2.11).

**Die Symmetrie des Pascalschen Dreiecks**

Eine weitere Eigenheit des Pascalschen Dreiecks lässt sich ausnutzen: die Symmetrie. Wie wir wissen, ist das Pascalsche Dreieck symmetrisch zu der senkrechten Achse. Das bedeutet, es gilt:

$$d_{nk} = d_{n,n-k} .$$

Oder mit Hilfe der Binomialkoeffizienten ausgedrückt:

$$\binom{n}{k} = \binom{n}{n-k} .$$

Diese Eigenschaft der Binomialkoeffizienten leuchtet ein, wenn man ein Beispiel aus dem täglichen Leben betrachtet: Muss man aus fünf neuen CDs zwei aussuchen, weil man sich nur zwei Stück leisten kann, dann ist es dasselbe, als würde man die drei aussuchen, die man eben nicht kaufen wird:

$$\binom{5}{2} = \binom{5}{5-2} = \binom{5}{3} .$$

Relativ einfach, durch Einsetzen und Umformen, lässt sich hier zeigen, dass diese Regel für Binomialkoeffizienten stimmt:

$$\binom{n}{k} = \frac{n!}{k! \cdot (n-k)!} = \frac{n!}{(n-k)! \cdot k!} = \frac{n!}{(n-k)! \cdot (n-(n-k))!} = \binom{n}{n-k} .$$

(→Ü.2.12)

**Summe von Binomialkoeffizienten**

Einen letzten Nutzen wollen wir aus dem Pascalschen Dreieck noch ziehen, da er für uns der interessanteste ist. Im letzten Gespräch der *Clever Consulting* war Selina mit folgender Formel weniger glücklich:

$$\binom{n-1}{0} + \binom{n-1}{1} + \binom{n-1}{2} + \cdots + \binom{n-1}{n-1} .$$

Wenn man nicht über einen modernen Taschenrechner mit Summenfunktion verfügt, muss man jeden Summanden einzeln errechnen und kann sich leicht vertippen. Es wäre also schön, könnte man diese Summe vereinfachen.

Betrachten wir doch noch einmal die Elemente einer beliebigen $n$-ten Zeile des Pascalschen Dreiecks:

$$\binom{n}{0} \; \binom{n}{1} \; \cdots \; \binom{n}{k-1} \; \binom{n}{k} \; \binom{n}{k+1} \; \cdots \; \binom{n}{n-1} \; \binom{n}{n} .$$

Die Binomialkoeffizienten in dieser Reihe erinnern stark an die eben betrachteten Summanden. Der Unterschied: $n - 1$ wurde durch $n$ ersetzt. Die Summanden unserer Formel entsprechen also den Elementen der $(n - 1)$-ten Zeile des Pascalschen Dreiecks. Betrachten wir trotzdem die $n$-te Zeile. Was für diese gilt, lässt sich auf die $(n - 1)$-te Zeile übertragen, solange $n > 1$ ist.

Uns interessiert die Summe der Elemente einer beliebigen $n$-ten Zeile im Pascalschen Dreieck. Am besten sehen wir uns dies erst einmal am Beispiel der ersten Zeilen an:

| | Summe der Zeileneinträge |
|---|---|
| 1 | 1 |
| 1 1 | 2 |
| 1 2 1 | 4 |
| 1 3 3 1 | 8 |
| 1 4 6 4 1 | 16 |
| 1 5 10 10 5 1 | 32 |

Etwas fällt hier auf: Die Summe der Zeileneinträge verdoppelt sich von Zeile zu Zeile! Lässt sich aus dieser Beobachtung bereits eine generelle Regel ableiten? Nein, denn die Beobachtung könnte nur für das betrachtete Beispiel gelten, man muss die Eigenschaft für den allgemeinen Fall beweisen. Überlegen wir also, woran die Verdopplung der Zeilensummen liegen könnte und betrachten wir die Erzeugung des Pascalschen Dreiecks genauer. Im Folgenden wird die Zeile $n = 4$ aus der Zeile $n = 3$ erzeugt:

| | | | | |
|---|---|---|---|---|
| | 1 | 3 | 3 | 1 |
| 1 | 4 = 1 + 3 | 6 = 3 + 3 | 4 = 3 + 1 | 1 |

Man sieht, dass jeder Eintrag aus der oberen Zeile genau zweimal als Summand (bzw. als eigener Eintrag an den Rändern) auftaucht. Dieses Verhalten lässt sich für beliebige Zeilen nachvollziehen. Weil jeder Eintrag aus der vorigen Zeile zweimal in der folgenden Zeile auftaucht, als Summand oder als eigener Eintrag, verdoppelt sich die Zeilensumme von einer zur nächsten.

Wer an einem Beweis für dieses Verhalten interessiert ist, sei auf den Beweis am Ende dieses Kapitels verwiesen.

Nennen wir die Zeilensumme der $n$-ten Zeile für weitere Betrachtungen $\boldsymbol{ZS_n}$, mit $ZS_n = d_{n0} + d_{n1} + \ldots + d_{n,n-1} + d_{nn}$. Die Zeilensumme der Zeile Null kennen wir, es gilt: $ZS_0 = 1$. Die Zeilensumme der ersten Zeile müssen wir nicht mehr kennen, wir können sie errechnen:

$$ZS_1 = ZS_0 \cdot 2 = 1 \cdot 2 = 2\,.$$

Die Zeilensumme der dritten Zeile errechnet sich auf gleichem Wege:

$$ZS_2 = ZS_1 \cdot 2 = ZS_0 \cdot 2 \cdot 2 = 1 \cdot 2 \cdot 2 = 4\,.$$

Für die $n$-te Zeile gilt dann:

$$ZS_n = ZS_{n-1} \cdot 2 = ZS_0 \cdot \underbrace{2 \cdot 2 \cdot \ldots \cdot 2}_{n} = ZS_0 \cdot 2^n = 2^n \qquad \text{für } n \geq 1\,.$$

Wie verhält es sich jedoch mit der nullten Zeile? $2^0 = 1 = ZS_0$. Die Regel gilt also auch für die nullte Zeile und damit generell:

$$ZS_n = d_{n1} + d_{n2} + \ldots + d_{n,n-1} + d_{nn} = 2^n \qquad \text{für } n \geq 0\,.$$

Die Vereinfachung der Summenformel ist damit gelungen.

| | | Summe der Zeileneinträge | |
|---|---|---|---|
| Zeile 0 | 1 | 1 | $=2^0$ |
| Zeile 1 | 1 1 | 2 | $=1\cdot 2=2^0\cdot 2=2^1$ |
| Zeile 2 | 1 2 1 | 4 | $=2\cdot 2=2^1\cdot 2=2^2$ |
| Zeile 3 | 1 3 3 1 | 8 | $=4\cdot 2=2^2\cdot 2=2^3$ |
| Zeile 4 | 1 4 6 4 1 | 16 | $=8\cdot 2=2^3\cdot 2=2^4$ |
| Zeile 5 | 1 5 10 10 5 1 | 32 | $=16\cdot 2=2^4\cdot 2=2^5$ |
| | … | | |
| Zeile $n$ | … | | $=2^n$ |

Es gilt:

$$\binom{n}{0}+\binom{n}{1}+\cdots+\binom{n}{k}+\cdots+\binom{n}{n-1}+\binom{n}{n}=2^n.$$

(→Ü.2.13)

Gehen wir noch einmal zurück zur ursprünglichen Bedeutung des Binomialkoeffizienten. Die Anzahl der Möglichkeiten, $k$-elementige Teilmengen aus einer $n$-elementigen Menge zu bilden, ist „$k$ aus $n$“. Was erhält man, wenn man diese Größe für alle denkbaren $k$ von null bis $n$ errechnet und anschließend summiert? Nun, dann hat man nullelementige, einelementige, zweielementige usw. bis $n$-elementige Teilmengen gebildet, d.h. in jeder sinnvollen Größe. $2^n$ steht damit für die Anzahl aller Teilmengen, die man aus einer $n$-elementigen Menge gewinnen kann. Die Menge aller Teilmengen nennt man **Potenzmenge**. Die Potenzmenge hat $2^n$ Elemente.

Beispiel 2.1:

Die Menge {1, 2, 3, 4} hat vier Elemente. Es lassen sich also $2^4$ = 16 Teilmengen bilden:

| | | |
|---|---|---|
| $\binom{4}{0}=\frac{4!}{0!\cdot 4!}=\mathbf{1}$ | 0-elementig | ∅ (leere Menge) |
| $\binom{4}{1}=\frac{4!}{1!\cdot 3!}=\mathbf{4}$ | 1-elementig | {1}, {2}, {3}, {4} |
| $\binom{4}{2}=\frac{4!}{2!\cdot 2!}=\mathbf{6}$ | 2-elementig | {1, 2}, {1, 3}, {1,4}, {2, 3}, {2, 4}, {3, 4} |
| $\binom{4}{3}=\frac{4!}{3!\cdot 1!}=\mathbf{4}$ | 3-elementig | {1, 2, 3}, {1, 2, 4}, {1, 3, 4}, {2, 3, 4} |
| $\binom{4}{4}=\frac{4!}{4!\cdot 0!}=\mathbf{1}$ | 4-elementig | {1, 2, 3, 4} |

(→Ü.2.14)

**Übungsaufgaben**

***Ü.2.11*** Die 17. Zeile des Pascalschen Dreiecks lautet:

1 17 136 680 2380 6188 12376 19448 24310 24310 19448 12376 6188 2380 680 136 17 1

Berechnen Sie die 18. Zeile des Pascalschen Dreiecks ohne einen Taschenrechners zu benutzen und unter ausschließlicher Verwendung der Addition. Kontrollieren Sie Ihr Ergebnis für die Elemente $d_{18,4}$, $d_{18,13}$, $d_{18,11}$ und $d_{18,8}$ mit Hilfe des Taschenrechners, durch Berechnung er Binomialkoeffizienten.

***Ü.2.12*** Welche der folgenden Gleichungen und Ungleichungen sind richtig, welche sind falsch?

$$\binom{8}{3}=\binom{8}{5},\quad \binom{9}{3}=\binom{9}{5},\quad \binom{9}{3}\neq\binom{9}{6},\quad \binom{17}{10}=\binom{17}{7},\quad \binom{17}{13}\neq\binom{17}{5},\quad \binom{9}{0}\neq\binom{10}{10},$$

$$\binom{9}{4}=\binom{9}{5},\quad \binom{31}{0}=\binom{43}{0},\quad \binom{4}{2}=\binom{4}{4},\quad \binom{5}{2}\neq\binom{5}{3},\quad \binom{43}{1}\neq\binom{43}{42},\quad \binom{23}{19}=\binom{23}{4},$$

$$\binom{35}{17}\neq\binom{35}{18},\quad \binom{4}{1}\neq\binom{4}{3},\quad \binom{43}{23}\neq\binom{43}{21},\quad \binom{50}{30}=\binom{50}{10},\quad \binom{47}{15}=\binom{47}{32},\quad \binom{13}{4}=\binom{13}{9},$$

$$\binom{21}{15}\neq\binom{21}{7},\quad \binom{21}{16}\neq\binom{21}{6},\quad \binom{23}{9}=\binom{23}{19},\quad \binom{22}{11}\neq\binom{22}{13},\quad \binom{18}{9}\neq\binom{18}{10},\quad \binom{17}{7}=\binom{17}{10}$$

***Ü.2.13*** Überprüfen Sie das Ergebnis aus Ü.2.5. Geben Sie zusätzlich die Summe aller Elemente der 10. und 13. Zeile des Pascalschen Dreiecks an.

***Ü.2.14*** Füllen Sie folgende Teilmengen-Tabelle für die Menge {1,2,3,4,5} aus:

| Anzahl der Teilmengen | Anzahl der Elemente je Teilmenge | Teilmenge(n) |
|---|---|---|
| $\binom{5}{0}=\frac{5!}{0!\cdot 5!}=1$ | 0-elementig | ∅ (leere Menge) |
| | | |
| | | |
| | | |
| | | |
| | | |

## Beweis*: Zeilensummen im Pascalschen Dreieck verdoppeln sich

In diesem kleinen Exkurs soll gezeigt werden, dass sich die Zeilensummen im Pascalschen Dreieck von einer Zeile zur nächsten verdoppeln.
Zunächst schreiben wir die $n$-te Zeilensumme auf:

$$d_{n0} + d_{n1} + \cdots + d_{n,n-1} + d_{nn} = \sum_{k=0}^{n} d_{nk} .$$

Durch die Bildungsregel für das Pascalsche Dreieck wissen wir, dass $d_{nk}$ aus den Elementen der vorigen Zeile gebildet werden kann: $d_{nk}=d_{n-1,k-1}+d_{n-1,k}$. Diese Gleichung setzen wir ein und beachten dabei die Sonderfälle $d_{n0}$ und $d_{nn}$:

$$\sum_{k=0}^{n} d_{nk} = d_{n0} + \sum_{k=1}^{n-1}\left(d_{n-1,k-1} + d_{n-1,k}\right) + d_{nn} .$$

Die Summe kann in zwei Summen geteilt werden, für $d_{n0}$ und $d_{nn}$ setzen wir deren Werte ein.

$$\sum_{k=0}^{n} d_{nk} = 1 + \sum_{k=1}^{n-1} d_{n-1,k-1} + \sum_{k=1}^{n-1} d_{n-1,k} + 1$$

Betrachten wir nun die Summen. Die zweite Summe sieht fast aus wie die Zeilensumme der $(n - 1)$-ten Zeile. Der Unterschied: Sie beginnt mit $k = 1$, während die erwähnte Zeilensumme mit $k = 0$ beginnt. Uns fehlt der erste Summand $d_{n-1,0}$. Da dieser den Wert Eins hat, benutzen wir einfach eine der beiden Einsen in der Summe. Wir ziehen diese Eins als $d_{n-1,0}$ in die zweite Summe und erhalten so die Zeilensumme der $(n – 1)$-ten Zeile.

$$\sum_{k=0}^{n} d_{nk} = 1 + \sum_{k=1}^{n-1} d_{n-1,k-1} + \sum_{k=0}^{n-1} d_{n-1,k}$$

Im Prinzip geschieht mit der ersten Summe das gleiche. Allerdings stört uns in der ersten Summe der Index $k – 1$ bei $d_{n-1,k-1}$. Um das zu verändern, benutzen wir einen Trick, den man in der Mathematik hin und wieder bei Umrechnungen benutzt: die **Indexverschiebung**. Wir führen einen neuen Index $r$ ein. Für $r$ gilt: $r = k – 1$. Das bedeutet, $k$ durch $r + 1$ ersetzt werden. In der folgenden Umrechnung ist der Effekt zu sehen. Danach wird die verbliebene Eins als $d_{n-1,n-1}$ in die Summe gezogen, um diese zu komplettieren.

$$\sum_{k=0}^{n} d_{nk} = d_{n-1,n-1} + \sum_{r=0}^{n-2} d_{n-1,r} + \sum_{k=0}^{n-1} d_{n-1,k} =$$

$$\sum_{r=0}^{n-1} d_{n-1,r} + \sum_{k=0}^{n-1} d_{n-1,k} = 2 \cdot \sum_{k=0}^{n-1} d_{n-1,k}$$

$$\Rightarrow \quad \sum_{k=0}^{n} d_{n,k} = 2 \cdot \sum_{k=0}^{n-1} d_{n-1,k}$$

■

Durch Umrechnung sind wir zu dem gewünschten Ergebnis gekommen.

## 2.4 Exponentielles Wachstum

*Am nächsten Morgen trifft sich die Clever Consulting, um am Problem der Auto AG weiterzuarbeiten. Nur einer der Kollegen sieht besonders müde aus.*

*Nadine*: Mensch Sebastian, wie siehst du denn aus? Hast du die Nacht durchgefeiert?

*Oliver*: Ach was, unser Workaholic doch nicht. Wahrscheinlich hast du die ganze Nacht über deinen Büchern gesessen, was?

*Sebastian*: Ach, lasst mich in Ruhe. Seid froh, dass wenigstens einer Einsatz zeigt! Ich habe gestern noch in meinen Studienaufzeichnungen herumgesucht.

*Oliver*: War ja klar!

*Sebastian*: Und ich habe auch etwas gefunden! Man kann unsere Summenformel von gestern richtig gut vereinfachen.

*Selina*: Wirklich? Lass sehen!

*Sebastian*: Nein, ich hole mir jetzt erst einmal einen Kaffee, dann dürft ihr euch ganz lieb entschuldigen und vielleicht erzähle ich euch danach von meinen Ergebnissen.

*Sebastian hat also die gleiche Vereinfachung entdeckt, die wir in den letzten Kapiteln ausführlich erarbeitet haben. Nach zwei Tassen Kaffee und mit besserer Laune erklärt Sebastian seine Entdeckungen zu Binomialkoeffizienten.*

*Sebastian*: So, und diese Vereinfachung der Summenformel können wir ebenfalls für unser gestriges Ergebnis verwenden. Nadine, hast du den Zettel von gestern dabei?

*Nadine legt nach kurzem Wühlen in ihrer Tasche einen Zettel mit folgender Formel auf den Tisch:*

$$\binom{n-1}{0}+\binom{n-1}{1}+\binom{n-1}{2}+\cdots+\binom{n-1}{n-1}.$$

*Sebastian*: Seht ihr? Wir bilden hier die Summe mit Elementen der ($n$ – 1)-ten Zeile, das heißt, unsere Summe ergibt $2^{n-1}$.

Die Anzahl der Möglichkeiten, $n$ Arbeitsgänge, deren Reihenfolge vorgegeben ist, zu Stationen zusammenzufassen, beträgt:

$$\binom{n-1}{0}+\binom{n-1}{1}+\cdots+\binom{n-1}{n-2}+\binom{n-1}{n-1}=2^{n-1}.$$

(→Ü.2.15)

*Oliver*: Na gut, das heißt, wir müssten für die *Auto AG* $2^{10}$ Fälle untersuchen. Kannst du das einmal kurz in deinen Taschenrechner eintippen?

*Nadine*: Schon geschehen: 1024 Möglichkeiten.

*Oliver*: Na, das geht doch noch. Da schreiben wir ein Programm für den Computer und der soll uns dann alle Möglichkeiten durchrechnen. Weiterhin soll er die Möglichkeiten angeben, bei der die Stationen möglichst gleichmäßig ausgelastet sind.

*Nadine*: Hm, das hört sich so einfach an. Aber die Anzahl der Möglichkeiten wächst sehr schnell, nicht wahr? Wenn wir jetzt 20 Arbeitsgänge hätten, dann wären es schon 524.288 Möglichkeiten. Und bei 100 Arbeitsgängen wären es... oh, mein Taschenrechner kann die Zahl gar nicht mehr komplett darstellen, es wären $6{,}338 \cdot 10^{29}$ Möglichkeiten! Das ist eine 30stellige Zahl!

Das enorme Wachstum, das die vier Kollegen festgestellt haben, nennt man **exponentielles Wachstum**. Der Begriff bezieht sich darauf, dass bei $2^{n-1}$ die variable Größe $n$ im Exponenten zu finden ist. Dort beschleunigt sie das Wachstum enorm. Vergleichen wir die Ergebnisse für $n = 10$, $n = 20$, $n = 100$ und $n = 200$.

| $n$ | $2^{n-1}$ |
|---|---|
| 10 | 512 |
| 20 | 524.288 |
| 100 | $6{,}33825 \cdot 10^{29}$ |
| 200 | $8{,}03469 \cdot 10^{59}$ |

Eine Verdopplung von $n = 10$ auf $n = 20$ erzeugt einen 1024-fach höheren Wert von $2^{n-1}$. Eine Verdopplung von $n = 100$ auf $n = 200$ erzeugt einen $1.26765 \cdot 10^{30}$-fach höheren Wert von $2^{n-1}$. Der Wert von $2^{n-1}$ wächst also sehr viel schneller als die Variable $n$.

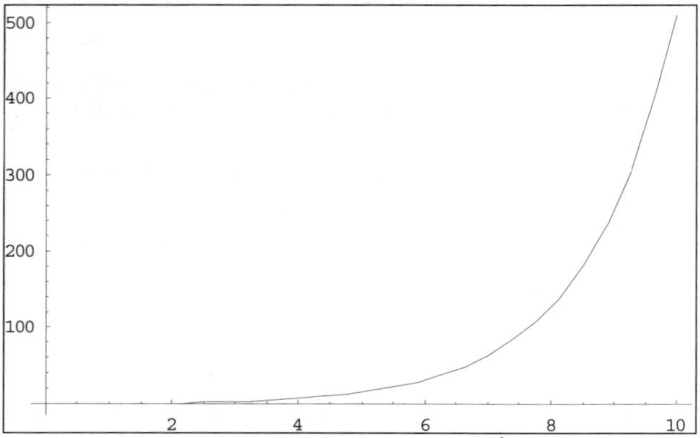


**Abbildung 2.8** *Funktion* $y = 2^{n-1}$

An der Abbildung 2.8 kann man sehr deutlich erkennen, dass $2^{n-1}$ nicht nur mit $n$ wächst, sondern dass sich dieses Wachstum mit steigendem $n$ beschleunigt.

Solche Aufgaben erreichen relativ schnell eine Größe, in der sie auch mit Einsatz modernster Computertechnik nicht mehr bearbeitet werden können. Die Anzahl der Möglichkeiten ist dann so groß, dass diese nicht mehr in einem angemessenen Zeitrahmen durchgerechnet werden können.
Auf Aufgaben solcher Art trifft man heutzutage auch, wenn man beispielsweise Codes entziffern möchte. In diesen Fällen ist man allerdings froh, dass diese Aufgaben noch nicht bewältigt werden können, denn sonst würden Verschlüsselungssysteme, wie man sie für Kreditkarten oder für Internetverbindungen benötigt, keine Sicherheit mehr bieten.

*Oliver*: O.K. Die Größe der Aufgabe wächst sehr schnell an. Trotzdem sind die 1024 Möglichkeiten im Fall *Auto AG* durchaus zu bewältigen.

*Sebastian*: Das mag ja sein, aber ich finde das nicht gut. Es muss doch ein effektiveres Verfahren geben, als alle möglichen Lösungen durchzuprobieren? Ich meine, darauf wäre die *Auto AG* sicher auch selbst gekommen!

*Nadine*: Hm, vielleicht sollten wir einmal zusammenfassen, was wir alles wissen, also welche Problemgrößen vorgegeben und welche noch zu errechnen sind.

*Nadine schreibt folgende Liste auf einen Schmierzettel:*

Gegeben:
- Anzahl der Arbeitsgänge: $n$
- Arbeitsgangnummer: $i$, $i=1...n$
- Bearbeitungszeit des Arbeitsganges $i$: $b_i$

Gesucht:
- Anzahl der Stationen: $k$, mit Stationsnummer $j$
- Bearbeitungszeit der Station $j$: $s_j$
- Taktzeit: $T$
- Zuordnung: Arbeitsgänge zu Stationen

*Sebastian*: Die Taktzeit $T$ ist zwar nicht bekannt, aber zumindest wissen wir, dass sie genauso lang ist, wie die längste Bearbeitungszeit der Stationen.

$$T = \max_{j=1,\ldots,k} s_j$$

*Selina*: Was bedeutet diese Schreibweise? Dieses *max* mit dem *j* darunter?

*Sebastian*: Das ist nicht weiter kompliziert. Es bedeutet, dass unter allen $s_j$, die es gibt, nämlich von $j = 1$ bis $j = k$, das mit dem maximalen Wert gewählt wird.

*Selina*: Ah, o.k. Das werde ich mir merken (→Ü.2.16).

*Nadine*: Ich finde, wir sollten eine Größe einführen, die die Abweichung von einer vollständigen Auslastung misst, damit wir feststellen können, welche Lösung nun gut ist.

*Oliver*: Das ist ein Punkt, den wir unbedingt mit den Verantwortlichen der *Auto AG* absprechen müssen. Woher sollen wir denn wissen, welche Lösung man dort gut findet? O.K., die Auslastung soll möglichst groß sein, am besten eine vollständige Auslastung. Die erreicht man aber nicht immer. Ist es dann besser, wenn die Wartezeit aller Stationen zusammen möglichst gering ist, damit man Kosten einspart? Oder ist es wichtig, dass die Wartezeiten möglichst gleich auf die einzelnen Stationen verteilt sind, damit sich kein Arbeiter ungerecht behandelt fühlt? Das sind zwei unterschiedliche Standpunkte und bestimmt gibt es noch andere.

*Oliver ist hier an einem ganz wichtigen Punkt angelangt: Der Definition eines Zieles. Was will Clever Consulting bzw. die Auto AG eigentlich erreichen? Begriffe, wie „möglichst gute Auslastung", sind nicht konkret genug. Selina vereinbart kurzerhand einen Besprechungstermin in der Auto AG, um diesen Punkt zu diskutieren. Die Chance, die Sportwagenproduktion vor Ort zu sehen, will sie sich natürlich keinesfalls entgehen lassen!*

**Übungsaufgaben**

***Ü.2.15*** Wie viele Möglichkeiten gibt es, 3, 8, 13, 15 oder 20 Arbeitsgänge, deren Reihenfolge vorgegeben ist, zu Stationen zusammenzufassen?

***Ü.2.16*** Bitte geben Sie $\max_{i=1,\dots,k} m_i$ für folgende Mengen $M$ mit Elementen $m_i$ an:

a) $M = \{1, 2, 3, 4\}$ mit $k = 4$ b) $M = \{4, 6, -3, -10, 3\}$ mit $k = 5$

c) $M = \{18, -20, 46, 43\}$ mit $k = 4$ d) $M = \{8, 3, -60, 4, 10\}$ mit $k = 5$

e) $M = \{14, 19, 243, 34\}$ mit $k = 4$ f) $M = \{18, -200, 34, 9\}$ mit $k = 4$

## 2.5 Ausgelastete Fließbänder und der Bandwirkungsgrad

*Eine Woche später trifft das Clever Consulting Team zum verabredeten Termin in den Werkshallen der Auto AG ein. Dort herrscht reges Treiben. Am Lieferanteneingang stauen sich die Lastwagen, einige Leute gestikulieren wild und wirken aufgeregt. Offensichtlich haben sich Lieferanten falsch eingereiht und bringen das ausgeklügelte System der Just-in-Time-Lieferung durcheinander. Ob das auch ein Fall für eine Optimierung durch Clever Consulting wäre? Noch bevor sich die vier Kollegen darum Gedanken machen können, kommt ihnen Herr Wiedner mit einem strahlenden Lächeln entgegen.*

*Herr Wiedner*: Guten Tag! Sie müssen das Beraterteam von *Clever Consulting* sein. Schön, sie hier zu haben. Und mit wem hatte ich am Telefon die Ehre?

*Selina*: Guten Tag, Herr Wiedner. Mein Name ist Selina Malik. Danke für die Einladung.

*Herr Wiedner*: Haben Sie Lust, einen kleinen Rundgang durch unsere Produktion zu machen, bevor wir in mein Büro gehen?

*Sebastian*: Gerne! Es ist immer besser, wenn man auch gesehen hat, wovon man sonst nur spricht.

*Selina*: Außerdem kann ich dann gleich herausfinden, welches Sportwagenmodell für mich das richtige ist.

*Nadine*: Wie viele Autos produzieren Sie durchschnittlich am Tag?

*Herr Wiedner*: Das hängt von der Auftragslage ab, aber so um die 120 Stück sollte das Fließband schon schaffen, das ist unser **Tagesausstoß**.

*Während des Rundgangs erläutert Herr Wiedner die Abläufe der Fertigung. Ganz offensichtlich ist Herr Wiedner sehr stolz, dass die Produktion wie am Schnürchen läuft. Er erklärt, dass Störungen an irgendeiner Stelle des Bandes natürlich das komplette Fließband lahm legen können. Solche Ausfälle sind für die Auto AG eine kostspielige Angelegenheit, da Maschinen und Personal dann nicht produktiv tätig sein können. Deshalb sind zu jeder Zeit Techniker vor Ort, die bei Störungen blitzschnell eingreifen können. Als die Gruppe am Ende der Produktionsstraße ankommt, rollt gerade ein nagelneuer blauer Sportwagen in der Luxusausführung vom Fließband.*

*Selina*: Oh! Genau so einen hätte ich gerne! Herr Wiedner, ich glaube, ich weiß, wie Sie unsere Leistungen vergüten könnten.

*Herr Wiedner*: Na, darüber können wir bei Abschluss Ihrer Arbeiten reden. Allerdings: Für dieses Sportwagenmodell müssten Sie uns vermutlich noch einige andere Abläufe optimieren.

*Oliver*: Das war eine gute Idee, sich die Produktion vor Ort anzusehen. Vielen Dank für die Führung, Herr Wiedner.

*Herr Wiedner*: Gern geschehen. Sie scheinen die Sache ja wirklich ernsthaft in Angriff zu nehmen. Ich bin gespannt auf Ihre Ergebnisse. Wenn Sie uns weiterhelfen, könnten wir mit der Geschäftsleitung über einen Beratungsvertrag zwischen *Clever Consulting* und der *Auto AG* sprechen. Ich denke, wir finden hier noch einige Aufgaben für Ihr Unternehmen. Ich habe in der Zwischenzeit mit unseren Verfahrenstechnikern bezüglich der Zielsetzung gesprochen. Die Kollegen benutzen als Maßzahl für die Auslastung den sogenannten **Bandwirkungsgrad**. Der Bandwirkungsgrad ist das Verhältnis zwischen der Summe der Bearbeitungszeiten und dem Produkt aus Taktzeit und Anzahl der Stationen.

*Inzwischen ist die Gruppe im Büro von Herrn Wiedner angekommen. Während Herr Wiedner spricht, schreibt er folgende Formel an ein Flipchart:*

$$\text{Bandwirkungsgrad:} \quad BWG = \frac{b_1 + b_2 + \cdots + b_{n-1} + b_n}{T \cdot k}.$$

*Herr Wiedner*: Der Bandwirkungsgrad zeigt die **Auslastung** des Bandes, er soll möglichst hoch sein. Am besten sehen Sie sich das in Ruhe an. Ich möchte Sie zwar nicht hinauswerfen, aber ich habe gleich einen wichtigen Termin.

*Nadine*: Ja, wir wollen Sie nicht länger aufhalten, vielen Dank für Ihre Unterstützung.

*Herr Wiedner*: Ach, und ehe ich es vergesse: Unsere Techniker haben mir eine Liste mit den Bearbeitungszeiten gegeben. Die ist für sie, ohne die Zahlen können Sie ja gar nicht starten. Die Einheiten der Werte sind übrigens Minuten.

| | | | |
|---|---|---|---|
| $b_1 = 8$ | $b_2 = 5$ | $b_3 = 1$ | $b_4 = 3$ |
| $b_5 = 7$ | $b_6 = 4$ | $b_7 = 2$ | $b_8 = 9$ |
| $b_9 = 2$ | $b_{10} = 5$ | $b_{11} = 7$ | |

*Beeindruckt von dem riesigen Produktionsgelände und voller Tatendrang macht sich die Clever Consulting auf den Weg ins Büro.*

*Oliver*: Habt ihr diese Formel verstanden? Ich jedenfalls nicht.

*Nadine*: Am besten setzen wir die Werte ein, die wir schon haben. Das sind die Bearbeitungszeiten im Zähler:

$$b_1 + b_2 + \cdots + b_{n-1} + b_n = 8+5+1+3+7+4+2+9+2+5+7 = 53.$$

Die Summe der Bearbeitungszeiten ist also 53 Minuten. Damit gilt für den Bandwirkungsgrad:

$$BWG = \frac{53}{T \cdot k}.$$

Wir kennen allerdings weder die Taktzeit $T$ noch die Anzahl der Stationen $k$. Wählen wir der Einfachheit halber eine beliebige Einteilung der Arbeitsgänge in Stationen. Dann können wir den resultierenden Bandwirkungsgrad ermitteln.

*Nadine ist auf dem richtigen Weg. Ein Beispiel, selbst ein konstruiertes, hilft oft zum besseren Verständnis mathematischer Ausdrücke.*

Beispiel 2.2:
Gegeben ist die Einteilung der Arbeitsgänge in drei Stationen: [1, 2, 3, 4] – [5, 6, 7] – [8, 9, 10, 11]; $k = 3$.

Daraus lässt sich errechnen:

- Bearbeitungszeit der Stationen

$$s_1 = b_1 + b_2 + b_3 + b_4 = 17; \quad s_2 = b_5 + b_6 + b_7 = 13; \quad s_3 = b_8 + b_9 + b_{10} + b_{11} = 23 .$$

- Taktzeit

$$T = \max\{s_1, s_2, s_3\} = \max\{17, 13, 23\} = 23 .$$

- Bandwirkungsgrad

$$BWG = \frac{53}{T \cdot k} = \frac{53}{23 \cdot 3} = \frac{53}{69} \approx 0,768 .$$

Der Bandwirkungsgrad beträgt 0,768 (→Ü.2.17). Sieht man sich die Bearbeitungszeiten der Stationen an, erkennt man, dass das kein allzu guter Wert ist. Sehr stark ausgelastet ist Station 3. Dort wird 23 Minuten lang gearbeitet. Diese Station bestimmt die Länge der Taktzeit. Dagegen hat Station 2 nur 13 Minuten zu arbeiten und kann dann zehn Minuten auf das Ende der Taktzeit warten.

Die Auslastung der Stationen ist in dem unten abgebildeten Diagramm aufgeführt.

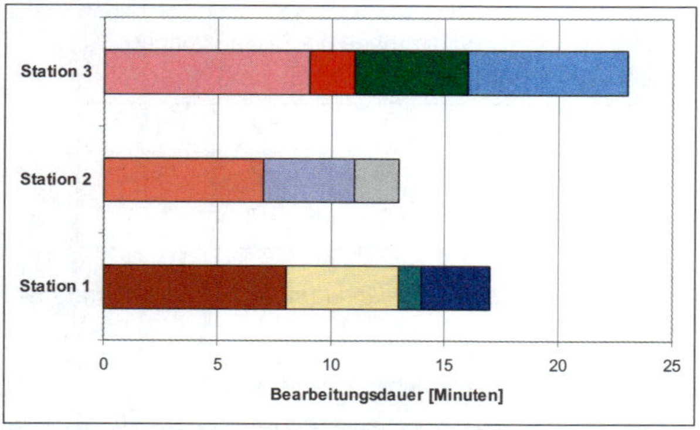


**Abbildung 2.9** *Diagramm der Stationsbelegung*

Das Diagramm zeigt den zeitlichen Ablauf eines Produktionsvorganges. Hier erkennt man deutlich, dass Station 3 sehr stark belastet ist. Eine verbesserte Lösung erhält man, beispielsweise, wenn man den Arbeitsgang 8 von Station 3 auf Station 2 verschiebt.

- Einteilung in Stationen: [1, 2, 3, 4] – [5, 6, 7, 8] – [ 9, 10, 11]
- Bearbeitungszeit der Stationen

$$s_1 = b_1 + b_2 + b_3 + b_4 = 17; \quad s_2 = b_5 + b_6 + b_7 + b_8 = 22; \quad s_3 = b_9 + b_{10} + b_{11} = 14 .$$

- Taktzeit

$$T = \max\{s_1, s_2, s_3\} = \max\{17, 22, 14\} = 22 .$$

- Bandwirkungsgrad

$$BWG = \frac{53}{T \cdot k} = \frac{53}{22 \cdot 3} = \frac{53}{66} \approx 0{,}803 .$$

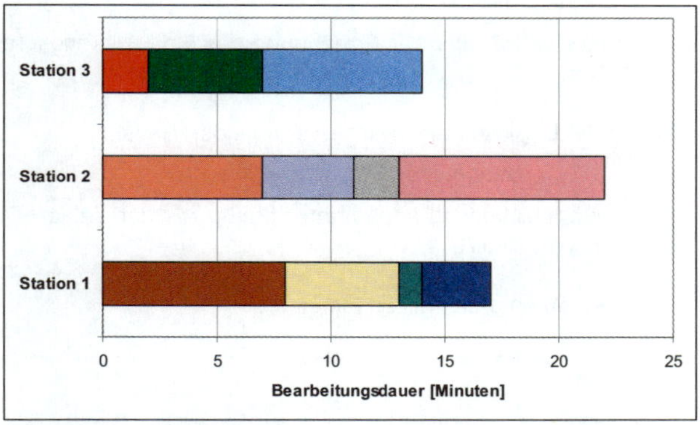


**Abbildung 2.10** *Diagramm nach Verschiebung des Arbeitsganges 8*

(→Ü.2.18)
Die Taktzeit wurde um eine Minute verkürzt. Der Bandwirkungsgrad ist auf 0,803 angestiegen. Die Auslastung der Maschinen hast sich verbessert. Das ist natürlich ein Erfolg. Trotzdem weiß man nicht, ob man bereits die beste Lösung der Aufgabe gefunden hat. Die Möglichkeiten, neue Lösungen zu finden, beschränken sich nicht nur auf das Verschieben von Arbeitsgängen. Ebenso kann die Anzahl der Stationen verändert werden. Die Anzahl der betrachteten Stationen war für das Beispiel willkürlich gewählt.

Wir wissen durch Herrn Wiedner, dass der $BWG$ so groß wie möglich werden soll. Wie groß kann er eigentlich werden? Die Taktzeit, also die Bearbeitungsdauer an einer Station, multipliziert mit der Anzahl der Stationen muss mindestens so groß sein wie die Summe der Bearbeitungszeiten, d.h., es muss gelten:

$$T \cdot k \geq b_1 + b_2 + \cdots + b_{n-1} + b_n .$$

Warum ist das so? Nun, die Bearbeitungszeiten der Arbeitsgänge $b_i$ werden auf die Stationen aufgeteilt und fließen in die Bearbeitungszeiten der Stationen $s_j$ ein. Es gilt deshalb:

$$b_1 + b_2 + \ldots + b_{n-1} + b_n = s_1 + s_2 + \ldots + s_{k-1} + s_k .$$

Beachte: Die linke Seite der Gleichung enthält $n$ Summanden, die rechte Seite nur $k$ Summanden.
Da $T$ der maximalen Bearbeitungszeit einer Station entspricht, gilt:

$$T \cdot k = \max_{j=1,\ldots,k} s_j \cdot k \geq s_1 + s_2 + \ldots + s_{k-1} + s_k .$$

Daraus lässt sich folgern:

$$T \cdot k \geq b_1 + b_2 + \ldots + b_{n-1} + b_n .$$

Wir wollen nun zwei Fälle unterscheiden:

1. Fall: Im ersten Fall sollen die beiden Seiten der obigen Ungleichung genau gleich groß sein, es gilt also die Gleichheit:

$$b_1 + b_2 + \cdots + b_{n-1} + b_n = T \cdot k .$$

In diesem Fall wären Nenner und Zähler zur Errechnung des Bandwirkungsgrades gleich groß, d.h., es würde folgen: $BWG = 1$.

2. Fall: Im zweiten Fall gilt die Ungleichheit zwischen den beiden Seiten:

$$b_1 + b_2 + \cdots + b_{n-1} + b_n < T \cdot k .$$

Damit ist der Nenner des Bandwirkungsgrades immer größer als der Zähler. Das bedeutet, der $BWG$ muss kleiner als Eins sein: $BWG < 1$.

Nimmt man beide Fälle zusammen, dann gilt allgemein:

$$BWG \leq 1 .$$

Der Bandwirkungsgrad kann maximal den Wert Eins erreichen.

Wenn man – wie im ersten Fall – einen $BWG$ von Eins erreicht, dann sind die Arbeitsgänge zu gleichen Teilen auf die Stationen vergeteilt, es gäbe keine Wartezeiten an den Maschinen. Das wäre der ideale Fall, die beste Lösung, die es zu erreichen gibt. Man sagt, das Band ist zu 100% ausgelastet. Der Bandwirkungsgrad ist eine Kennzahl der **Auslastung**. Wie bereits Herr Wiedner von der *Auto AG* festgestellt hat, müssen wir versuchen, einen möglichst großen Bandwirkungsgrad zu erreichen. Nun wissen wir, dass dieser höchstens Eins erreichen kann.

Eine Auslastung von 100% kann man erreichen, wenn man nur eine einzige Station bildet, die alle Arbeitsgänge bearbeitet. Die Taktzeit ergäbe sich aus der Summe der Bearbeitungszeiten: $T = b_1 + b_2 + \ldots + b_{n-1} + b_n$.

Betrachten wir diesen Fall am Beispiel der Auto AG:

$$T = b_1 + b_2 + \cdots b_{n-1} + b_n = 53$$
$$k = 1$$
$$BWG = \frac{b_1 + b_2 + \cdots b_{n-1} + b_n}{T \cdot k} = \frac{53}{53 \cdot 1} = 1$$

Diese Variante ist aber nicht interessant. Im Grunde bedeutet sie, dass man kein Fließband mehr einsetzt. Alle Arbeitsgänge werden an der einzigen Station durchgeführt. Es wäre außerdem nicht möglich, mehrere Autos gleichzeitig zu bearbeiten, die Produktionsmenge wäre sehr gering. Der Fall $k = 1$ ist daher nicht praxisrelevant. In unseren weiteren Untersuchungen wollen wir $k = 1$ verbieten.

*Das Clever Consulting Team hat diese Untersuchungen ebenfalls nachvollzogen:*

*Selina*: Ich weiß nicht, das ist ganz schön kompliziert. Da sind so viele Werte, die wir nicht kennen, die Taktzeit, die Anzahl und die Einteilung der Stationen. Wo soll man da anfangen?

*Oliver*: Das stimmt schon. Aber diese Größen hängen im Grunde alle zusammen. Zum Beispiel: Wenn ich mehr Stationen bilde, dann sinkt in der Regel die Taktzeit. Vielleicht kann man das irgendwie ausnutzen?

*Nadine*: Außerdem lässt sich die Anzahl der Stationen bestimmt einschränken. Z.B. wissen wir schon, dass es unsinnig ist, nur eine Station zu bilden. Ich könnte mir vorstellen, dass zwei ebenfalls zu wenig sind, wenn man eine gewisse Mindestmenge am Tag produzieren will.

*Oliver*: Das ist doch eine gute Idee! Vielleicht können wir die Mindestproduktion mit ins Spiel bringen, daran hatten wir noch gar nicht gedacht.

*Selina*: O.K. Herr Wiedner sprach von 120 Stück Ausstoß pro Tag. Nennen wir diese **Mindestproduktionsmenge** einfach $\boldsymbol{P_{min}}$ und sagen: $P_{min}$ = 120. Wie viele Stunden am Tag läuft denn das Band?

*Sebastian*: Soweit ich weiß, kann es drei Schichten, also 24 Stunden lang laufen. Wenn die Auftragslage schlecht ist, werden manchmal auch nur zwei Schichten angesetzt, aber dann müssen auch keine 120 Autos produziert werden.

*Nadine*: Gut. Nach dem Ablauf einer Taktzeit $T$ ist immer ein Auto fertig. Das heißt, wenn an einem Tag mindestens 120 Autos gefertigt werden sollen, darf die Taktzeit höchstens 24/120 Stunden betragen. Oder 1440/120 Minuten. Gekürzt sind das zwölf Minuten.

So nebenbei hat das *Clever Consulting* Team eine Abschätzung für die Taktzeit ermittelt. Die Taktzeit darf nicht größer als diese Abschätzung werden, sonst würden 24 Stunden nicht mehr reichen, um 120 Autos zu produzieren. Man nennt diesen Wert deshalb auch die **maximale Taktzeit** $\boldsymbol{T_{max}}$. Eine Taktzeit, die größer ist als $T_{max}$, ist nicht erlaubt.

Bevor wir die Formel aufschreiben, wollen wir den **Produktionszeitraum** allgemein mit $\boldsymbol{Z}$ abkürzen. In unserem Fall beträgt er 24 Stunden bzw. 1440 Minuten. Es wäre jedoch durchaus denkbar, dass man einen ganzen Monat betrachtet oder nur eine Stunde.

$$T_{\text{max}} = \left\lfloor \frac{Z}{P_{\text{min}}} \right\rfloor = \left\lfloor \frac{1440}{120} \right\rfloor = \lfloor 12 \rfloor = 12$$

Die halben Klammern um die Brüche bewirken, dass ihr Inhalt zu einer ganzen Zahl gerundet wird. Dabei stehen die in obiger Gleichung verwendeten Klammern nach unten für Abrunden. Klammern nach oben stehen für Aufrunden. Dazu folgende Beispiele:

$$\lceil 3{,}2 \rceil = 4 \qquad \lfloor 3{,}2 \rfloor = 3$$

$$\lceil 5 \rceil = 5 \qquad \lfloor 5 \rfloor = 5$$

Gebrochene Zahlen werden auf- oder abgerundet. Ganze Zahlen bleiben unverändert (→Ü.2.19-21).

Warum wird die maximale Taktzeit abgerundet? Die Taktzeit ist die Summe der Bearbeitungszeiten $b_i$, welche in unserem Fall ganze Zahlen sind. Eine Summe von ganzen Zahlen ist wieder eine ganze Zahl. Deshalb wird eine sinnvolle Taktzeit immer eine ganze Zahl sein. Jetzt muss noch geklärt werden, warum wir abrunden. Wir untersuchen gerade die maximalen, also die längstmögliche Taktzeit. Eine längere Taktzeit ist nicht erlaubt. Ergibt sich aus $Z$ / $P_{min}$ ein gebrochener Wert, so dürfen nur kleinere ganze Zahlen gewählt werden. $T_{max}$ ergibt sich daher durch Abrunden.

Die maximale Taktzeit hat natürlich Einfluss auf die Anzahl der Stationen. Keine Station darf eine Bearbeitungszeit haben, die die maximale Taktzeit überschreitet. Wenn bereits durch einen einzelnen Arbeitsgang die maximale Taktzeit überschritten würde, wenn z.B. $b_1$ = 15 wäre, so wäre die Mindestproduktion nicht einzuhalten. Die Auto AG hätte sich damit zuviel zugemutet. Der einzige Weg, dieses Problem zu beheben, wäre den betreffenden Arbeitsgang in mehrere kleinere Arbeitsgänge zu zerlegen, bis die maximale Taktzeit nicht mehr überschritten wird. Diese Möglichkeit müsste allerdings die Technikabteilung der Auto AG prüfen.

*Sebastian*: Sehr gut. Jetzt haben wir eine **obere Schranke** für die Taktzeit. Damit müssten wir die Anzahl der Stationen ebenfalls einschränken können. Denn je kürzer ich die Taktzeit wähle, desto mehr Stationen muss ich einrichten. Wenn ich die Taktzeit nach oben begrenze, heißt das, dass ich eine Mindestanzahl an Stationen brauche. Wir wissen bereits, dass die Taktzeit multipliziert mit der Stationsanzahl größer sein muss als die Summe der Bearbeitungszeiten:

$$T \cdot k \geq b_1 + b_2 + \cdots + b_{n-1} + b_n .$$

Die $b_i$ sind von vornherein festgelegt. Variabel sind $T$ und $k$. Wenn wir nun wissen möchten, welchen Einfluss die Größe $T$ auf $k$ hat, müssen wir die Ungleichung umstellen:

$$k \geq \frac{b_1 + b_2 + \cdots + b_{n-1} + b_n}{T} .$$

*Nadine*: Jetzt sieht man auch: Je größer $T$ wird, desto kleiner wird die rechte Seite und desto kleiner darf $k$ werden. Dieses Verhalten kann man gut erkennen, wenn man die Ungleichung mit den Daten aus unserem Beispiel zeichnet (siehe Abbildung 2.11):

$$k \geq \frac{53}{T} .$$

Für den Moment wollen wir die Forderung, dass $T$ eine ganze Zahl sein soll, vergessen. Alle Punkte ($T$ | $k$), die im grau schraffierten Bereich oder auf der Kurve liegen, stellen eine zulässige Kombination der Parameter $k$ und $T$ dar.

**Abbildung 2.11** *Bereich zulässiger Lösungen*

Da $T$ durch $T_{max}$ nach oben beschränkt ist, wird der Bereich der Lösungen beschnitten. Diese Beschränkung des Bereiches sorgt dafür, dass $k$ nicht beliebig klein werden darf. Der kleinste Wert, den $k$ erreichen kann, hängt also von $T_{max}$ ab.

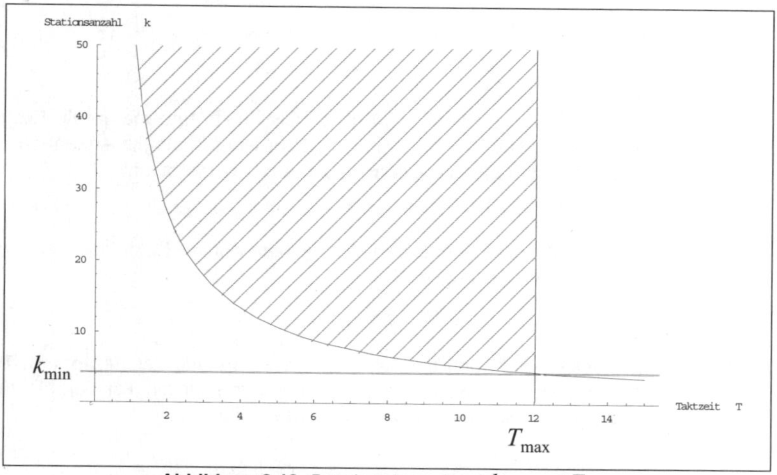


**Abbildung 2.12** *Beschränkung durch* $k_{min}$ *und* $T_{max}$

*Sebastian*: Klasse, damit ersparen wir uns die Untersuchung aller $k$, die unterhalb dieser Schranke liegen. Das ist doch schon eine deutliche Arbeitserleichterung im Vergleich zu „alle Möglichkeiten durchprobieren". Wir sollten eine Formel für die **minimale Stationsanzahl** $k_{min}$ aufschreiben.

*Blitzschnell hat Sebastian folgende Formel notiert:*

$$k_{min} = \frac{b_1 + b_2 + \cdots + b_{n-1} + b_n}{T_{max}}.$$

*Selina*: So ungern ich dich auch korrigiere, aber das stimmt nicht ganz. Setze einmal unsere Zahlen in die Gleichung ein.

*Sebastian*: Na ja, $k_{min}$ ergibt sich aus 53 durch 12, das ist etwa 4,42.

*Selina*: Und wie bitte soll die *Auto AG* 4,42 Stationen bauen? Der Arbeiter an der letzten Station ist dann immer zu einer Hälfte schon in der Mittagspause?

*Sebastian*: Ist ja schon gut, du hast recht. Wie gehen wir mit der Formel um? Statt mindestens 4,42 sind es dann mindestens fünf Stationen.

*Oliver*: Beim Programmieren gibt es doch diese Funktion mit den eckigen Klammern, die ganze Zahlen auf- oder abrundet.

*Mit den uns inzwischen bereits bekannten Klammern korrigiert Oliver die Formel und schon liegt das richtige Ergebnis vor den vier Kollegen:*

$$k_{\min} = \left\lceil \frac{b_1 + b_2 + \cdots + b_{n-1} + b_n}{T_{\max}} \right\rceil.$$

(→Ü.2.22)

*Nadine*: Da wir gerade dabei sind, könnten wird $k$ gleichfalls durch eine **maximale Stationsanzahl** nach oben beschränken. Schließlich kann $k$ nicht größer werden als die Anzahl der Arbeitsgänge $n$, sonst müssten wir Arbeitsgänge zerteilen, was hier nicht erlaubt ist.

$$k_{\max} = n$$

*Oliver*: Genau, und aus dem gleichen Grund darf die Taktzeit darf nicht kleiner werden als die längste Bearbeitungszeit eines Arbeitsganges.

$$T \geq \max_{i=1,\ldots,n} b_i$$

*Sebastian*: Das stimmt. Aber es gibt noch eine weitere Einschränkung der **minimalen Taktzeit**: Weil wir die Stationsanzahl nach oben beschränkt haben, können wir die Taktzeit nicht beliebig klein wählen, sonst können wir die Bearbeitungszeiten nicht erfüllen.

$$T \geq \left\lceil \frac{b_1 + b_2 + \cdots + b_{n-1} + b_n}{k_{\max}} \right\rceil$$

*Oliver*: Ja, da hast du recht. Wenn also beide Beschränkungen richtig sind, was machen wir dann?

*Selina*: Nehmt doch einfach jeweils die Schranke, die strenger ist. Die Taktzeit darf keine der beiden Schranken unterschreiten. Das heißt, die Schranke mit dem höheren Wert ist die bessere.

$$T_{\min} = \max\left\{ \max_{i=1,\ldots,n} b_i, \left\lceil \frac{b_1 + b_2 + \cdots + b_{n-1} + b_n}{k_{\max}} \right\rceil \right\}$$

(→Ü.2.23)

*Selina*: Für unser Beispiel heißt das:

$$T_{\max} = 1440/120 = 12$$

$$k_{\min} = \left\lceil \frac{53}{12} \right\rceil = 5$$

$$k_{\max} = 11$$

$$T_{\min} = \max\left\{9; \left\lceil \frac{53}{11} \right\rceil \right\} = \max\{9;5\} = 9$$

*Oliver*: Und wie geht es jetzt weiter?

*Sebastian*: Ich schlage vor, wir sind optimistisch und verhalten uns so, als könnten wir einen Bandwirkungsgrad gleich Eins erreichen.

$$BWG = 1 = \frac{b_1 + b_2 + \cdots + b_{n-1} + b_n}{T \cdot k} \quad \Rightarrow \quad k = \frac{b_1 + b_2 + \cdots + b_{n-1} + b_n}{T} = \frac{53}{T}$$

*Nadine*: Aha, und welchen Vorteil haben wir dadurch?

*Sebastian*: Also: Für jedes beliebige $T$ innerhalb unserer Schranken kann ich mit Hilfe dieser Gleichung ein $k$ errechnen, das einen Bandwirkungsgrad von Eins liefert.

*Nadine*: Was? So einfach soll das sein?

*Sebastian*: Naja, so einfach ist es gerade nicht. Wir müssen zusätzlich darauf achten, dass $k$ eine ganze Zahl ist, sonst kann man mit dem Ergebnis nichts anfangen (→Ü.2.24).

*Oliver*: Am besten zeichnen wir diese Kurve, dann sieht man bestimmt mehr.

*Olivers Zeichnung ist in Abbildung 2.13 zu sehen.*

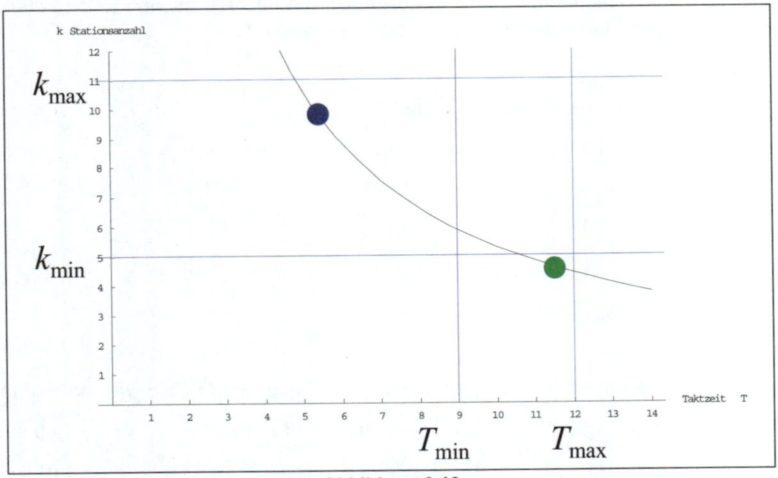


**Abbildung 2.13**

Die Kurve in Abbildung 2.13 zeigt das Zusammenspiel zwischen $T$ und $k$. Jeder Punkt ($T$ | $k$) auf dieser Kurve repräsentiert eine Kombination der beiden Größen, die uns den höchstmöglichen Bandwirkungsgrad Eins liefert. Der blaue Punkt kennzeichnet eine Situation, in der die Taktzeit sehr kurz gewählt wurde und somit viele Stationen benötigt werden. Richtet man dagegen nur wenige Stationen ein, so ist es notwendig, dass die Taktzeit ausreichend lang gewählt wird. Der grüne Punkt zeigt ein Beispiel für diese Variante. Beide Punkte liegen außerhalb der ermittelten Schranken. Das bedeutet, sie wären unter den gegebenen Bedingungen nicht zu realisieren (→Ü.2.25-26).

**Diskussion 2.2:**

Die Kurve in Abb. 2.13 zeigt das Verhältnis von $k$ und $T$ für einen Bandwirkungsgrad $BWG$ = 1. Wenn wir dieses Verhältnis für einen beliebigen Wert von $BWG$ darstellen möchten, reicht die zweidimensionale Darstellung nicht mehr aus. Wie sieht die Kurve aus, die den Zusammenhang zwischen $k$, $T$ und $BWG$ zeigt?

## Übungsaufgaben

**Ü.2.17** Die folgenden Produktionszeiten stammen von einem Zulieferer der *Auto AG*.

| | | | |
|---|---|---|---|
| $b_1 = 3$ | $b_2 = 7$ | $b_3 = 5$ | $b_4 = 13$ |
| $b_5 = 1$ | $b_6 = 9$ | $b_7 = 3$ | $b_8 = 2$ |

Berechnen Sie den Bandwirkungsgrad für folgende Stationseinteilungen:

a) [1, 2, 3] – [4, 5, 6] – [7, 8]  b) [1, 2] – [3, 4] – [5, 6] – [7, 8]  c) [1, 2, 3, 4] – [5, 6, 7, 8]

d) [1, 2] – [3, 4, 5] – [6, 7, 8]  e) [1, 2, 3] – [4, 5] – [6, 7, 8]  f) [1, 2, 3] – [4] – [5, 6] – [7, 8]

Welche Stationseinteilung hat den besten Bandwirkungsgrad?

**Ü.2.18** Zeichnen Sie zu Ü.2.16 die Diagramme. Beschreiben Sie die verschiedenen Auslastungsprofile: Sind die Stationen gleichmäßig ausgelastet? Welche Stationen sind zu stark ausgelastet, welche zu wenig? Lässt sich die Auslastung verbessern?

**Ü.2.19** Berechnen Sie die folgenden Ausdrücke:

$$a)\ \lfloor 3{,}9 \rfloor = \qquad b)\ \lceil 19{,}2 \rceil = \qquad c)\ \lceil 4{,}9 \rceil =$$
$$\lfloor 3{,}2 \rfloor = \qquad \lceil 19{,}0001 \rceil = \qquad \lfloor 4{,}9 \rfloor =$$
$$\lfloor 2{,}9 \rfloor = \qquad \lceil 20 \rceil = \qquad \lceil 326 \rceil =$$
$$\lfloor 3 \rfloor = \qquad \lceil 20{,}0001 \rceil = \qquad \lfloor 326 \rfloor =$$
$$\lfloor 123{,}99 \rfloor = \qquad \lceil 43{,}6 \rceil = \qquad \lfloor -0{,}01 \rfloor =$$

**Ü.2.20** Welche der folgenden Gleichungen und Ungleichungen sind richtig, welche sind falsch?

$\lfloor 4 \rfloor \neq \lfloor 3{,}99 \rfloor$; $\lfloor 4 \rfloor = \lfloor 4{,}99 \rfloor$; $\lceil 5{,}01 \rceil = \lceil 4{,}09 \rceil$; $\lfloor 14 \rfloor \neq \lceil 14 \rceil$; $\lceil 34{,}09 \rceil \neq \lceil 35 \rceil$;

$\lfloor 18{,}34 \rfloor = \lfloor 19 \rfloor$; $\lfloor 37{,}23 \rfloor \neq \lfloor 37 \rfloor$; $\lceil 4 \rceil = \lfloor 5{,}999 \rfloor$; $\lfloor 34{,}23 \rfloor \neq \lfloor 34{,}97 \rfloor$; $\lceil 18{,}01 \rceil = \lfloor 19{,}901 \rfloor$;

$\lfloor 4 \rfloor \neq \lfloor 5{,}99 \rfloor$; $\lceil 43{,}22 \rceil = \lceil 44 \rceil$; $\lfloor 432{,}1 \rfloor \neq \lfloor 432 \rfloor$; $\lfloor 94{,}23 \rfloor = \lfloor 95 \rfloor$; $\lceil 18{,}103 \rceil \neq \lfloor 19{,}401 \rfloor$

**Ü.2.21** Berechnen Sie die maximale Taktzeit $T_{max}$ für folgende Paare Produktionszeitraum $Z$ und Mindestproduktion $P_{min}$:

a) $Z = 100$, $P_{min} = 10$  b) $Z = 98$, $P_{min} = 9$,  c) $Z = 346$, $P_{min} = 45$  d) $Z = 46$, $P_{min} = 4$,

e) $Z = 888$, $P_{min} = 98$,  f) $Z = 435$, $P_{min} = 43$,  g) $Z = 431$, $P_{min} = 152$  h) $Z = 339$, $P_{min} = 30$

**Ü.2.22** Berechnen Sie die minimale Stationsanzahl $k_{min}$ für die konstanten Werte $b_1 = 4$, $b_2 = 9$, $b_3 = 2$, $b_4 = 13$, $b_5 = 5$, $b_6 = 9$, $b_7 = 6$ und für:

a) $T_{max} = 10$,  b) $T_{max} = 12$,  c) $T_{max} = 4$,  d) $T_{max} = 6$  e) $T_{max} = 2$,  f) $T_{max} = 9$

**Ü.2.23** Berechnen Sie die minimale Taktzeit $T_{\text{min}}$ für die Daten aus Ü.2.16 und Ü.2.21.

**Ü.2.24** Sei $b_1 + b_2 + \ldots + b_{n-1} + b_n = 40$. Finden Sie unabhängig von $T_{\text{min}}$, $T_{\text{max}}$, $k_{\text{min}}$ und $k_{\text{max}}$ alle positiven Werte für $T$, so dass für den $BWG = 1$ die Werte von $k$ ganzzahlig sind.

**Ü.2.25** Zeichnen Sie ein Diagramm (ähnlich Abbildung 2.13) mit der Taktzeit $T$ auf der waagrechten Achse und der Stationsanzahl $k$ auf der senkrechten Achse. Zeichnen Sie in dieses Diagramm die maximale und minimale Taktzeit sowie die maximale und minimale Stationszahl für folgende Werte ein: $Z = 210$, $P_{\text{min}} = 19$, $b_1 = 5$, $b_2 = 3$, $b_3 = 2$, $b_4 = 9$, $b_5 = 8$, $b_6 = 7$, $b_7 = 1$, $b_8 = 5$, $b_9 = 6$ und $b_{10} = 4$.

**Ü.2.26** Zeichnen Sie in das Diagramm aus Ü.2.25 alle Gitterpunkte ein, die innerhalb des durch $T_{\text{min}}$, $T_{\text{max}}$, $k_{\text{min}}$ und $k_{\text{max}}$ gebildeten Rechtecks liegen. Zeichnen Sie weiterhin folgende Punkte ein: (7 | 6), (12 | 6), (10 | 4), (10 | 11).

Begründen Sie anschaulich, also ohne Gebrauch der Formeln oder des Diagramms, warum die letzten vier Punkte nicht zulässig sind.

## Exkurs: Umgekehrt proportionale Funktionen – gleichseitige Hyperbeln

Die zuvor besprochene Kurve gehört zu der Klasse von Funktionen, für die man allgemein

$$y = f(x) = \frac{k}{x} \qquad k \ldots \text{Konstante}$$

schreibt. Solche Kurven heißen **gleichseitige Hyperbeln** (→Ü.2.27). Man sagt in diesem Fall auch: $y$ ist **umgekehrt proportional** zu $x$. Betrachtet man gleichseitige Hyperbeln mit $k > 0$, dann gilt folgende Abhängigkeit zwischen $x$ und $y$: Wächst $x$, so schrumpft $y$; schrumpft $x$, so wächst $y$. In welchem Maß sich eine Änderung von $x$ auf die Größe $y$ auswirkt, hängt von $k$ ab.

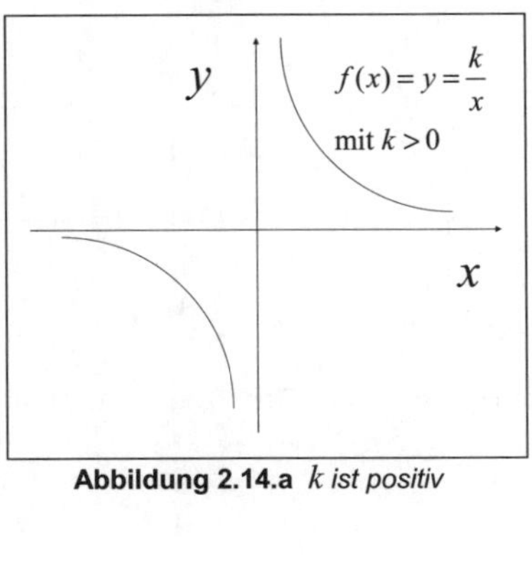


**Abbildung 2.14.a** *$k$ ist positiv*

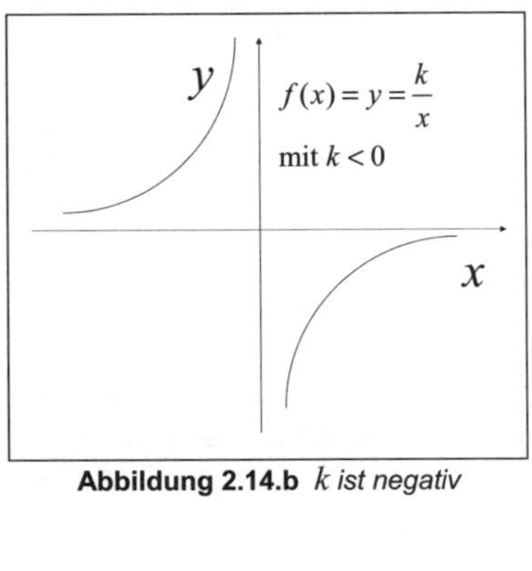


**Abbildung 2.14.b** *$k$ ist negativ*

Gleichseitige Hyperbeln haben folgende Eigenschaften:

- Der $y$-Wert zu $x = 0$ ist nicht definiert. Nähert sich die Funktion mit einem positiven $k$ von links der $y$-Achse, geht die Funktion gegen negativ Unendlich ($-\infty$).
  Nähert sich die Funktion dagegen von rechts, geht sie gegen positiv Unendlich ($+\infty$).
  Man sagt, die Funktion hat an der Stelle $x = 0$ eine **Sprungstelle**.
- Die Funktion hat keine **Nullstelle**, d.h. es existiert keine Stelle, an der gilt: $y = 0$. Zwar nähert sich die Funktion der $y$-Achse, wenn x gegen $+\infty$ oder $-\infty$ geht, aber sie erreicht die $y$-Achse nie.
- Die Funktion ist **ungerade**, d.h. es gilt:

$$f(-x) = -f(x).$$

  Diese Bedingung ist hier erfüllt, denn

$$f(-x) = \frac{k}{-x} = -\frac{k}{x} = -f(x).$$

  Ungerade Funktionen erkennt man daran, dass sie punktsymmetrisch zum Koordinatenursprung (0 | 0) sind.
- Die Funktion ist symmetrisch zur Spiegelachse $y = x$. Das bedeutet:

$$f(x) = y \quad \Leftrightarrow \quad f(y) = x$$

  oder

$$f(f(x)) = x$$

(→Ü.2.28).

**Übungsaufgaben**

***Ü.2.27*** Welche der folgenden Funktionen sind gleichseitige Hyperbeln, welche nicht? Begründen Sie Ihre Antworten.

$a)\; f(x) = y = \frac{1}{x}$

$b)\; f(x) = y = \frac{1}{x^2}$

$c)\; f(x) = y = \frac{3}{x}$

$d)\; f(x) = y = -\frac{4}{x}$

$e)\; f(x) = y = \frac{x}{x}$

$f)\; f(x) = y = \frac{2x}{x^2}$

$g)\; f(x) = y = \frac{-29}{x}$

$h)\; f(x) = y = x^{-1}$

$i)\; f(x) = y = \frac{e}{x}$

$j)\; f(x) = y = e^{-x}$

$k)\; f(x) = y = \frac{2+3x}{x}$

$l)\; f(x) = y = \frac{4}{x} - 4$

***Ü.2.28*** Zeigen Sie, dass $f(f(x)) = x$ für gleichseitige Hyperbeln gilt. Benutzen Sie dazu die allgemeine Formel einer gleichseitigen Hyperbel.

## 2. 6 Suche nach ganzzahligen Lösungen

*Oliver hat inzwischen sehr konzentriert an der kleinen Grafik gearbeitet und dabei alle Gitterpunkte markiert (siehe Abbildung 2.15).*

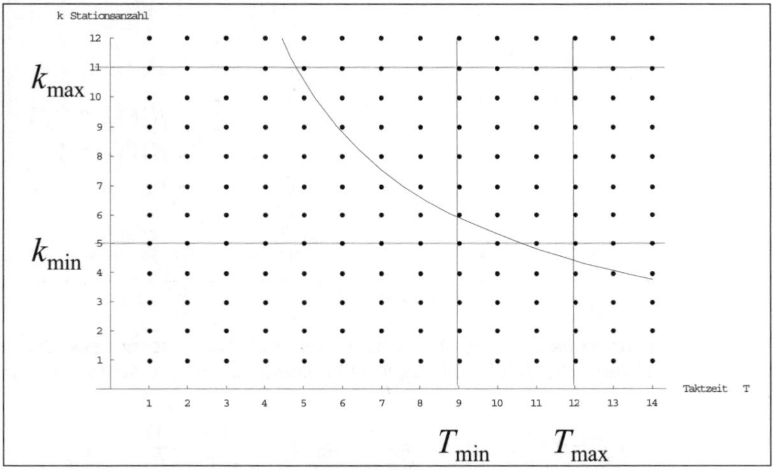


**Abbildung 2.15**

*Oliver*: Na, ist das nicht schön geworden? Wir hatten ja bereits festgestellt, dass *k und T* ganze Zahlen sein müssen, deshalb habe ich die Gitterpunkte markiert. Die Punkte stehen für Kombinationen von *k* und *T*, bei denen beide Werte ganzzahlig sind. Würde die gezeichnete Funktion einen dieser Punkte schneiden, so hätten wir eine Lösung gefunden, die den Bandwirkungsgrad Eins liefert.

*Nadine*: Was machen wir aber, wenn keine Lösung auf der Kurve liegt, wie das bei uns der Fall ist? Da müssen wir uns wohl damit anfreunden, dass *BWG* = 1 nicht erreicht werden kann. Ich habe eine Idee: Wir sollten den Bandwirkungsgrad verringern und beobachten, was mit unserer Funktion passiert. Versuchen wir doch einfach *BWG* = 0,9.

$$BWG = 0{,}9 = \frac{b_1 + b_2 + \cdots + b_{n-1} + b_n}{T \cdot k}$$

$$\Rightarrow \quad 0{,}9 \cdot k = \frac{b_1 + b_2 + \cdots + b_{n-1} + b_n}{T} \quad \Rightarrow \quad k = \frac{53}{0{,}9 \cdot T} = \frac{58{,}\overline{8}}{T}$$

*Nadine*: Seht ihr? Die Konstante in unserer Funktion ist gewachsen, weil der *BWG* verringert wurde. Was passiert mit der Funktion, wenn die Konstante anwächst? Oliver, du bist im Zeichnen von Funktionen mittlerweile geübt. Erstelle uns doch bitte eine Zeichnung mit der neuen Funktion.

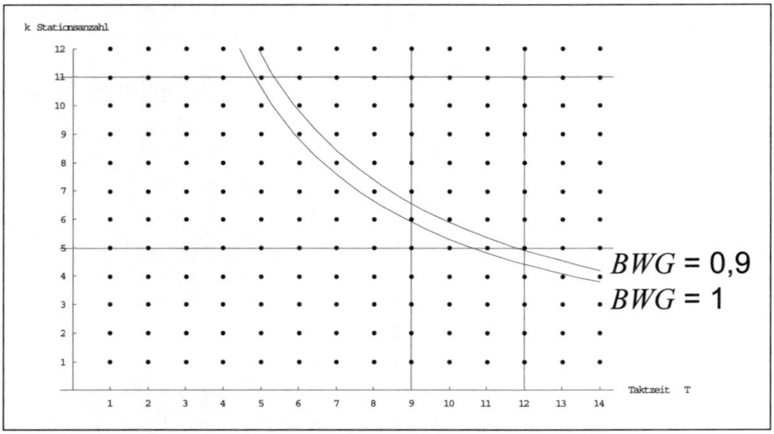


**Abbildung 2.16**

*Selina*: Die neue Funktion ist nach rechts oben verschoben und etwas flacher geworden. Probiert einmal einen anderen Wert, z.B. $BWG$ = 0.5. Vielleicht erkennt man die Verschiebung dann deutlicher.

$$BWG = 0{,}5 \quad \Rightarrow \quad 0{,}5 \cdot k = \frac{53}{T} \quad \Rightarrow \quad k = \frac{53}{0{,}5 \cdot T} = \frac{106}{T}$$

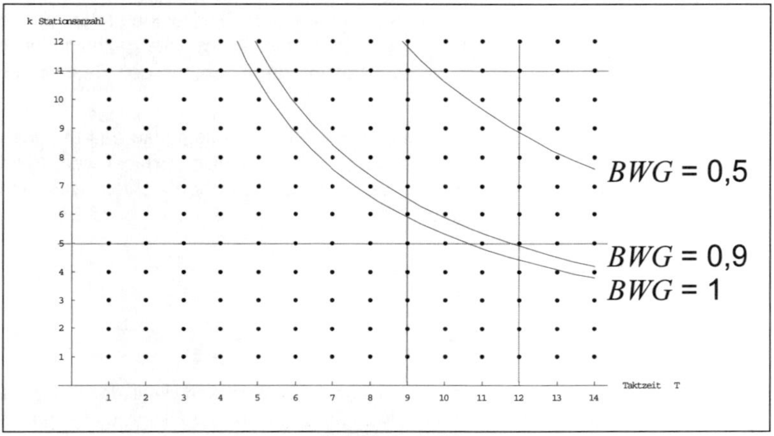


**Abbildung 2.17**

*Sebastian*: Die Funktion ändert sich also mit jedem neuen Wert des Bandwirkungsgrads. Das sollten wir allgemein aufschreiben:

$$k = \frac{b_1 + b_2 + \cdots + b_{n-1} + b_n}{BWG \cdot T}.$$

*Sebastian*: Die Bearbeitungszeiten $b_i$ sind nach wie vor **Konstanten**, d.h., sie sind fest gewählt und ändern sich im Laufe unserer Berechnungen nicht. Der $BWG$ ist in dieser Funktion ein **Parameter**. Das bedeutet, er darf beliebig gewählt werden, wird dann aber für Berechnungen festgehalten. Die Menge aller Funktionen, die sich durch Änderung des Bandwirkungsgrads ergeben, nennt man eine **Funktionenschar** (→Ü.2.29).

*Oliver*: Jetzt ist es aber gut! Du wirfst ja ganz schön mit Fachwörtern um dich.

*Sebastian*: Das sind lediglich die korrekten Bezeichnungen. Es ist doch gut, wenn wir im Gespräch mit unseren Kunden die richtigen Begriffe verwenden können.

*Nadine*: Da hast du recht. Lasst uns weitermachen: Wir suchen nun eine Funktion innerhalb dieser Funktionenschar, auf der eine Lösung unseres Problems liegt und die gleichzeitig einen möglichst hohen Bandwirkungsgrad hat. Wie finden wir die nur?

*Selina*: Ich würde zuerst alle Punkte aus dem Bild radieren, die für uns sowieso nicht in Frage kommen. Das sind beispielsweise die, die außerhalb der Schranken $k_{\min}$, $k_{\max}$, $T_{\min}$ und $T_{\max}$ liegen.

*Oliver*: Gute Idee! Wir zeichnen nur die **zulässigen Lösungen** in unser Bild. Das sind die, die innerhalb der Schranken liegen. Und weil der $BWG$ nie größer als Eins werden kann, können wir auch die Punkte unterhalb der Kurve außer Acht lassen.

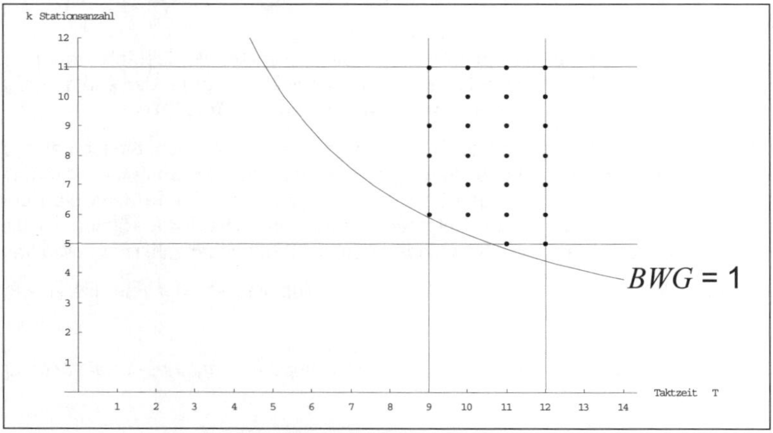


**Abbildung 2.18** *Zulässige Lösungen*

*Oliver*: Je näher ein Punkt der Kurve kommt, desto besser. An der Zeichnung kann man sehen, dass ein Punkt der Kurve sehr nahe ist: (9 | 6). Der Bandwirkungsgrad für (9 | 6) beträgt 53/(9·6) = 53/54 ≈ 0,981.

*Selina*: Klasse! Da haben wir die Lösung doch schon gefunden, oder? Sechs Stationen mit einer Taktzeit von neun Minuten und einem Bandwirkungsgrad von 0,981. Und der ist richtig gut, oder?

*Sebastian*: Finde ich auch. Die anderen Bänder der *Auto AG* laufen mit einem Bandwirkungsgrad von etwa 0,75 – 0,85, hat Herr Wiedner erzählt.

*Selina*: Gut, dann stellen wir den Produktionsplan auf. Lasst uns die Arbeitsgänge den Stationen zuordnen, wobei wir beachten müssen, dass keine Station länger als neun Minuten arbeiten darf.

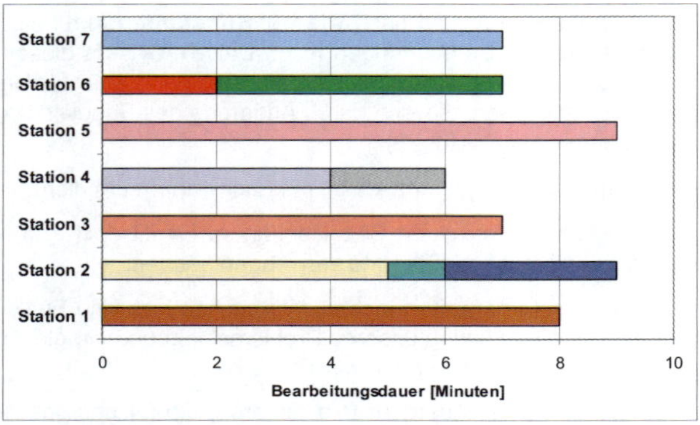


***Abbildung 2.19*** *Diagramm: Bei neun Minuten Taktzeit werden sieben Stationen benötigt*

*Selina*: Oh nein, das funktioniert ja gar nicht mit sechs Stationen! Wenn wir die neun Minuten nicht überschreiten wollen, müssen wir sieben Stationen errichten. Da haben wir die beste Kombination von Taktzeit und Stationsanzahl gefunden und können sie nicht realisieren.

*Sebastian*: Daran hatte ich noch gar nicht gedacht! Klar, wir haben die Längen der Arbeitsgänge nicht berücksichtigt.

*Oliver*: Das ist zwar schade, aber wir haben doch weitere Punkte, die ebenfalls sehr nahe an der Kurve $BWG$ = 1 liegen. Diese Punkte haben einen Bandwirkungsgrad, der kaum schlechter ist. Vielleicht lässt sich eine von diesen Kombinationen realisieren (→Ü.2.30)?

*Nadine*: Hm, also wenn wir jetzt mehrere Punkte durchprobieren müssen, bin ich dafür, das Ganze zu automatisieren. Am besten erstellen wir ein Programm für den Computer, das uns alle zulässigen Lösungen mit dem zugehörigen Bandwirkungsgrad ermittelt und dann die Punkte nach Bandwirkungsgrad absteigend sortiert. Entsprechend dieser Reihenfolge können wir die Punkte dahingehend überprüfen, ob man die Kombination Taktzeit/Stationsanzahl realisieren kann.

*Oliver*: Ich werde gleich versuchen, einen Algorithmus aufzustellen, der uns alle zulässigen Lösungen ausgibt.

*Mit diesen Worten verschwindet Oliver hinter seinem Computer, um eine Viertelstunde später mit dem folgenden Algorithmus wieder aufzutauchen.*

**Algorithmus 2.1:** Bestimmung der zulässigen Punkte
**Input**: Bearbeitungszeiten $b_i$, Mindest-Produktionsmenge $P_{min}$, Zeitrahmen $Z$
**Output**: Zulässige Punkte $ListeZP$

$T_{max} := \left\lfloor \frac{Z}{P_{min}} \right\rfloor$

**If** $T_{max} = 0$ **then**
  **Output**: „Die maximale Produktionszeit je Schritt beträgt 0, d.h., das Problem ist nicht lösbar."
  **Stop**

$k_{min} := \left\lceil \frac{b_1 + b_2 + \cdots + b_{n-1} + b_n}{T_{max}} \right\rceil$

$k_{max} := n$

$T_{min} := \max\left\{ \max_{i=1,\ldots,n} b_i, \left\lceil \frac{b_1 + b_2 + \cdots + b_{n-1} + b_n}{k_{max}} \right\rceil \right\}$

$i := T_{min}$
$j := k_{min}$
$ListeZP$ := leere Menge
**While** $j \leq k_{max}$ **do**
  **While** $i \leq T_{max}$ **do**
    **If** $\frac{b_1 + b_2 + \cdots + b_{n-1} + b_n}{i \cdot j} \leq 1$
      **Then** füge $ListeZP$ folgendes Element hinzu:
      $\left( i, j, \frac{b_1 + b_2 + \cdots + b_{n-1} + b_n}{i \cdot j} \right)$
    $i := i + 1$
  **End While** $i$
  $j := j + 1$
  $i := T_{min}$
**End While** $j$
**If** $ListePZ = \varnothing$
  **Then Output**: „Es gibt keine zulässigen Punkte."
  **Else Output**: $ListePZ$.

*Oliver:* Ich bin fertig! Der Algorithmus gibt eine Liste mit zulässigen Lösungen aus. Für jede Lösung erhalten wir die Taktzeit, die Stationsanzahl und den Bandwirkungsgrad.

*Nadine*: kannst du bitte kurz erklären, wie der Algorithmus funktioniert?

*Oliver*: Aber gerne, er ist nicht sehr kompliziert. Zuerst ermittelt der Algorithmus alle Schranken, die wir uns gerade erarbeitet haben, also $T_{max}$, $T_{min}$, usw. In der äußeren „While"-Schleife werden alle erlaubten Stationsanzahlen betrachtet. Die innere „While"-Schleife erzeugt dann für jede Stationsanzahl die erlaubten Taktzeiten. Für jedes Paar von Stationsanzahl und Taktzeit wird anschließend der Bandwirkungsgrad ermittelt. Ist er kleiner oder gleich eins speichert der Algorithmus dieses Paar als zulässige Lösung ab.

*Selina*: Sollen wir nun die zulässigen Lösungen der Reihe nach durchprobieren?

*Sebastian*: Auf keinen Fall! Dafür sollten wir uns ebenfalls einen Algorithmus überlegen. Wie sollten wir unser Ergebnis sonst der *Auto AG* verkaufen? Ich glaube nicht, dass man dort noch mit Hand rechnen möchte.

*Oliver*: Ich mache mich gleich an die Arbeit.

*Nach einigem Tüfteln kann Oliver auch für das Testen von Punkten einen Algorithmus liefern.*

**Algorithmus 2.2:** Testen der zulässigen Punkte
**Input**: Bearbeitungszeiten $b_i$, Zulässige Punkte $ListeZP$
**Output**: zulässiger Punkt mit bestem Bandwirkungsgrad

$$BWG = \frac{b_1 + b_2 + \cdots b_{n-1} + b_n}{i \cdot j}$$

```
Sortiere ListeZP absteigend nach BWG (3. Element der Listeneinträge)
i := 0
While i < Länge(ListeZP) do
        i := i + 1
        Punkt := ListeZP[i]
        ZählerAG := 1
        j := 0
        While j < Punkt[2] do
                j := j + 1
                summe := 0
                ok := 1
                While ok = 1 und ZählerAG ≤ n do
                        If summe+b_ZählerAG ≤ Punkt[1]
                                Then   summe := summe + b_ZählerAG
                                       ZählerAG := ZählerAG + 1
                                Else   ok := 0
                End While ok
                If ZaehlerAG = n + 1
                        Then Stop.
                        Output: „Punkt ist die beste durchführbare Lö-
                                sung."
        End While j
End While i
```

(→Ü.2.31)

*Oliver:* Fertig! Dieser Algorithmus ist schon etwas kniffliger. Soll ich kurz erklären, wie er arbeitet?

*Sebastian*: Klar, gerne!

*Oliver*: Dieser Algorithmus benutzt drei „While"-Schleifen. Die äußere Schleife arbeitet die Einträge der *ListeZP* d.h. die zulässigen Lösungen ab. Jede zulässige Lösung wird betrachtet und als *Punkt* abgespeichert. *Punkt* ist ein Vektor und besteht aus drei Elementen: Taktzeit, Stationsanzahl, Bandwirkungsgrad. Die mittlere Schleife geht die Stationen der Lösung durch. In der innersten Schleife wird dann jede Station mit Arbeitsgängen gefüllt, solange es die Taktzeit zulässt. Die Größe *ZählerAG* zeigt den aktuell einzuplanenden Arbeitsgang an. Da die zulässigen Lösungen zu Beginn nach Bandwirkungsgrad sortiert wurden, kann das Programm beendet werden, sobald eine Lösung gefunden wird, bei der sich alle Arbeitsgänge einplanen lassen.

*Nadine*: Clever. Aber wenn es zwei Lösungen mit gleichem Bandwirkungsgrad gäbe, würdest Du nur eine davon finden.

*Oliver*: Das ist wahr. Da fragen wir am besten bei der *Auto AG* nach, ob man alle gleichwertigen Lösungen finden möchte. Das Programm anzupassen sollte nicht allzu schwierig sein.

*Selina*: Das ist ja wirklich schön! Wir müssen also lediglich den Computer arbeiten lassen und schon haben wir ein Ergebnis.

*Sebastian*: Welches Ergebnis erhalten wir denn für die Daten der *Auto AG*?

*Oliver*: Das habe ich bereits ausgerechnet: Die erste Lösung aus unserer Liste, die sich auch realisieren lässt, ist (9 | 7), also neun Minuten Taktzeit und sieben Stationen.

*Selina*: Ich zeichne gleich das zugehörige Diagramm:

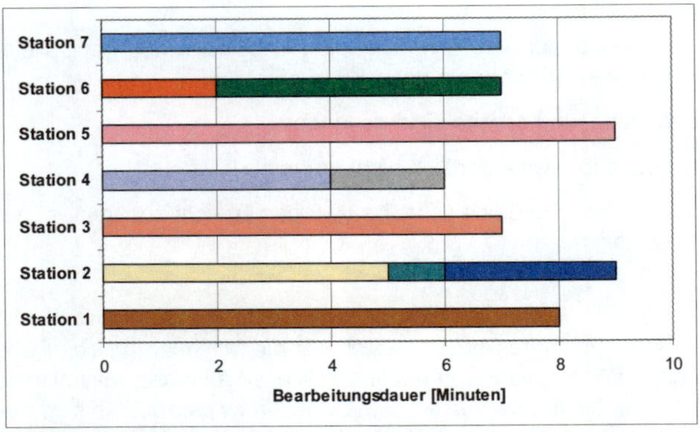


**Abbildung 2.20** *Diagramm für sieben Stationen mit neun Minuten Taktzeit*

*Selina*: Moment, das Diagramm sieht genau so wie das vorherige aus! Wir haben erneut neun Minuten Taktzeit. Vorhin hatten wir sechs Stationen gefordert. Das hat nicht funktioniert, mit sieben Stationen geht es.

*Sebastian*: Das ist allerdings Zufall, dass die zuerst gefundene Lösung die beste ist.

*Nadine*: Der Bandwirkungsgrad beträgt 84,13%. Die gesamte Produktionszeit eines Sportwagens beläuft sich auf 9 · 7 = 63 Minuten und es können sieben Wagen zur gleichen Zeit bearbeitet werden.

*Sebastian*: Das ist also der größte Bandwirkungsgrad, der für unser Problem erreicht werden kann. Damit haben wir eine **optimale Lösung** gefunden! Einen besseren Bandwirkungsgrad könnte man nur erhalten, wenn man technische Daten ändert, z.B. Arbeitsgänge aufteilt oder beschleunigt.

*Selina*: Wäre das nicht eine Möglichkeit für einen Folgeauftrag? Wir könnten untersuchen, wo es sich lohnt, an den technischen Daten zu feilen.

*Oliver*: Lass uns erst sehen, ob wir mit dem Ergebnis einen guten Eindruck machen. Toll wäre es, wenn wir uns auch die anderen Fließbänder vornehmen könnten.

*Nadine*: Und die Frage, ob sich eine Umstellung lohnt, können wir gleich mathematisch lösen. Wir bräuchten ja pro Band nur die Umstellungskosten für einen Arbeitsgang, die Restlaufzeit, die Effizienzsteigerung und somit die Einsparungen…

*Selina*: Ich finde blau immer noch am schönsten, was meint ihr?

*Nadine*: Wie bitte?

*Selina*: Blau! Für den Wagen!

*Nadine*: ....

*Selina*: Na, wenn wir so viele Aufträge für die *Auto AG* übernehmen, dann haben wir uns das neue Auto bereits erarbeitet! Wäre das nicht super? Einen Firmenwagen könnten wir gut gebrauchen.

*Oliver*: Und am Wochenende teilen wir uns den Wagen einfach.

*Sebastian*: O.K., dann mal an die Arbeit! Wer schreibt den Ergebnisbericht?

*Oliver*: Sebastian, dass ist ja nett von Dir, dass Du den Bericht schreiben willst, finde ich große Klasse!

*Nadine*: Wenn Du schon dabei bist, erwähne bitte, dass wir noch ganz viele neue Verbesserungsideen haben, die *Auto AG* wäre ein guter Kunde für uns.

*Selina*: Tschüss Sebastian, und arbeite nicht so lange!

*Sebastian*: Aber, so hatte ich das eigentlich nicht gemeint...

*Selina*: Eben, wir auch nicht. Natürlich schreiben wir den Bericht zusammen, aber jetzt gehen wir erst einmal unseren Erfolg feiern.

**Diskussion 2.3:**

- Alle bisherigen Untersuchungen bezogen sich auf die Minimierung des Bandwirkungsgrades. Aus Kostengründen könnte die Firma ebenso Interesse an einer Minimierung der Stationsanzahl haben. Wie kann diese realisiert werden? Welche weiteren Ziele sind denkbar?
- Einigen Arbeitsgänge erfordern eine Wartezeit nach ihrer Durchführung. Z.B. muss nach dem Lackieren eine Trockenphase folgen. In dieser Wartezeit wird durch das Produkt keine der Arbeitsstationen belegt. Wie ist mit dieser zusätzlichen Bedingung umzugehen?
- Eine neue Fließbandtechnik ermöglicht es, parallele Arbeitsstationen einzurichten. D.h. einer Arbeitsstation kann eine Kopie zur Seite gestellt werden. Beide baugleichen Arbeitsstationen können unabhängig voneinander produzieren. Wie verändert sich die Planung?
- (Vorkenntnisse in der Stochastik erforderlich) In unseren Untersuchungen waren die Bearbeitungszeiten fest vorgegeben, d.h. deterministisch. In der Praxis können solche Werte bedingt durch Störungen oder durch eine ungleichmäßige Geschwindigkeit der Arbeiter schwanken. Diese Schwankungen sollen durch Varianz und Erwartungswert der Zufallsvariable „Bearbeitungszeit“ ausgedrückt werden. Wie ist nun zu planen?

## Übungsaufgaben

***Ü.2.29*** Zeichnen Sie die Funktionenschar $k(T)$ für die Werte aus Ü.2.17 und $BWG \in \{1;\ 0{,}8;\ 0{,}5\}$. Wählen Sie dazu für die Länge der $x$-Achse 1 und für die Länge der $y$-Achse 600.

***Ü.2.30*** Welche der folgenden Kombinationen lassen sich realisieren, wenn man die Werte aus Ü.2.17 zugrundelegt?

a) (13 | 4) b) (14 | 4) c) (15 | 3) d) (16 | 3) e) (26 | 2) f) (27 | 2) g) (28 | 2)

***Ü.2.31*** Wenden Sie die Algorithmen 2.1 und 2.2 an, um die beste Lösung für ein Fließbandproblem mit folgenden Daten zu erhalten:

$$b_1 = 5,\ b_2 = 6,\ b_3 = 3,\ b_4 = 7,\ b_5 = 1,\ b_6 = 5,\ b_7 = 2,\ b_8 = 3,\ P_{\text{min}} = 19,\ Z = 170$$

# KAPITEL 3: Wo liegt der optimale Standort?

## *Übersicht*

*Stichwörter der Ökonomie:*
- Standortwahl als soziales und kommerzielles Kriterium
- Logistik
- Steigerung der Produktivität
- Wirtschaftliche Zielvorgaben und deren Modellierung
- Wirtschaftliche Restriktionen

*Stichwörter der Schulmathematik:*
- Mittelsenkrechte und Mittelpunkt einer Strecke
- Umkreis eines Dreiecks
- Kreise und Kreisscheiben
- Zählen von Teilmengen
- Berechnung des dritten Punktes eines gleichseitigen Dreiecks bei gegebenen zwei Punkten
  - Berechnung von Geraden bei gegebenen Punkten
  - Berechnung des Schnittpunktes von Geraden
- Umrechnen von Funktionen zweier Veränderlicher in Funktionen einer Veränderlichen
- Zeichnen von stückweise linearen Funktionen
- Bestimmung von Minima durch Differenzieren
- Beispiel für nicht-differenzierbare Funktionen
- Bestimmung von Minima nichtdifferenzierbarer Funktionen

*Inhalt*

## *Leitfaden für das 3. Kapitel*

Die Standorttheorie ist eines der wichtigsten Gebiete der inner- und überbetrieblichen ***Logistik***. In der Darstellung dieses Kapitels wird in den Dialogabschnitten 3.1 und 3.4 von dem Beraterteam herausgearbeitet, dass die auf den ersten Blick völlig verschiedenen Probleme der Platzierung eines Notfallhubschraubers und der Behälter bei der Platinenbestückung sehr eng verwandt sind. Hier zeigt sich die Stärke der ***Mathematik als Modellierungswerkzeug wirtschaftlicher Probleme***: Ein gemeinsames mathematisches Modell passt auf viele, verschieden aussehende Probleme.
Die in diesem Kapitel benutzten schulmathematischen Methoden können sowohl in der Sekundarstufe I als auch in der Sekundarstufe II eingesetzt werden. In Kapitel 3.2 und Abschnitt 3.3.1 werden geometrische Konstruktionen benutzt, die man in Unter- und Mittelstufe lehrt: Die ***Konstruktion von Mittelsenkrechten*** *und* ***gleichseitigen Dreiecken*** führt zu Lösungsverfahren zur Bestimmung optimaler Standorte. Abhängig von der Anzahl der zu berücksichtigenden vorhandenen Standorte und der Messung der Entfernung kann man den Schülern zeigen, dass verschiedene Methoden der Mathematik eingesetzt werden können und müssen. So werden die Schüler die Notwendigkeit der ***Kurvendiskussion*** zur Lösung des Standortproblems mit quadratischer Euklidischer Entfernung in Abschnitt 3.3.2 einsehen.
In den Abschnitten 3.7 und 3.8 wird exemplarisch gezeigt, was passiert, wenn sich die Voraussetzungen an das zu lösende wirtschaftliche Problem ändern. Sind bestimmte Gebiete für die Platzierung von neuen Anlagen verboten kann man sog. restriktive Standortprobleme durch Projektionsberechnungen lösen. In Abschnitt 3.8 wird schließlich gezeigt, dass man ***Kurvendiskussionen*** auch führen kann, wenn die zu Grunde liegende ***Funktion nicht differenzierbar*** ist.
Der Zusammenhang zwischen Schulmathematik und wirtschaftlichen Problemen wird neben den Dialogabschnitten 3.1 und 3.4 in dem Ausblickabschnitt 3.5 Standortplanung in der Wirtschaft dargestellt, in dem die Bedeutung der Standortplanung als wichtiger Wirtschaftentscheidung und deren historische Entwicklung ausgeführt wird.
Alle Zeichnungen dieses Kapitels finden Sie auf beiliegender CD als ***animierte PowerPoint Folie***. Wenn Sie den Text online auf einem PC lesen, können Sie die Animation durch Doppelklicken auf die Zeichnung gleich im Text sehen.

## *3.1. Gespräch: Roboterplanung und Unfallhilfe – zwei ganz verschiedene wirtschaftliche Probleme !?*

*In den letzten beiden Tagen haben sich die Mitglieder des Clever-Consulting Teams aufgeteilt: Oliver und Nadine waren bei der Elektronikfirma PIM, während Selina und Sebastian die Hilfsorganisation White Cross (WhC) besucht haben.*

*Selina*: Wie ihr wisst, ist *WhC* eine internationale Organisation, die sich um den Transport von Unfallopfern in Wintersportgebieten kümmert. Wir mussten also alle unsere Gespräche mit der Geschäftsführung in Englisch führen. Das hat aber ganz gut geklappt, nicht wahr Sebastian?

*Sebastian*: Die vielen Stunden MTV haben sich also doch gelohnt! Aber im Ernst: Ich glaube, dass wir mit den *WhC* Leuten gut ins Gespräch gekommen sind. Bisher war *WhC* ja darauf spezialisiert, Skiläufer, Snowboarder, usw., die sich verletzt haben mit Hilfe von speziellen Schlitten, auf denen Tragen montiert sind, und in besonders schweren Fällen auch mit Pistenbullies zu Tal zu transportieren.

*Selina*: Jetzt haben sie Geld für die Anschaffung eines Hubschraubers bekommen und die einfache Frage, die uns *WhC* gestellt hat, ist die nach dem Standort: Wohin soll man den Hubschrauber stellen, damit man möglichst schnell bei den Unfallopfern ist?

*Oliver*: Das ist doch wohl einfach: In die Mitte!

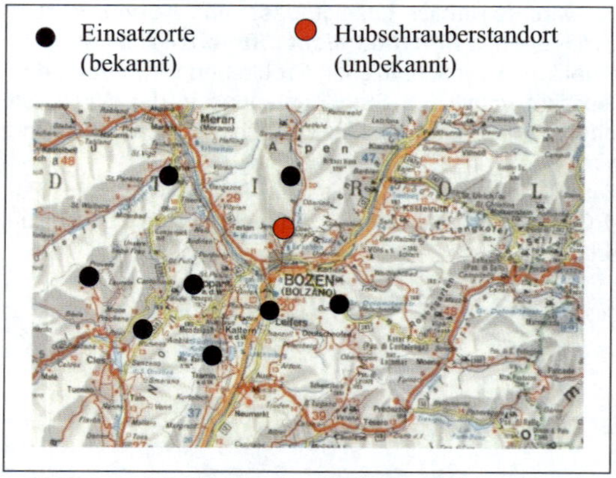


**Abbildung 3.1** *Einsatzorte mit einem möglichen Standort für den Notfallhubschrauber*

*Selina*: Genau so haben wohl auch einige Firmenmitarbeiter die Antwort formuliert. Aber niemand weiß genau, was das heißen soll „die Mitte". Die Mitglieder der Geschäftsführung sind sich wohl etwas in die Haare geraten, weil jeder so seine eigene Vorstellung darüber hatte. Mit Argumenten wie „Der Bürgermeister der Stadt ist ein guter Freund von mir. Diese Stadt wäre deshalb ein idealer Standort für den Hubschrauber" kam man nicht weiter. Wir sollen *WhC* ein Exposé schreiben, in dem wir genau erklären, wie man den Standort des Hubschraubers bewerten könnte. Als Beispiel haben sie uns Daten von Einsatzorten gegeben und wir sollen ihnen einen möglichst guten Standort vorschlagen. Insofern ist unser Auftrag erst mal ganz einfach – und entsprechend schlecht bezahlt.

*Nadine*: Wenn sich die Geschäftsführung aber über diese Frage gestritten hat, wie sollen wir das denn dann besser machen?

*Sebastian*: *WhC* erhofft sich halt von uns, dass wir die Diskussion, die wohl teilweise recht emotional geführt worden ist, auf eine neutrale Ebene bringen. Wir haben ihnen erklärt, wie wir mit mathematischer Modellierung an solche Probleme herangehen und sie waren immerhin so beeindruckt, dass sie uns den Auftrag gegeben haben. Übrigens können wir das Exposé in Deutsch machen, weil unser unmittelbarer Ansprechpartner aus der Schweiz kommt.

*Selina*: „Bitte vergessen Sie aber nicht, dass ich kein Mathematiker bin" hat uns der Ansprechpartner der *WhC* beim Abschied noch gesagt. Wir sollten also unsere Modellierungsvorschläge für die Standortwahl des Notfallhubschraubers so formulieren, dass jemand mit Kenntnissen der Schulmathematik nachvollziehen kann, was wir tun. Aber jetzt erzählt ihr einmal. Wie ist es euch bei *PIM* ergangen?

*Oliver*: Die Firma *PIM* steigt jetzt in die Bestückung von Platinen ein. Dazu haben Sie ein Fliessband gebaut und Roboter angeschafft, mit denen die Platinen mit elektronischen Bauteilen wie Prozessoren, Speicher, usw. bestückt werden.

*Nadine*: Oliver hat gleich mit unseren *SchokoLeb* und *AutoAG* Projekten[4] angegeben und wollte der Geschäftsführung unsere Linearen Programme zur Produktionsplanung und unsere Methoden zur Arbeitsablaufplanung schmackhaft machen. Unsere Gesprächspartner hörten uns zwar aufmerksam zu, waren aber nicht sonderlich interessiert. Sie benutzten Olivers Angaben eigentlich nur, um herauszufinden, ob wir in der Vergangenheit mit mathematischer Modellierung etwas Sinnvolles haben bewirken können. Es hat sie beeindruckt, dass wir sehr erfolgreich waren und das hat bei dem anschließenden Gespräch sicherlich geholfen. Schließlich sagten sie uns aber, was sie wirklich wollen: Wir sollen uns darum kümmern die Roboter möglichst effizient einzusetzen.

*Sebastian*: Und was heißt das genau?

*Oliver*: Das müssen wir in den nächsten Tagen noch herausfinden. Es geht wohl darum, möglichst viele der Platinen innerhalb eines gegebenen Zeitraums zu bestücken, also die Produktivität zu maximieren. Wir haben bei *PIM* einen Ansprechpartner, der uns Auskünfte geben kann und von dieser Möglichkeit werden wir reichlich Gebrauch machen.

*Selina*: Aber wie sieht denn jetzt die Vertragslage aus? Mit unserem *WhC* Auftrag wären zwei von uns für eine Woche ausgelastet.

*Oliver*: Bei *PIM* sieht die Sache etwas schwieriger aus: Wir sollen der Firma zuerst einmal beschreiben, was wir tun können und dann ein Angebot machen. D.h., dass wir im Prinzip genau wie ihr eine Beschreibung des Problems durch mögliche mathematischen Modellierungen erstellen und dann mit den Damen und Herrn von *PIM* verhandeln, ob wir einen Auftrag bekommen oder nicht.

*Selina*: Euer Projekt ist also in Bezug auf die Bezahlung riskanter als unseres. Es könnte ja sein, dass *PIM* mit eurer Modellierung unzufrieden ist, und wir gar kein Geld sehen.

*Nadine*: Ich schlage trotzdem vor, dass wir beide Projekte verfolgen. Oliver und ich kümmern uns um das *PIM* Projekt und ihr um das *WhC* Projekt. Wie üblich fangen wir damit an, aufzuschreiben, was wir über die Probleme herausfinden. Wir können uns dann wieder zusammensetzen und darüber reden wie es weiter geht.

**Diskussion 3.1:**

Standortprobleme tauchen sehr häufig in der Wirtschaft auf.

- Welche verschiedenen Standortbegriffe findet man beim Durchlesen von Zeitungen oder in den Fernseh oder Rundfunknachrichten?
- Vergleicht man die oft zitierte Aufgabe „den Standort Deutschland zu stärken" mit derjenigen, einen bestmöglichen Standort für ein Auslieferungslager zu finden. Welche wird eher für eine mathematische Modellierung geeignet sein und warum?

[4] siehe Kapitel 1 und 2

- Welchen Einfluss wird die Antwort einer guten mathematischen Modellierung auf die praktische Entscheidung eines Standortproblems haben? Wird sie sie determinieren, entscheidend beeinflussen, ein wenig beeinflussen, oder wird sie keinerlei Auswirkung haben?

## 3.2 Standortwahl eines Notfallhubschraubers mit Hilfe elementarer Geometrie

Die Daten des *WhC* Problems bestehen zunächst aus der Angabe der Einsatzorte (im Folgenden auch **existierende Standorte** genannt), die für den Hubschrauber in Frage kommen. In der Regel werden diese Einsatzorte Punkte auf einer digitalisierten Landkarte sein. Wir nehmen an, dass diese Punkte durch Koordinaten in einem Koordinatensystem beschrieben sind. Jeder einzelne dieser Punkte wird deshalb mit $Ex_m(a_{m1} \mid a_{m2})$ bezeichnet, wobei $a_{m1}$ die $x$-Koordinate und $a_{m2}$ die $y$-Koordinate des $m$-ten existierenden Standorts ist. Mit $M$ bezeichnen wir die Anzahl der existierenden Standorte.

Beispiel 3.1:
Wir betrachten den einfachen Fall von nur zwei Einsatzorten $Ex_1(a_{11} \mid a_{12})$ und $Ex_2(a_{21} \mid a_{22})$, d.h. $M = 2$. Sind z.B. die Punkte $Ex_1(a_{11} \mid a_{12}) = Ex_1(1 \mid 2)$ und $Ex_2(a_{21} \mid a_{22}) = Ex_1(5 \mid 2)$ als Einsatzorte gegeben, so wird man sich schnell einig sein, was unter der „Mitte" zu verstehen ist, in der der Hubschrauber seinen Standort einnehmen soll, nämlich der Mittelpunkt der Strecke $\overline{Ex_1Ex_2}$ = $X(3 \mid 2)$ (siehe Algorithmus 3.1)
Wie man den Mittelpunkt der Strecke konstruiert, ist Stoff der Unterstufenmathematik. Der entsprechende Algorithmus ist in Abbildung 3.2 wiederholt (auf der beiliegenden CD oder beim online Lesen dieses Texts auf dem PC kann man den Algorithmus animiert mit PowerPoint wiedergeben.)

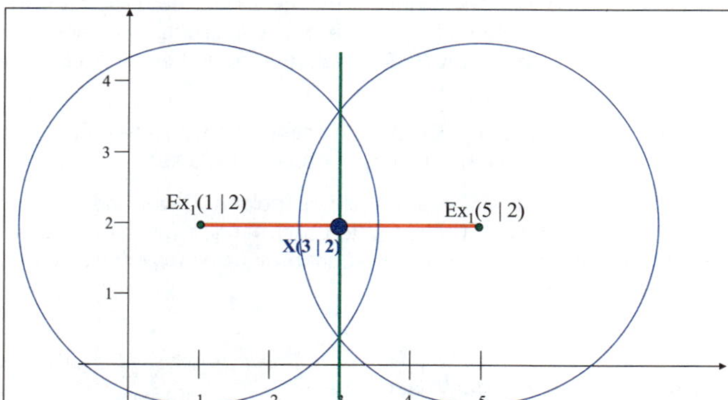


**Algorithmus 3.1**: Optimaler Standort für M = 2 (Konstruktion der Mittelsenkrechte und des Mittelpunkts einer Strecke):

1. Zeichne um die beiden Endpunkte der Strecke **gleich große Kreise** mit „genügend großem" Radius.

2. Verbinde die Schnittpunkte der Kreise durch eine Gerade. Diese Gerade ist die **Mittelsenkrechte** der Strecke

3. Der Schnittpunkte der Mittelsenkrechten mit der Strecke ist ihr **Mittelpunkt**. und der optimale Standort für den Hubschrauber.

**Abbildung 3.2** *Algorithmus 3.1*

Warum empfinden wir, dass der Mittelpunkt die beste Standortentscheidung repräsentiert? Weil er gleich weit von beiden Einsatzorten entfernt ist und es keinen Punkt gibt, der näher an beiden Einsatzorten liegt. Wenn also ein Unfall passiert, ist der Hubschrauben gleich schnell in $Ex_1$ wie in $Ex_2$. Mathematisch gesehen, lässt sich deshalb das *WhC* Problem durch die bekannte Mittelpunktbestimmung einer Strecke lösen.

Beispiel 3.2:
Für den Fall $M = 3$ betrachten wir drei Einsatzorte, z.B. $Ex_1(a_{11} \mid a_{12}) = Ex_1(2 \mid -2)$, $Ex_2(a_{21} \mid a_{22}) = Ex_2(2 \mid 6)$ und $Ex_3(a_{31} \mid a_{32}) = Ex_3(8 \mid 0)$. Wenn wir, wie im Fall $M = 2$, also zwei Einsatzorte, argumentieren, suchen wir wieder als Standort für den Hubschrauben einen Punkt, der gleich weit von allen drei Einsatzorten entfernt ist. Dies ist der Schnittpunkt der Mittelsenkrechten (siehe Algorithmus 3.2).

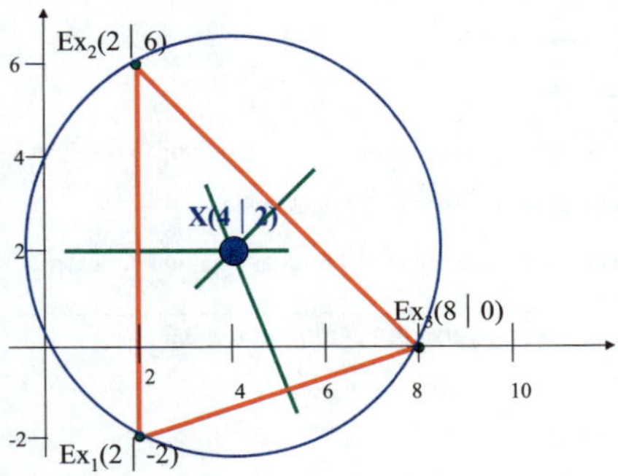


**Algorithmus 3.2**: Optimaler Standort für M = 3 bei spitzwinkligen Dreiecken (Konstruktion des Umkreises)

1. Zeichne die **Mittelsenkrechten** zu jeder der drei Seiten des Dreiecks.
2. Die Mittelsenkrechten schneiden sich im **Mittelpunkt** des Umkreises. Dies ist der optimale Standort
3. Zeichne den **Umkreis**

**Abbildung 3.3** *Algorithmus 3.2*

Beispiel 3.3:
Wenn aber im Fall $M = 3$ Einsatzorte das Dreieck mit den Eckpunkten $Ex_1(a_{11} \mid a_{12})$, $Ex_2(a_{21} \mid a_{22})$ und $Ex_3(a_{31} \mid a_{32})$ stumpfwinklig ist, findet man den besten Standort als Mittelpunkt der längsten der drei Dreieckseiten (vgl. Algorithmus 3.3)

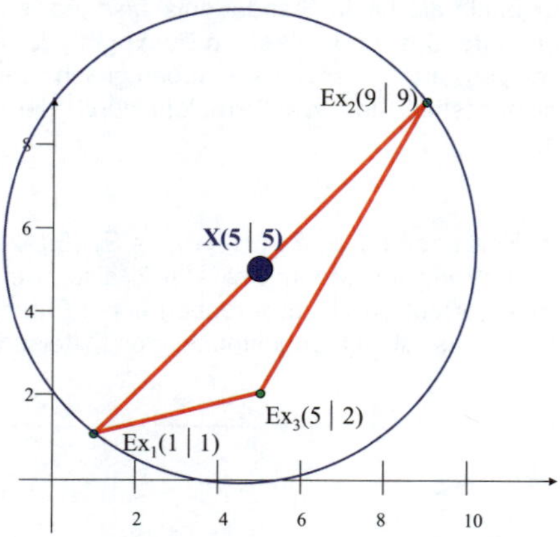


**Algorithmus 3.3**: Optimaler Standort für M = 3 bei **stumpfwinkligen Dreiecken**

1. Bestimme **Mittelpunkt** der längsten Dreiecksseite.

2. Zeichne den **Kreis** um diesen Punkt mit Radius = halbe Länge der längsten Dreieckseite

**Abbildung 3.4** *Algorithmus 3.3*

(→Ü.3.1)

Die Lösungen des Standortproblems in Beispielen 3.1 und 3.2 erfolgten nach dem gleichen Grundsatz, der noch einmal wiederholt sei: Der gefundene Standort $X(x_1 \mid x_2)$ ist von allen Einsatzorten gleich weit entfernt und hat zudem zu ihnen die kürzeste Entfernung. Wenn also ein Unfall passiert, ist der Hubschrauben gleich schnell in allen Einsatzorten. In Beispiel 3.3 sieht die Situation anders aus: Die Entfernung zwischen $Ex_1$(1 | 1) und $Ex_2$(9 | 9) ist so groß, dass der Mittelpunkt der Strecke als Standort gewählt werden muss. Wie wir aus dem Fall $M$ = 2 (Beispiel 3.1) wissen, kann es für diese beiden Einsatzorte keinen besseren Standort geben. Wegen der Stumpfwinkligkeit des Dreiecks ist die Entfernung von diesem Standort zum dritten Einsatzort $Ex_3$(5 | 2) kleiner als die halbe Entfernung zwischen $Ex_1$(1 | 1) und $Ex_2$(9 | 9), so dass dieser Standort in der Tat der bestmögliche ist (→Ü.3.2).

Wir wollen diese sinnvolle Definition eines optimalen Hubschrauberstandorts aus den Beispielen nun auf den allgemeinen Fall von mehr als 3 Einsatzorten (= existierende Standorte) verallgemeinern:

Wenn wir annehmen, dass $M$ existierende Standorte $Ex_1(a_{11} \mid a_{12})$, $Ex_2(a_{21} \mid a_{22})$,..., $Ex_M(a_{M1} \mid a_{M2})$ zu beachten sind und $X(x_1 \mid x_2)$ irgendein Standort für den Hubschrauber ist, so ist für $m$ = 1,..., $M$

$$l_2(Ex_m, X) = \sqrt{(a_{m1} - x_1)^2 + (a_{m2} - x_2)^2}$$

die Euklidische Entfernung zwischen dem $m$-ten Standort $Ex_m(a_{m1} \mid a_{m2})$ und $X$ (siehe Abbildung 3.5).

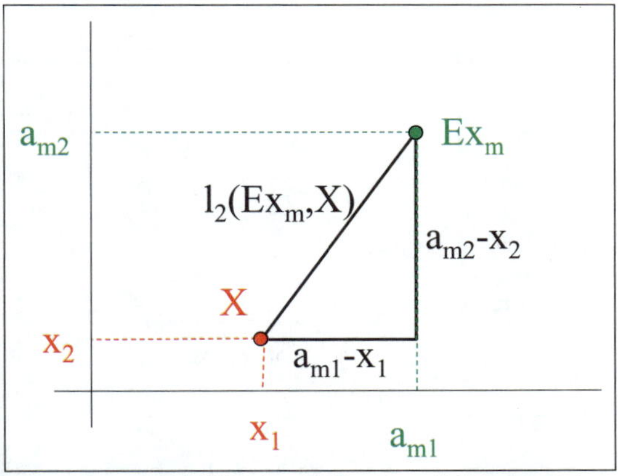


**Abbildung 3.5** *Berechnung der Euklidischen Entfernung mit Hilfe des Satzes von Pythagoras*

Beim Einsatz des Hubschraubers wissen wir nie, zu welchem Einsatzort er fliegen muss. Das Leben der Verletzten kann aber davon abhängig sein, das er möglichst schnell am Unfallort ist. Aus diesem Grund wollen wir die größte Euklidischen Entfernung

$$g(X) := \max_{m=1}^{M} l_2(Ex_m, X)$$

zu einem der möglichen Einsatzorte möglichst klein machen. $g(X)$ ist die **Zielfunktion** des Standortproblems, genauer - in besten Denglisch - eine **Center-Zielfunktion** (weil man „die Mitte" – englisch: Center sucht) und man nennt das Problem

$$\min_{X \text{ Punkt in der Ebene}} g(X) := \max_{m=1}^{M} l_2(Ex_m, X)$$

ein **Standortproblem in der Ebene mit Center-Zielfunktion** oder kurz **Center Standortproblem**, bei dem man den besten Standort $X$ in der Ebene sucht. Eine Optimallösung dieses Problems nennt man den **Center-Standort**.

**Diskussion 3.2:**

- Statt das Standortproblem in der Ebene mit Centerzielfunktion zu lösen, kann man die existierenden und den neuen Standort auch im (Euklidischen) dreidimensionalen Raum suchen. Ist dies nur eine mathematische Verallgemeinerung oder kann man sich sinnvolle Anwendungsbeispiele aus der Wirtschaft denken?
- Wie kann man das Modell ändern, falls es Datensätze über die Einsatzhäufigkeit an den verschiedenen Einsatzorten gibt?

Beispiel 3.4:
Wenn $Ex_1(a_{11} \mid a_{12}) = Ex_1(1 \mid 4)$, $Ex_2(a_{21} \mid a_{22}) = Ex_2(3 \mid 6)$, $Ex_3(a_{31} \mid a_{32}) = Ex_3(8 \mid 2)$ und $Ex_4(a_{41} \mid a_{42}) = Ex_4(4 \mid 1)$ die existierenden Standorte sind und $X(6 \mid 2)$ der Standort des Hubschraubers ist, so berechnen wir

$$g(X) := \max_{m=1}^{4} l_2(Ex_m, X) = \max\left\{\sqrt{29}, 5, 2, \sqrt{5}\right\} = \sqrt{29}$$

(siehe Abbildung 3.6). Kann man einen besseren Standort finden? Was ist etwa mit $X(5 \mid 3)$? Ist der besser als $X(6 \mid 2)$? Wenn ja, ist dies nun der beste Standort?
(→Ü.3.3)

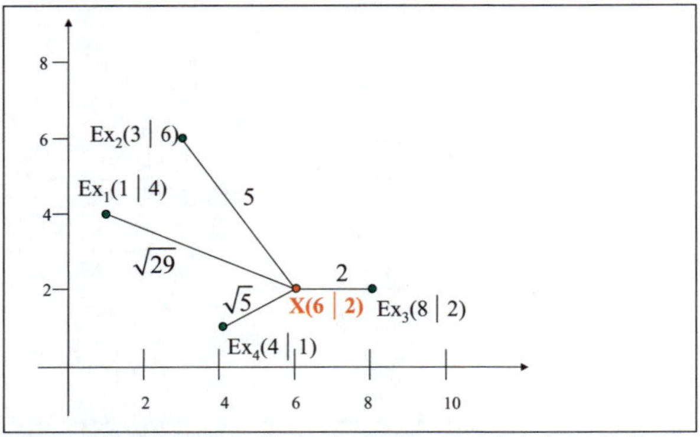


**Abbildung 3.6** *Center-Zielfunktion (die Zahlen auf den Strecken sind die Euklidischen Entfernungen der Endpunkte $Ex_m$ und $X$)*

Wie Beispiel 3.4 zeigt, kann man recht lange probieren, um einen optimalen Standort zu finden. Es ist sogar unklar, ob Probieren überhaupt zum Ziel führt! Denn wenn wir einen optimalen Standort hätten, müssten wir die Optimalität auch beweisen können. Genau das machen wir jetzt für den Fall von $M$ = 2 und $M$ = 3 indem wir die formale Definition des Center-Standorts mit der Erfahrung zusammenbringen, die wir in den Beispielen 3.1-3.3 gemacht haben.

***Satz 3.1:***
Der optimale Center-Standort ist

1. für $M$ = 2 der Mittelpunkt der Strecke $\overline{Ex_1Ex_2}$

2. für $M$ = 3
   - der Mittelpunkt des Umkreises, falls das durch $Ex_1(a_{11} \mid a_{12})$, $Ex_2(a_{21} \mid a_{22})$ und $Ex_3(a_{31} \mid a_{32})$ gebildete Dreieck spitzwinklig ist
   - der Mittelpunkt der längsten Dreieckseite $\overline{Ex_iEx_j}$, falls das durch $Ex_1(a_{11} \mid a_{12})$, $Ex_2(a_{21} \mid a_{22})$ und $Ex_3(a_{31} \mid a_{32})$ gebildete Dreieck stumpfwinklig ist

Beweis:

zu 1:

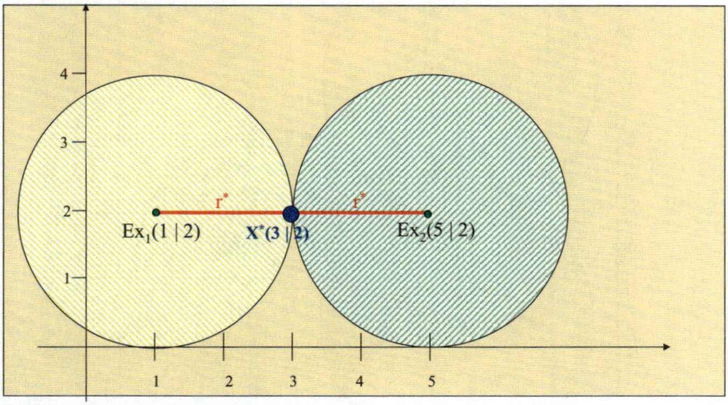


In der (gelben) Kreisscheibe um $Ex_1$ mit Radius $r^*$ hat jeder Punkt X außer $X^*$ eine Entfernung von $Ex_2$, die größer als $r^*$ ist.
Analog hat jeder Punkt X außer X* in der (grünen) Kreisscheibe um $Ex_2$ mit Radius $r^*$ eine Entfernung von $Ex_1$, die größer als $r^*$ ist.
Außerhalb der beiden Kreisscheiben ist die Entfernung sowohl von $Ex_1$ als auch von $Ex_2$ größer als $r^*$.

**Abbildung 3.7** *Zum Beweis von Satz 3.1 1*

Für den Mittelpunkt $X^*(x_1^* \mid x_2^*)$ der Strecke $\overline{Ex_1Ex_2}$ gilt

$$g\left(X^*\right)=l_2\left(Ex_2,X^*\right)=l_2\left(Ex_1,X^*\right)=\tfrac{1}{2}l_2\left(Ex_1,Ex_2\right)=:r^*.$$

Für jeden anderen Punkt $X(x_1 \mid x_2)$ ist dagegen $l_2(Ex_1,X) > r^*$ oder $l_2(Ex_2,X) > r^*$ (siehe Abbildung 3.7). Also können wir

$$g\left(X\right)=\max\left\{l_2\left(Ex_1,X\right),l_2\left(Ex_2,X\right)\right\}>r^*=g(X^*),$$

folgern, so dass $X^*$ der Center-Standort ist.

zu 2:

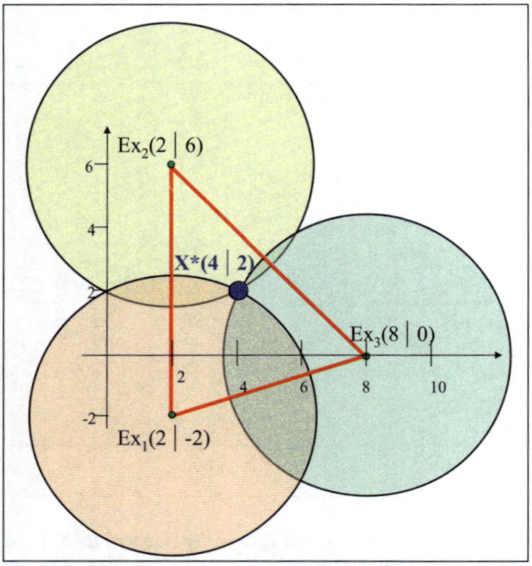


**Abbildung 3.8** *Der einzige Punkt mit Euklidischer Entfernung kleiner oder gleich $r^*$ zu allen drei existierenden Standorten ist $X^*$. (Man benutzte dieselbe Argumentation wie in Abbildung 3.7)*

Nach Definition des Mittelpunkts des Umkreises als Schnittpunkt der Mittelsenkrechten der Dreiecksseiten gilt

$$g\left(X^*\right)=l_2\left(Ex_1,X^*\right)=l_2\left(Ex_2,X^*\right)=l_2\left(Ex_3,X^*\right)=:r^*$$

Wie Abbildung 3.8 zeigt, gilt für jeden anderen Punkt $X$, dass $l_2(Ex_1,X) > r^*$ oder $l_2(Ex_2,X) > r^*$ oder $l_2(Ex_3,X) > r^*$, falls das aus den Punkten $Ex_1(a_{11} \mid a_{12})$, $Ex_2(a_{21} \mid a_{22})$ und $Ex_3(a_{31} \mid a_{32})$ gebildete Dreieck spitzwinklig ist (Denn in jeder der Kreisscheiben mit Radius $r^*$ und Mittelpunkt $Ex_m$ ist der Abstand jedes Punkts zu einem der beiden anderen Standorte größer als $r^*$ - mit Ausnahme des Punkts $X^*$. Jeder Punkte außerhalb der Kreise hat zu jedem der $Ex_m$ einen Abstand größer als $r^*$.). Also können wir wie im 1. Teil des Beweises folgern:

$$g(X)=\max\left\{l_2(Ex_1,X),l_2(Ex_2,X),l_2(Ex_3,X)\right\}>r^*=g\left(X^*\right),$$

so dass $X^*$ der Center-Standort ist.

Die Argumentation aus Abbildung 3.8 wird falsch, wenn das Dreieck stumpfwinklig ist (warum?). In diesem Fall ist jedoch der Mittelpunkt $X^*$ der längsten Seite sicherlich der beste Standort bezogen auf die beiden Endpunkte der Seite, denn dies entspricht genau dem Fall mit $M = 2$ existierenden Standorten, den wir schon bewiesen haben. Nehmen wir an das – wie in der Abbildung zu Algorithmus 3.3 – $Ex_1$ und $Ex_2$ die Endpunkte dieser längsten Seite sind. Dann ist für jeden Standort $X$, der von $X^*$ verschieden ist

$$\begin{aligned} g(X) &= \max\{l_2(Ex_1,X), l_2(Ex_2,X), l_2(Ex_3,X)\} \\ &> \max\{l_2(Ex_1,X^*), l_2(Ex_2,X^*), l_2(Ex_3,X^*)\} \\ &= \max\{l_2(Ex_1,X^*), l_2(Ex_2,X^*)\} \\ &= g(X^*) \end{aligned}$$

QED

Das Center Standortproblem kann für $M = 2$ und $M = 3$ mit Hilfe des Satzes als vollständig gelöst angesehen werden. Für beliebig viele existierende Standorte $M > 3$ lässt sich die Lösung auf einen der drei im Satz besprochenen Fälle zurückführen: Wir betrachten jeweils Paare und Tripel (also Dreiermengen) von existierenden Standorten und lösen entsprechend dem Satz nur für diese zwei bzw. drei existierenden Standorte das Center Standortproblem. Den so erhaltenen optimalen Standort verwenden wir als Mittelpunkt für einen Kreis mit Radius $r^* := g(X^*)$. Falls die entsprechende Kreisscheibe alle anderen existierenden Standorte enthält, ist $X^*$ der Mittelpunkt der kleinsten Kreisscheibe, die alle existierenden Standorte überdeckt und damit der optimale Standort. Ansonsten, müssen wir ein anderes Paar oder Tripel wählen.

**Algorithmus 3.4:** Lösung des Center Standortproblems

Input: Menge $Ex := \{Ex_1(a_{11} \mid a_{12}), Ex_2(a_{21} \mid a_{22}),\ldots, Ex_M(a_{M1} \mid a_{M2})\}$ aller existierenden Standorte

Output: Optimaler Center Standort $X^*(x_1^* \mid x_2^*)$ und optimaler Center-Zielfunktionswert $r^* = g(X^*)$

Für alle Paare und Tripel (Teilmengen mit zwei bzw. drei Elementen) in der Menge $Ex$ mache das folgende:

Schritt 1: Bestimme den optimalen Center Standort $X'$ und den optimalen Zielfunktionswert $r'$ für das Center Standortproblem mit zwei bzw. drei existierenden Standorten.

Schritt 2: Bestimme den Kreis mit Radius $r'$ um $X'$. Falls die entsprechende Kreisscheibe alle Punkte in $Ex$ enthält, output $X^* = X'$ und $r^* = r'$

Beispiel 3.5:

Sei $M = 4$ und $Ex := \{Ex_1(a_{11} \mid a_{12}) = Ex_1(2 \mid -2), Ex_2(a_{21} \mid a_{22}) = Ex_2(2 \mid 6), Ex_3(a_{31} \mid a_{32}) = Ex_3(6 \mid 1), Ex_4(a_{41} \mid a_{42})\} = Ex_4(8 \mid 0)$. Es gibt insgesamt $\binom{4}{2} = 6$ Paare und $\binom{4}{3} = 4$ Tripel.

Die entsprechenden optimalen Standorte der Center Standortprobleme mit 2 bzw. 3 existierenden Standorten sind in Abbildung 3.9 dargestellt. (Warum werden nur 2 statt der 4 vorher berechneten Center Standortprobleme mit drei existierenden Standorten gelöst?)

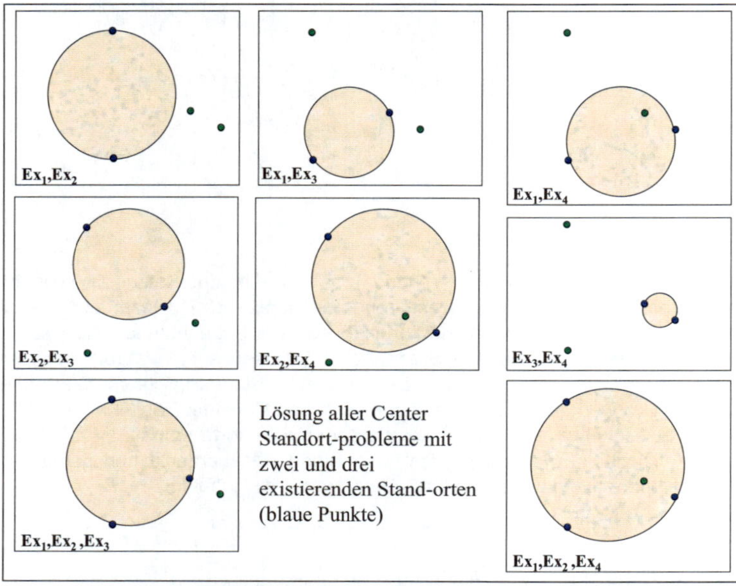


**Abbildung 3.9** *Lösung aller Center Standortprobleme mit zwei oder drei existierenden Standorten.*

Wie man sieht gibt es nur einen Kreis, der in der zugehörigen Kreisscheibe alle existierenden Standorte enthält, nämlich den, der dem $Ex_1$, $Ex_2$, $Ex_4$ Problem entspricht. Die Lösung ist dieselbe wir in Beispiel 3.2.
(→Ü.3.4)

Statt den Center Standort aus der Zeichnung abzulesen, kann man ihn auch mit Hilfe der Analytischen Geometrie berechnen. Dabei wollen wir genauso vorgehen, wie es Algorithmus 3.4 angibt, nur das wir an statt zu zeichnen rechnen werden. Für alle Paare und Tripel in der Menge $Ex$ gehen wir daher wie folgt vor:
Zunächst bestimmen wir den optimalen Center Standort $X'$ für jedes Paar oder Tripel mit Zielfunktionswert $r'$.

Für ein Punktepaar $AB$, mit $A(a_1 \mid a_2)$ und $B(b_1 \mid b_2)$, ist der optimale Center Standort der Mittelpunkt der Verbindungsstrecke. Den Mittelpunkt $M$ dieser beiden Punkt finden wir, indem wir zunächst die Mittelwerte der beiden $x$-Koordinaten $a_1$ und $b_1$ und der beiden $y$-Koordinaten $a_2$ und $b_2$ berechnen. Diese Mittelwerte sind die Koordinaten des Mittelpunktes $M$. Es gilt also:

$$M\left(\frac{a_1+b_1}{2} \middle| \frac{a_2+b_2}{2}\right)$$

Den Zielfunktionswert $r'(X')$ für $X' = M$ erhalten wir, indem wir den euklidischen Abstand von $M$ zu $A(a_1 \mid a_2)$ oder $B(b_1 \mid b_2)$ berechnen, also:

$$r' = \sqrt{\left(a_1 - \frac{a_1+b_1}{2}\right)^2 + \left(a_2 - \frac{a_2+b_2}{2}\right)^2} = \sqrt{\left(\frac{2a_1}{2} - \frac{a_1+b_1}{2}\right)^2 + \left(\frac{2a_2}{2} - \frac{a_2+b_2}{2}\right)^2}$$

$$= \sqrt{\left(\frac{2a_1 - a_1 - b_1}{2}\right)^2 + \left(\frac{2a_2 - a_2 - b_2}{2}\right)^2} = \sqrt{\left(\frac{a_1 - b_1}{2}\right)^2 + \left(\frac{a_2 - b_2}{2}\right)^2}$$

Für ein Punktetripel ist der optimale Center Standort der Mittelpunkt $U(u_1 \mid u_2)$ des Umkreises, also der Schnittpunkt der Mittelsenkrechten der drei Verbindungsstrecken. Die Mittelsenkrechte einer Strecke $AB$ geht immer durch ihren Mittelpunkt $M$, dessen Koordinaten wir eben bestimmt haben. Weiterhin steht die Mittelsenkrechte der Strecke $AB$ senkrecht auf der Geraden durch $AB$. Die Steigung der Geraden durch die Punkte $A(a_1 \mid a_2)$ und $B(b_1 \mid b_2)$ hat den Wert:

$$\frac{a_2 - b_2}{a_1 - b_1}$$

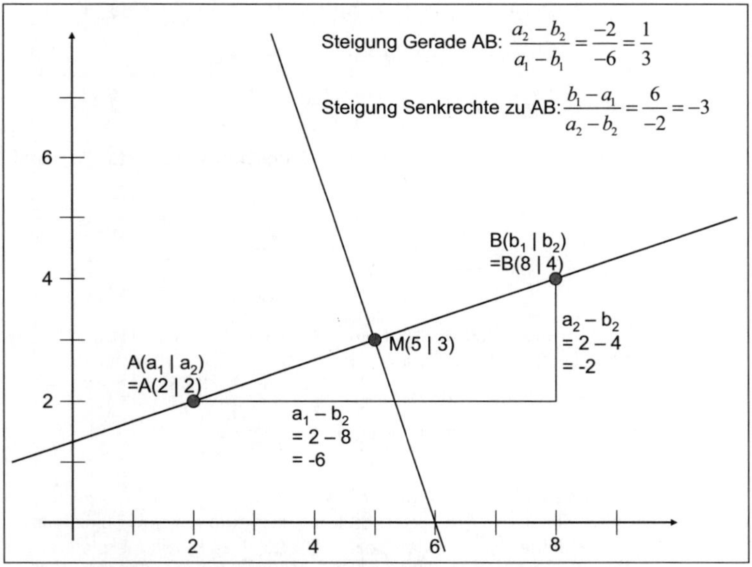


**Abbildung 3.10** *Zur Steigung einer Geraden und ihrer Senkrechten.*

Man kann sich klarmachen, das die Senkrechte zu einer Geraden mit der Steigung

$$\frac{a_2 - b_2}{a_1 - b_1}$$

die Steigung

$$-1 : \frac{a_2 - b_2}{a_1 - b_1} = -1 \cdot \frac{a_1 - b_1}{a_2 - b_2} = \frac{b_1 - a_1}{a_2 - b_2}$$

haben muss.

Die Mittelsenkrechte zur Verbindungsstrecke von $A(a_1 \mid a_2)$ und $B(b_1 \mid b_2)$ geht also durch

$$M\left(\frac{a_1+b_1}{2}\middle|\frac{a_2+b_2}{2}\right)$$

und hat die Steigung

$$\frac{b_1-a_1}{a_2-b_2}.$$

Für die Geradengleichung $x_2 = mx_1 + n$ der Mittelsenkrechten gilt daher:

$$\frac{a_2+b_2}{2}=\frac{b_1-a_1}{a_2-b_2}\cdot\frac{a_1+b_1}{2}+n=\frac{(b_1-a_1)\cdot(b_1+a_1)}{(a_2-b_2)\cdot 2}+n=\frac{b_1^2-a_1^2}{(a_2-b_2)\cdot 2}+n$$

$$\Leftrightarrow \quad n=\frac{a_2+b_2}{2}+\frac{a_1^2-b_1^2}{2\cdot(a_2-b_2)}=\frac{(a_2+b_2)\cdot(a_2-b_2)}{2\cdot(a_2-b_2)}+\frac{a_1^2-b_1^2}{2\cdot(a_2-b_2)}$$

$$=\frac{a_2^2-b_2^2}{2\cdot(a_2-b_2)}+\frac{a_1^2-b_1^2}{2\cdot(a_2-b_2)}=\frac{a_2^2-b_2^2+a_1^2-b_1^2}{2\cdot(a_2-b_2)}=\frac{a_1^2+a_2^2-\left(b_1^2+b_2^2\right)}{2\cdot(a_2-b_2)}$$

Die Geradengleichung der Mittelsenkrechten der Verbindungsstrecke von $A(a_1 \mid a_2)$ und $B(b_1 \mid b_2)$ ist also:

$$x_2=\frac{b_1-a_1}{a_2-b_2}x_1+\frac{a_1^2+a_2^2-\left(b_1^2+b_2^2\right)}{2\cdot(a_2-b_2)}$$

Den Schnittpunkt ($x_{1s} \mid x_{2s}$) zweier Mittelsenkrechten $x_2 = m_1x_1 + n_1$ und $x_2 = m_2x_1 + n_2$ findet man schließlich durch lösen des Gleichungssystems

$$x_{1s}=m_1x_{2s}+n_1$$
$$x_{1s}=m_2x_{2s}+n_2$$

Dieser Schnittpunkt ist der gesuchte Punkt $U(u_1 \mid u_2)$.
Den Zielfunktionswert $r'(X')$ für $X' = U(u_1 \mid u_2)$ erhalten wir, indem wir den euklidischen Abstand zwischen $U$ und einem der Punkte des Punktetripels, z.B. $A(a_1 \mid a_2)$ berechnen, also:

$$r'=\sqrt{(a_1-u_1)^2+(a_2-u_2)^2}$$

Nun überprüfen wir, ob die Kreisscheibe um $X'$ mit Radius $r'$ alle Punkte in $Ex$ enthält. Dazu müssen wir überprüfen, ob die euklidische Entfernung zwischen $X'$ und jedem dieser Punkte kleiner oder gleich $r'$ ist, also ob

$$g(X'):=\max_{m=1}^{M} l_2(Ex_m, X')\le r'$$

gilt. Wenn dies der Fall ist, so enthält die Kreisscheibe alle Punkte. Wenn es allerdings einen Punkt $Ex_n$ gibt, dessen euklidische Entfernung von $X'$ größer als $r'$, also der Radius der Kreisscheibe, ist, d.h.

$$g(X'):=\max_{m=1}^{M} l_2(Ex_m, X')\ge l_2(Ex_n, X')> r'$$

so kann dieser Punkt nicht innerhalb der Kreisscheibe um $X'$ liegen. Die Kreisscheibe enthält also nicht alle Punkte in $Ex$ und der Punkt $X'$ muß für die Suche nach dem optimalen Standort verworfen werden.
Der optimale Standort $X^*$ bestimmt sich schließlich durch:

$$r^* = r(X^*) = \min_{X \in \{nicht\ verworfene\ Punkte\}} r'(X)$$

**Diskussion 3.3:**

- Kann man eine obere Grenze für die Anzahl der im Algorithmus zu 3.4 zu lösenden Zwei- und Dreipunktprobleme berechnen?
- Kann man Algorithmus 3.4 auf die Berechnung von Center Standorten im dreidimensionalen Raum erweitern?

**Übungsaufgaben**

***Ü.3.1*** Finden Sie die optimalen Standorte für einen Notfallhubschrauber, wenn die folgenden Einsatzorte gegeben sind:

a) $Ex := \{Ex_1(a_{11} \mid a_{12}) = Ex_1(-2 \mid 2), Ex_2(a_{21} \mid a_{22}) = Ex_2(5 \mid 9), Ex_3(a_{31} \mid a_{32}) = Ex_3(5 \mid -1)\}$

b) $Ex := \{Ex_1(a_{11} \mid a_{12}) = Ex_1(3{,}5 \mid 6), Ex_2(a_{21} \mid a_{22}) = Ex_2(-1{,}5 \mid 10)\}$

c) $Ex := \{Ex_1(a_{11} \mid a_{12}) = Ex_1(5 \mid -5), Ex_2(a_{21} \mid a_{22}) = Ex_2(8 \mid 6), Ex_3(a_{31} \mid a_{32}) = Ex_3(7 \mid 9)\}$

Sie können diese Aufgabe auch interaktiv lösen, indem sie die Dateien Ü-3-1-a.html bis Ü-3-1-c.html öffnen.

***Ü.3.2*** Vergleichen Sie für die folgenden Einsatzorte, die ein stumpfwinkliges Dreieck bilden, die euklidischen Entfernungen der Einsatzorte zum Mittelpunkt der längsten Dreiecksseite und zum Mittelpunkt des Umkreises:

$Ex := \{Ex_1(a_{11} \mid a_{12}) = Ex_1(-5 \mid 3), Ex_2(a_{21} \mid a_{22}) = Ex_2(1 \mid 3), Ex_3(a_{31} \mid a_{32}) = Ex_3(5 \mid -1)\}$

Sie können diese Aufgabe auch interaktiv lösen, indem sie die Dateien Ü-3-2.html öffnen.

***Ü.3.3*** Lösen Sie das Center Standortproblem rechnerisch, wenn als Standorte nur die Punkte $X_1(4 \mid 5)$, $X_2(5 \mid 4)$ und $X_3(5 \mid 5)$ zur Verfügung stehen und die existierenden Standorte durch

$Ex := \{Ex_1(a_{11} \mid a_{12}) = Ex_1(0 \mid 0), Ex_2(a_{21} \mid a_{22}) = Ex_2(9 \mid -2), Ex_3(a_{31} \mid a_{32}) = Ex_3(7 \mid 13), Ex_4(a_{41} \mid a_{42}) = Ex_4(4 \mid 15)\}$

gegeben sind.

***Ü.3.4*** Lösen Sie das Center Standortproblem gemäß Algorithmus 3.4 für die folgenden existierenden Standorte:

$Ex := \{Ex_1(a_{11} \mid a_{12}) = Ex_1(-12 \mid 4), Ex_2(a_{21} \mid a_{22}) = Ex_2(14 \mid 7), Ex_3(a_{31} \mid a_{32}) = Ex_3(18 \mid -6), Ex_4(a_{41} \mid a_{42}) = Ex_4(-9 \mid -5)\}$

Sie können diese Aufgabe auch interaktiv lösen, indem sie die Dateien Ü-3-4.html öffnen.

## *3.3 Roboterplanung und Median Standortprobleme*

Wir betrachten zunächst eine sehr einfache Version des Bestückungsproblems der Firma *PIM*: Die Platine stellen wir als ein Rechteck dar und wir nehmen erst einmal an, dass nur $M$ Stück von einem einzigen Typ eines elektronischen Bauteils einzubauen sind. Die Einbauplätze für die Bauteile sind bekannt und sind schon so vorbereitet, dass die Bauteile dort nur noch einzustecken sind. Wir nehmen an, dass sie als Punkte in einem Koordinatensystem gegeben sind, dessen Ursprung in der linken unteren Ecke des Koordinatensystems liegt. Wie im Notfallproblem des Abschnitts 3.2 nennen wir diese Punkte **existierende Standorte** und bezeichnen sie mit $\{Ex_1(a_{11} \mid a_{12}), Ex_2(a_{21} \mid a_{22}),..., Ex_M(a_{M1} \mid a_{M2})\}$. Die Bauteile sind in einem Behälter gelagert und der Roboterarm holt die Teile in diesem Behälter ab und steckt sie in die Einbauplätze. Das Einstecken der Bauteile in die Einbauplätze erfordert keine nennenswerte Zeit, so dass die Bestückungszeit nur davon abhängt, welche Weglänge der Roboterarm bei seinen Bewegungen zwischen dem Standort des Behälters und den Einbauplätzen zurücklegen muss. Ist $X = (x_1 \mid x_2)$ der (noch zu bestimmende!) Standort des Behälters und ist $d(Ex_m,X)$ eine näher zu bestimmende Distanz oder ein Abstand zwischen dem $m$-ten existierenden Standort (= Einbauplatz) und $X$, so wollen wir $X$ so wählen, dass die **Median-Zielfunktion**

$$f(X) := \sum_{m=1}^{M} d(Ex_m, X)$$

möglichst klein ist. Das Problem

$$\min_{X \text{ Punkt in der Ebene}} f(X) := \sum_{m=1}^{M} d(Ex_m, X)$$

nennt man das **Median-Standortproblem**. Abbildung 3.11 zeigt ein Beispiel eines solchen Problems.

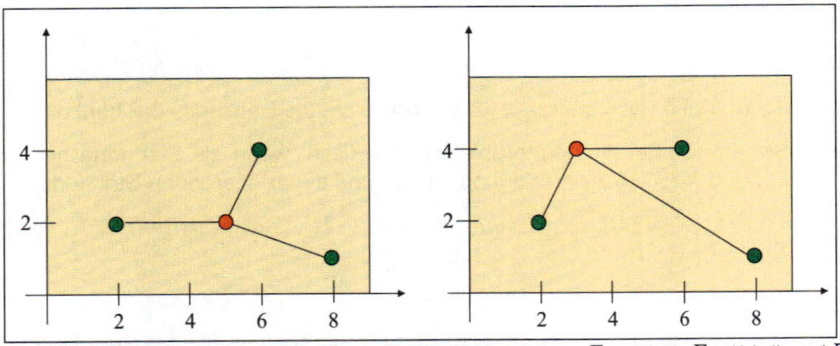


**Abbildung 3.11** *Platinenbestückungsproblem mit drei Einbauplätzen $Ex_1(2 \mid 2)$, $Ex_2(6 \mid 4)$ und $Ex_3(8 \mid 1)$ als grüne Punkte. Als zwei Alternativen für die Wahl eines Standortes für den Behälter sind $X(5 \mid 2)$ und $X(3 \mid 4)$ dargestellt. Welche ist die bessere?*

Im Beispiel der Abbildung 3.11 ist die Median Zielfunktion die Summe der Längen der Verbindungsstrecken. Wir haben also in diesem Fall als Abstand zwischen Punkten die Euklidische Entfernung verwendet. Man überzeugt sich leicht, dass $X(5 \mid 2)$ ein besserer Standort ist als $X(3 \mid 4)$ (→Ü.3.5). Aber ist $X(5 \mid 2)$ der **Median-Standort**, also der bestmögliche Standort? Diese Frage ist schwieriger zu beantworten als die Frage nach dem Center Standort in Abschnitt 3.2. Es gibt jedoch einige einfache Spezialfälle, die zunächst behandelt werden.

**Übungsaufgaben**

***Ü.3.5*** Berechnen Sie die Median-Zielfunktion $f(X)$ für $X_1(5 \mid 2)$ und $X_2(3 \mid 4)$, wenn die existierenden Standorte wie folgt gegeben sind:

$Ex := \{Ex_1(a_{11} \mid a_{12}) = Ex_1(2 \mid 2), Ex_2(a_{21} \mid a_{22}) = Ex_2(6 \mid 4), Ex_3(a_{31} \mid a_{32}) = Ex_3(8 \mid 1)\}$.

Als Distanz soll die Euklidische Entfernung verwendet werden.

### 3.3.1 Geometrische Lösung für $M = 3$ und Euklidische Entfernung

Für das Median-Standortproblem im Beispiel von Abbildung 3.11 gibt es einen sehr einfachen geometrischen Algorithmus, der immer dann gilt, wenn $M = 3$ existierende Standorte vorliegen und das durch die drei Standorte aufgespannte Dreieck keinen Winkel hat, der größer als 120° ist.

**Algorithmus 3.5:** Lösung des Median Standortproblems mit euklidischer Entfernung und $M = 3$ existierenden Standorten

Input: Menge $Ex := \{Ex_1(a_{11} \mid a_{12}), Ex_2(a_{21} \mid a_{22}), Ex_3(a_{31} \mid a_{32})\}$ von $M = 3$ existierenden Standorten, so dass in dem durch diese Punkte aufgespannten Dreieck kein Winkel größer als 120° ist.

Output: Optimaler Median-Standort $X^*(x_1^* \mid x_2^*)$ und optimaler Median-Zielfunktionswert $f(X^*)$

1. Schritt: Zeichne das Dreieck $A,B,C$ ($A = Ex_1$, $B = Ex_2$, $C = Ex_3$)
2. Schritt: Errichte auf jeder Seite des Dreiecks ein gleichseitiges Dreieck
3. Schritt: Verbinde jeweils den neu entstandenen Punkt des gleichseitigen Dreiecks mit dem Eckpunkt des Dreiecks $A,B,C$, welcher nicht zu diesem gleichseitigen Dreieck gehört. (Simson-Linien).
4. Schritt: Die Simson-Linien schneiden sich in einem Punkt, dem **Fermat-Punkt** $X^*(x_1^* \mid x_2^*)$. Output $X^*$ und $f(X^*)$.

(→Ü.3.6)

Die Simson-Linien sind benannt nach Robert Simson, einem englischer Mathematiker 1687–1768. Den optimalen Median Standort nennt man Fermat Punkt, weil Pierre de Fermat (1601-1665) dieses Standortproblem in seinen "Abhandlungen über Maxima und Minima" 1643/44 gestellt hat. Einen Gültigkeitsbeweis dieses Algorithmus findet man auf der beiliegenden CD.

Abbildung 3.12 zeigt, wie das Beispiel aus Abbildung 3.11 mit Hilfe von Algorithmus 3.5 gelöst wird.

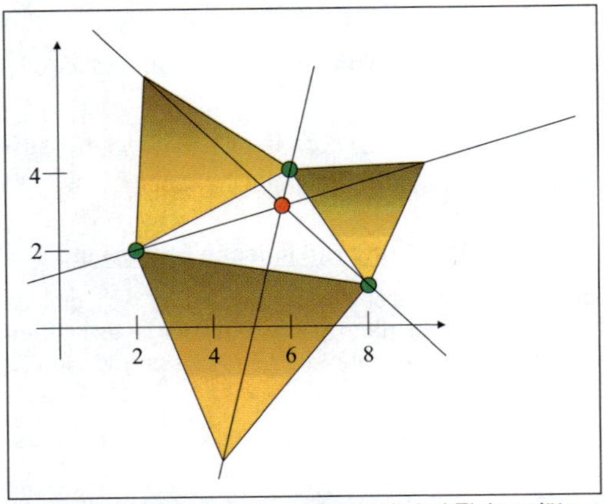


**Abbildung 3.12** *Lösung des Platinenbestückungsproblems mit drei Einbauplätzen $Ex_1$(2 | 2), $Ex_2$(6 | 4) und $Ex_3$(8 | 1) mittels Algorithmus 3.5. Den optimalen Median Standort liest man ab als $X^*$(5,8 | 3,2)*

Als Median-Standort lesen wir $X^*$(5,8 | 3,2) ab mit Zielfunktionswert

$$f\left(\left(5{,}8\middle|3{,}2\right)\right)=\sum_{m=1}^{M} d\left(Ex_m,\left(5{,}8\middle|3{,}2\right)\right)=\sum_{m=1}^{M}\sqrt{\left(a_{m1}-5{,}8\right)^2+\left(a_{m2}-3{,}2\right)^2}$$
$$=\sqrt{\left(2-5{,}8\right)^2+\left(2-3{,}2\right)^2}+\sqrt{\left(6-5{,}8\right)^2+\left(4-3{,}2\right)^2}+\sqrt{\left(8-5{,}8\right)^2+\left(1-3{,}2\right)^2}$$
$$=7{,}92$$

Wir können natürlich nicht sicher sein, dass das Ablesen des Median-Standorts aus Abbildung 3.12 tatsächlich exakt ist. Um uns dessen sicher zu sein berechnen wir den Median-Standort im Folgenden mit Hilfe der Analytischen Geometrie. Wir gehen dabei genau so vor, wie es Algorithmus 3.6 angibt, nur dass wir nicht zeichnen, sondern rechnen.

Zunächst benennen wir die Punkte $Ex_1(a_{11} \mid a_{12})$, $Ex_2(a_{21} \mid a_{22})$ und $Ex_3(a_{31} \mid a_{32})$ so in $A(a_1,a_2)$, $B(b_1,b_2)$ und $C(c_1,c_2)$ um, dass $A$, $B$ und $C$ im mathematisch positiven Sinne aufeinander folgen, also gegen den Uhrzeigersinn.
Dann beginnen wir mit den gleichseitigen Dreiecken auf den Seiten des Dreiecks $ABC$ aus den existierenden Standorten. Statt die Dreiecke zu zeichnen, berechnen wir für jedes gleichseitige Dreieck den noch fehlenden Eckpunkt (dies werden wir exemplarisch für die Dreiecksseite $AB$ tun), denn nur diesen benötigen wir für die Simson Linien. Dazu werden wir mit Vektoren im $\mathbb{R}^2$ arbeiten, also mit der Menge

$$\left\{\left(v_1 \quad v_2\right): v_1\in\mathbb{R}, v_2\in\mathbb{R}\right\}=\left\{\left(v_1,v_2\right): v_1\in\mathbb{R}, v_2\in\mathbb{R}\right\}.$$

Diese können wir uns als Pfeile in einer Ebene mit Koordinatensystem vorstellen. Der Vektor $(v_1\ v_2)$ oder $(v_1,v_2)$ ist nämlich als Pfeil darstellbar, dessen Spitze um $v_1$ weiter in $x_1$-Richtung und $v_2$ in $x_2$-Richtung gegenüber seinem Anfang liegt.

Beispiel 3.6:

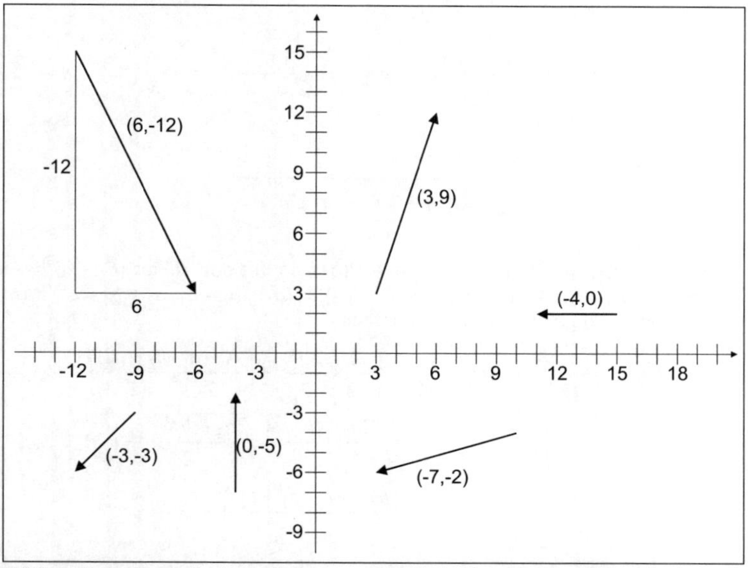


**Abbildung 3.13** *Darstellung von Vektoren als Pfeile in einer Ebene mit Koordinatensystem*

Wir werden den fehlenden Punkt $P_1$ des gleichseitigen Dreiecks über $AB$ wie folgt berechnen:

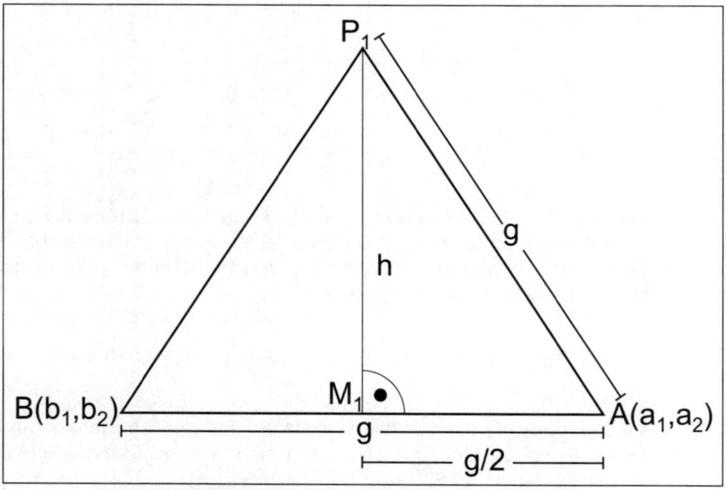


**Abbildung 3.14** *Zur Herleitung der Formel für* $h$.

Zunächst bestimmen wir den Mittelpunkt $M_1$ der Strecke $AB$. Dann gehen wir von $M_1$ senkrecht zur Strecke $AB$ um $h$ nach außen. Für $h$ gilt nach dem Satz des Pythagoras:

$$h^2+\left(\frac{g}{2}\right)^2=g^2 \quad\Leftrightarrow\quad h^2+\frac{g^2}{4}=\frac{4g^2}{4} \quad\Leftrightarrow\quad h^2=\frac{4g^2-g^2}{4}=3\frac{g^2}{4} \quad\Rightarrow\quad h=\sqrt{3}\frac{g}{2},$$

mit

$$g=\sqrt{(a_1-b_1)^2+(a_2-b_2)^2}$$

Nun zur Bestimmung von $M_1$. Von $A(a_1,a_2)$ nach $B(b_1,b_2)$ führt der Vektor $(b_1 - a_1,b_2 - a_2)$, denn $(a_1,a_2) + (b_1 - a_1,b_2 - a_2) = (a_1 + (b_1 - a_1),a_2 + (b_2 - a_2)) = (a_1 + b_1 - a_1, a_2 + b_2 - a_2) = (b_1,b_2)$. Zum Mittelpunkt der Strecke $AB$ gelangen wir deshalb mit

$$\begin{aligned}(a_1,a_2)+\frac{1}{2}(b_1-a_1,b_2-a_2)&=\left(\frac{2a_1}{2},\frac{2a_2}{2}\right)+\left(\frac{b_1-a_1}{2},\frac{b_2-a_2}{2}\right)\\&=\left(\frac{2a_1+b_1-a_1}{2},\frac{2a_2+b_2-a_2}{2}\right)\\&=\left(\frac{a_1+b_1}{2},\frac{a_2+b_2}{2}\right)\end{aligned}$$

Dies verwundert uns nicht, da wir den Mittelpunkt der Strecke $AB$ ohne zu überlegen wohl auch als „Mittelwert" von $A$ und $B$, oder genauer, als Mittelwert der $x_1$-Koordinaten und als Mittelwert der $x_2$-Koordinaten berechnet hätten.
Von

$$M_1=\left(\frac{a_1+b_1}{2},\frac{a_2+b_2}{2}\right)$$

gehen wir nun um

$$h=\sqrt{3}\frac{g}{2}$$

senkrecht zur Strecke $AB$ nach „außen", also vom Dreieck, das durch die existierenden Punkte gebildet wird, weg. Zu einem Vektor $(v_1,v_2)$ findet man einen senkrechten Vektor, indem man zunächst die Einträge $v_1$ und $v_2$ vertauscht und dann das Vorzeichen von $v_1$ oder $v_2$ verändert. So steht z.B. $(v_2,-v_1)$ steht also senkrecht auf $(v_1,v_2)$, denn

$$\langle(v_1,v_2),(v_2,-v_1)\rangle=v_1\cdot v_2+v_2\cdot(-v_1)=v_1\cdot v_2-v_1\cdot v_2=0\,.$$

Man kann sich überlegen, dass man immer das Vorzeichen des zweiten Eintrags ändern muss, wenn man senkrecht zur Dreiecksseite $AB$ nach „außen" und nicht nach „innen" gehen will, d.h. aus $(v_1,v_2)$ wird $(v_2,-v_1)$ (s. Abbildung 3.15).

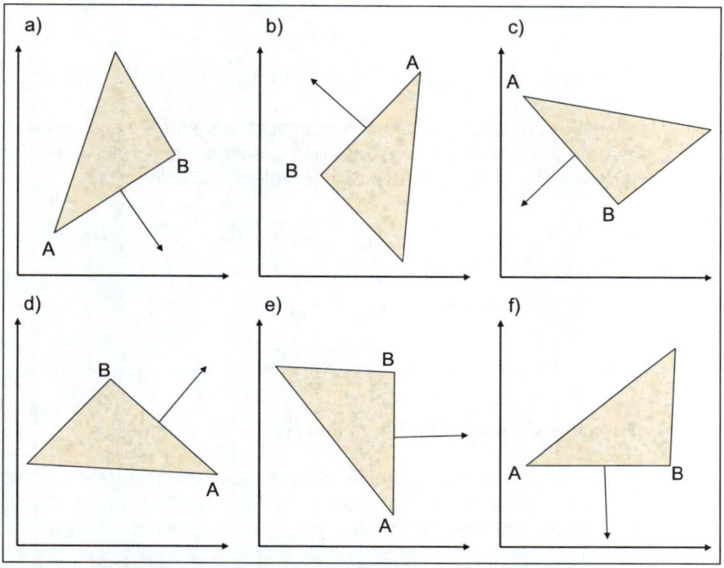


**Abbildung 3.15** *Zur Veranschaulichung des Vorzeichenwechsels bei der Bestimmung einer Senkrechten, die aus dem Dreieck heraus geht.*

Ein senkrechter Vektor zu $(b_1 - a_1, b_2 - a_2)$ ist also $(b_2 - a_2, -(b_1 - a_1)) = (b_2 - a_2, a_1 - b_1)$.
Wie geben wir diesem Vektor nun aber die Länge $h$?
Betrachten wir zunächst nochmals einen Vektor $(v_1, v_2)$. Diesen Vektor kann man sich als Pfeil in einer Ebene mit Koordinatensystem vorstellen. An den Vektorpfeil kann man zwei Strecken der Längen $v_1$ und $v_2$ parallel zu den Koordinatenachsen anlegen, so dass ein rechtwinkliges Dreieck entsteht, in dem der Vektorpfeil die Hypotenuse und die Strecken der Längen $v_1$ und $v_2$ die Katheten bilden. Nach dem Satz des Pythagoras hat der Vektor $(v_1, v_2)$ also die Länge:

$$\sqrt{v_1^2 + v_2^2}$$

Wenn wir nun aber einen Vektor benötigen, dessen Richtung die Gleiche ist, wie die von $(v_1, v_2)$, dessen Länge aber $h$ sein soll, so nehmen wir einfach den Vektor

$$\frac{h}{\sqrt{v_1^2 + v_2^2}}(v_1, v_2),$$

also den Vektor $(v_1, v_2)$, dessen Länge geschickt verändert wurde.
Ein Vektor, der die gleiche Richtung hat, wie $(b_2 - a_2, a_1 - b_1)$ aber mit Länge $h$ wäre also:

$$\frac{h}{\sqrt{(b_2 - a_2)^2 + (a_1 - b_1)^2}}(b_2 - a_2, a_1 - b_1) = \frac{h}{\sqrt{(a_1 - b_1)^2 + (b_2 - a_2)^2}}(b_2 - a_2, a_1 - b_1)$$

$$= \frac{h}{\sqrt{(a_1 - b_1)^2 + (a_2 - b_2)^2}}(b_2 - a_2, a_1 - b_1) = \frac{h}{g}(b_2 - a_2, a_1 - b_1)$$

Wenn wir nun $h$ einsetzen erhalten wir:

$$\frac{h}{g}(b_2-a_2,a_1-b_1)=\frac{\sqrt{3}g}{2g}(b_2-a_2,a_1-b_1)=\frac{\sqrt{3}}{2}(b_2-a_2,a_1-b_1)$$

Um den Punkt $P_1$ zu erhalten müssen wir wie schon gesagt, senkrecht nach außen gehen, und zwar in Richtung des gerade berechneten Vektors und genau so weit, wie dieser lang ist. Das machen wir mathematisch, indem wir zu $M_1$ den obigen Vektor addieren:

$$P_1=\left(\frac{a_1+b_2}{2},\frac{a_2+b_2}{2}\right)+\frac{\sqrt{3}}{2}(b_2-a_2,a_1-b_1)=\frac{1}{2}(a_1+b_2,a_2+b_2)+\frac{\sqrt{3}}{2}(b_2-a_2,a_1-b_1)$$

$$=\frac{1}{2}\left((a_1+b_1,a_2+b_2)+\left(\sqrt{3}b_2-\sqrt{3}a_2,\sqrt{3}a_1-\sqrt{3}b_1\right)\right)$$

$$=\frac{1}{2}\left(\left(a_1+b_1+\sqrt{3}b_2-\sqrt{3}a_2,a_2+b_2+\sqrt{3}a_1-\sqrt{3}b_1\right)\right)$$

$$=\frac{1}{2}\left(\left(a_1-a_2\sqrt{3}+b_1+b_2\sqrt{3},a_1\sqrt{3}+a_2-b_1\sqrt{3}+b_2\right)\right)$$

Wir können nun entweder direkt in diese Formel für $P_1$ einsetzen, oder wir gehen schrittweise vor, indem wir die einzelnen Schritte, die zur Erarbeitung der Formel nötig waren, durchgehen. Wir wollen zunächst die fehlenden Punkte für die gleichseitigen Dreiecke der Daten aus Abbildung 3.12 berechnen:

Beispiel 3.7:
Zuerst benennen wir die Punkte um:
$A(a_1,a_2) = Ex_1(2 \mid 2)$, $B(b_1,b_2) = Ex_3(8 \mid 1)$, $C(c_1,c_2) = Ex_2(6 \mid 4)$. Die Eckpunkte des Dreiecks $ABC$ sind nun im mathematisch positiven Sinne benannt.
Berechnung des dritten Punktes für das gleichseitige Dreieck über der Strecke $AB$:
Zunächst berechnen wir die Mitte der Strecke $AB$:

$$M_1=\left(\frac{a_1+b_1}{2},\frac{a_2+b_2}{2}\right)=\left(\frac{2+8}{2},\frac{2+1}{2}\right)=\left(\frac{10}{2},\frac{3}{2}\right)=\left(5,\frac{3}{2}\right)$$

Nun bestimmen wir den senkrechten Vektor auf $(b_1-a_1,b_2-a_2)$ = (8 – 2,1 – 2) = (6,-1), der „nach außen" zeigt, also vom Dreieck $ABC$ weg. Zunächst vertauschen wir die Komponenten und erhalten (-1,6). Dann ändern wir das Vorzeichen des nun zweiten Eintrags und erhalten (-1,-6).
Um diesem Vektor die richtige Länge zu geben, bestimmen wir zunächst $g$ als

$$g=\sqrt{(a_1-b_1)^2+(a_2-b_2)^2}=\sqrt{(2-8)^2+(2-1)^2}=\sqrt{(6)^2+2^2}=\sqrt{36+4}=\sqrt{40}$$

Der Vektor, der sowohl in die richtige Richtung zeigt, als auch die richtige Länge hat ist also:

$$\frac{h}{g}(b_2-a_2,a_1-b_1)=\frac{\sqrt{3}}{2}(b_2-a_2,a_1-b_1)=\frac{\sqrt{3}}{2}(-1,-6)=\left(-\frac{\sqrt{3}}{2},-\frac{6\sqrt{3}}{2}\right)=\left(-\frac{\sqrt{3}}{2},-3\sqrt{3}\right)$$

Dies addieren wir nun zu $M_1$:

$$\left(5,\frac{3}{2}\right)+\left(-\frac{\sqrt{3}}{2},-3\sqrt{3}\right)=\left(5-\frac{\sqrt{3}}{2},\frac{3}{2}-3\sqrt{3}\right)=\left(\frac{10-\sqrt{3}}{2},\frac{3-6\sqrt{3}}{2}\right)\approx(4{,}13\,,-3{,}70)$$

Das gleiche Ergebnis erhalten wir auch, wenn wir direkt in die Formel für $P_1$ einsetzen:

$$P_1=\frac{1}{2}\left(\left(2-2\sqrt{3}+8+1\sqrt{3}\,,\ 2\sqrt{3}+2-8\sqrt{3}+1\right)\right)=\frac{1}{2}\left(\left(10-\sqrt{3}\,,3-6\sqrt{3}\right)\right)$$

Nun berechnen wir den Punkt $P_2$, den Punkt der noch zum gleichseitigen Dreieck über $BC$ fehlt. Dazu ändern wir die Formel für $P_1$ so ab, das wir die Einträge von $A$ durch die von $B$ und die Einträge von $B$ durch die von $C$ ersetzen. Wir erhalten so:

$$\begin{aligned} P_2 &= \frac{1}{2}\left(\left(b_1 - b_2\sqrt{3} + c_1 + c_2\sqrt{3}, b_1\sqrt{3} + b_2 - c_1\sqrt{3} + c_2\right)\right) \\ &= \frac{1}{2}\left(\left(8 - 1\sqrt{3} + 6 + 4\sqrt{3}\ ,\ 8\sqrt{3} + 1 - 6\sqrt{3} + 4\right)\right) = \frac{1}{2}\left(\left(14 + 3\sqrt{3}\ ,\quad 5 + 2\sqrt{3}\right)\right) \\ &\approx (9{,}60\ ,\ 4{,}23) \end{aligned}$$

Den Punkt $P_3$, den Punkt der zum gleichseitigen Dreieck über $CA$ fehlt berechnen wir schließlich, indem wir die Formel für $P_2$ so abändern, das wir die Einträge von $B$ durch die von $C$ und die Einträge von $C$ durch die von $A$ ersetzen. Wir erhalten so:

$$\begin{aligned} P_3 &= \frac{1}{2}\left(\left(c_1 - c_2\sqrt{3} + a_1 + a_2\sqrt{3}, c_1\sqrt{3} + c_2 - a_1\sqrt{3} + a_2\right)\right) \\ &= \frac{1}{2}\left(\left(6 - 4\sqrt{3} + 2 + 2\sqrt{3}\ ,\ 6\sqrt{3} + 4 - 2\sqrt{3} + 2\right)\right) = \frac{1}{2}\left(\left(8 - 2\sqrt{3}\ ,\ 6 + 4\sqrt{3}\right)\right) \\ &\approx (2{,}27\ ,\ 6{,}46) \end{aligned}$$

Nun zur Bestimmung der Simson Linien. Dies ist ein Standardproblem der Schulmathematik, auch wenn uns das vielleicht noch nicht bewusst ist.

Die Simson Linien sind nichts anderes als Geraden, oder genauer gesagt, Graphen einer linearen Funktion und somit in der Form $x_2 = mx_1 + n$ darstellbar. Für jede der Simson Linien kennen wir nun zwei Punkte, da eine Simson Linie durch einen neu berechneten äußeren Punkt eines gleichseitigen Dreiecks geht und durch den existierenden Standort, der nicht zu diesem gleichseitigen Dreieck gehört. Diese beiden Punkte, z.B. $P_1(p_{11},p_{12})$ und $C(c_1,c_2)$, müssen also die Gleichung $x_2 = m_1x_1 + n_1$ erfüllen, da sie sonst nicht auf dieser Gerade liegen würden. Wir erhalten also ein Gleichungssystem aus zwei Gleichungen mit zwei Unbekannten, nämlich $m_1$ und $n_1$:

$$\begin{aligned} p_{12} &= p_{11}m_1 + n_1 \\ c_2 &= c_1m_1 \ \ + n_1 \end{aligned}$$

Dieses Gleichungssystem müssen wir nun nur noch lösen, um die Werte für $m_1$ und $n_1$ und somit die Simson Linie durch $P_1$ und $C$ zu bestimmen.

<u>Beispiel 3.7 (Fortsetzung):</u>

Im Folgenden wollen wir mit den gerundeten Werten weiterrechnen. Zunächst berechnen wir die Gleichung $x_2 = m_1x_1 + n_1$ der Simson Linie die durch den Punkt $P_1(p_{11},p_{12})$ und $C(c_1,c_2)$ geht. Dazu lösen wir folgendes Gleichungssystem:

$$\begin{matrix} p_{12} = p_{11}m_1 + n_1 \\ c_2 = \ c_1m_1 + n_1 \end{matrix} \quad \Leftrightarrow \quad \begin{matrix} (i)\ -3{,}70 = 4{,}13m_1 + n_1 \\ (ii)\ \ 4{,}00 = 6{,}00m_1 + n_1 \end{matrix}$$

Dabei haben wir die erste Gleichung mit (i) und die zweite Gleichung mit (ii) bezeichnet. Wir subtrahieren nun (i) von (ii) und erhalten:

$$4{,}00 - (-3{,}70) = 7{,}70 = 1{,}87m_1 = 6{,}00m_1 + n_1 - (4{,}13m_1 + n_1)$$

also:

$$1{,}78m_1 = 7{,}70 \quad \Leftrightarrow \quad m_1 = \frac{7{,}70}{1{,}87} \approx 4{,}12$$

Dies setzen wir nun in (ii) ein und erhalten:

$$4,00 = 6,00 \cdot \frac{7,70}{1,87} + n_1 \approx 24,71 + n_1 \quad \Leftrightarrow \quad n_1 \approx 4,00 - 24,71 = -20,71$$

Die Simson Linie durch $P_1$ und $C$ hat genügt also der Gleichung:

$$x_2 = 4,12x_1 - 20,71$$

Nun zur Simsonlinie durch $P_2(p_{21},p_{22})$ und $A(a_1,a_2)$. Wir müssen das folgende Gleichungssystem lösen:

$$\begin{aligned} p_{22} &= p_{21}m_2 + n_2 \\ a_2 &= a_1m_2 + n_2 \end{aligned} \quad \Leftrightarrow \quad \begin{aligned} &(i)\ 4,23 = 9,60m_2 + n_2 \\ &(ii)\ 2,00 = 2,00m_2 + n_2 \end{aligned}$$

Wir subtrahieren nun (ii) von (i) und erhalten:

$$4,23 - 2,00 = 2,23 = 7,60m_2 = 9,60m_2 + n_2 - (2,00m_2 + n_2)$$

also:

$$7,60m_2 = 2,23 \quad \Leftrightarrow \quad m_2 = \frac{2,23}{7,60} \approx 0,29$$

Dies setzen wir nun in (ii) ein und erhalten:

$$2,00 = 2,00 \cdot \frac{2,23}{7,60} + n_2 \approx 0,59 + n_2 \quad \Leftrightarrow \quad n_2 \approx 2,00 - 0,59 = 1,41$$

Die Simson Linie durch $P_2$ und $A$ hat genügt also der Gleichung:

$$x_2 = 0,29x_1 + 1,41$$

Nun zur Simsonlinie durch $P_3(p_{31},p_{32})$ und $B(b_1,b_2)$. Wir müssen das folgende Gleichungssystem lösen:

$$\begin{aligned} p_{32} &= p_{31}m_3 + n_3 \\ b_2 &= b_1m_3 + n_3 \end{aligned} \quad \Leftrightarrow \quad \begin{aligned} &(i)\ 6,46 = 2,27m_3 + n_3 \\ &(ii)\ 1,00 = 8,00m_3 + n_3 \end{aligned}$$

Wir subtrahieren nun (ii) von (i) und erhalten:

$$6,46 - 1,00 = 5,46 = -5,73m_3 = 2,27m_3 + n_3 - (8,00m_3 + n_3)$$

also:

$$-5,73m_3 = 5,46 \quad \Leftrightarrow \quad m_3 = \frac{5,46}{-5,73} \approx -0,95$$

Dies setzen wir nun in (ii) ein und erhalten:

$$1,00 = 8,00 \cdot \left(-\frac{5,46}{5,73}\right) + n_3 \approx -7,62 + n_3 \quad \Leftrightarrow \quad n_3 \approx 1,00 - (-7,62) = 1,00 + 7,62 = 8,62$$

Die Simson Linie durch $P_3$ und $B$ hat genügt also der Gleichung:

$$x_2 = -0,95x_1 + 8,62$$

Nachdem alle Simson Linien bestimmt sind, berechnen wir nun die Schnittpunkte zwischen Ihnen. Es genügt dabei, den Schnittpunkt zweier Simson Linien zu bestimmen, da sich alle Simson Linien in einem Punkt schneiden sollten.

Beispiel 3.7 (Fortsetzung):
Wir werden zwei der drei möglichen Schnittpunkte bestimmen, um zu überprüfen, ob uns kein Rechenfehler bei der Bestimmung der Simson Linien unterlaufen ist. Wir müssen dazu nicht alle der Schnittpunkte ausrechnen, denn schneiden sich die Geraden $g$ und $h$ in einem Punkt $D$ und die Geraden $h$ und $i$ in einem Punkt $E$ und gilt $E = D$, so müssen sich auch $g$ in $i$ in $D$ schneiden.
Wir berechnen zunächst den Schnittpunkt von

$$\text{(i)}\ x_2 = 4{,}12x_1 - 20{,}71$$

und

$$\text{(ii)}\ x_2 = 0{,}29x_1 + 1{,}41$$

Dazu subtrahieren wir (ii) von (i) und erhalten:

$$x_2 - x_2 = 0 = 3{,}83x_1 - 22{,}12 = 4{,}12x_1 - 20{,}71 - (0{,}29x_1 + 1{,}41)$$

also:

$$3{,}83x_2 = 22{,}12 \quad \Leftrightarrow \quad x_1 = \frac{22{,}12}{3{,}83} \approx 5{,}78$$

Dies setzen wir nun in (ii) ein und erhalten:

$$x_2 = 0{,}29 \cdot \frac{22{,}12}{3{,}83} + 1{,}41 \approx 3{,}08$$

Der erste von uns berechnete Schnittpunkt hat also die Koordinaten:

$$(x_1 | x_2) = (5{,}78 | 3{,}08)$$

Wir berechnen nun den Schnittpunkt von

$$\text{(i)}\ x_2 = 4{,}12x_1 - 20{,}71$$

und

$$\text{(ii)}\ x_2 = -0{,}95x_1 + 8{,}62$$

Dazu subtrahieren wir (ii) von (i) und erhalten:

$$x_2 - x_2 = 0 = 5{,}07x_1 - 29{,}33 = 4{,}12x_1 - 20{,}71 - (-0{,}95x_1 + 8{,}62)$$

also:

$$5{,}07x_1 = 29{,}33 \quad \Leftrightarrow \quad x_1 = \frac{29{,}33}{5{,}07} \approx 5{,}79$$

Dies setzen wir nun in (ii) ein und erhalten:

$$x_2 = -0{,}95\frac{29{,}33}{5{,}07} + 8{,}62 \approx 3{,}12$$

Der nun berechnete Schnittpunkt hat also die Koordinaten:

$$(x_1 | x_2) = (5{,}79 | 3{,}12)$$

Die beiden Schnittpunkte stimmen bei einer Rundung auf Zehntel überein, die Abweichungen kommen durch Rundungsfehler zustande.
(→Ü.3.7)

**Übungsaufgaben**

***Ü.3.6*** Lösen Sie das Median Standortproblem für die folgenden existierenden Standorte (gem. Algorithmus 3.5 und durch Berechnung).

$Ex := \{Ex_1(a_{11} \mid a_{12}) = Ex_1(2 \mid 2), Ex_2(a_{21} \mid a_{22}) = Ex_2(6 \mid 4), Ex_3(a_{31} \mid a_{32}) = Ex_3(8 \mid 1)\}$.

Sie können diese Aufgabe auch interaktiv lösen, indem sie die Datei Ü-3-6.html öffnen.

***Ü.3.7*** Überprüfen Sie ihr zeichnerisch gewonnenes Ergebnis aus Ü.3.6, indem sie den Median Standort berechnen.

### 3.3.2 Lösung für quadratische Euklidische Entfernung durch Kurvendiskussion

Wenn in der Medianzielfunktion der Abstand zwischen Punkten durch die quadratische Euklidische Entfernung gegeben ist, dann will man die folgende Funktion minimieren:

$$f(X)=\sum_{m=1}^{M} d(Ex_m, X)=\sum_{m=1}^{M}\left(\sqrt{(a_{m1}-x_1)^2+(a_{m2}-x_2)^2}\right)^2=\sum_{m=1}^{M}\left((a_{m1}-x_1)^2+(a_{m2}-x_2)^2\right)$$

Dies sieht schwierig aus, da die Funktion von zwei Variablen abhängig ist – den Koordinaten $x_1$ und $x_2$ des gesuchten Median-Standorts. Tatsächlich ist die Minimierung aber mit klassischen Methoden der Schulmathematik zu lösen, da wir die Summe in $f(X)$ wie folgt umformulieren können:

$$f(X)=\underbrace{\sum_{m=1}^{M}(a_{m1}-x_1)^2}_{=:f_1(x_1)}+\underbrace{\sum_{m=1}^{M}(a_{m2}-x_2)^2}_{=:f_2(x_2)}$$

Da alle Summanden größer oder gleich Null sind, ist $f(X(x_1 \mid x_2))$ genau dann minimal, wenn sowohl $f_1(x_1)$ als auch $f_2(x_2)$ minimal ist. Letztere sind aber wohlbekannte, differenzierbare Funktionen einer Veränderlichen. Mit Standardmethoden der Differentialrechnung erhalten wir aus

$$f_1'(x_1)=-2\sum_{m=1}^{M}(a_{m1}-x_1)=0 \text{ und } f_2'(x_2)=-2\sum_{m=1}^{M}(a_{m2}-x_2)=0$$

die Werte

$$x_1^*=\frac{\sum_{m=1}^{M}a_{m1}}{M} \quad\text{und}\quad x_2^*=\frac{\sum_{m=1}^{M}a_{m2}}{M}$$

Da die zweiten Ableitungen für beide Funktionen konstant den Wert $2M > 0$ haben, liegen bei $x_1^*$ und $x_2^*$ die eindeutig bestimmten Minima der Funktionen $f_1$ und $f_2$ vor. Also ist $X^*(x_1^* \mid x_2^*)$ das eindeutige Minimum der Funktion $f(X)$ und damit der Median-Standort (→Ü.3.8). Wir haben damit das folgende Ergebnis bewiesen.

***Satz 3.2:***

Das Median-Standortproblem

$$\min_{X \text{ Punkt in der Ebene}} f(X):=\sum_{m=1}^{M}\left((a_{m1}-x_1)^2+(a_{m2}-x_2)^2\right)$$

mit $M$ existierenden Standorten und quadratischer euklidischer Entfernung hat die eindeutige Lösung $X^*(x_1^* \mid x_2^*)$, wobei $x_1^*$ das arithmetische Mittel der $x$-Koordinaten und $x_2^*$ das arithmetische Mittel der $y$-Koordinaten der existierenden Standorte ist.

Beispiel 3.8:
Mit den Daten des Beispiels aus Abbildungen 3.11 und 3.12 berechnet man den Median-Standort mit quadratischer Euklidischer Entfernung durch

$$x_1^* = \frac{\sum_{m=1}^{M} a_{m1}}{M} = \frac{2+6+8}{3} = \frac{16}{3} = 5,\bar{3} \quad \text{und} \quad x_2^* = \frac{\sum_{m=1}^{M} a_{m2}}{M} = \frac{2+4+1}{3} = \frac{7}{3} = 2,\bar{3}$$

Dies ist ein anderer Median-Standort als der, der für die (nicht-quadratische) Euklidische Entfernung in Abbildung 3.12 bestimmt wurde.
(→Ü.3.9-10)

**Übungsaufgaben**

***Ü.3.8*** Kann man eine ähnliches Lösungsverfahren für quadratische Euklidische Entfernungen ableiten, wenn man statt der bisherigen Zielfunktion die **gewichtete Median-Zielfunktion**

$$f(X) = \sum_{m=1}^{M} w_m d(Ex_m, X) = \sum_{m=1}^{M} w_m \left( (a_{m1} - x_1)^2 + (a_{m2} - x_2)^2 \right)$$

mit Gewichten $w_m \geq 0$ betrachtet? Macht eine solche Zielfunktion in der Anwendung der Firma *PIM* oder in anderen wirtschaftlichen Zusammenhängen Sinn?

***Ü.3.9*** Berechnen Sie den optimalen Median Standort für quadratische Euklidische Entfernung und die Punkte

$Ex := \{Ex_1(a_{11} \mid a_{12}) = Ex_1(0 \mid 0), Ex_2(a_{21} \mid a_{22}) = Ex_2(17 \mid 4), Ex_3(a_{31} \mid a_{32}) = Ex_3(-27 \mid 7), Ex_4(a_{41} \mid a_{42}) = Ex_4(19 \mid -78), Ex_5(a_{51} \mid a_{52}) = Ex_5(18 \mid -56), Ex_6(a_{61} \mid a_{62}) = Ex_6(-47 \mid 9), Ex_7(a_{71} \mid a_{72}) = Ex_7(26 \mid 64), Ex_8(a_{81} \mid a_{82}) = Ex_8(59 \mid 32), Ex_9(a_{91} \mid a_{92}) = Ex_9(-200 \mid 5)\}$.

***Ü.3.10*** Berechnen Sie den optimalen Median Standort für quadratische Euklidische Entfernung mit gewichteter Zielfunktion für die Standorte aus Ü.3.9 und die Gewichte:

$w_1 = 4$, $w_2 = 9$, $w_3 = 1$, $w_4 = 0$, $w_5 = 1$, $w_6 = 1$, $w_7 = 2$, $w_8 = 3$, $w_9 = 5$.

## *3.4 Gespräch: Standorttheorie als gemeinsames Werkzeug*

*Nadine*: Das ist ja ganz erstaunlich, dass unsere beiden Gruppen an völlig verschiedenen Problemen arbeiten, aber die Modelle, die wir benutzen doch sehr ähnlich sind: Wir haben beide eine Menge $Ex := \{Ex_1(a_{11} \mid a_{12}), Ex_2(a_{21} \mid a_{22}),..., Ex_M(a_{M1} \mid a_{M2})\}$ von existierenden Standorten – bei uns sind das die Einbauplätze für die elektronischen Bauteile, bei euch die Einsatzorte für den Notfallhubschrauber. Im Koordinatensystem sieht man kaum einen Unterschied, obwohl beim *PIM* Problem die Entfernungen auf der Platine sehr klein sind, bei dem *WhC* Problem dagegen sehr groß. Die Zielfunktionen sehen sich auch sehr ähnlich, denn unsere Median-Zielfunktion und eure Center-Zielfunktion

$$f(X) = \sum_{m=1}^{M} d(Ex_m, X) \quad \text{und} \quad g(X) := \max_{m=1}^{M} d(Ex_m, X)$$

unterscheidet sich „nur" dadurch, dass bei der einen die Summe während bei der anderen das Maximum der Einzelentfernungen betrachtet wird.

*Sebastian*: Komisch ist allerdings, dass wir Centerprobleme mit Euklidischer Entfernung wunderbar lösen können, während wir das Medianproblem für beliebig viele existierende Standorte nur für die quadratische Euklidische Entfernungen in den Griff bekommen.

*Oliver*: Ja das stimmt. Wir wissen zwar jetzt schon Einiges über die Lösung von Standortproblemen, aber für unsere Berichte an die Firma *PIM* und die *WhC* Organisation müssen wir uns doch noch einige Gedanken machen. Ich habe z.B. mit der Produktionsleiterin bei *PIM* gesprochen und sie hat mir Auskunft darüber gegeben, wie sich die Roboterarme bewegen. Das Ganze ist recht kompliziert und man müsste bei der Bewegung des Roboterarms Beschleunigungen und Bremsvorgänge mit berücksichtigen. Sie meinte vor allem, dass das Entfernungsmaß, das wir bisher in unserem Modell benutzt haben, die quadratische Euklidische Entfernung, definitiv ungeeignet ist.

*Selina*: Bad news! Da könnt ihr ja alles, was ihr bisher im *PIM* Projekt gemacht habt, wieder vergessen und völlig von vorne anfangen.

*Oliver*: Nein, so schlimm ist es nicht. Die Produktionsleiterin meinte, dass man wegen der kleinen Ausmaße der Halbleiterplatine und der Technologie der verwendeten Roboterarme annehmen kann, mit der **Rechteckentfernung** (oder $l_1$-Entfernung)

$$d(Ex_m, X) = l_1(Ex_m, X) := |a_{m1} - x_1| + |a_{m2} - x_2|$$

den Abstand zwischen den Einbauplätzen und dem Standort des Behälters sehr gut messen zu können.

*Nadine*: Ja, das macht Sinn, wenn ihr euch einmal aufzeichnet, was das bedeutet (siehe Abbildung 3.16).

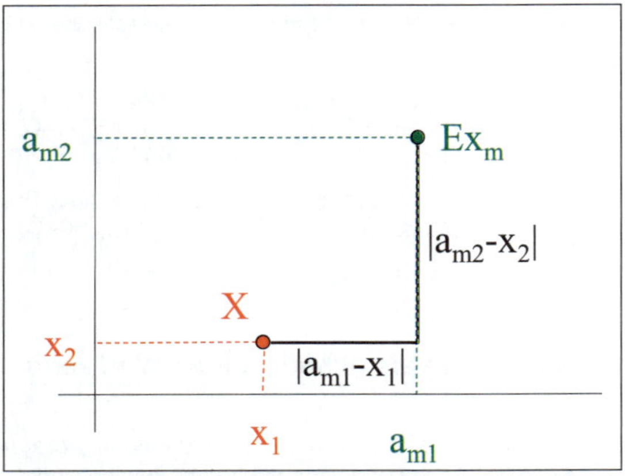


**Abbildung 3.16** *Berechnung der Rechteckentfernung.*

Die Roboterarme der Firma haben jeweils nur einen Motor, der den Arm in Richtung der beiden Koordinatenachsen bewegen kann. Die Summe der beiden Abstände in Richtung der Koordinatenachsen entscheidet darüber, wie lange es dauert, bis sich der Roboterarm vom Standort $X$ des Behälters zum Einbauplatz $Ex_m$ des Bauteils bewegt hat. Dieselbe Art, Entfernungen zu messen, nennt man auch Manhattan Entfernung, weil man sich in Manhattan wegen der Anordnungen der Strassen auch nur entlang der Koordinatenachsen bewegen kann (→Ü.3.11).

*Oliver*: Auf geht's! Wir müssen also sehen, ob wir Median-Standortprobleme mit einer Zielfunktion lösen können, die anstatt unserer bisherigen quadratischen Euklidischen Entfernung die Rechteckentfernung enthält. Wie sieht es denn bei eurem Modell für das *WhC* Problem aus? Reicht das, was ihr bisher aufgeschrieben habt (siehe Abschnitt 3.2)?

*Sebastian*: Nein, da tritt auch ein Problem auf, dass wir bisher nicht beachtet hatten. Wenn wir einen optimalen Center-Standort für den Hubschrauber bestimmt haben, kann es sein, dass dieser Standort mitten in einem Naturschutzgebiet oder Ähnlichem steht. Wir müssen also bestimmte **Restriktionen** bei der Standortauswahl berücksichtigen.

*Selina*: Es sieht so aus, als ob wir unser Modell, das wir bisher entwickelt haben noch weiter ausbauen müssen, damit wir das *WhC* Problem auch tatsächlich lösen können. Wir haben also alle noch Einiges zu tun. Sebastian und ich werden uns in den nächsten Tagen damit beschäftigen, während Oliver and Nadine sich mit der Lösung des Median-Standortproblems mit Rechteckentfernung auseinandersetzen werden.

*Oliver*: Ok. Außerdem schlage ich vor, dass ich aufschreibe, was ich sonst noch so über den Zusammenhang zwischen Standorttheorie und wirtschaftlichen Problemen gefunden habe. Ich glaube nämlich, dass die Arbeit, die wir uns jetzt machen eine gute Investition ist. Ich habe mich schon ein wenig in Büchern und im Internet umgesehen. Es gibt eine Menge von anderen Problemen in der Wirtschaft, die mit Standortplanung zu tun haben und wir können mit unserem Beratungsteam da bestimmt noch viel machen …

*Selina*: … und dabei tüchtig Geld verdienen.

*Nadine*: Na mal langsam! Bisher wissen wir noch nicht einmal, wie wir die *PIM* und *WhC* Probleme richtig lösen. Ich stimme deinem Vorschlag zur Aufgabenverteilung zu, und halte auch Olivers Idee für sehr gut. Das kann uns sehr weiterbringen. Lasst uns an die Arbeit gehen.

**Übungsaufgaben**

***Ü.3.11*** Berechnen Sie die $l_1$ Entfernungen der folgenden Punktepaare:

a) (0 | 0) und (17 | 4) b) (-27 | 7) und (19 | -78) c) (18 | -56) und (-47 | 9)

d) (26 | 64) und (59 | 32) e) (-200 | 5) und (17 | 4) f) (8 | 18) und (3 | 11).

## *3.5 Ausblick: Standortplanung in der Wirtschaft*

Wegen seiner großen Bedeutung für das Erreichen kommerzieller oder sozialer Ziele ist die Entscheidung über einen „guten" Standort in vielen Bereichen der Wirtschaft von hervorragender Bedeutung. Nahezu täglich hören wir in den Nachrichten vom „Standort Deutschland" oder von dem „Ausgleich der Standortnachteile", etc. Wenn Firmen z. B. eine neue Fabrik im Osten Europas aufbauen, weil dort die Lohnkosten viel niedrigen sind, so ist das Model, dass diese Entscheidung beeinflusst hat, komplizierter als die, die wir in den vorhergehenden Kapiteln betrachtet haben. Allerdings sind die Überlegungen, die wir bisher angestellt haben – und auch noch in den folgenden Kapiteln anstellen werden – Teil eines größeren Gesamtmodels. Die hier besprochenen Fragen sind also durchaus aktuell auch wenn die Standortplanung eines der ältesten Gebiete der Wirtschaftsmathematik ist.

In der **volkswirtschaftlichen Standorttheorie** versucht man die Ansiedlung von Unternehmen oder Betriebe von Wirtschaftssektoren zu erklären oder zu optimieren. Ein erstes Beispiel der volkswirtschaftlichen Standorttheorie sind die Untersuchung des Johann Heinrich von Thünen (1783-1850). Er modellierte die Anordnung landwirtschaftlicher Produktionszweige in einem isolierten Staat, in dem nur ein Absatzort vorhanden ist und berücksichtigt dabei den Bodenwert, die Entfernung zum Absatzort und Produktionskosten. Er wollte herausfinden, aus welchem Grund der landwirtschaftlich verwendbare Boden um eine Stadt herum einem bestimmten Nutzen zugeführt wurde, und warum die verschiedenen Aktivitäten, wie Acker-, Weide- und Holzwirtschaft, Milchproduktion, etc. immer in einer bestimmten Reihenfolge um die Stadt herum in Kreisen angeordnet waren (die sog. Thünensche Kreise). Er kam zu dem Ergebnis, dass die Art der landwirtschaftlichen Bodennutzung nicht allein durch die natürlichen, unabänderlichen Bodenbeschaffenheiten bestimmt ist, sondern wesentlich von einem ökonomischen Tatbestand abhängt, uns zwar der Entfernung des Produktionsortes vom Konsumort und damit von den Transportkosten.

In der **(über-)betrieblichen Standortplanung** beschäftigt man sich mit Fragen der Standortwahl für Unternehmungen mit räumlich getrennten Einrichtungen, z.B. Werke, Zentral- oder Auslieferungslager. Hierunter fällt ebenfalls die Standortwahl für öffentliche Einrichtungen wie Schulen, Krankenhäuser, etc. Das in diesem Kapitel vorgestellte *WhC* Problem ist auch von diesem Typ. Ähnlich wie in der volkswirtschaftlichen Standorttheorie gibt es auch hier einen Forscher der schon im 19. Jahrhundert wichtige Beiträge lieferte. Carl **Wilhelm** Friedrich **Launhardt**, 1832-1918, modellierte das Problem mit drei existierenden Standorten (zwei Rohstoffvorkommen und eine Absatzort) und einem unbekannten neuen Standort (einem Werk), das wir in Abschnitt 3.3.1 untersucht und gelöst haben. Dieses Problem bezeichnet man auch als **Weber Problem** nach dem deutschen Soziologen und Volkswirtschaftler Alfred Weber (1868-1958), der mit seiner Arbeit „Über den Standort der Industrien" im Jahr 1909 einer der Väter der Standortplanung wurde.

Manche Autoren stellen der **überbetrieblichen Standortplanung** noch die innerbetriebliche Standortplanung (oder Layout-Planung) gegenüber, bei der man sich mit der räumlichen Anordnung von Organisationseinheiten innerhalb der Grenzen des Betriebsgrundstücks beschäftigt.

Die Grenzen zwischen den drei hier aufgeführten Teilbereichen sind fließend. Insbesondere zeigt sich, dass dieselben mathematischen Modelle teilweise auf Probleme der verschiedenen Standortplanungen angewandt werden können (offensichtlich ist das eine der vielen Stärken der Mathematik!).

Heute findet man in vielen Firmen die Standortplanung als Teil einer Logistikabteilung oder innerhalb einer Supply Chain Management Gruppe. In diesen Abteilungen oder Gruppen versucht man die Frage nach „guten" Standorten nicht isoliert zu betrachten, sondern mit anderen Entscheidungen zu koppeln. So wurde, z.B. für das Softwareprodukt APO (Advanced Planner and Optimizer) der Firma SAP ein Standortmodul entwickelt, das sich aus der frei verfügbarer Programmbibliothek LoLa (s. Anhang) entwickelt hat.

## 3.6 Restriktive Center-Standortprobleme

Wie in Abschnitt 3.2 verwendet man für die Center-Zielfunktion $g(X) := \max_{m=1}^{M} l_2(Ex_m, X)$ die Euklidischen Entfernung $l_2(Ex_m, X) = \sqrt{(a_{m1} - x_1)^2 + (a_{m2} - x_2)^2}$. Wir möchten $X$ so wählen, dass $g(X)$ möglichst klein ist, allerdings suchen wir jetzt nicht einen Punkt irgendwo in der Ebene, sondern wir schließen bestimmte Gebiete der Ebene aus, in der der neue Standort für den Hubschrauber nicht liegen darf. Formal lässt sich das **restriktive Center-Standortproblem** durch

$$\min_{X \notin \mathrm{int}(R)} g(X) := \max_{m=1}^{M} l_2(Ex_m, X)$$

wobei $R$ ein Gebiet in der Ebene und $int(R)$ das Innere dieses Gebiet ist. Man stelle sich z.B. $R$ als das Gebiet eines Sees vor. Im Innern des Sees will man i.A. keinen Hubschrauberlandeplatz anlegen, aber am Ufer schon. Deshalb ist der Rand von $R$ als Standort möglich.

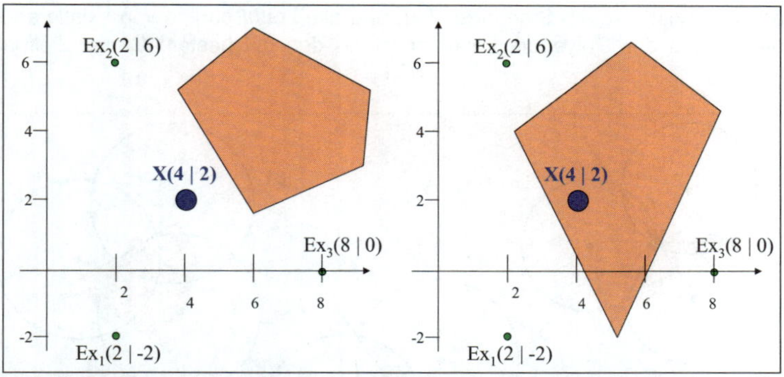


**Abbildung 3.17** *Zwei verschiedene Restriktionen in einem restriktiven Center Standortproblem. In den orange gefärbten Polyedern darf der gesuchte Standort nicht liegen. Im ersten Beispiel hat die Restriktion keine Auswirkung ,da $X(4 \mid 2)$ nicht im verbotenen Bereich liegt. Im zweiten wird der unrestriktive Center-standort $X(4 \mid 2)$ unzulässig.*

Wie die Beispiele in Abbildung 3.17 zeigen, machen Restriktionen das Standortproblem manchmal nicht schwerer. Aus diesem Grund wird man zunächst das Center-Standortproblem ohne Restriktionen lösen. Ist der optimale Center-Standort zulässig, d.h. liegt er nicht in einem verbotenen Gebiet, so ist er auch der optimale Standort des restriktiven Center-Standortproblems.

Ist er jedoch unzulässig, d.h. liegt er im Innern des verbotenen Gebiets, so müssen wir einen anderen Standort für den Hubschrauber finden. Abbildung 3.18 zeigt, wie wir das durchführen, wenn das verbotene Gebiet ein konvexes Polyeder[5] ist. Aus Abschnitt 3.2 wissen wir, dass der (unrestriktive) Center-Standort Mittelpunkt des Umkreises für 2 oder 3 Punkte ist, die existierende Standorte repräsentieren. Der Radius des Umkreises ist der Wert der Zielfunktion. Umgekehrt ist der (unrestriktive) Center-Standort der eindeutige Punkt, der durch den Durchschnitt der Kreise um diese 2 oder 3 Punkte mit demselben Radius gegeben ist (siehe Abbildung 3.18 a). Wenn der Mittelpunkt unzulässig ist, also im Innern des verbotenen Gebiets liegt, muss der Wert der Zielfunktion größer werden. Wir modellieren dies dadurch, dass wir die Radien der Kreise um die existierenden Standorte vergrößern („Kreise aufblähen"). Wie Abbildung 3.18 zeigt, gibt es dann zwei Situationen, in denen der Durchschnitt der Kreisscheiben den Rand des verbotenen Gebiets von Innen berührt:

1. Fall:
Die Berührung findet in einem Punkt des Kreisscheibendurchschnitts statt, der zu zwei Kreisen gehört (siehe (b) in Abbildung 3.18). Solch einen Punkte erhalten wir, indem wir die Schnittpunkte der Mittelsenkrechten (zur Verbindungsstrecke der zwei existierenden Standorten, die Mittelpunkte obiger Kreise sind) mit dem Rand des Polyeders bestimmen.

2. Fall:
Die Berührung findet statt, indem einer der Kreise eine der Kanten des Polyeders als Tangente hat (siehe (c) in Abbildung 3.18). Den Berührpunkt finden wir das Lot des Mittelpunkts des Kreises auf diese Kante fällen.

Einer der beiden Fälle muss für den restriktiven Center-Standort eintreten. Wir erhalten ihn deshalb, indem wir alle Schnittpunkte des Randes mit Mittelsenkrechten (von Strecken deren End-

[5] Ein **konvexes Polyeder** erhält man als Durchschnitt von Halbräumen, die durch Geraden erzeugt worden sind (vgl. Abschnitt 1.1)

punkte Paare von existierenden Standorte sind) und alle Lotfußpunkte von existierenden Standorten auf die Kanten des Polyeders bestimmen und den mit bestem Center-Zielfunktionswert auswählen.

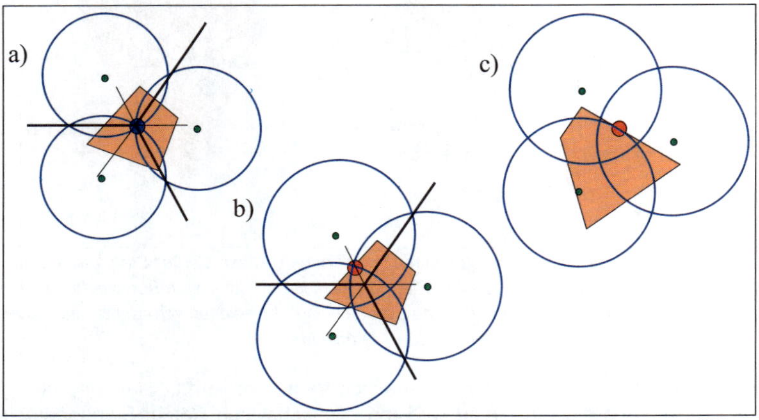


**Abbildung 3.18** *Lösung eines restriktiven Center Standortproblems. a) Lösung des unrestriktiven Standortproblems durch Alg. 3.2. b) Aufblähen der Kreise um existierende Standorte bis die Schnittmenge der Kreisscheibe das Restriktionsgebiet von innen berührt. c) Dasselbe Aufblähen mit anderer Restriktionsmenge.*

Insgesamt erhalten wir somit den folgenden Algorithmus zur Bestimmung eines restriktiven Center-Standorts.

**Algorithmus 3.6:** Lösung des restriktiven Center-Standortproblems mit euklidischer Entfernung

Input: Menge $Ex := \{Ex_1(a_{11} \mid a_{12}), Ex_2(a_{21} \mid a_{22}),\ldots,Ex_M(a_{M1} \mid a_{M2})$ von existierenden Standorten, konvexes Polyeder $R$

Output: Optimaler restriktiver Center-Standort $X^R(x_1^R \mid x_2^R)$ mit $X^R \notin int(R)$ und optimaler restriktiver Center-Zielfunktionswert $g(X^R)$

1. Schritt: Bestimme mit Algorithmus 3.4 den optimalen Standort $X^*$ des (unrestriktiven!) Center-Standortproblems.
2. Schritt: Falls $X^* \notin int(R)$, output $X^R := X^*$.
3. Schritt: Ansonsten, bestimme die folgende Kandidatenmenge $K$ von Punkten:
   a) für alle Paare $Ex_i$ und $Ex_j$ die Schnittpunkte des Randes von $R$ mit der Mittelsenkrechten der Strecke $\overline{Ex_i, Ex_j}$
   b) für jeden existierenden Standort die Lotfußpunkte auf die Flächen des Polyeders $R$
4. Schritt: Output den Punkt $X^R(x_1^R \mid x_2^R) \in K$, so dass $r := g(X^R)$ minimal ist und der Kreis mit Mittelpunkt $X^R$ und Radius $r$ alle existierenden Standorte in $Ex$ enthält.

Statt das restriktive Center-Standortproblem zeichnerisch zu lösen, können wir den optimale Standort $X^*$ auch mit Hilfe der Analytischen Geometrie berechnen. Dies ist auf der beiliegenden CD durchgeführt worden.

**Diskussion 3.4:**

- Was passiert, wenn das verbotene Gebiet aus mehreren unzusammenhängenden Polyedern besteht.
- Kann man Algorithmus 3.6 effizienter formulieren? Sind z.B. alle in der Kandidatenmenge $K$ des Algorithmus 3.6 bestimmten Punkte tatsächlich nötig, oder kann man die Kandidatenmenge kleiner wählen? Kann man Die Bestimmung des besten Punktes in $K$ schneller gleich in Schritt 3 mit durchführen?

## *3.7 Standortprobleme mit Rechteckentfernung*

Wie in Abschnitt 3.3 betrachten wir Median-Standortprobleme der Form

$$\min_{X \text{ Punkt in der Ebene}} f(X) := \sum_{m=1}^{M} d(Ex_m, X) ,$$

wobei in diesem Abschnitt der Abstand zwischen den existierenden Standorten $Ex_m$ und dem (unbekannten) neuen Standort $X$ durch die **Rechteckentfernung**

$$d(Ex_m, X) = l_1(Ex_m, X) := |a_{m1} - x_1| + |a_{m2} - x_2|$$

(siehe Abbildung 3.16) gegeben ist. Wir können genauso wie in Abschnitt 3.3.2 die Median-Zielfunktion zerlegen

$$f(X) = \sum_{m=1}^{M} d(Ex_m, X) = \sum_{m=1}^{M} l_1(Ex_m, X) = \sum_{m=1}^{M} \left(|a_{m1} - x_1| + |a_{m2} - x_2|\right) = \underbrace{\sum_{m=1}^{M} | a_{m1} - x_1 |}_{=: f_1(x_1)} + \underbrace{\sum_{m=1}^{M} | a_{m2} - x_2 |}_{=: f_2(x_2)}$$

und folgern, dass $f(X)$ genau dann minimal wird, wenn sowohl $f_1(x_1)$ als auch $f_2(x_2)$ minimal ist. Hier hört allerdings leider die Gemeinsamkeit mit der quadratischen Euklidischen Entfernung auf, denn die Funktionen $f_1(x_1)$ und $f_2(x_2)$ sind nicht differenzierbar.

Beispiel 3.9:
Für $Ex_1(1 \mid 1)$, $Ex_2(1 \mid 4)$, $Ex_3(2 \mid 1)$, $Ex_4(4 \mid 1)$, $Ex_5(4 \mid 4)$ ist

$$f_1(x_1) = |1 - x_1| + |1 - x_1| + |2 - x_1| + |4 - x_1| + |4 - x_1| = 2\,|1 - x_1| + |2 - x_1| + 2\,|4 - x_1|$$

Wegen dem Betrag muss man nun eine Fallunterscheidung durchführen und es ergeben sich stückweise definierte Funktionen, deren Definitionsbereiche die Intervalle sind, in denen das Argument, also der „Inhalt“, aller Beträge nicht das Vorzeichen wechselt. Diese Funktionen gehen mit "Knick" ineinander über, sind also stetig aber nicht überall differenzierbar.
Fallunterscheidung für $f_1(x_1)$:

1. Fall $x_1 \le 1$: $f_1(x_1) = 2\,(1 - x_1) + (2 - x_1) + 2\,(4 - x_1) = 12 - 5x_1$
2. Fall $1 \le x_1 \le 2$: $f_1(x_1) = 2\,(x_1 - 1) + (2 - x_1) + 2\,(4 - x_1) = 8 - 1x_1$
3. Fall $2 \le x_1 \le 4$: $f_1(x_1) = 2\,(x_1 - 1) + (x_1 - 2) + 2\,(4 - x_1) = 4 + 1x_1$
4. Fall $x_1 \ge 4$: $f_1(x_1) = 2\,(x_1 - 1) + (x_1 - 2) + 2\,(x_1 - 4) = -12 + 5x_1$

(→Ü.3.12)

Zeichnet man nun $f_1(x_1)$, so kann man folgendes beobachten (siehe Abbildung 3.19):

- $f_1(x_1)$ ist stückweise linear, d.h. der Graph ist auf den verschiedenen Intervallen eine Strecke. (Die Teilfunktionen von $f_1(x_1)$ haben die Form: $f(x_1) = b + cx_1$, sind also Funktionen von Geraden mit Steigung $c$ und Achsenabschnitt $b$.)
- $f_1$ hat "Knickpunkte", in denen die Funktion stetig aber nicht differenzierbar ist.
- Das Minimum liegt in dem Knickpunkt, bei dem ein Vorzeichenwechsel in der Steigung der Strecken stattfindet.
- Die Koordinate des optimalen Standortes ist $x_1 = 2$.

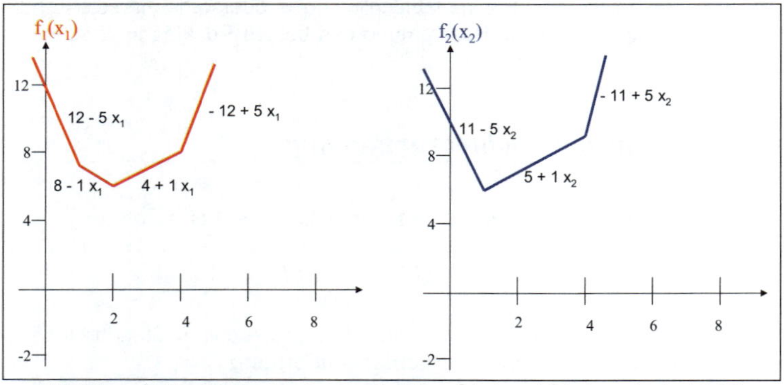


**Abbildung 3.19** *Stückweise lineare Funktion $f_1(x_1)$ und $f_2(x_2)$ aus Beispiel 3.7.*

Analog erhält man für die Funktion $f_2(x_2)$:

$$f_2(x_2) = |1 - x_2| + |4 - x_2| + |1 - x_2| + |1 - x_2| + |4 - x_2| = 3\,|1 - x_2| + 2\,|4 - x_2|$$

1. Fall $x_2 \leq 1$: $f_2(x_2) = 3\,(1 - x_2) + 2\,(4 - x_2) = 11 - 5x_2$
2. Fall $1 \leq x_2 \leq 4$: $f_2(x_2) = 3\,(x_2 - 1) + 2\,(4 - x_2) = 5 + 1x_2$
3. Fall $x_2 \geq 4$: $f_2(x_2) = 3\,(x_2 - 1) + 2\,(x_2 - 4) = -11 + 5x_1$

Aus der Zeichnung in Abbildung 3.19 kann man für $f_2(x_2)$ ablesen:

- $f_2(x_2)$ ist stückweise linear, denn der Graph ist auf den verschiedenen Intervallen eine Strecke.
- $f_2$ hat "Knickpunkte", in denen die Funktion stetig aber nicht differenzierbar ist.
- Mindestens ein Minimum liegt an einem solchen Knickpunkt.
- Die Koordinate des optimalen Standortes ist $x_2 = 1$.

Die beiden Minima $x_1 = 2$ bzw. $x_2 = 1$ der Funktionen $f_1(x_1)$ bzw. $f_2(x_2)$ ergeben den optimalen Median-Standort $X^*(2 \mid 1)$.
(→Ü.3.13)

Um Median-Standortprobleme mit Rechteckentfernung in allgemeiner Form lösen zu können, muss man das Minimum der Funktion $h(x) := \sum_{m=1}^{Q} v_m \left| a_m - x \right|$ bestimmen. Im Beispiel 3.9 haben wir dies für die Funktionen $h = f_1$ und $h = f_2$ getan (dabei mussten wir weitere Indizes benutzen, um die beiden Funktionen unterscheiden zu können). Die Koeffizienten $v_m$ ergeben sich dadurch, dass verschiedene existierende Standorte dieselben $x$- bzw. $y$-Koordinaten haben können. $Q$ ist die Anzahl der verschiedenen Koordinatenwerte (im Beispiel 3.9 ist $Q = 3$ für $h = f_1$ und $Q = 2$ für $h = f_2$.). Obwohl die Funktion $h(x)$ nicht differenzierbar ist, kann man ein Minimum leicht bestimmen: Man muss den Knickpunkt finden, an dem der Vorzeichenwechsel in der Steigung der stückweise linearen Funktion auftritt!

Um dies tun zu können nehmen wir an, dass die Werte $a_m$ sortiert sind, so dass $a_1 < a_2 < ... < a_Q$ gilt. Weiter setzen wir $a_0 = -\infty$ und $a_{Q+1} = +\infty$. Nun betrachten wir für ein $q$ mit $0 \leq q \leq Q + 1$ die Funktion $h(x)$ auf dem Intervall $[a_q, a_{q+1}]$[6]. Für $x \in [a_q, a_{q+1}]$ ist $a_q \leq x \leq a_{q+1}$, so dass für $m > q + 1$ gilt: $a_m > a_{q+1} \geq x$ und somit $|a_m - x| = (a_m - x)$ und für $m \leq q$ gilt äquivalent $|a_m - x| = (x - a_m)$. Also kann man in der Definition von $h(x)$ für $x \in [a_q, a_{q+1}]$ die Absolutbeträge wie folgt auflösen:

$$h(x) = \sum_{m=1}^{q} v_m (x - a_m) + \sum_{m=q+1}^{Q} v_m (a_m - x) = \underbrace{\left(\sum_{m=1}^{q} v_m - \sum_{m=q+1}^{Q} v_m\right)}_{=:c_q} x + \underbrace{\left(\sum_{m=q+1}^{Q} v_m a_m - \sum_{m=1}^{q} v_m a_m\right)}_{=:b_q}.$$

$h(x)$ ist somit – wie wir schon im Beispiel 3.9 gesehen haben – auf dem Intervall $[a_q, a_{q+1}]$ eine lineare Funktion mit Steigung $c_q$ und Achsenabschnitt $b_q$. Der Knickpunkt, an dem der Vorzeichenwechsel in der Steigung der stückweise linearen Funktion $h(x)$ auftritt ist somit leicht zu bestimmen, indem wir die Werte $c_q = \sum_{m=1}^{q} v_m - \sum_{m=q+1}^{Q} v_m$ für $q = 0,..., Q$ berechnen. (Man beachte dabei, dass eine Summation über eine leere Indexmenge gleich 0 ist, also $c_0 = \sum_{m=1}^{0} v_m - \sum_{m=0+1}^{Q} v_m = 0 - \sum_{m=1}^{Q} v_m < 0$ und $c_Q = \sum_{m=1}^{Q} v_m - \sum_{m=Q+1}^{Q} v_m = \sum_{m=1}^{Q} v_m - 0 > 0$

Außerdem ist die Folge der $c_q$ monoton steigend, so dass es ein kleinstes $q$ gibt, für das $c_q$ zum ersten Mal nicht negativ ist. Für dieses $q$ ist dann $x = a_q$ ein Minimum der Funktion $h(x)$.

Beispiel 3.10:

1. Für die Funktion $|1 - x_1| + |1 - x_1| + |2 - x_1| + |4 - x_1| + |4 - x_1|$ ist $Q = 3$ die Anzahl der verschiedenen Zahlenwerte innerhalb der Absolutbeträge. Dann ist $a_1 = 1$, $a_2 = 2$ und $a_3 = 4$. Weiter gilt $v_1 = 2$, $v_2 = 1$ und $v_3 = 2$, so dass $h(x) = 2\,|1 - x_1| + |2 - x_1| + 2\,|4 - x_1|$ gilt. Wir berechnen $c_1 = v_1 - (v_2 + v_3) = 2 - (1 + 2) = -1 < 0$ und $c_2 = (v_1 + v_2) - v_3 = (2 + 1) - 2 = 1 > 0$. Zum ersten Mal ist $c_q$ für $q = 2$ nicht negativ, also ist $x = a_2 = 2$ ein Minimum von $h(x)$. (Diese Funktion haben wir schon im Beispiel 3.9 als $f_1$ kennen gelernt, siehe Abbildung 3.19.)
2. Betrachte $|2 - x_1| + |4 - x_1| + |2 - x_1| + |8 - x_1| + |6 - x_1| + |8 - x_1|$. Es gilt $Q = 4$ und wir können die Funktion schreiben als $h(x) = 2\,|2 - x_1| + 1\,|4 - x_1| + 1\,|6 - x_1| + 2\,|8 - x_1|$. Die folgende Tabelle fasst alle Informationen zusammen, aus denen wir ein Minimum er Funktion bestimmen können.

| | $q = 1$ | $q = 2$ | $q = 3$ | $q = 4$ |
|---|---|---|---|---|
| $a_q =$ | 2 | 4 | 6 | 8 |
| $v_q =$ | 2 | 1 | 1 | 2 |
| $c_q =$ | -2 | 0 | 2 | 6 |

(→Ü.3.14-15)

## Übungsaufgaben

### *Ü.3.12*

a) Beschreiben Sie mit eigenen Worten, wie die einzelnen Intervalle für obige Fallunterscheidung bestimmt wurden, (Warum ist also z.B. $1 \leq x_1 \leq 1{,}3$ kein eigener Fall?)

[6] Hier wird – etwas unexakt – die Bezeichnung für geschlossene Intervalle benutzt, obwohl für $q = 0$ bzw. $q = Q + 1$ das Intervall links offen bzw. rechts offen ist.

b) Bestimmen Sie für alle Beträge in der Funktion $f_1(x_1)$ das Vorzeichen des Argumentes in jedem Fall der Fallunterscheidung.

***Ü.3.13*** Wo hat die Funktion $f(x) = |3 - x| + |6 - x| + 4\,|3 - x| + |2 - x|$ ihr Minimum. Lösen Sie die Übung zunächst ohne zu zeichnen. Kontrollieren Sie ihr Ergebnis schließlich durch zeichnen des Graphen von $f(x)$.

***Ü.3.14*** Überprüfen Sie Ihr Ergebnis aus Ü.3.13 mittels Betrachtung der $c_q$.

***Ü.3.15*** Bestimmen Sie den optimalen Median Standort mit Rechteckentfernung für die folgenden Daten:

a) $Ex := \{Ex_1(1 \mid -2), Ex_2(2 \mid 4), Ex_3(-6 \mid 1)\}$.

b) $Ex := \{Ex_1(2 \mid 3), Ex_2(6 \mid 6), Ex_3(6 \mid 13), Ex_4(8 \mid 0)\}$.

c) $Ex := \{Ex_1(11 \mid -5), Ex_2(22 \mid 7), Ex_3(-12 \mid -21), Ex_4(-7 \mid 7), Ex_5(9 \mid 7), Ex_6(19 \mid 83)\}$.

## *Anhang: Weitere Informationen*

Nach dem in der Einleitung zu unserem Buch gesagten, sind die hier vorgestellten Standortmodelle sinnvoll und können auch zur Lösung von praktischen Problemen benutzt werden, sie müssen aber oft modifiziert werden, um die Wirklichkeit wirtschaftlicher Probleme besser wiedergeben zu können.

Was passiert z.B., wenn wir Restriktionen – ähnlich wie wir das in Abschnitt 3.6 für Center-Probleme gemacht haben – auch für Median-Probleme einführen? Können wir – ähnlich wie in den Abschnitten 3.3.2 und 3.7 – Median-Probleme auch bzgl. der Euklidischen Entfernung lösen. Macht es Sinn, nicht nur eine Zielfunktion, sondern mehrere zu berücksichtigen?

Solche und viele weitere Fragen können mit Methoden beantwortet werden, die in den meisten Fällen den Rahmen der Schulmathematik sprengen, die jedoch auf den in diesem Kapitel eingeführten Ergebnissen und Verfahren beruhen.

Zur weiteren Lektüre für den Schulunterricht sei insbesondere das Buch „Standortplanung – ein Thema der Wirtschaftsmathematik im Unterricht", Pädagogisches Zentrum, Rheinland-Pfalz, Bad Kreuznach, PZ-Informationen 23/2000 empfohlen. Es enthält neben einer einführenden Darstellung der Standorttheorie die Ausarbeitung von vier in der Praxis erprobten Unterrichtseinheiten, die sich mit der Planung eines Feuerwehrhauses, der Gepäckausgabe am Flughafen der Planung eines Spielplatzes und dem „um die Ecke messen" beschäftigt.

Ein deutsches Lehrbuch zur Standortplanung, "Mathematische Verfahren der Planaren Standortplanung" (Autor: Horst W. Hamacher), erschien 1995 im Vieweg Verlag. Eine verständliche Einführung findet sich im Internet auf der Webseite von Stefan Nickel, Universität Saarbrücken, unter http://www.wiwi.uni-sb.de/lst/ufo/main.html. Teile des Textes aus Abschnitt 3.5 wurden mit seiner freundlichen Erlaubnis aus dieser Webseite übernommen.

Wenn man Beispiele von Standortproblemen vom Computer rechnen möchte, kann man die freie Programmbibliothek LoLA (Library of Location Algorithms) benutzen. Sie kann unter http://www.mathematik.uni-kl.de/~lola/ heruntergeladen werden.

# KAPITEL 4: Portfolio-Optimierung mit dem Erwartungswert-Varianz-Ansatz

## *Übersicht*

*Stichwörter der Ökonomie:*

- Aktien
- Risikolose Wertpapiere
- Portfolio
- Zins und Rendite
- Erwartungswert-Varianz-Prinzip
- Diversifikation

*Stichwörter der Schulmathematik:*

- Wahrscheinlichkeitsrechnung: Erwartungswert und Varianz
- Finden von optimalen Lösungen (siehe Kapitel 1)
- Zinsrechnung
- Potenzen und reelle Potenzen
- Die Eulersche Zahl $e$
- Ungleichungen
- Arithmetisches Mittel
- Vektoren und Matrizen

*Inhalt*

## *Leitfaden für das 4. Kapitel*

Das Hauptziel dieses Kapitels besteht darin, das Problem des ***optimalen Investments*** in Wertpapiere im Rahmen des Erwartungswert-Varianz-Ansatzes nach H. Markowitz vorzustellen. Insbesondere soll für den Fall des Investmentproblems mit zwei oder drei Wertpapieren eine grafische Lösungsmethode (ähnlich der aus Kapitel 1) entwickelt werden, die sich im Schulunterricht verwenden lässt. Dabei kann auf natürliche Art und Weise die Wahrscheinlichkeitsrechnung als mathematisches Modell für den Zufall und die Unsicherheit über zukünftige Ereignisse eingeführt werden.

Hierzu sind je nach Kenntnisstand der Schüler teils umfangreiche Vorarbeiten zu leisten, die in einzelnen Abschnitten dieses Kapitels zusammengefasst sind. So wird im Abschnitt 4.1 mittels eines Beispiels in die Problematik des optimalen Anlegens von Vermögen, die ***Portfolio-Optimierung***, eingeführt. In den Abschnitten 4.2/5/7/9 werden anhand des Portfolio-Problems einer fiktiven Firma die Hauptdeterminanten der Portfolio-Optimierung, ***Ertrag*** (modelliert durch den Erwartungswert der Rendite des Investments) und ***Risiko*** (modelliert durch die Varianz der Rendite des Investments), herausgearbeitet und die grafischen Lösungsmethoden des Portfolio-Problems im Fall von zwei und drei Wertpapieren vorgestellt.

Um diese Abschnitte behandeln zu können, werden auf der ökonomischen Seite Begriffe wie ***Rendite***, ***Portfolio*** und ***Aktie*** (siehe Abschnitt 4.3) und auf der mathematischen Seite Kenntnisse der ***Zinsrechnung*** (siehe Abschnitt 4.4) sowie der ***Wahrscheinlichkeitsrechnung*** (siehe Abschnitt 4.6) benötigt.

Je nach den Vorkenntnissen der Schüler können die Abschnitte 4.4 und 4.6 übersprungen werden. Abschnitt 4.6 kann aber auch als eine kurze Einführung in die Wahrscheinlichkeitsrechnung verwendet werden, die hier auf die moderne Anwendung „Finanzmathematik“ zugeschnitten ist. In den Kapiteln 6 und 7 wird diese Einführung fortgesetzt, und zwar jeweils dort, wo die finanzmathematischen Anwendungen die entsprechenden Hilfsmittel aus der Wahrscheinlichkeitsrechnung benutzen. Eine solche Einführung ist auch deshalb naheliegend, weil in der landläufigen Meinung nur wenige Dinge dermaßen stark mit den Begriffen Unsicherheit und Zufälligkeit assoziiert werden wie Aktienkurse.

Abschnitt 4.8 stellt die theoretischen Grundlagen des ***Erwartungswert-Varianz-Ansatzes*** nach Markowitz zunächst für den Fall des Investments in zwei bzw. drei Wertpapiere und dann in der vollen Allgemeinheit vor, für die 1990 der Nobelpreis für Wirtschaftswissenschaften an H. Markowitz verliehen wurde. Die ersten beiden Teile dieses Abschnitts können mit Schülern, bei denen Grundkenntnisse der Wahrscheinlichkeitstheorie vorliegen, auch unabhängig von den anderen Abschnitten dieses Kapitels behandelt werden. Der letzte Teil dieses Abschnitts kann sicher nur mit weit fortgeschrittenen Schülern erarbeitet werden und dient als Hintergrundinformation. Ein wichtiger Aspekt des Abschnitts 4.8 ist auch das ***Diversifikationsprinzip***, das die Philosophie des Anlegens in verschiedene Güter stützt. Ein Ausblick auf aktuelle mathematische Methoden der Portfolio-Optimierung wird in Abschnitt 4.11 bereitgestellt.

Da sowohl das Einführen der gemeinsamen Wahrscheinlichkeitsverteilung mehrere Zufallsvariablen als auch der Begriffe Kovarianz und Korrelation aufgrund der Zeitknappheit im Schulunterricht eventuell nicht immer möglich ist, kann auch eine abgespeckte Version des Erwartungswert-Varianz-Ansatzes eingeführt werden, bei der nur die Möglichkeit der Investitionen in eine risikolose Anlage (Bargeld, Sparbuch) und in genau eine riskante Alternative (z.B. Aktie, Aktienfonds) besteht. Im Abschnitt 4.6 kann man dann auf gemeinsame Verteilung, Kovarianz und Korrelation verzichten, kann allerdings im Abschnitt 4.8 auch nicht den Diversifikationseffekt auf eindrucksvolle Art und Weise präsentieren.

Aufgrund der Präsenz des Themas Börse in den Medien bieten sich an einigen Stellen dieses und auch der folgenden Kapitel offene Aufgabenstellungen unter Einbeziehung von Fernsehen, Internet und geeigneten Zeitungen bzw. Zeitschriften an.

## *4.1 Vermögensmanagement und Portfolio-Optimierung*

### Vermögen klug anlegen - ein fiktiver Erlebnisbericht

Die Design-Studentin Katerina Schmalenberger* (*frei erfunden) hat durch gekonntes Überlegen und mit einem Quäntchen Glück 1 Million € in der Quizshow „Wer wird Millionär" gewonnen. Frau Schmalenberger will das Geld nicht unter der Matratze verstecken, denn da liegt es erstens unsicher und zweitens bringt es dort keine Zinsen ein. Auf das Sparbuch will sie das Geld auch nicht einzahlen, denn da gibt es zur Zeit nur 1 % Zinsen im Jahr und das ist ihr einfach zu wenig.
Sie fragt ihre Bank um Rat. Diese empfiehlt ihr mehr als 20 verschiedene Wertpapiere. Es wird ihr außerdem der Vorschlag gemacht, die Million ein Jahr lang auf einem Festgeldkonto zu einem Zinssatz von 4 % zu parken und in Ruhe zu überlegen, was sie tun will. Ihr Bruder dagegen meint, dass die Aktien im Moment so billig wie nie seien, sie solle unbedingt groß einsteigen, denn es seien Gewinne bis zu 30 % in einem Jahr möglich. Das ***Risiko***, in den unsicheren Aktienmarkt zu investieren, erscheint ihr jedoch sehr hoch. Genauso wie große Gewinne möglich sind, sind auch Verluste bis zu 30 % in einem Jahr nicht unwahrscheinlich. Sie überlegt, nur einen Teil des Gewinnes in Aktien anzulegen. Allerdings ist sie sich unsicher, welchen Betrag sie für diesen Zweck einplanen soll.
Bei einem aufmerksamen Blick in den Börsenteil einer guten Tageszeitung werden ihr die zahlreichen und vielfältigen Investitionsmöglichkeiten in diesem Bereich bewusst. Mehr als 1000 Aktienwerte und mehr als 50 Wertpapiere, die regelmäßig Zinsen liefern, mit denen das Geld aber über mehrere Jahre gebunden ist, werden angeboten. Hinzu kommen über 20 Fondsgesellschaften, die wiederum verschiedene Wertpapiere anbieten, die als relativ sicher und mit großen ***Chancen*** angepriesen werden.
Es wird ihr langsam klar, dass sie auf alle Fälle nicht eine einzige Investitionsmöglichkeit auswählen wird. Dabei geht es ihr nicht nur darum, ***wie*** sie das Vermögen anlegt, sondern auch darum, wie sie das Vermögen aufteilt, also ***wieviel*** sie von **welchem** Wertpapier kauft. Da viele Wertpapiere täglichen Schwankungen unterliegen, insbesondere die Aktien, stellt sich ihr auch die Frage, ***wann*** sie welches Wertpapier kaufen soll. Im Fall des festangelegten Geldes hat sie zu überlegen, ***wie lange*** sie bereit ist, auf diese Geldsumme zu verzichten. An diesem Punkt wird deutlich, dass sie grundsätzlich zu klären hat, was sie sich tatsächlich wünscht und von welcher Geldanlage sie am meisten ***Nutzen*** hätte.
Schließlich sieht Katerina Schmalenberger ein, dass sie den gesamten Wertpapiermarkt gründlich beobachten müsste, um eine gute Anlagestrategie entwickeln und wirklich geschickt investieren zu können. Eigentlich wollte sie doch Design studieren und nicht die Finanznachrichten. Da besinnt sie sich auf das Angebot der Bank, ihren Millionengewinn nach von ihr festgelegten Kriterien professionell verwalten zu lassen. Diese Verwaltung würde sie pro Jahr 1,5 % des verwalteten Vermögens kosten. Frau Schmalenberger rechnet sofort nach und stellt fest, dass sie im ersten Jahr mindestens 1500 € für diese Dienstleistung zahlen müsste. Da sie bislang gezwungen war, sparsam zu leben, kommt ihr automatisch in den Sinn, dass dies sehr viel Geld für diese Arbeitserleichterung ist. Lohnt sich das wirklich?

**Diskussion 4.1:**

- Was würden Sie mit einem großen Gewinn machen?
- Arbeiten Sie Ihren eigenen „Anlageplan" für den Gewinn aus!
- Was ist mehr wert, Chance und Risiko auf der einen oder Sicherheit auf der anderen Seite?
- Wie kann man die verschiedenen Anlagestrategien vergleichen? Gibt es geeignete Maßzahlen?

## Fonds, Rentensparpläne und die Notwendigkeit moderner mathematischer Methoden

Auch wenn man nicht mit einem großen Vermögen gesegnet ist, stellt sich oft die Frage, wie man das gesparte Geld in die verschiedenen Anlageformen aufteilt bzw. wie man sein Geld von anderen aufteilen lässt. Indem man zum Beispiel Anteile an einem ***Fonds*** erwirbt, lässt man andere das Geld aufteilen. Bei einem Fonds verwalten nämlich Profis, sogenannte ***Fondsmanager***, das Kapital vieler Anleger. Der Kauf eines Fonds-Anteilscheins gibt dem Anleger die Möglichkeit, schon mit einem geringen Kapitaleinsatz verschiedene Investitionsmöglichkeiten zu nutzen.
Während ***Aktienfonds,*** bei denen das Geld auf verschiedene Aktien verteilt wird, in der Regel einen Schwerpunkt auf der guten Wertentwicklung haben, haben ***Rentenfonds*** meist die Sicherheit im Visier. Rentenfonds investieren anstatt in Aktien in festverzinsliche Wertpapiere, wie z.B. Staatsanleihen oder Unternehmensanleihen. Mittlerweile gibt es auch gemischte Fondstypen, eine Besonderheit ist der sogenannte ***Dachfonds („fund of funds“)***, der wiederum in verschiedene Fonds investiert.
Der Anleger selbst entscheidet sich nur für einen bestimmten Aktienfonds und die Fondsgesellschaft trifft dann alle weiteren Anlageentscheidungen. Der Service der Entscheidungsabnahme, was wann wie investiert wird, kostet jährlich eine prozentuale Gebühr oder es gibt auch die Variante, dass man am Anfang einen Ausgabeaufschlag auf den Kaufpreis des Fonds zahlt.
Auch wenn man sich mit Hilfe eines Rentensparplans eine Altersversorgung aufbaut, überlässt man anderen die Arbeit (bzw. die Aufgabe), das Geld aufzuteilen. Bei Rentensparplänen werden die Gesichtspunkte „langfristige Anlage“ und „Sicherheit“ sehr wichtig. In der Regel kommt noch eine Art Versicherung (z.B. für den Todesfall) hinzu. Das bedeutet dann, dass die Rentenversicherer das Vermögen in erster Linie in festverzinsliche Wertpapiere oder auch Fonds und eventuell in eine passende Versicherung aufteilen, dagegen weniger in Aktien investieren.
Bei einem Aktienfonds teilt die zugehörige Kapitalanlagegesellschaft das von allen Käufern zusammengefasste, oft sehr große Vermögen unter bestimmten Gesichtspunkten in verschiedene Aktien auf. So kaufen manche Fondsgesellschaften nur europäische Aktien und davon nur die aktuell wachstumsstärksten; oder nur asiatische Aktien und davon nur die aktuell sichersten. Nach dieser Vorauswahl bleiben dann oft nur etwa 30 bis 50 Aktien übrig, in die das Kapital aufgeteilt wird. Aufgrund von Unternehmensdaten und Vorgaben für z.B. die Sicherheit, die gewünschte Rendite oder die Strukturierung des Fonds wird dann das Portfolio, also die Vermögensanlage, optimal durch die Manager eingeteilt. Mathematisch gesehen ergibt sich im Endeffekt eine hoch mehrdimensionale Optimierungsaufgabe mit (meistens nicht-linearen) Nebenbedingungen (siehe Kapitel 1), z.B. in der Art

$$\text{maximiere} \quad \text{Ertrag}_1 + \text{Ertrag}_2 + \ldots + \text{Ertrag}_{50}$$

$$\begin{array}{ll} \text{unter den} & \left\{ \begin{array}{l} \text{angelegtes Vermögen schwankt nicht zu stark} \\ \text{Aktienanteil} \quad \geq \quad 50\% \end{array} \right. \\ \text{Nebenbedingungen} & \end{array}$$

## Bestimmung optimaler Investmentstrategien: Portfolio-Optimierung

Die Aufteilung eines Vermögens in verschiedene Anlagemöglichkeiten wird mit ***Portfolio*** bezeichnet. Die Bestimmung der optimalen Investmentstrategie eines Anlegers, also die Entscheidungen darüber, ***wie viele*** Anteile von ***welchem*** Wertpapier er ***wann*** halten soll, um seinen Nutzen aus dem Endvermögen $X(T)$ im Planungshorizont $T$ zu maximieren, wird in der Finanzmathematik als ***Portfolio-Optimierung*** bezeichnet. Hierbei muss beachtet werden, dass dieses Optimierungsproblem außer den üblichen Mengen- und Auswahlkriterien („Wie viele Anteile von welchem Wertpapier?“) auch noch eine zeitliche Dimension („wann?“) aufweist. Es sind somit fortlaufend Entscheidungen zu treffen. Wir haben es deshalb im Allgemeinen mit einem sogenannten ***dynamischen Optimierungsproblem*** zu tun.

In diesem Kapitel werden allerdings nur Modelle und Aufgabenstellungen betrachtet, bei denen auf die zeitliche Komponente des Entscheidungsproblems verzichtet werden kann, da es sich um einen Ein-Perioden-Ansatz handeln wird, bei dem nur zu Beginn der Investmentperiode über die Verteilung des Kapitals auf verschiedene Wertpapiere entschieden wird. Diese Entscheidung wird vor dem Ende des Investmentzeitraums nicht mehr revidiert. Da des Weiteren für die Behandlung des obigen Portfolio-Problems (also des Problems des Auffindens einer optimalen Investmentstrategie) in seiner vollen Allgemeinheit komplizierte mathematische Methoden wie z.B. die stochastische Steuerungstheorie benötigt werden, werden wir uns hier im Wesentlichen auf die Präsentation der Lösung einfacher Portfolio-Probleme konzentrieren und nur das Ein-Periodenmodell nach Markowitz genauer untersuchen.

## 4.2 Gespräch: Das Portfolio-Problem der Firma Windig

*Die an der Nordsee ansässige Firma Windig* (*frei erfunden) stellt schon seit zehn Jahren Windenergieanlagen im mittleren Wattbereich her und ihre orkanerprobten Windräder haben mittlerweile reißenden Absatz bei isoliert gelegenen Bauernhöfen gefunden. Da die Erfolgssträhne dieser mittelständigen Firma nicht abzureißen scheint und gute Arbeitskräfte in diesem Bereich sehr begehrt sind, beschließt der Chef, für seine 200 Mitarbeiter eine betriebsinterne Zusatzrente zu organisieren. Weil er sich mit Renten nicht gut auskennt, bestellt er sich das Team von „Clever Consulting“ für ein paar Tage in sein windenergiereiches Domizil. Bei Tee mit Kluntje und Sahne und ohne Blick aus dem Fenster, denn es stürmt und regnet wie so oft, diskutieren Selina, Oliver, Sebastian und Nadine, was sie alles vom Chef erfahren haben.*

*Selina*: Also Leute, der Chef möchte, dass das Geld der Zusatzrente in Unternehmensanteilen der Firma *Windig* und in ***Aktien*** der *Naturstromer AG* angelegt wird.

*Oliver*: Clever, clever! Wenn die Mitarbeiter Anteile an der eigenen Firma besitzen, werden sie umso stärker am Erfolg der Firma interessiert sein.

*Nadine*: Ich verstehe nicht, warum der Chef das Geld ausgerechnet nur in Aktien anlegen will. An der Börse geht es doch auf und ab, der Wert der Aktien ändert sich ständig und die Höhe der Rentenzahlung wird dadurch im höchsten Maße unsicher! Ich finde, das ***Risiko*** ist viel zu groß. Warum legt er das Geld nicht in einem ***festverzinslichen Wertpapier*** an?

*Selina*: Du hast schon recht. Aber denk' dran, dass sich beim festverzinslichen Wertpapier der ***Zins*** nie ändert. Heute gibt es 5 % Zinsen pro Jahr und in zehn Jahren gibt es immer noch 5 % Zinsen pro Jahr, unabhängig von der jeweiligen Wirtschaftslage. Selbst wenn gerade die Wirtschaft boomt und große Gewinne gemacht werden, gibt es weiterhin nur 5 % Zinsen im Jahr. Aktien passen sich jedoch der Wirtschaftslage an und bieten enorme ***Chancen***.

*Oliver*: ***Aktien sind Firmenanteile*** und man kann sie jederzeit an der Börse kaufen und verkaufen. Ist die Wirtschaftslage gut und die Aktiengesellschaft eine seriöse und stabile Firma, wie z.B. die *Naturstromer AG*, dann kann man durchaus erwarten, dass der Wert der Aktie und die Dividende, die die dazugehörige Firma ausschüttet, stark ansteigen.

*Nadine*: Umgekehrt, bricht die Konjunktur mal wieder weltweit ein, verliert meist auch die Aktie erheblich an Wert.

*Sebastian*: Na ja, das kommt dann halt auch vor . Allerdings ist die Firma *Windig* schwer im Aufwind und eine sehr gute Geldanlage. Hat irgendjemand handfeste Informationen über die *Naturstromer AG*?

*Selina*: Na klar, ich habe doch letztens erst Aktien von ihnen gekauft. Außerordentlich zukunftsträchtige Firma! Sehr solide, erstklassige Firmenleitung und Josef Puccini sitzt jetzt im Aufsichtsrat!

*Oliver*: Was stellt die *Naturstromer AG* eigentlich her? Strom aus Windkraftwerken?

*Selina*: Gar nicht, sie stellen Strom aus Solar- und Wasserkraftwerken her und sind in der Alpenregion angesiedelt. Ich finde, das ist eine ausgezeichnete Ergänzung zu den Unternehmensanteilen an der Windräder produzierenden Firma *Windig*.

*Nadine*: Selina, hast du detaillierte Daten, wie zum Beispiel den heutigen Aktienkurs,...?

*Bei all dieser Fachsimpelei über Aktien, festverzinslichen Wertpapieren und Zinsen wird es Zeit, dass wir hier kurz unterbrechen und uns grundlegenden Informationen zuwenden, damit wir dem Verlauf des Gesprächs weiter folgen können.*

**Diskussion 4.2:**

- Ist die Vorgehenweise des Chefs sinnvoll?
- Was ist eine gute Altersvorsorge? Wie lässt sich „gut" quantifizieren?
- Sollte der Chef noch weitere Wertpapiere hinzunehmen? Diskutieren Sie Vor- und Nachteile der Hinzunahme weiterer Wertpapiere!

## 4.3 Hintergrund: Aktien – Begriffe, Grundlagen und Geschichte

### Was ist eine Aktie ?

Eine Aktiengesellschaft ist genauso wie die GmbH (Gesellschaft mit beschränkter Haftung) oder die OHG (offene Handelsgesellschaft) eine Unternehmensform. Eine ***Aktiengesellschaft*** ist (u.a.) dadurch gekennzeichnet, dass ihr Grundkapital in viele kleine Anteile aufgeteilt ist, ***die Aktien***.
Es gibt sowohl Aktien mit ***konstantem Nennwert*** (z.B. 1 € pro Stück) als auch sogenannte ***Quotenaktien***, bei denen der Inhaber einen festen Anteil (z.B. 1/1000000) am Unternehmen besitzt. In Deutschland überwiegen Aktien mit festem Nennwert. Allerdings spielt dieser Nennwert für den tatsächlichen Wert der Aktie – ihren ***Preis*** oder ***Kurs*** – keine wesentliche Rolle. Der Aktienkurs ergibt sich vielmehr aus Angebot und Nachfrage nach der entsprechenden Aktie am Aktienmarkt, der Börse.
Die ***Börse*** ist normalerweise der Handelsplatz für Aktien. Börsen gibt es unter anderem in Frankfurt, Stuttgart, London oder New York. Allerdings werden nicht alle Aktien an der Börse gehandelt. Es gibt auch kleinere Aktiengesellschaften, deren Aktien nur an bestimmten Orten gekauft und verkauft werden können, z.B. bei einer örtlichen Sparkasse.
Der Mechanismus von Angebot und Nachfrage wird in erster Linie von zwei Faktoren bestimmt:

- der Höhe der jeweiligen ***Dividende*** pro Aktie. Dabei handelt es sich um eine jährliche Ausschüttung eines Teils des Unternehmensgewinns an die Aktieninhaber (quasi dem „Aktienzins"). Die Dividende schwankt damit je nach Ertragslage des Unternehmens und kann auch ganz ausfallen.
- dem (vermeintlichen) ***Potenzial*** der Aktie, weitere Kursgewinne zu erzielen, was wesentlich von der Einschätzung der Ertragslage des Unternehmens durch den Markt abhängt.

Der Name „Aktie" kommt aus dem Holländischen (dem „Geburtsland" der Aktie, siehe auch im geschichtlichen Überblick) und leitet sich aus dem lateinischen Wort „actio" ab, was soviel wie „einklagbarer Anspruch" bedeutet, und tatsächlich ist eine Aktie ja auch so etwas Ähnliches wie ein Anspruch auf einen Teil der Aktiengesellschaft und auf den diesem Teil zustehenden Gewinn.

Für weitere rechtliche und wirtschaftliche Details und Hintergründe wird auf die einschlägige Literatur aus dem Bereich der Betriebswirtschaft verwiesen.

**Warum benötigt man Aktien ?**

Aktien stellen für große Unternehmen und Unternehmungen eine alternative Quelle zur Fremdfinanzierung (also zur ***Kreditaufnahme***) am Kapitalmarkt dar. Die Aktiengesellschaft erhält durch Verkauf ihrer Anteile, der Aktien, Kapital in Höhe des Aktienpreises, das im Gegensatz zum Kredit nicht zurückgezahlt werden muss.
Als Kompensation für dieses gezahlte Kapital erhalten die Aktionäre zum einen die jährlichen ***Dividendenzahlungen*** sowie ein ***Mitspracherecht*** bei wichtigen Unternehmensentscheidungen auf der einmal jährlich stattfindenden Hauptversammlung aller Aktionäre der Aktiengesellschaft. Allerdings ist dieses Mitspracherecht aufgrund der Größe der Aktiengesellschaften faktisch nur auf einzelne Großaktionäre (also Besitzer sehr großer Aktienpakete oder sogar Besitzer der absoluten Mehrheit der Aktien) beschränkt, da jeder Aktionär pro Aktie eine Stimme erhält. So besitzt die Minorität der „kleinen" Aktionäre zwar Stimmrechte, doch reicht die Gesamtheit ihrer Stimmen in der Regel bei weitem nicht aus, um Beschlüsse durchzusetzen.
Die Ausgabe neuer Aktien oder die Gründung einer Aktiengesellschaft (z.B. durch Umwandlung einer Personengesellschaft, die sich vergrößern will) ist oft dann zweckmäßig, wenn sehr große Summen an Eigenkapital benötigt werden, um Großprojekte, wie z.B. den Bau der ersten Eisenbahnlinien, die Gründung der ersten Überseehandelsgemeinschaften oder – als neueres Beispiel – den Bau des Tunnels unter dem Ärmelkanal, zu finanzieren.

**Warum investiert man in Aktien ?**

Aktien stellen wegen der Unsicherheit der Höhe der jeweiligen jährlichen Dividende sowie ihrer Kursschwankungen eine sehr riskante Investitionsmöglichkeit dar. Man wird deshalb nur dann Aktien erwerben, wenn man sich beispielsweise anhand seiner persönlichen Einschätzung der zukünftigen Entwicklung des Unternehmens eine hohe Dividendenzahlung und kräftige Kursgewinne der Aktie verspricht, die in der Summe deutlich über dem Ertrag einer risikolosen Investition wie z.B. einer Festgeldanlage liegen. Tatsächlich sind die Erträge aus Aktieninvestments in der Regel langfristig (über 10 bis 20 Jahre betrachtet) trotz hin und wieder vorkommender Kurseinbrüche höher als die der risikolosen Geldanlagen (siehe Abbildung 4.1, siehe allerdings auch Abbildung 6.1).

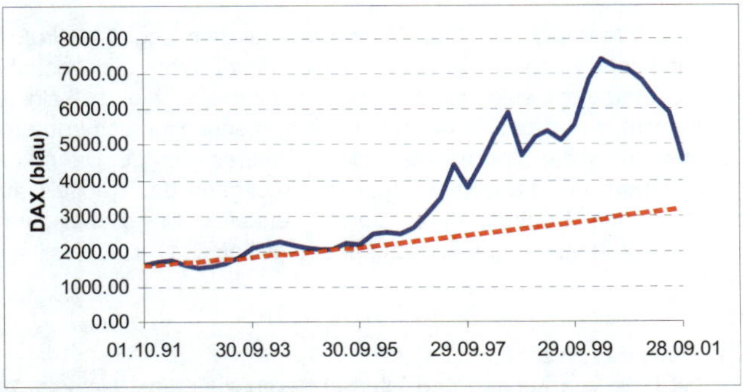


**Abbildung 4.1** *Vergleich der Entwicklung des DAX-Index mit einer 7%-igen Verzinsung*

Generell sollte man sich – gleichgültig wie gut die persönliche Einschätzung der ausgewählten Aktie(n) ist – aber immer darüber im Klaren sein, dass keine Aktie sichere Gewinne versprechen kann und es durchaus möglich ist, dass man einen Teil des angelegten Geldes verliert. Vor jedem Aktieninvestment ist deshalb sorgsam zu prüfen, ob man das zugehörige Risiko auch eingehen will.

**Einige wichtige Daten aus der Geschichte der Aktie:**

- ***1602***: Gründung der ersten Aktiengesellschaft der Welt, der „Vereinigte Ostindische Kompanie", in den Niederlanden zur Finanzierung einer Überseehandelsgemeinschaft
- ***Ende des 17. Jahrhunderts***: Zunahme des Aktienhandels vor allem in England und Frankreich
- ***1756***: Handel der ersten deutschen Aktie, der „Preußische Kolonialgesellschaft", in Berlin
- ***1792***: Gründung (des Vorläufers) der New Yorker Börse, ab 1863 „New York Stock Exchange"
- ***1844***: In England ist es rechtlich möglich, in allen Erwerbszweigen Aktiengesellschaften zu gründen
- ***1884***: Der erste amerikanische Aktienindex, der „Railroad Average", der Aktien amerikanischer Eisenbahngesellschaften beinhaltet, wird notiert
- ***1897***: Der Dow-Jones-Aktienindex wird börsentäglich ermittelt
- ***1929***: Schwarzer Freitag („Börsencrash") am 25.10.1929 an der New Yorker Börse
- ***1959***: Ausgabe der ersten deutschen Volksaktie (PREUSSAG)
- ***1961***: Ausgabe der zweiten deutschen Volksaktie (VW)
- ***1987***: Schwarzer Montag am 19.10.1987, überraschender großer Kurssturz an den internationalen Börsen
- ***1988***: Der Deutsche Aktienindex (DAX) wird eingeführt
- ***1996***: Die Volksaktie Deutsche Telekom AG geht an die Börse
- ***1997***: Das vollelektronische Handelssystem Xetra wird von der Deutschen Börsen AG eingeführt
- ***2000***: Der DAX erreicht am 7.3.2000 den historischen Höchststand von 8064 Punkten

**Festverzinsliche Wertpapiere**

Im Gegensatz zu Aktien ist die Wertentwicklung eines festverzinslichen Wertpapiers schon vorher festgelegt. In der Regel legt man eine bestimmte Geldsumme für eine bestimmte Zeit fest und erhält dann in regelmäßigen Abständen einen vorab vereinbarten Zins. Am Ende der Laufzeit des Wertpapiers erhält man das angelegte Kapital zurück. Beispiele für festverzinsliche Wertpapiere sind Bundesschatzbriefe, Länderanleihen, Industrieobligationen, Bonds oder Pfandbriefe. Auch das Festgeld der Hausbank oder das Sparbuch kann in gewissem Sinne als festverzinsliches Wertpapier betrachtet werden.
Oft setzt man den Begriff ***festverzinsliches Wertpapier*** mit dem Begriff ***risikoloses Wertpapier*** gleich. Das stimmt aber nur insofern, wenn man damit meint, dass die Zinszahlungen und der Rückgabewert vorher festgelegt sind. Doch völlig risikolos sind die „risikolosen Wertpapiere" nicht, vor allem dann nicht, wenn es sich um die Unternehmensanleihe einer maroden Firma oder die Staatsanleihe eines instabilen und überschuldeten Landes handelt. Dann können unter Umständen die Zinszahlungen und manchmal sogar die Rückgabe des Kapitals ausbleiben. Dank strenger Regeln und genauer Kontrolle durch die Bankenaufsicht sind aber die meisten bankeigenen festverzinslichen Wertpapiere tatsächlich nahezu risikolos.

**Diskussion 4.3:**

- Welche großen Aktiengesellschaften gibt es?
- Versuchen Sie mit Hilfe von Zeitung und Internet herauszufinden, wieviele Aktien bestimmte Aktiengesellschaften ausgegeben haben! Berechnen Sie anhand des aktuellen Aktienkurses, wieviel Geld man investieren müsste, um alle Aktien aufzukaufen! Diskutieren Sie die Bedeutung dieses Wertes!
- Informieren Sie sich im Internet, in Zeitungen und Fachbüchern über die Begriffe Aktie, Anleihe, Obligation, Bond

## 4.4 Mathematische Grundlagen : Zinsrechnung

### Zins und Zinseszins

Der Inhaber eines festverzinslichen Wertpapiers erhält regelmäßig einen vereinbarten Zins ausgezahlt, der sich auf das jeweilige Kapital bezieht. Wird das Anfangsvermögen $K_0$ als Festgeld auf ein Jahr mit einer jährlicher Verzinsung von $r$ % angelegt, ergibt sich nach einem Jahr folgendes Endkapital:

$$K(r;1) = K_0 + \frac{r}{100} \cdot K_0 = K_0 \cdot \left(1 + \frac{r}{100}\right)^1 .$$

Wird dieses Kapital über mehrere Jahre festgelegt, dann muss man berücksichtigen, dass üblicherweise die Zinsen jährlich dem Konto gutgeschrieben werden, so dass sich diese in der Folgezeit ebenfalls verzinsen. Den Zins auf die Zinsen nennt man den ***Zinseszins***.

***Jährliche Verzinsung:*** Ein Kapital von $K_0$ , das als Festgeld bei jährlicher Verzinsung von $r$ % auf $n$ Jahre angelegt wird, ergibt am Schluss mit Zinseszins ein Endkapital von:

$$K(r;n) = K_0 \cdot \left(1 + \frac{r}{100}\right)^n .$$

Ganz im Gegensatz dazu steht die kurzfristige Geldanlage. Es gibt auch die Möglichkeit, Festgeld für einen Monat oder gerade mal für ein paar Tage anzulegen. In diesem Fall hat man zu beachten, dass der Zinssatz für ein vollständiges Jahr gilt und dementsprechend bei einer kurzfristigen Geldanlage nur ein Teil davon ausgezahlt wird.

***Verzinsung einer kurzfristigen Geldanlage („Unterjährige Verzinsung"):***
Ein Anfangskapital von $K_0$, angelegt für $m \leq 12$ Monate, ergibt bei einer jährlichen Verzinsung von $r$% ein Endkapital von:

$$K(r;m,1) = K_0 \cdot \left(1 + \frac{r}{100} \cdot \frac{m}{12}\right).$$

Ein Anfangskapital von $K_0$, angelegt für $t \leq 360$ (Zins-)Tage, ergibt bei einer jährlichen Verzinsung von $r$% ein Endkapital von:

$$K(r;t,1) = K_0 \cdot \left(1 + \frac{r}{100} \cdot \frac{t}{360}\right).$$

Im Bankengeschäft wird übrigens ein Monat meistens in $30$ Tage umgerechnet und das Bankenjahr besteht aus $360$ Tagen (eigentlich: Zinstagen).
Außer dem Anlage- oder Sparzins, den man gewissermaßen als Belohnung für die Überlassung seines Kapitals an eine Bank erhält, gibt es auch noch eine entgegengesetzte Perspektive. Schließlich kann man bei einer Bank sowohl Geld anlegen als auch leihen. In letzterem Fall muss man dann die sogenannten Kreditzinsen an die Bank zahlen. Ungünstig wird es für den Kreditnehmer, wenn er über die Laufzeit des Kredits weder das Geld zurückzahlt noch die Zinsen zahlt.

Diese Zinsen werden dem Darlehen zugeschlagen und fordern bei einem über mehrere Jahre laufenden Kredit später selbst Kreditzinsen an. Der Zinseszinseffekt vergrößert die Schulden zusehends. Es ergeben sich dieselben Formeln wie für das Festgeld, denn tatsächlich ist ein Kredit das gleiche wie Festgeld, nur dass man auf der anderen Seite steht.
(→Ü.4.1-2)

**Stetige Verzinsung**

Bei einem Festgeld auf z.B. drei Monate bekommt man nach Ablauf dieser Zeit nicht nur sein Kapital zurück, sondern erhält auch die Zinsen ausgezahlt. Falls sich die Zinssätze zwischenzeitlich nicht geändert haben, kann die gesamte Summe, also das Kapital plus Zinsen, zum gleichen Zinssatz für den gleichen Zeitraum erneut angelegt werden. Auf diese Weise macht sich schon nach kurzer Zeit ein Zinseszinseffekt bemerkbar.

***Verzinsung einer wiederholten kurzfristigen Geldanlage:*** Ein Anfangskapital von $K_0$, $j$-mal wiederholt mitsamt der Zinsen angelegt für jeweils $m \leq 12$ Monate, ergibt bei einer jährlichen Verzinsung von $r$% ein Endkapital von:

$$K(r;m,j) = K_0 \cdot \left(1 + \frac{r}{100} \cdot \frac{m}{12}\right)^j .$$

Ein Anfangskapital von $K_0$, $j$-mal wiederholt mitsamt der Zinsen angelegt für jeweils $t \leq 360$ (Zins-) Tage, ergibt bei einer jährlichen Verzinsung von $r$% ein Endkapital von:

$$K(r;t,j) = K_0 \cdot \left(1 + \frac{r}{100} \cdot \frac{t}{360}\right)^j .$$

(→Ü.4.3)
Werfen wir nun einen genaueren Blick auf den Extremfall: Ein Tagesgeld wird $360$-mal hintereinander zum gleichen Zinssatz angelegt. Bei einem Kapital von $5000$ €, das als Tagesgeld zu einem jährlichen Zinssatz von 4 % festgelegt und jeden Tag von neuem zu den gleichen Konditionen angelegt wird, ergibt sich nach einem Jahr $5204{,}04$ € (gerundet):

$$K(4;360,360) = 5000 \cdot \left(1 + \frac{4}{100} \cdot \frac{1}{360}\right)^{360} = 5204{,}042305 .$$

Dieser Endbetrag übertrifft deutlich den Betrag von $5200$ €, den man erhält, wenn das Geld für ein Jahr zum gleichen jährlichen Zinssatz von 4 % festlegt wird. Die täglich ausgezahlten und dem Kapital zugerechneten Zinsen führen durch den Zinseszinseffekt zu einem höheren Endkapital. Man könnte nun die Zeit immer feiner einteilen, ein Stundenfestgeld, ein Minutenfestgeld und sogar ein Sekundenfestgeld einführen. Man beobachtet, dass sich das Endkapital auf einen Grenzwert hinbewegt (d.h. letztendlich ändert sich kaum noch etwas). Man sagt dann, dass sich das Kapital ***stetig verzinst***. Ein stetig verzinstes Kapital von $5000$ € zu einem Zinsatz von 4 % ergibt nach einem Jahr ein Endkapital von $5204{,}05$ € (gerundet):

$$K(4_s;1) = 5000 \cdot e^{\frac{4}{100} \cdot 1} = 5204{,}053871 ,$$

wobei $e$ die Eulersche Zahl ist. Diese Verzinsungsart ist in Bankkreisen durchaus üblich, der Zinssatz heißt ***stetiger Zinssatz.*** Die obige Formel gilt für beliebige Zeiträume $t \in [0,\infty]$, wobei $t$ in Jahren gemessen wird (z.B. 1 1/2 Jahre sind $t = 1{,}5$).

***Stetige Verzinsung:*** Ein Anfangskapital von $K_0$, verzinst mit einem stetigen Zinssatz von $r\%$, ergibt nach einer Zeit $t$ ein Endkapital von:

$$K(r_s;t) = K_0 \cdot e^{\frac{r_s}{100} \cdot t}.$$

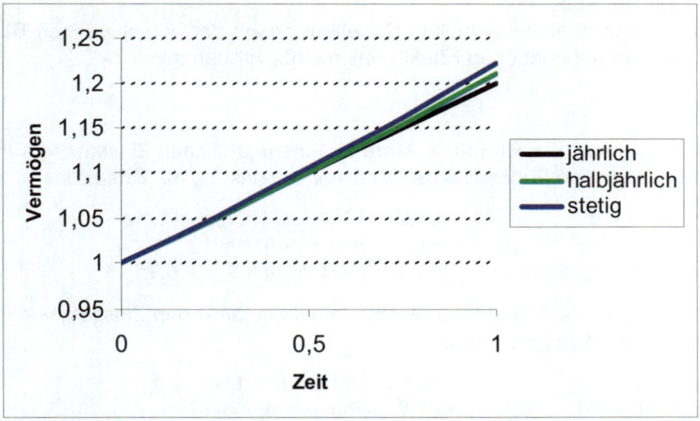


**Abbildung 4.2** *Vergleich zwischen jährlicher, halbjährlicher und stetiger Verzinsung (r=0,2)*

Insbesondere bei einer Kreditaufnahme muss man darauf achten, ob stetig verzinst wird oder ob die Zinsen vierteljährlich bzw. jährlich dem Darlehen zugeschlagen werden. Aus diesem Grunde wird bei einem Kredit in der Regel immer zusätzlich der ***effektive Zinssatz*** angegeben. Der effektive Zinssatz ist der Zinssatz, der bei jährlicher Zinsberechnung zur selben Endzahlung führen würde wie die angebotene Verzinsungart (immer auf ganze Jahre bezogen). Werden zum Beispiel die Zinsen bei einem angegebenen Jahreszins von $r\%$ dem Kapital vierteljährlich zugeschlagen, so erhält man den effektive Jahreszins $r_{eff}$ % über die Gleichung

$$K(r;3m,4) = K(r_{eff};1),$$

man vergleicht also

$$K_0 \cdot \left(1 + \frac{r}{100} \cdot \frac{3}{12}\right)^4 = K_0 \cdot \left(1 + \frac{r_{eff}}{100}\right)^1,$$

und findet somit

$$r_{eff} = \left(\left(1 + \frac{r}{100} \cdot \frac{3}{12}\right)^4 - 1\right) \cdot 100.$$

Der effektive Zinssatz verrät sozusagen die wahren Kosten eines Kredits.

***Berechnung des Effektivzinssatzes bei stetiger Zinsberechnung:*** Wird ein Geldbetrag stetig mit einem Zinssatz von $r_s$% verzinst, so ergibt sich der effektive Jahreszins $r_{eff}$ % als:

$$r_{eff} = \left( e^{\frac{r_s}{100} \cdot 1} - 1 \right) \cdot 100 .$$

**Diskussion 4.4:**

- Informieren sich über Internet, in Zeitungen oder bei Banken über die aktuellen Festgeldzinsen und vergleichen Sie!
- Informieren Sie sich über die aktuellen Darlehenszinsen der verschiedenen Bausparkassen! Versuchen Sie, den angegebenen Effektivzins nachzuvollziehen!

**Übungsaufgaben**

***Ü.4.1*** Ein Geldbetrag von $K$ € wird für $n$ Jahre zu einem jährlichen Zinssatz von $r$ % festgelegt. Berechnen Sie das jeweilige Endkapital bei jährlicher Verzinsung mit Zinseszins!

a) $K = 2000,\ n = 5,\ r = 5$
b) $K = 1500,\ n = 10,\ r = 5$
c) $K = 3000,\ n = 2,\ r = 3{,}75$
d) $K = 10\,000,\ n = 20,\ r = 1{,}5$
e) $K = 500,\ n = 6,\ r = 12$
f) $K = 180\,000,\ n = 9,\ r = 6{,}75$

***Ü.4.2*** Ein Geldbetrag von $K$ € wird für $n$ Monate zu einem jährlichen Zinssatz von $r$ % festgelegt. Berechnen Sie das jeweilige Endkapital!

a) $K = 2000,\ n = 5,\ r = 5$
b) $K = 1500,\ n = 10,\ r = 5$
c) $K = 3000,\ n = 2,\ r = 3{,}75$
d) $K = 10\,000,\ n = 1,\ r = 1{,}5$
e) $K = 500,\ n = 6,\ r = 12$
f) $K = 180\,000,\ n = 9,\ r = 6{,}75$

***Ü.4.3*** Ein Festgeld wird jeweils für einen Monat festgelegt und danach samt Zinsen wieder zu den gleichen Konditionen angelegt. Diese Praxis der Wiederanlage wird mehrfach hintereinander angewendet, so dass das Geld insgesamt $n$ Monate angelegt ist. Berechnen Sie das jeweilige Endkapital bei einem jährlichen Zinssatz von $r$ %!

a) $K = 2000,\ n = 5,\ r = 5$
b) $K = 1500,\ n = 10,\ r = 5$
c) $K = 3000,\ n = 2,\ r = 3{,}75$
d) $K = 10\,000,\ n = 1,\ r = 1{,}5$
e) $K = 500,\ n = 6,\ r = 12$
f) $K = 180\,000,\ n = 9,\ r = 6{,}75$

***Ü.4.4*** Man möchte 3000 € für ein Jahr festlegen und hat die Wahl zwischen einer jährlichen Verzinsung von 5 % und einer Verzinsung mit einem stetigen Zinssatz von 4,9 %. Für welche Verzinsung sollte man sich entscheiden?

***Ü.4.5*** Für den Kredit über $K$ € hat man einen stetigen Zinssatz von $r$ % vereinbart. Die Laufzeit des Kredits beträgt $n$ Monate. Erst am Ende dieser Zeit muss der Darlehensbetrag samt Zinsen gezahlt werden. Berechnen Sie den Rückzahlungsbetrag! (Hinweis: $n = 60$ ergibt $t = 5$.)

a) $K = 2000,\ n = 60,\ r = 5$
b) $K = 1500,\ n = 10,\ r = 5$
c) $K = 3000,\ n = 24,\ r = 3{,}75$
d) $K = 10\,000,\ n = 1,\ r = 1{,}5$
e) $K = 500,\ n = 6,\ r = 12$
f) $K = 180\,000,\ n = 9,\ r = 6{,}75$

***Ü.4.6*** Vergleichen Sie die Ergebnisse von Ü.4.1, Ü.4.2, Ü.4.3 und Ü.4.5 miteinander, soweit sie vergleichbar sind!

**Ü.4.7** Für ein Darlehen wurde vierteljährliche Zinsberechnung bei einem jährlichen Zinssatz von $r$% vereinbart. Geben Sie den Effektivzinssatz an!

| | |
|---|---|
| a) $r = 5$ | d) $r = 1{,}5$ |
| b) $r = 4{,}2$ | e) $r = 12$ |
| c) $r = 3{,}75$ | f ) $r = 6{,}75$ |

**Ü.4.8** Geben Sie für den stetigen Zinssatz von $r$ % den effektiven Zinssatz an!

| | |
|---|---|
| a) $r = 8$ | d) $r = 7{,}5$ |
| b) $r = 0{,}9$ | e) $r = 6{,}75$ |
| c) $r = 3{,}75$ | f ) $r = 12$ |

**Ü.4.9** Geben Sie eine Formel für die Berechnung des Effektivzinssatzes bei monatlicher Zinsberechnung an!

## 4.5 Fortsetzung des Gesprächs: Beurteilung von Aktienkursen

*Wenn es um Wertpapiere und Aktien geht, ist Selina in ihrem Element und berichtet mit Begeisterung ausführlich über alle möglichen Details. Es ist schon erstaunlich, an welche Kleinigkeiten sie sich bei diesem Thema erinnern kann. Allerdings vergisst sie dabei vollkommen, Kluntje und Sahne in den starken, bitteren Ostfriesentee, der gerade vor ihr steht, zu geben.*

*Selina*: Heute morgen eröffnete die *Naturstromer* Aktie in Frankfurt mit 47,30 €, das war recht schwach. Als sie um 10 Uhr in Stuttgart bei 48,10 € stand, da habe ich mir überlegt, ob ich meine eigenen Aktien verkaufen und den Gewinn mitnehmen soll. Vor fünf Minuten stand sie im Xetra-Handel bei 47,80 € ,.... Bah, schmeckt der Tee aber streng!

*Nadine*: So genau wollte ich es nun doch nicht wissen...

*Selina*: Schon gut. Hier in meiner Zeitung habe ich einen Ausdruck des Aktiencharts der letzten drei Monate. Angegeben ist der Schlusskurs der Aktie am jeweiligen Tag:

**Abbildung 4.3** *(fiktiver) Aktienkurs der Naturstromer AG*

*Oliver*: Mannomann, im August ging es mit der Aktie aber reichlich abwärts, am 20.August stand sie unter 40 € !

*Selina*: Und noch nicht einmal einen Monat später, am 16.September, stand sie über 45 €. Seit dem Wechsel im Aufsichtsrat der AG ist die Aktie wieder sehr begehrt!

*Nadine*: Ja, der Trend scheint nach oben zu gehen. Hast Du außer dem Aktienkurs noch mehr Informationen über diese Aktie? Vielleicht die zuletzt gezahlte Dividende und die Dividendenrendite oder ähnliches?

*Selina*: Sowohl die Dividende als auch die Dividendenrendite sind für diese Aktie ungeeignete ***Kennzahlen***. Auf der letzten Hauptversammlung im August wurde nämlich beschlossen, nichts an die Aktionäre auszuschütten. Aber nicht weil es dieser Firma schlecht geht, sondern weil der gesamte Gewinn wieder investiert werden soll. Die Wachstumschancen sind zur Zeit sehr groß, es lohnt sich daher, die Firma weiter auszubauen. Eine bessere Kennzahl ist ein Wert aus meiner Zeitung, bei dem das in dieser Aktie angelegte Anfangskapital $K_0$ mit dem daraus resultierenden Kapital nach einem Jahr verglichen wird:

$$\text{Rendite} = \frac{\text{Kapital nach einem Jahr} \quad - K_0}{K_0}$$

Vor drei Jahren hatte diese Aktie eine Jahresrendite von 7.8 %, vor zwei Jahren eine von 8.2 % und letztes Jahr betrug sie 8 %. Sie hat sich sehr gut verzinst! Viel mehr als diese läppischen 5 % Zinsen fürs Festgeld.

*Oliver*: Man könnte davon ausgehen, dass das so weitergeht. Ich würde schätzen, dass wir eine Rendite von 8 % für diese Aktie erwarten können.

*Sebastian*: Die Rendite der Aktie ist aber alles andere als sicher. Der Kurs der Aktie und die Dividendenauszahlung schwanken doch sehr und hängen stark vom Zufall ab.

*Selina*: Aber die Aktie der *Naturstromer AG* ist relativ stabil, ganz im Gegensatz zu der Aktie der Microsaft AG, diese sackt nach jedem schlechten Börsentag enorm ab.

*Sebastian*: Klar, verschiedene Aktien schwanken auch verschieden stark. Haben wir irgendwo Angaben, wie sehr diese schwanken?

*Selina*: Die Häufigkeit und Intensität von Kursschwankungen während eines bestimmten Zeitraumes wird in meiner Zeitung mit dem Maß ***Volatilität*** angegeben. Hier steht, dass die Naturstromer Aktie in den letzten 250 Tagen eine Volatilität von 20 % hatte.

*Sebastian*: Ach ja, die Volatilität! Etwas vereinfachend betrachtet, entspricht diese Volatilität der Standardabweichung der Jahresrendite. In der Tat, mit diesem Wert lässt sich gut arbeiten!

*Oliver:* Schau her, die *Microsaft AG* hat eine Volatilität von 40 %, d.h. deren Aktienkurs schwankt tatsächlich viel mehr als der der *Naturstromer AG*. Dagegen hat die *Vögelchen Milch AG* nur eine Volatilität von 10 %, deren Aktienkurs ändert sich also in der Regel wenig.

*Selina*: Diese Aktie kannst du aber vergessen! Damit erwirtschaftest du keine Kursgewinne. Obendrein ist die Dividende immer dermaßen niedrig, dass du dein Geld gleich in Festgeld anlegen könntest. Würde sagen, die Rendite liegt deutlich unter 5 % im Jahr.

*Leider müssen wir an diesem Punkt die Unterhaltung über verschiedene Aktien und deren Marktchancen unterbrechen. Man sollte jetzt mehr über den Zufall erfahren, damit man verstehen kann, was Erwartungswert und Varianz bedeuten. Mit diesen Grundlagen ausgerüstet, kann man den anschließenden Fachgesprächen wieder folgen.*

**Diskussion 4.5:**

Als Ergänzung zu obigem Gespräch können Zeitungsberichte über die Kursentwicklung einzelner Aktien oder Kommentare in Fernsehanalysen bzgl. Historie und Zukunft der Kursentwicklung von Aktien hinzugenommen werden. Weitere Aspekte können sein:

- Was kann alles in die Bewertung einer Aktie einfließen (z.B: Sicherheit, Renditen der Vergangenheit, die Produktpalette einer Firma, Qualität des Firmenmanagements, Zusammenhang zu anderen Aktien,...)?
- Informieren Sie sich im Internet, in Fachbüchern und in Zeitungen, welche Kennzahlen es für Aktien gibt!
- Betrachten Sie aktuelle Aktiencharts aus Zeitungen! Geben Sie Schätzwerte für Renditen (mehr als Festgeldzins?) und Volatilität (in Form von „klein“, „normal“, „sehr groß“)!

**Übungsaufgaben**

***Ü.4.10*** Beschreiben Sie die beiden folgenden 3-Monate-Aktiencharts!

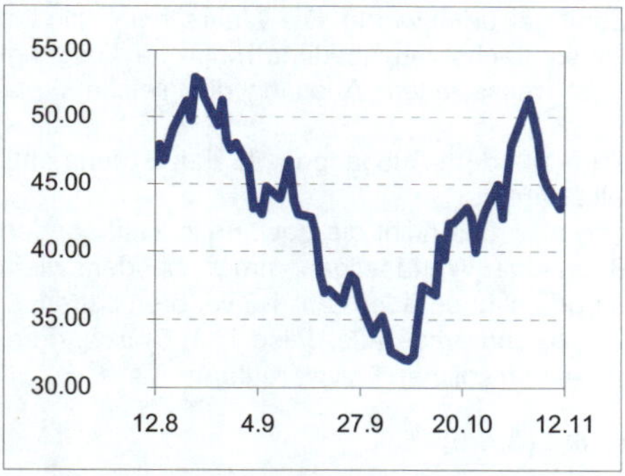


**Abbildung 4.4** *Aktienkurs der Siemens AG 2002*

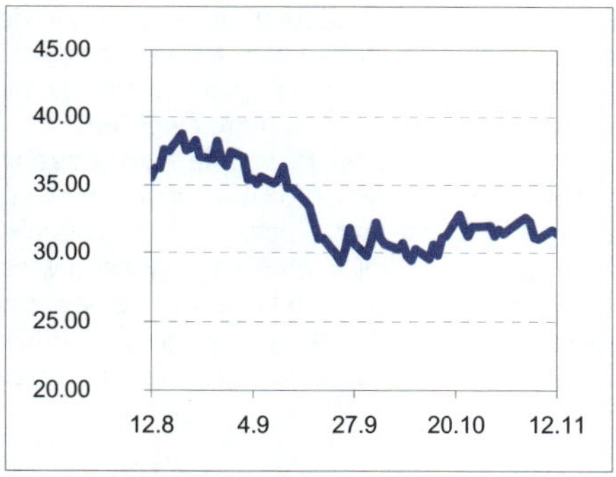


**Abbildung 4.5** *Aktienkurs der RWE AG 2002*

*Hinweis*: Die 250-Tage-Volatilität der *Siemens AG* wurde am 12.11.2002 mit 53,49 % angegeben, die 250-Tage-Volatilität der RWE AG mit 28,9 %. Vergleichen Sie diese Werte mit den Kursverläufen!

***Ü.4.11*** Versuchen Sie, einen fiktiven 3-Monate-Aktienchart für die im Gespräch erwähnte *Vögelchen Milch AG* zu erstellen! Beachten Sie, dass die Volatilität und die erwartete Rendite dieser Aktie niedrig sind.

## *4.6 Mathematische Grundlagen: Zufall, Erwartungswert und Varianz*

**Über den Zufall**

Im täglichen Leben gibt es nur wenige Dinge, die von uns so schnell in Zusammenhang mit dem Begriff „Zufall“ gebracht werden wie Aktienkurse. Niemand scheint so recht ihre genauen zukünftigen Werte vorhersagen zu können, wohl aber ab und zu ihre Tendenz. Man kann dies mit einem Fussballspiel zwischen zwei unterschiedlich starken Mannschaften vergleichen, bei dem man eher vom Sieg der stärkeren Mannschaft ausgeht, ihn aber nicht mit Sicherheit vorhersagen kann. Deshalb werden wir auch – später – entsprechende Modelle für Aktienkurse vorstellen, bei denen man eventuell eine klare Meinung über die Tendenz der zukünftigen Entwicklung hat, aber trotzdem den genauen Kurs nicht vorhersagen kann. Dabei modelliert man den Preis einer Aktie als Ergebnis eines Zufallsexperiments.

Zunächst soll als klassisches Beispiel eines Zufallsexperiments das Ergebnis (Elementarereignis) eines einmaligen Würfelns betrachtet werden. Wir wissen genau, dass nur einer der Werte $\{1,2,3,4,5,6\}$ als Ergebnis auftreten kann. Im Fall eines fairen Würfels sollte für jeden dieser Werte die gleiche Chance bestehen, gewürfelt zu werden. Des Weiteren können uns noch zusammengesetzte Ereignisse wie z.B. das Würfeln einer geraden Augenzahl interessieren.

Um ein solches Experiment genau zu beschreiben, braucht man eigentlich drei Dinge:

- Die Menge $\Omega$ aller ***möglichen Ausgänge*** des Experiments, hier also $\Omega = \{1,2,3,4,5,6\}$.
- Die Menge aller ***möglichen Ereignisse***. Wir wählen dafür an dieser Stelle die Potenzmenge von $\Omega$, d.h. die Menge aller Teilmengen von $\Omega$, die wir mit $2^\Omega = \{A \mid A \subseteq \Omega\}$ bezeichnen. Für das Würfelbeispiel ist $2^\Omega = \{\{1\},..., \{6\}, \{1,2\},...,\{1,2,3,4,5,6\}\}$.
- Die ***Wahrscheinlichkeiten*** $P(A)$ für jedes Ereignis $A \subseteq \Omega$, hier also insbesondere für die Elementarereignisse: $P(\{1\})=P(\{2\})=P(\{3\})=P(\{4\})=P(\{5\})=P(\{6\})=1/6$.

Die Menge $\Omega$ aller möglichen Ausgänge beschreibt somit, was man bei einer Durchführung des Experiments beobachten könnte. Ein Ereignis $A \subseteq \Omega$ stellt eine Art Kategorisierung des Resultats dar, z.B. $A=\{2,4,6\}$ bedeutet, dass eine „gerade Zahl“ gewürfelt wurde. Die Wahrscheinlichkeiten zum Würfelspiel ergeben sich folgendermaßen: Da wir sechs verschiedene mögliche Ausgänge haben und jedes Ergebnis gleich wahrscheinlich ist, muss jedem Ausgang die gleiche Wahrscheinlichkeit von $1/6$ zugeordnet werden.

- Außerdem interessiert uns die ***Konsequenz*** $X(\omega)$ aus dem Ausgang $\omega \in \Omega$ des Experiments, hier ist dies zunächst $X(\omega)=\omega$, also die gewürfelte Zahl.

Tatsächlich könnte man sich ein Spiel vorstellen, in dem uns nicht die gewürfelte Zahl sondern eine abgeleitete Größe interessiert. Hätten wir z.B. an einer Wette teilgenommen, bei dem wir im Fall einer geraden gewürfelten Zahl 1 € gewonnen und bei ungerader Zahl 1 € verloren hätten, so wären für uns nur die Ausgänge „gerade“ (also 2, 4, 6) und „ungerade“ (also 1, 3, 5) bzw. deren Konsequenz „+1 €“ oder „-1 €“ relevant gewesen. In einem solchen Fall wäre dann

$$X(\omega) = \begin{cases} +1, \text{ falls } \omega \in \{2,4,6\} \\ -1, \text{ falls } \omega \in \{1,3,5\} \end{cases}.$$

***Definition:***

a) Ein (endlicher) ***Wahrscheinlichkeitsraum*** $(\Omega, P)$ besteht aus einer nichtleeren Menge $\Omega$ (mit endlich vielen Elementen), der ***Ergebnismenge***, und einem ***Wahrscheinlichkeitsmaß*** $P$, d.h. einer Funktion $P$: $2^\Omega \to [0,1]$, die jedem Ereignis $A \subseteq \Omega$ eine Zahl $P(A) \in [0,1]$ und für die gilt:

(P1) $P(\varnothing) = 0$ und $P(\Omega) = 1$.

(P2) $P(A \cup B) = P(A) + P(B)$ für $A,B \subseteq \Omega$ mit $A \cap B = \Omega$.

Die Elemente $\omega \in \Omega$ heißen ***Elementarereignisse***.

b) Eine (reellwertige) ***Zufallsvariable*** $X$ auf (dem endlichen Wahrscheinlichkeitsraum) $(\Omega, P)$ ist eine Abbildung $X$: $\Omega \to \mathrm{IR}$.

Wir haben in der Definition einige Bedingungen an die Wahrscheinlichkeit gestellt, die leicht nachvollziehbar sind: So sollte die Wahrscheinlichkeit eines Elementarereignisses immer zwischen Null und Eins liegen; dem sicheren Ereignis („Es passiert irgendetwas“) wird die Wahrscheinlichkeit Eins und dem unmöglichen Ereignis – der leeren Menge – die Wahrscheinlichkeit Null zugeordnet.

(→Ü.4.12-15)

**Bemerkung:** Da wir hier nur endliche Wahrscheinlichkeitsräume explizit betrachten werden, haben wir auf die Einführung des Begriffs der $\sigma$-Algebra verzichtet. Alle im Folgenden durchgeführten Betrachtungen sind z.B. für die Wahl der Potenzmenge als $\sigma$-Algebra richtig. Die Beschränkung auf endliche Wahrscheinlichkeitsräume erlaubt auch eine einfachere Definition des Wahrscheinlichkeitsmaßes, so dass in (P2) nur die Additivität zu fordern ist.

## Rechnen mit Wahrscheinlichkeiten

Aus der Definition ergeben sich einige einfache Rechenregeln für Wahrscheinlichkeiten:

***Rechenregeln für Wahrscheinlichkeiten:***

In einem endlichen Wahrscheinlichkeitsraum gelten:

a) Für $A \subseteq \Omega$ gilt: $$P(A) = \sum_{\omega \in A} P(\{\omega\}),$$

d.h. die Wahrscheinlichkeit einer Teilmenge von $\Omega$ ergibt sich als die Summe der Wahrscheinlichkeiten ihrer Elemente.

b) Für $A, B \subseteq \Omega$ mit $A \cap B = \emptyset$ gilt: $P(A \cup B) = P(A) + P(B)$.

c) Für $A, B \subseteq \Omega$ gilt: $P(A \cup B) = P(A) + P(B) - P(A \cap B)$.

d) Für $A \subseteq \Omega$ gilt: $P(\Omega \setminus A) = 1 - P(A)$.

**Bemerkung:**

1. Man beachte, dass aufgrund von Rechenregel a) im endlichen Wahrscheinlichkeitsraum ein Wahrscheinlichkeitsmaß bereits eindeutig durch seine Werte auf den Elementarereignissen bestimmt ist. Es reicht somit aus, nur diese vorzugeben.
2. Die Beweise für die obigen Rechenregeln folgen elementar aus der Definition des Wahrscheinlichkeitsmaßes. So ergibt sich Regel a) durch induktive Anwendung von (P2). Regel b) folgt durch Anwendung von (P2) und (P1) mit der Wahl $A$=$A$ und $B$=$\Omega \setminus A$. Regel c) ist eine Konsequenz aus Regel a).

Auf das Würfelspiel angewendet liefert Rechenregel a) :

$$P(\{2,4,6\}) = P(\{2\}) + P(\{4\}) + P(\{6\}) = \frac{3}{6} = \frac{1}{2}.$$

Das bedeutet, dass die Wahrscheinlichkeit, eine gerade Zahl zu würfeln, 1/2 beträgt. Die Berechnung der Wahrscheinlichkeit, eine ungerade Zahl zu würfeln, führt uns geradewegs zu Rechenregel d):

$$P(\Omega \setminus \{2,4,6\}) = 1 - P(\{2,4,6\}) = 1 - \frac{1}{2} = \frac{1}{2},$$

d.h. die Wahrscheinlichkeit, eine ungerade Zahl zu würfeln, ist ebenfalls 1/2.
(→Ü.4.16-17)

## Zufallsvariablen

Es fällt auf, dass im Würfelbeispiel jeder vorkommende Wert eine Wahrscheinlichkeit von $1/6$ für sein Auftreten beim einmaligen Würfeln besitzt. Bei der Wette auf „gerade" oder „ungerade" interessieren uns nur zwei Werte, nämlich der Gewinn von $1$ € oder der Verlust von $1$ €, also die

Werte $+1$ oder $-1$. Demzufolge können diese beiden Werte nicht die Wahrscheinlichkeit $1/6$ haben. Man kann die gesuchten Wahrscheinlichkeiten folgendermaßen herleiten:

$$P(\{X=1\}) = P(\{\omega \in \Omega | X(\omega) = 1\}) = P(\{2,4,6\}) = \frac{1}{2},$$

$$P(\{X=-1\}) = P(\{\omega \in \Omega | X(\omega) = -1\}) = P(\{1,3,5\}) = \frac{1}{2},$$

wobei mit diesen Gleichheiten auch implizit die Kurzschreibweise

$$\{X = k\} := \{\omega \in \Omega | X(\omega) = k\} = \{X^{-1}(k)\}$$

eingeführt wird.

Wir haben also die Wahrscheinlichkeiten für das Auftreten der beiden Werte der Zufallsvariablen auf die Wahrscheinlichkeiten der zugehörigen Elementarereignisse zurückgeführt. Oder anders ausgedrückt, wir haben die auf den Elementarereignissen liegende Wahrscheinlichkeit auf die möglichen Werte der Zufallsvariablen verteilt und haben somit auf diesen ein neues Wahrscheinlichkeitsmaß, die ***Wahrscheinlichkeitsverteilung der Zufallsvariablen*** $X$, definiert.

***Definition:***

Es sei $X$ eine Zufallsvariable, die auf einem endlichen Wahrscheinlichkeitsraum $(\Omega, P)$ definiert ist und die Werte $\{x_1,..., x_k\}$ annimmt. Dann heißt das durch

$$P_X(\{x_j\}) = P(\{X = x_j\}) = P(\{\omega \in \Omega | X(\omega) = x_j\}), \quad j = 1,2,...,k,$$

auf den Werten $\{x_1,..., x_k\}$ definierte Wahrscheinlichkeitsmaß die ***Wahrscheinlichkeitsverteilung*** von $X$.

**Diskussion 4.6:**

An dieser Stelle - vor der Einführung von Erwartungswert und Varianz - kann diskutiert werden, wie man die Information, die die Wahrscheinlichkeitsverteilung über eine reelle Zufallsvariable $X$ beinhaltet, in einzelnen Kennziffern zusammenfassen könnte. Mögliche Alternativen zum Erwartungswert können z.B. der Median (mittlerer Wert des Wertebereichs von $X$) oder der Modalwert (wahrscheinlichster Wert für $X$) sein.

**Erwartungswerte**

In der Regel geben Zufallsvariable Werte an, an denen wir stärker interessiert sind als am detailgenauen Ausgang des Zufallsexperiments, wie z.B. der Gewinn oder Verlust von 1 € bei der Würfelwette „gerade-ungerade“. Wenn wir dieses Zufallsspiel häufiger spielen, möchten wir zusätzlich wissen, ob wir auf lange Sicht Gewinn machen oder ob es sich möglicherweise um ein Verlustspiel handelt. Bei diesem Würfelspiel scheinen sich Gewinn und Verlust die Waage zu halten, falls der Würfel wirklich fair ist. Deshalb sind wir geneigt, diesem Spiel einen Gewinn- / Verlust-Wert von 0 zuzuordnen.

Spannender wird es bei den Telefonspielen, die manche Fernsehkanäle täglich mehrfach veranstalten. Lohnt es sich wirklich, jeden Tag z.B. 1,90 € für einen Telefonanruf zu investieren, wenn ein Gewinn von 500 € lockt? In diesem Fall würde unsere Zufallsvariable $X$ die Werte $X = -1{,}90$ und $X = 498{,}10$ annehmen. Kann man dieser Zufallsvariablen ebenfalls eine Art Gewinn- / Verlust-Erwartung zuordnen?

Allgemein ist durch die Angabe der möglichen Werte und ihrer zugehörigen Wahrscheinlichkeitsverteilung eine Zufallsvariable eindeutig bestimmt. Wenn eine Zufallsvariable mehrere Werte annimmt, so ist man an einer Zusammenfassung ihres Verhaltens interessiert. Gibt es vielleicht eine Art Mittelwert, um den herum sich die möglichen Werte der Zufallsvariable verteilen?
Man könnte z.B. das arithmetische Mittel aller möglichen Werte wählen. Allerdings besitzt dies nur bei Gleichverteilung auf alle Werte (d.h. alle möglichen Werte der Zufallsvariablen werden mit gleicher Wahrscheinlichkeit angenommen) Aussagekraft. Sind aber einzelne Ausgänge wahrscheinlicher als andere, so wird man sie bei häufiger Wiederholung des Experiments auch in der Regel häufiger als vorkommendes Ergebnis beobachten als weniger wahrscheinliche Ausgänge. Um dem Rechnung zu tragen, bildet man ein mit den Wahrscheinlichkeiten der einzelnen Werte der Zufallsvariablen gewichtetes Mittel, den ***Erwartungswert***:

***Definition:***
Es sei $X$ eine Zufallsvariable auf dem endlichen Wahrscheinlichkeitsraum ($\Omega$, $P$), die die Werte $\{x_1, ..., x_k\}$ annimmt. $\Omega$ habe $n$ Elemente. Dann heißt der Wert

$$E(X) = \sum_{i=1}^{n} X(\omega_i) P(\{\omega_i\}) = \sum_{j=1}^{k} x_j p_j$$

der ***Erwartungswert*** von $X$, wobei $p_j = P_X(\{x_j\})$.

Man beachte, dass man den Erwartungswert sowohl durch Mittelbildung über die möglichen Werte $x_j$ der Zufallsvariablen, gewichtet mit der zugehörigen Wahrscheinlichkeitsverteilung von $X$, als auch durch Mittelbildung über die zu den Elementarereignissen gehörenden Werte $X(\omega_i)$, gewichtet mit den ursprünglichen Wahrscheinlichkeiten der Elementarereignisse, erhalten kann.

Im Spiel „gerade-ungerade" erhalten wir:

$$E(X) = (-1) \cdot P_X(X=-1) + 1 \cdot P_X(X=1)$$
$$= (-1) \cdot \frac{1}{6} + 1 \cdot \frac{1}{6} + (-1) \cdot \frac{1}{6} + 1 \cdot \frac{1}{6} + (-1) \cdot \frac{1}{6} + 1 \cdot \frac{1}{6} + (-1) \cdot \frac{1}{6}.$$
$$= -1 \cdot \frac{1}{2} + 1 \cdot \frac{1}{2} = 0$$

Das ist genau das, was wir vermutet hatten. Im klassischen Würfelbeispiel kommen wir zu:

$$E(X) = \sum_{i=1}^{6} i \cdot \frac{1}{6} = \frac{21}{6} = 3{,}5.$$

Obwohl dies ein sehr einfaches Beispiel ist, kann man sich auf diese Weise vieles klar machen:

- Der Erwartungswert muss kein möglicher Wert sein (man kann schließlich keine 3,5 würfeln!) und ist somit kein „erwarteter Wert".
- Wenn man nur einige wenige Versuche beobachtet, wird der Erwartungswert in der Regel nicht mit dem arithmetischen Mittel über die beobachteten Versuchsausgänge übereinstimmen.
- Wenn hingegen die Anzahl der Versuchswiederholungen groß ist, wird das arithmetische Mittel der beobachteten Ergebnisse nur wenig vom Erwartungswert abweichen. Dies ist eine

Konsequenz aus dem (starken) Gesetz der großen Zahl, das wir später noch kennen lernen werden.

Kehren wir zurück zum Telefon-Gewinnspiel, bei dem die Ermittlung der Wahrscheinlichkeitsverteilung noch ansteht. Bei den folgenden Überlegungen gehen wir davon aus, dass aufgrund der hohen Telefonkosten nur 5000 Personen am Spiel teilnehmen und alle die gleiche Wahrscheinlichkeit haben zu gewinnen. Da nur einer gewinnen kann, gilt

$$P(X=498{,}10)=\frac{1}{5000} \text{ und } P(X=-1{,}90)=\frac{4999}{5000}.$$

Damit ist der Erwartungswert

$$E(X)=(-1{,}90)\cdot\frac{4999}{5000}+498{,}10\cdot\frac{1}{5000}=-1{,}80.$$

Würde man bei solchen Telefonspielen sehr häufig mitspielen, hätte man auf Dauer bei jedem einzelnen Spiel im Mittel einen Verlust von $1{,}80$ €. In der folgenden Abbildung wurde ein häufiges Mitspielen simuliert und die jeweiligen Durchschnittskosten pro Spiel errechnet. Man sieht, dass, je häufiger man teilnimmt, desto näher liegen in der Regel die Durchschnittskosten beim Erwartungswert.

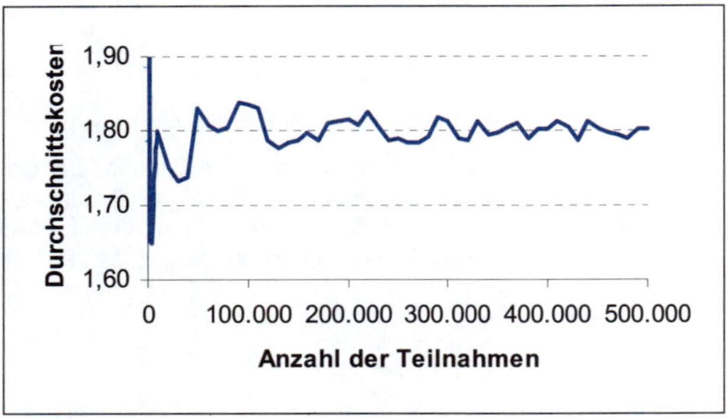


**Abbildung 4.6** *Simulierte Durchschnittskosten in einem Gewinnspiel*

## Rechenregeln für Erwartungswerte

Genauso wie für Wahrscheinlichkeiten gibt es auch für Erwartungswerte Rechenregeln, die direkt aus der Definition des Erwartungswerts folgen:

***Regeln für das Rechnen mit Erwartungswerten:***

Es seien $X$ und $Y$ Zufallsvariablen auf dem endlichen Wahrscheinlichkeitsraum $(\Omega, P)$. Dann gelten:

a) $E(X+Y)=E(X)+E(Y)$.

b) Gilt für alle $\omega\in\Omega$ $X(\omega)\geq Y(\omega)$, so auch $E(X)\geq E(Y)$.

c) Ist $c\in\mathbb{R}$, so gilt $E(c\cdot X)=c\cdot E(X)$.

(→Ü.4.18-20)

## Varianz und Standardabweichung

Der Erwartungswert alleine ist noch wenig aufschlussreich. Schließlich haben wir im Würfelbeispiel erfahren, dass er kein „erwarteter Wert“ ist, sondern sich lediglich als theoretischer Mittelwert der Ausgänge bei häufiger Versuchswiederholung ergibt. Der Erwartungswert ist nur dann ein guter Indikator für den nächsten Ausgang eines Zufallsexperiments, wenn man weiß, dass die Ergebnisse in der Regel nicht stark vom Erwartungswert abweichen. Um dies beurteilen zu können, benötigen wir die Begriffe der ***Varianz*** und der ***Standardabweichung***. Die Varianz (als auch die Standardabweichung) ist ein Maß für die Streuung der Zufallsvariablen um den Erwartungswert.

***Definition:***

Es sei $X$ eine Zufallsvariable auf dem endlichen Wahrscheinlichkeitsraum $(\Omega, P)$. Dann ist die ***Varianz*** von $X$, $Var(X)$, definiert als

$$Var(X)=E\left(\left[X-E(X)\right]^2\right).$$

Der Wert

$$\sigma(X)=\sqrt{Var(X)}$$

heißt die ***Standardabweichung*** von $X$.

Zu dieser Definition soll bemerkt werden:

- Die Varianz misst den mittleren quadratischen Abstand der Zufallsvariable von ihrem Erwartungswert. Das bewirkt zum einen, dass sich positive und negative Abstände nicht gegeneinander wegheben können (würde man nur den mittleren Abstand betrachten, so hätte man nämlich: $E((X - E(X))) = E(X) - E(X) = 0$). Zum anderen bedeutet dies, dass die Varianz in einer anderen Einheit als der Erwartungswert gemessen wird. Die Standardabweichung hat dann aber wieder die richtige Einheit.
- Eine kleine Varianz besagt, dass man in der Regel Versuchsergebnisse erhalten wird, die nahe beim Erwartungswert liegen.
- Mit $X$ ist auch wieder $(X - E(X))^2$ eine Zufallsvariable auf $(\Omega, P)$, die nur endlich viele Werte annimmt. Dies gewährleistet, dass die Varianz als Erwartungswert im Sinne unserer Definition überhaupt erst existiert.

## Rechenregeln für die Varianz

Bevor wir Beispiele betrachten, fassen wir ein paar einfache Rechenregeln zusammen, mit denen sich Varianzen und Standardabweichungen leichter berechnen lassen:

***Rechenregeln für die Varianz:***

Es sei $X$ eine Zufallsvariable auf dem endlichen Wahrscheinlichkeitsraum $(\Omega, P)$.

a) $Var(X)=E\left(X^2\right)-\left(E(X)\right)^2$.

b) Ist $c\in \mathbb{R}$, so gelten: $Var(c\cdot X)=c^2\cdot X$, $Var(X+c)=Var(X)$

Diese Regeln ergeben sich direkt aus der Definition der Varianz. Mit Hilfe der Regel a) und dem für das Würfeln bereits berechneten Erwartungswert erhalten wir für die Varianz und die Standardabweichung beim einmaligen Würfeln:

$$Var(X) = E(X^2) - (E(X))^2 = \left[\sum_{i=1}^{6} i^2 \cdot \tfrac{1}{6}\right] - (\tfrac{7}{2})^2 = \tfrac{35}{12},$$

$$\sigma(X) = \sqrt{\frac{35}{12}} \approx 1{,}71.$$

Auch wenn es mathematisch nicht ganz korrekt ist, kann man mit Hilfe der Standardabweichung eine erste Orientierung für den Ausgang eines Zufallsexperimentes bekommen. So werden in der Regel recht viele Ergebnisse in dem Bereich Erwartungswert plus/minus Standardabweichung liegen. Beim Würfelexperiment wäre das der Bereich zwischen 3,5 - 1,71 = 1,79 und 3,5 + 1,71 = 5,21, was in etwa unseren Vorstellungen vom Würfeln entsprechen würde.
Beim Wettspiel „gerade-ungerade" führt die Rechenregel a) zu:

$$Var(X) = \left[(-1)^2 \cdot \frac{1}{2} + (1)^2 \cdot \frac{1}{2}\right] - 0^2 = 1,$$

$$\sigma(X) = \sqrt{1} = 1.$$

Beim Vergleich der Rechenregeln für die Varianz mit denen für den Erwartungswert fällt auf, dass es keine Regel gibt, die besagt, dass die Varianz der Summe zweier Zufallsvariablen gleich der Summe der Varianz der beiden Einzelvariablen ist. Anhand der Rechenregel b) kann man erkennen, dass dies im Allgemeinen auch falsch ist, denn es gilt z.B.:

$$Var(X + X) = Var(2X) = 4 \cdot Var(X).$$

Andererseits gibt es spezielle Situationen, in denen eine Summenformel für die Varianz gilt, z.B. immer dann, wenn die beiden Zufallsvariablen unkorreliert oder unabhängig sind. Diese Begriffe müssen aber zunächst noch eingeführt werden. Hierzu betrachtet man immer zwei (oder mehrere) Zufallsvariablen gleichzeitig.
(→Ü.4.21-23)

**Zusammenhang zwischen zwei Zufallsvariablen**

Sehr wichtig für das Folgende ist, dass die von uns gemeinsam betrachteten Zufallsvariablen auf dem gleichen Wahrscheinlichkeitsraum definiert sind. Unser Ziel ist es, eine Maßzahl für den Zusammenhang zwischen zwei Zufallsvariablen einzuführen. Als Beispiel betrachten wir wieder das Würfeln. Die Zufallsvariable $X$ sei +1 falls eine gerade Zahl gewürfelt wurde und -1, falls eine ungerade Zahl gewürfelt wurde:

$$X(\omega) = \begin{cases} +1, \text{ falls } \omega \in \{2,4,6\} \\ -1, \text{ falls } \omega \in \{1,3,5\} \end{cases}.$$

Die Zufallsvariable $Y$ sei +1, falls eine 6 gewürfelt wurde und -1, falls eine andere Zahl gewürfelt wurde:

$$Y(\omega) = \begin{cases} +1, \text{ falls } \omega \in \{6\} \\ -1, \text{ falls } \omega \in \{1,2,3,4,5\} \end{cases}.$$

Wir dürfen hier nicht vergessen, dass wir das gleiche Experiment („den gleichen Wahrscheinlichkeitsraum") zur Grundlage haben. Folglich beziehen sich die beiden Zufallsvariablen auf den gleichen Wurf. Sofort fällt uns auf, dass, wenn $X$ den Wert -1 annimmt, $Y$ auch nur den Wert -1

annehmen kann. Wenn wir also eine ungerade Zahl gewürfelt haben, können wir keine 6 gewürfelt haben. Beide Zufallsvariablen beeinflussen sich also gegenseitig.
Dies wäre nicht der Fall, wenn sich die beiden Zufallsvariablen auf verschiedene Würfe beziehen würden. Betrachtet die Zufallsvariable $X$ das erste Würfeln und die Zufallsvariable $Y$ das zweite Würfeln, müssen wir einen anderen Wahrscheinlichkeitsraum als Grundlage wählen, nämlich den des zweimaligen Würfelns mit 36 verschiedenen Elementarereignissen (→Ü.4.13). Dann beeinflussen sich beide Zufallsvariablen nicht mehr gegenseitig, andernfalls hätte der Würfel ein Gedächtnis und wäre somit kein fairer Würfel mehr.

***Definition:***

a) Es seien $X$ und $Y$ Zufallsvariablen auf dem endlichen Wahrscheinlichkeitsraum $(\Omega,P)$, die die Werte $\{x_1, ..., x_k\}$ bzw. $\{y_1, ..., y_m\}$ annehmen. Dann heißt das durch

$$P_{(X,Y)}\left(\{(x_i,y_i)\}\right) = P\left(\{(X,Y)=(x_i,y_i)\}\right)$$

$$= P\left(\left\{\omega\in\Omega \middle| X(\omega)=x_i \text{ und } Y(\omega)=y_j\right\}\right), \quad i=1,\dots,k, \quad j=1,\dots,m,$$

auf den Paaren $\{(x_i\,,\,y_j)\}$ definierte Wahrscheinlichkeitsmaß die ***gemeinsame Wahrscheinlichkeitsverteilung*** von $X$ und $Y$.

b) Die Zufallsvariablen $X$ und $Y$ heißen ***unabhängig***, wenn sich ihre gemeinsame Verteilung als Produkt der Einzelverteilungen von $X$ und $Y$ ergibt; genauer: falls für alle Paare $\{(x_i, y_j) \mid i=1,...,k, j=1,...m\}$ gilt:

$$P_{(X,Y)}\left(\{(x_i,y_j)\}\right) = P_X\left(\{x_i\}\right)\cdot P_Y\left(\{y_j\}\right).$$

Als Beispiel für eine gemeinsame Verteilung betrachten wir das obige einmalige Würfeln mit den Zufallsvariablen $X$ und $Y$:

$$P_{(X,Y)}\left(\{(1,1)\}\right) = P\left(\{6\}\right) = \frac{1}{6},\; P_{(X,Y)}\left(\{(-1,-1)\}\right) = P\left(\{1,3,5\}\right) = \frac{1}{2},$$

$$P_{(X,Y)}\left(\{(-1,1)\}\right) = P\left(\{\;\}\right) = 0,\; P_{(X,Y)}\left(\{(1,-1)\}\right) = P\left(\{2,4\}\right) = \frac{1}{3}.$$

Die beiden Zufallsvariablen sind nicht unabhängig wegen

$$P_{(X,Y)}\left(\{(-1,1)\}\right) = 0 \quad \neq \quad P_X\left(\{-1\}\right)\cdot P_Y\left(\{1\}\right) = \frac{1}{2}\cdot\frac{1}{6}.$$

Mit Hilfe der gemeinsamen Wahrscheinlichkeitsverteilung lassen sich nun auch Erwartungswerte von Produkten wie $E(XY)$ definieren über

$$E(X\cdot Y) = x_1\cdot y_1\cdot P_{(X,Y)}(x_1,y_1) + \ldots + x_k\cdot y_m\cdot P_{(X,Y)}(x_k,y_m),$$

wobei die Summe über mögliche Paare zu bilden ist.
Für das Würfelbeispiel ergibt sich

$$E(X\cdot Y) = 1\cdot\frac{1}{6} + 1\cdot\frac{1}{2} + (-1)\cdot 0 + (-1)\cdot\frac{1}{3} = \frac{1}{3}.$$

Der positive Erwartungswert stimmt mit unserer Vorstellung überein, dass bei vielen Experimenten mit dem Würfel der Wert des Produkts häufig positiv sein wird.

## Kovarianz und Korrelation

Bei zwei verschiedenen Zufallsvariablen beschreibt die ***Kovarianz*** das Verhältnis der beiden Zufallsvariablen zueinander.

***Definition:***
Es seien $X$ und $Y$ Zufallsvariablen auf dem endlichen Wahrscheinlichkeitsraum $(\Omega, P)$. Die ***Kovarianz*** von $X$ und $Y$ ist definiert durch

$$Cov(X,Y) = E\left[(X - E(X)) \cdot (Y - E(Y))\right].$$

Aus der Definition sieht man sofort, dass es sich um eine Verallgemeinerung der Varianz handelt, denn $Cov(X,X) = Var(X)$.
Die Kovarianz misst die gemeinsamen mittleren Abweichungen der Zufallsvariablen $X$ und $Y$ von ihren jeweiligen Erwartungswerten. Aufgrund ihrer Definition spricht eine hohe positive Kovarianz dafür, dass man bei großen $X$-Werten (also bei solchen mit $X(\omega) > E(X)$) tendenziell auch große $Y$-Werte beobachten wird (also solche mit $Y(\omega) > E(Y)$ ), dementsprechend bei kleinen $X$-Werten tendenziell kleine $Y$-Werte sehen wird. Eine stark negative Kovarianz deutet darauf hin, dass zu großen $X$-Werten tendenziell kleine $Y$-Werte gehören und bei kleinen $X$-Werten tendenziell große $Y$-Werte zu erwarten sind.

***Rechenregeln für Varianz und Kovarianz:***

Es seien $X$ und $Y$ Zufallsvariablen auf dem endlichen Wahrscheinlichkeitsraum $(\Omega, P)$. Dann gilt:

a) $Cov(X,Y) = E(X \cdot Y) - E(X) \cdot E(Y)$.

b) $Cov(a \cdot X, b \cdot Y) = a \cdot b \cdot Cov(X,Y)$.

c) $Var(X+Y) = Var(X) + Var(Y) + 2 \cdot Cov(X,Y)$.

d) Ist $Cov(X,Y) = 0$, dann gelten: $E(X \cdot Y) = E(X) \cdot E(Y)$ und $Var(X+Y) = Var(X) + Var(Y)$.

e) Sind $X$ und $Y$ unabhängig, dann gilt $Cov(X,Y) = 0$.

Falls die beiden Zufallsvariablen voneinander unabhängig sind, ist der Wert der Kovarianz Null. Umgekehrt, ist die Kovarianz gleich Null, kann man nicht sicher sein, dass die beiden Variablen voneinander unabhängig sind, denn der Begriff der Unabhängigkeit umfasst mehr als nur „Kovarianz = 0".
Weil die Kovarianz nicht auf einen bestimmten Bereich festgelegt ist und dadurch die Beurteilung eines Ergebnisses sehr schwer wird (so ist die Kovarianz von zwei in Metern gemessenen Zufallsvariablen $X$ und $Y$ 10000-mal kleiner als der Wert, den man erhalten würde, wenn man $X$ und $Y$ in Zentimetern messen würde!), führt man die ***Korrelation*** von $X$ und $Y$ über

$$\rho(X,Y) = \frac{Cov(X,Y)}{\sigma(X)\sigma(Y)}$$

ein. Da die beiden Standardabweichungen im Nenner positiv sind, haben Kovarianz und Korrelation immer dasselbe Vorzeichen. Die Korrelation besitzt gegenüber der Kovarianz den Vorteil, dass sie stets zwischen $-1$ und $1$ liegt und man daher genau einschätzen kann, ob eine Korrelation sehr groß ist oder nicht. Die Korrelation zweier Zufallsvariablen ist genau dann Null, wenn die Kovarianz Null ist. Man sagt in diesem Fall auch: „Die beiden Zufallsvariablen sind ***unkorreliert***". (→Ü4.26)

Positiv korreliert sind beim Würfeln zum Beispiel die Zufallsvariablen „$X=1$, falls die gewürfelte Zahl größer als 3 ist, sonst =0" und „$Y$=1, falls die verdeckte Seite des Würfels eine Zahl kleiner als 4 versteckt, sonst =0". Hier haben wir sogar eine Korrelation von 1:

$$\rho(X,Y) = \frac{0{,}5 - 0{,}5 \cdot 0{,}5}{0{,}5 \cdot 0{,}5} = 1 .$$

Die Zufallsvariable „$X$=1, falls die gewürfelte Zahl größer als 3 ist, sonst =0" ist ebenfalls positiv korreliert mit der Zufallsvariablen „$Y$=1, falls die gewürfelte Zahl gleich 6 ist, sonst =0". Allerdings ergibt sich nur eine Korrelation von:

$$\rho(X,Y) = \frac{1/6 - 1/2 \cdot 1/6}{1/2 \cdot \sqrt{5}/6} = \frac{1}{\sqrt{5}} = 0{,}447214 .$$

Das deutet auf einen engen positiven Zusammenhang zwischen beiden Zufallsvariablen hin, allerdings müssen beide nicht zwangsläufig miteinander verbunden sein.

**Bemerkung:** Die Beziehung $-1 \le \rho(X,Y) \le 1$ und die Tatsache, dass nur dann $|\, \rho(X,Y)\, | = 1$ gilt, wenn $X=aY+b$ für $a\neq 0,\ b\in \mathbb{R}$ vorliegt, folgen aus den beiden Ungleichungen

$$|Cov(X,Y)| \le \sigma(X)\cdot\sigma(Y),$$

$$|Cov(X,Y)| < \sigma(X)\cdot\sigma(Y), \text{ falls } X \neq aY+b \text{ und } \sigma(X)\neq 0 \neq \sigma(Y).$$

## Übungsaufgaben

***Ü.4.12*** Schreiben Sie den Wahrscheinlichkeitsraum für das Werfen einer Münze auf! Beachten Sie: Als mögliche Ausgänge gibt es Kopf oder Zahl, bei einer fairen Münze (und einem fairen Werfer) sollten beide Ereignisse gleich wahrscheinlich sein.

***Ü.4.13*** Schreiben Sie den Wahrscheinlichkeitsraum für das zweimalige Würfeln auf! Beachten Sie: Es gibt den ersten und den zweiten Wurf, die beide unterschieden werden sollen. Damit gibt es 36 verschiedene Elementarereignisse, die alle gleich wahrscheinlich sind.

***Ü.4.14*** Schreiben Sie den Wahrscheinlichkeitsraum für ein Gewinnspiel auf, bei dem zehn Personen mitspielen und nur eine Person 10 € gewinnen kann. Die Wahrscheinlichkeit zu gewinnen soll für alle gleich sein.

***Ü.4.15*** Überlegen Sie sich ein Zufallsexperiment, bei dem nicht alle Ausgänge gleich wahrscheinlich sind!

***Ü.4.16*** a) Berechnen Sie die Wahrscheinlichkeit, eine Zahl kleiner als 3 zu würfeln!
b) Berechnen Sie die Wahrscheinlichkeit, eine der beiden Zahl 1 oder 6 zu würfeln!

***Ü.4.17*** a) Berechnen Sie die Wahrscheinlichkeit beim zweimaligen Würfeln, keine 6 zu würfeln!

b) Berechnen Sie die Wahrscheinlichkeit beim zweimaligen Würfeln, nur Einsen und Zweien zu würfeln!

***Ü.4.18*** Berechnen Sie den Erwartungswert beim Werfen einer fairen Münze, wenn man bei Kopf 2 € gewinnt und bei Zahl 2 € verliert!

***Ü.4.19*** Berechnen Sie den Erwartungswert im Gewinnspiel aus Ü.4.14!

***Ü.4.20*** Betrachten Sie das zweimalige Würfeln. Berechnen Sie den Erwartungswert der Summe aus beiden Würfen!

***Ü.4.21*** Berechnen Sie Varianz und Standardabweichung zu Ü.4.18!

***Ü.4.22*** Berechnen Sie Varianz und Standardabweichung des Telefon-Gewinnspiels im Text!

***Ü.4.23*** Berechnen Sie Varianz und Standardabweichung zu Ü.4.20!

***Ü.4.24*** Von einem bestimmten Basketballspieler ist bekannt, dass seine Trefferwahrscheinlichkeiten für den ersten und zweiten Wurf eines Doppelfreiwurfs jeweils 0,8 sind. Weiter weiß man, dass er mit Wahrscheinlichkeit 0,7 bei beiden Würfen erfolgreich ist. Es seien nun $X$, $Y$ die Zufallsvariablen, die jeweils den Wert „1“ annehmen, wenn der Spieler im ersten bzw. zweiten Wurf trifft und „0“, wenn er im jeweiligen Wurf nicht trifft. Berechnen Sie $Cov(X,Y)$ und $\rho(X,Y)$.

***Ü.4.25*** Beurteilen Sie die folgenden Korrelationen (empirische Ergebnisse):

a) Bei 1000 16-jährigen Jungen wurden die Körpergrößen und Armlängen gemessen, die beiden ermittelten Werte wiesen eine Korrelation von 0,9 auf.

b) In 20 verschiedenen Landschaften wurde die Anzahl der brütenden Störche mit der Anzahl der Geburten pro Jahr verglichen. Dabei wurde eine Korrelation von 0,8 berechnet.

c) In 25 verschiedenen Gegenden wurde die Anzahl der Züge mit der Kilometerlänge der Autostaus pro Tag in Beziehung gesetzt. Dabei wurde eine Korrelation von -0,5 festgestellt.

d) Besonders schlaue Köpfe haben bei 100 Personen den Grad der Blondheit der Haare (ein Helligkeitswert) mit dem Intelligenzquotienten verglichen und dabei eine Korrelation von -0,05 errechnet.

***Ü.4.26*** Die Kovarianz zwischen Körpergröße (in cm) und Gewicht (in kg) betrage bei 40-jährigen Frauen 950. Geben Sie die Kovarianz zwischen der Körpergröße gemessen in m und dem Gewicht gemessen in g an!

## *4.7 Fortsetzung des Gesprächs: Ausgleich zwischen Risiko und Ertrag*

*Nach heftigen Diskussionen über verschiedene Aktien erinnert sich das Team von „Clever Consulting“ daran, dass das anzulegende Geld nur in zwei bestimmte Wertpapiere investiert werden soll. Nun verschaffen sie sich einen genauen Überblick über die unterschiedlichen Qualitäten dieser Geldanlagemöglichkeiten.*

*Oliver*: Wie sieht es denn eigentlich mit den Anlagequalitäten unserer Firma *Windig* aus?

*Nadine*: Hier habe ich eine Notiz vom Chef. Darauf steht, dass unsere Firma *Windig* eine erwartete Rendite von etwa 9,5 % hat und die Varianz der Rendite etwa 0,06 beträgt. Von der *Naturstromer AG* kennen wir die Volatilität von 0,2, damit haben wir in etwa eine Varianz von 0,04.

*Nadine*: Na gut. Fassen wir mal zusammen:

| | |
|---|---|
| Firma *Windig*: | Erwartungswert der jährlichen Rendite: 9,5 % |
| | Varianz der Rendite: 0,06 |
| *Naturstromer AG*: | Erwartungswert der jährlichen Rendite: 8 % |
| | Varianz der Rendite: $20\,\% \cdot 20\,\%$, das sind $0{,}2 \cdot 0{,}2 = 0{,}04$ |

*Selina*: Der Chef stellt für jeden seiner Arbeitnehmer zunächst einmal 2000 € als Kapitaleinlage zur Verfügung und diese sollen wir ***optimal*** in Unternehmensanteilen der Firma *Windig* und in Aktien der *Naturstromer AG* anlegen.

*Oliver*: Was bedeutet für den Chef „optimal"? Sollen wir das Geld so anlegen, dass die erwartete Rendite möglichst hoch ist?

*Sebastian*: Dann müssten wir das gesamte Geld in Anteile der Firma *Windig* umwandeln, dort erwarten wir die höchste Rendite. Aber diese Rendite ist auch die unsicherste, denn sie schwankt am meisten!

*Nadine*: Wir könnten das gesamte Geld in festverzinsliche Wertpapiere investieren, da erhalten wir eine sichere Rendite von 5 % jährlich. Allerdings hätte der Chef das auch ohne uns machen können, dafür muss er nicht das Team von Clever Consulting rufen. Im Übrigen scheint er sowieso nicht viel von Festgeld oder ähnlichem zu halten.

*Oliver*: Wir müssten das Geld so anlegen, dass es eine möglichst große Rendite erzielt und gleichzeitig möglichst wenig Schwankungen ausgesetzt ist.

*Sebastian*: Beides gleichzeitig geht nicht! Das ist unlogisch. Wir könnten aber einen Mindestwert für die erwartete Rendite festsetzen und dann die Varianz der Gesamtrendite minimieren. Oder wir setzen zuerst eine obere Grenze für die Varianz der Rendite fest und versuchen dann, die erwartete Rendite möglichst groß werden zu lassen. Dies nennt man das ***Erwartungswert-Varianz-Prinzip***, das der Nobelpreisträger Markowitz entwickelt hat.

*Selina*: Mmh, so, so. Zeig uns mal ein Beispiel!

*Sebastian*: Zum Beispiel möchten wir gerne eine erwartete Mindestrendite von 9 % erzielen. Dazu stellen wir nun unsere Wertpapiere zusammen. Wir stecken die Hälfte des Geldes, 1000 €, in die Firma *Windig* und die andere Hälfte wird in Aktien der *Naturstromer AG* investiert. Wir erwarten damit eine jährliche Rendite von:

$$\frac{\left(1+\frac{9.5}{100}\right)\cdot 1000+\left(1+\frac{8}{100}\right)\cdot 1000-2000}{2000}=0{,}0875\,.$$

0,0875 als Prozentwert sind 8,75 %. Wir haben also eine erwartete Gesamtrendite von 8,75 %. So ein Mist, das ist zu wenig.

Noch einmal ganz von vorne. Ich möchte einen Betrag von $K$ € geeignet anlegen. Davon investiere $x_1$ in das erste Wertpapier mit der jährlichen Verzinsung von $r_1$ % und den Rest $x_2 = K - x_1$ in das zweite Wertpapier mit der Verzinsung von $r_2$ %. Dann erhalte ich die Formel:

$$\frac{x_1\cdot\left(1+\frac{r_1}{100}\right)+x_2\cdot\left(1+\frac{r_2}{100}\right)-K}{K}=\frac{r^*}{100},$$

$r^*$ % wäre die tatsächliche Verzinsung meines Kapitals $K$.

*Nadine*: Das geht aber einfacher! Du kannst durch $K$ teilen, dann stellt $x_1/K$ den Anteil des Geldes dar, den du in das erste Wertpapier investierst; in unserem Fall beispielsweise die Hälfte des Kapitals. $x_1/K$ bezeichnen wir mit $y_1$ und behalten im Hinterkopf, dass das der Anteil ist. Im Übrigen darf man nicht ignorieren, dass es sich bei unseren Renditen um Zufallsvariablen handelt! Wir müssen also mit den Erwartungswerten rechnen:

$$\frac{r^*}{100}=E\left(y_1\cdot \mathit{Rendite}_1+y_2\cdot \mathit{Rendite}_2\right)=y_1\cdot E\left(\mathit{Rendite}_1\right)+y_2\cdot E\left(\mathit{Rendite}_2\right),$$

also

$$\frac{r^*}{100} = y_1 \cdot \frac{r_1}{100} + y_2 \cdot \frac{r_2}{100}.$$

Die Anteile $y_1$ und $y_2$ dürfen keine negativen Zahlen und sollten kleiner als Eins sein. Ihre Summe sollte Eins ergeben, da wir ja das gesamte Kapital investieren wollen. Falls eine Zahl gleich Eins ist, muss die andere Null sein, da es bedeutet, dass man das gesamte Kapital nur in ein Wertpapier investiert. In Formeln:

$$y_1 \geq 0, y_2 \geq 0,$$

$$y_1 + y_2 = 1.$$

*Selina*: Wo hast du denn die Bedingung, dass die Zahlen kleiner als Eins sein sollen, gelassen?

*Nadine*: Die ist doch bereits in beiden Bedingungen enthalten. Soll die Summe zweier positiver Zahlen Eins ergeben, so sind sie zwangsläufig beide kleiner als Eins!

*Sebastian*: Prima, jetzt haben wir eine Formel, die für alle möglichen Geldbeträge gilt. Wir müssen uns nur noch über die Größe der Anteile klar werden. Nadine, deine Formel kann man aber noch weiter vereinfachen:

***<u>Erwartete Jahresrendite eines Kapitals, das in zwei verschiedenen Geldanlagen untergebracht ist:</u>***
Vom Kapital $K$ wird der Anteil $y_1=x_1/K$ in das erste Wertpapier mit der erwarteten Jahresrendite von $r_1$ % angelegt, der Anteil $y_2=x_2/K$ wird in das zweite Wertpapier mit der erwarteten Jahresrendite von $r_2$ % angelegt. Falls

$$y_1 \geq 0, y_2 \geq 0,$$

$$y_1 + y_2 = 1,$$

(→Ü.4.27)

*Selina*: Ups, wo ist denn $y_2$ hin?

*Sebastian*: Da die Summe der Anteile Eins ergeben muss, gilt doch $y_2 = 1 - y_1$.

*Selina*: Aah! Wunderbar, jetzt ist alles einfach. Ich setze probeweise die Zahlen aus Sebastians Rechnung ein. Er hatte ja $y_1 = y_2 = 1000/2000$ gewählt, also:

$$\frac{1000}{2000} \cdot (9{,}5 - 8) + 8 = 8{,}75.$$

Die Formel stimmt tatsächlich!

*Sebastian*: Wer wagt es, an mir zu zweifeln!

*Nadine*: Selina hat durchaus recht mit ihrem Misstrauen! Du bist nämlich Weltmeister darin, kleine Fehler unauffällig unterzumischen.

*Sebastian*: Na gut, stimmt schon manchmal. - Wir haben jetzt eine Formel für die Gesamtrendite. Auf gar keinen Fall dürfen wir vergessen, dass diese Verzinsung nicht sicher ist und es sich nur um Erwartungswerte handelt! Unsere Aufgabe ist es nun, die Schwankung der Rendite unserer

Geldanlage so gering wie möglich zu halten. Wir müssen somit die Varianz der Rendite minimieren. Die Gesamtvarianz ergibt sich aus:

$$Var(y_1 \cdot Rendite_1 + y_2 \cdot Rendite_2) =$$
$$y_1^2 \cdot Var(Rendite_1) + y_2^2 \cdot Var(Rendite_2) + 2 \cdot y_1 \cdot y_2 \cdot Cov(Rendite_1, Rendite_2).$$

Gehen wir der Einfachheit halber mal davon aus, dass die beiden Renditen nichts miteinander zu tun haben, dass also die Kovarianz gleich Null ist. Falls $y_1$ die Anteile des Geldes in *Windig* darstellt und $y_2$ die Anteile in Naturstromer, dann lautet unsere Minimierungsaufgabe:

$$\min \quad y_1^2 \cdot 0{,}06 + y_2^2 \cdot 0{,}04\,.$$

(→Ü.4.28)

*Selina*: Mmh, Quadrate in der Zielfunktion sind unangenehm. Wäre jetzt alles schön linear, dann könnte ich die Aufgabe sofort lösen, das wäre ein einfaches Minimieren unter Nebenbedingungen (siehe Kapitel 1). Nun sieht die Aufgabe leider so aus:

$$\begin{aligned} \min \quad & y_1^2 \cdot 0{,}06 + y_2^2 \cdot 0{,}04 \\ \text{udN} \quad & y_1 \geq 0,\, y_2 \geq 0 \\ & y_1 + y_2 = 1 \\ & y_1 \cdot (9{,}5 - 8) + 8 \geq 9\,. \end{aligned}$$

*Sebastian*: Alles halb so schlimm. $y_2$ ergibt sich aus $y_1$, weil beides zusammen Eins ergeben muss. $y_2$ fällt somit weg. Das ist doch jetzt echt simpel!

*Nadine*: Meinst auch nur du! Ich sehe ebenfalls nicht die Lösung auf Anhieb. Am besten schreiben wir die endgültige Optimierungsaufgabe ohne $y_2$ ordentlich auf:

$$\begin{aligned} \min \quad & y_1^2 \cdot 0{,}06 + (1 - y_1)^2 \cdot 0{,}04 \\ \text{udN} \quad & y_1 \geq 0 \\ & y_1 \leq 1 \\ & y_1 \cdot (9{,}5 - 8) + 8 \geq 9\,. \end{aligned}$$

*Oliver*: Nadine und Selina, ihr habt Recht. Die Aufgabe ist weiterhin unübersichtlich. Wie wäre es an dieser Stelle mit einer Abbildung?

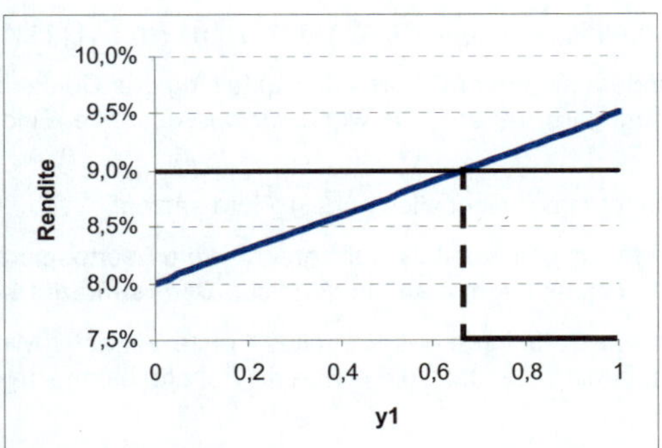


**Abbildung 4.7** *Rendite der verschiedenen Aufteilungen des Kapitals*

Die dick gezeichnete Linie, die durch die 9 % geht, gibt die Mindestverzinsung an. Die Gerade, die in (0 , 8 %) beginnt, zeigt an, wie hoch die Verzinsung unseres Gesamtkapitals ist, wenn wir den Anteil $y_1$ in Unternehmensanteilen der Firma *Windig* und den Rest des Geldes in Aktien der *Naturstromer AG* investieren. Die Mindestverzinsung erreicht man ab dem Schnittpunkt mit der 9%-Linie. Ab diesem Punkt beginnt der zulässige Bereich für $y_1$, den ich dick auf der unteren Achse markiert habe. Der zulässige Bereich endet bei $y_1 = 1$.

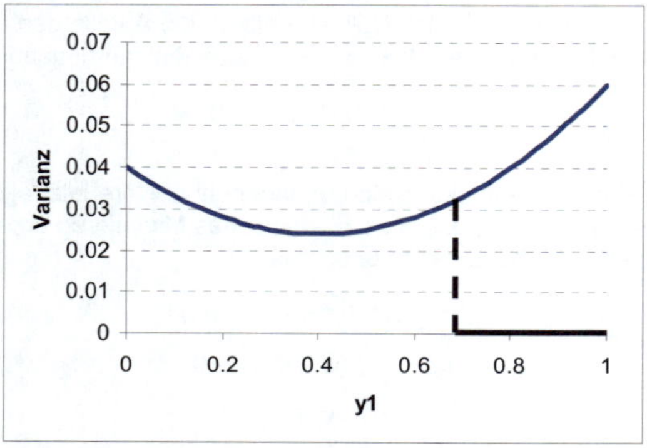


**Abbildung 4.8** *Varianz in Abhängigkeit des Anteils im ersten Wertpapier*

Diese Kurve stellt die Varianz des Portfolios dar, wenn man den Anteil $y_1$ in *Windig* investiert und den Rest in Naturstromer. Den zulässigen Bereich für $y_1$ habe ich wieder in der horizontalen Achse verdickt dargestellt. In der Abbildung sieht man deutlich, dass in diesem Bereich die Kurve nur noch steigt. Die geringste Varianz hat damit das Portfolio mit dem kleinsten zulässigen $y_1$-Anteil.

*Nadine*: Das bedeutet also, dass wir nur den Schnittpunkt der Rendite-Gerade mit der 9 % -Linie berechnen müssen

$$y_1 \cdot (9{,}5-8)+8=9$$

$$\Rightarrow \quad y_1 = 0{,}6666667\,.$$

Das ist nun der optimale $y_1$-Anteil, der Rest $y_2 = (1-y_1) = 0{,}3333333$ wird dann in Naturstromer investiert. Mit dieser Aufteilung haben wir eine erwartete Rendite von 9 %. Von den 2000 € fließen also 1333,34 € in die Firma *Windig* und 666,66 € in die Naturstromer Aktien. Die Varianz der Rendite dieses Portfolios ist

$$0{,}6666667^2 \cdot 0{,}06 + 0{,}3333333^2 \cdot 0{,}04 = 0{,}0311111\,.$$

Oh, das ist sogar besonders angenehm! Durch die Aufteilung des Geldes auf die beiden Wertpapiere haben wir eine geringere Varianz, als wenn wir das gesamte Geld nur in ein Wertpapier gesteckt hätten.

*Oliver*: Man sagt ja auch, man soll nicht alles auf ein Pferd setzen!

*Selina*: Dass durch Verteilen des Kapitals auf verschiedene Wertpapiere die Schwankung der Rendite verringert werden kann, nennt man übrigens den ***Diversifikationseffekt***.

*Sebastian*: Soooo! Das war Optimieren des Portfolios - erste Variante: Minimiere die Varianz der Rendite unter der Nebenbedingung, dass die erwartete Rendite einen vorgegebenen Mindestwert erreicht.

Jetzt kommt: Optimieren des Portfolios - zweite Variante. Dazu legt man eine maximale Varianz fest und maximiert anschließend die erwartete Rendite.

*Oliver*: Jetzt bin ich an der Reihe, die Optimierungsaufgabe mathematisch korrekt aufzuschreiben:

$$\begin{aligned} \max \quad & y_1 \cdot (9{,}5-8)+8 \\ \text{NB} \quad & y_1 \geq 0 \\ & y_1 \leq 1 \\ & y_1^2 \cdot 0{,}06 + (1-y_1)^2 \cdot 0{,}04 \leq 0{,}03 . \end{aligned}$$

Wie ihr alle seht, habe ich die maximale Varianz mit $0{,}03$ festgesetzt. Wir suchen also eine Zusammenstellung der Wertpapiere, deren Rendite noch etwas weniger schwankt als vorhin.

*Selina*: Und wer fertigt nun eine Abbildung an?

*Oliver*: Du?

*Selina*: Verschont mich bloß damit!

*Oliver*: Auf, probiere es einmal! Zuerst fertigst du eine ähnliche Abbildung wie die letzte an!

*Selina*: Na gut. Hier muss ich nur noch die Linie mit der Maximalvarianz von $0{,}03$ hinzufügen:

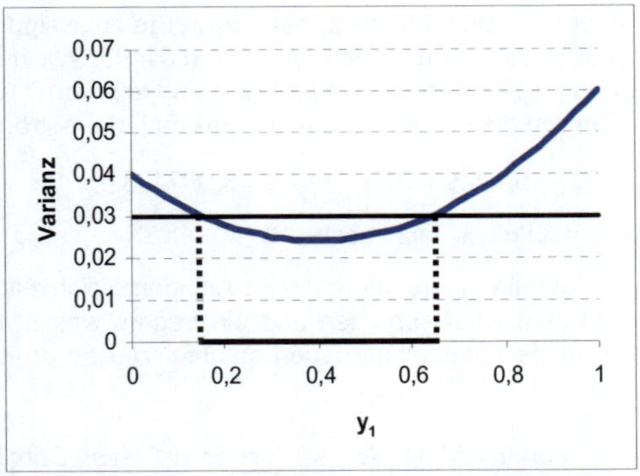


**Abbildung 4.9** *Varianz der verschiedenen Aufteilungen des Kapitals*

Dort, wo die Kurve unter der Linie mit der Maximalvarianz liegt, ist der zulässige Bereich für $y_1$, den ich auf der horizontalen Achse dick markiert habe.

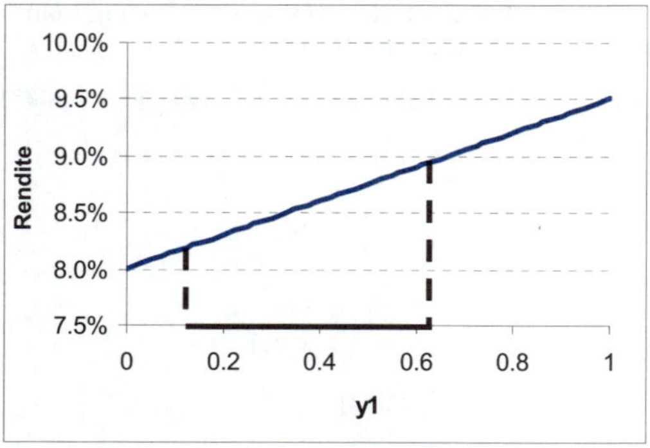


**Abbildung 4.10** *Rendite der verschiedenen Aufteilungen des Kapitals*

In meiner zweiten Abbildung habe ich den zulässigen Bereich für $y_1$ wiederum dick markiert. In diesem Bereich steigt die Rendite-Gerade, d.h., die Rendite wird umso größer, je größer der Anteil an *Windig*-Wertpapieren wird. Und nun?

*Nadine*: Wir müssen zuerst den zulässigen Bereich exakt bestimmen. Die beiden Schnittpunkte der Kurve mit der Maximalvarianz-Geraden ergeben sich durch:

$$y_1^2 \cdot 0,06 + (1 - y_1)^2 \cdot 0,04 = 0,03$$

$$\Rightarrow \underline{y}_1 = 0,15505, \quad \overline{y}_1 = 0,64495\,.$$

Da die Rendite-Gerade in diesem Bereich steigt, hat der größte zulässige Wert auch die höchste erwartete Rendite. Der größte zulässige Anteil für $y_1$ ist 0,64495. Wir müssen von den 2000 € Grundkapital den Betrag von 1289,90 € in *Windig* und den Rest von 710,10 € in Naturstromer anlegen. Für diese Aufteilung ist die erwartete Rendite maximal. Sie beträgt:

$$0,64495 \cdot (9,5 - 8) + 8 = 8,967425\,.$$

*Oliver*: Also eine Rendite von 8,967 %, nicht schlecht!

*Sebastian*: Jetzt haben wir bereits einige interessante Anlagemöglichkeiten entdeckt. Allerdings sollten wir noch einmal mit dem Chef sprechen und ihn fragen, was er unter optimal versteht, welche Maximalvarianz er für die Geldanlage haben möchte oder ob er auf einer Mindestrendite besteht.

*Kaum hat der Chef seine Teepause beendet, wird er vom Clever Consulting Team beschlagnahmt, das ihm ausführlich das Erwartungswert-Varianz-Prinzip erklärt. Und während der Chef aufmerksam zuhört, kommen ihm neue Gedanken in den Sinn...*

**Diskussion 4.7**

Warum ist es nicht möglich, die erwartete Rendite des Portfolios zu maximieren und gleichzeitig die Varianz zu minimieren?

**Übungsaufgaben**

***Ü.4.27*** Berechnen Sie die erwartete Verzinsung des Kapitals von 2000 €, falls der Betrag von $x_1$€ in Unternehmensanteilen der Firma *Windig* und der Rest in Aktien der *Naturstromer AG* investiert wird!

a) $x_1 = 1800$ b) $x_1 = 700$ c) $x_1 = 1500$
d) $x_1 = 1100$ e) $x_1 = 900$ f) $x_1 = 2000$

***Ü.4.28*** Berechnen Sie die Varianz der Rendite, falls bei einem Kapital von 2000 € der Betrag von $x_1$€ in Unternehmensanteilen der Firma *Windig* und der Rest in Aktien der *Naturstromer AG* investiert wird!

a) $x_1 = 1800$ b) $x_1 = 700$ c) $x_1 = 1500$
d) $x_1 = 1100$ e) $x_1 = 900$ f) $x_1 = 2000$

***Ü.4.29*** Stellen und lösen Sie die Optimierungsaufgabe mit den Daten aus dem Gespräch,

a) wenn die erwartete Rendite mindestens 8,8 % betragen soll!

b) wenn die erwartete Rendite mindestens 8,3 % betragen soll! (*Hinweis*: Man muss eine Kurvendiskussion durchführen!)

c) wenn die Varianz der Rendite höchstens 0,035 betragen soll!

d) wenn die Varianz der Rendite höchstens 0,05 betragen soll!

## 4.8 Mathematische Grundlagen: Der Erwartungswert-Varianz-Ansatz

In diesem Abschnitt soll der Erwartungswert-Varianz-Ansatz für die Bestimmung optimaler Investmentstrategien vorgestellt werden. Bevor wir uns eingehend mit der Theorie auseinandersetzen, wollen wir zunächst aufzeigen, dass einige mögliche Kriterien zur Bestimmung der besten Investmentstrategie, die durchaus natürlich erscheinen mögen, nicht praktikabel bzw. sehr problematisch sind. Diese Vorüberlegungen können auch interaktiv im Kursverband erarbeitet werden.

**Vorüberlegung: Was ist eigentlich eine „optimale Anlagestrategie"?**

Die Lösung des Problems

***„Bestimme die Strategie, mit der ich so reich wie möglich werde !"***

ist für den Investor ein naheliegendes Ziel, aber sicher keine sinnvoll gestellte Aufgabe. Die Strategie, mit der aus einem vorhandenen Anfangsvermögen das größtmögliche Endvermögen erzeugt wird, kann nämlich nur dann bestimmt werden, wenn bereits zu Beginn, also im Zeitpunkt der Entscheidung über die zu verfolgende Strategie, die vollständigen Preisverläufe aller Wertpapiere bekannt wären. Folglich könnte man die oben gestellte Aufgabe nur lösen, wenn man in die Zukunft schauen könnte.

Da die Aktienkurse aber nicht (exakt) vorhersagbar sind, können wir keine solche Strategie bestimmen, bei der wir immer – unabhängig von der zukünftigen Entwicklung der Aktienpreise – das größtmögliche Endvermögen erzielen werden. Wenn wir ein stochastisches Modell, d.h. ein Modell mit Zufallskomponenten, für die Entwicklung der Aktienkurse unterstellen, können wir nur erwarten, ein geeignetes Durchschnittskriterium über alle möglichen Szenarien der Zukunft zu maximieren. Damit würde sich die nächste naheliegende Formulierung des Portfolio-Problems ergeben:

***„Bestimme die Strategie, die den Erwartungswert des Endvermögens, $E(X(T))$, maximiert!“***

Diese Aufgabe ist bei gegebener stochastischer Modellierung der Wertpapierpreise auch ohne Kenntnis der Zukunft zu lösen. Das Problem, das in diesem Fall auftritt, ist aber die Form der Lösung selbst. Die optimale Strategie zu obiger Aufgabenstellung besteht nämlich darin, alles in die Aktie mit der höchsten erwarteten Rendite zu investieren. (Der Grund hierfür ist die Linearität des Erwartungswertes.) Dies ist aber eine sehr riskante Strategie, bei der das Endvermögen großen Schwankungen unterworfen sein kann. Bereits auf den ersten Blick wird man sich des Eindrucks kaum erwehren können, dass hier nur nach der Maximierung der Chance unter völliger Vernachlässigung des Risikos entschieden wurde. Es ergibt sich deshalb die folgende Aufgabenstellung:

***„Finde eine Formulierung (und Lösung !) des Portfolio-Problems, in der sowohl Risiko als auch Ertrag angemessen berücksichtigt werden !“***

Der erste systematische Ansatz zur Modellierung und Lösung dieses Problems, der Erwartungswert-Varianz-Ansatz von H. Markowitz (1952), kann als Beginn der modernen Portfolio-Theorie angesehen werden. Seine Bedeutung für Theorie und Praxis wird auch durch den 1990 an Markowitz verliehenen Nobelpreis für Wirtschaftswissenschaften unterstrichen. Ausgangspunkt für den Ansatz von Markowitz ist das oben angesprochene Problem, dass die reine Maximierung des erwarteten Endvermögens $E(X(T))$, dazu führt, dass das vollständige Kapital in eine einzige Aktie investiert wird. Dabei wird außer Acht gelassen, dass die Schwankung des Endvermögens um diesen Erwartungswert sehr groß sein kann. Um nun diese Schwankung zu beschränken, führt Markowitz die Nebenbedingung ein, dass die Varianz des Endvermögens, $Var(X(T))$, unter einer vorgegebenen Schranke liegen soll. Hiermit soll sicher gestellt werden, dass das tatsächlich erzielte Endvermögen nicht allzu weit vom (erhofften) Erwartungswert des Endvermögens entfernt sein wird. Als eine optimale Investmentstrategie wird von Markowitz die Strategie bezeichnet, die unter der Einhaltung dieser Nebenbedingung an die Varianz den maximalen Erwartungswert $E(X(T))$, besitzt. Im Folgenden behandeln wir zunächst die Fälle, bei denen zwei bzw. drei Wertpapiere zur Auswahl stehen und zum Ende des Abschnitts werden wir auf den allgemeinen Fall eingehen.

### a) Der Erwartungswert-Varianz-Ansatz im Fall von zwei Wertpapieren

Wir betrachten die Situation eines Investors, der ein Anfangsvermögen von $x$ besitzt und dies in zwei verschiedene Wertpapiere investieren möchte, deren heutige Kurse $p_1$ und $p_2$ bekannt seien. Da wir unser Geld bis zum Zeitpunkt $T$ investieren wollen, interessieren wir uns für die ***Renditen*** (also die relativen Kursänderungen) der Wertpapiere

$$R_i = \frac{P_i(T) - p_i}{p_i}, \ i = 1,2,$$

auf dem Zeitraum $[0,T]$ des betrachteten Investmentproblems, wobei $P_i(T)$ der heute unbekannte Aktienkurs der $i$. Aktie im Zeitpunkt $T$ ist. Wir nehmen an, dass die Erwartungswerte, die Varianzen und die Kovarianzen der Renditen bekannt sind, d.h. wir kennen

$$\mu_1 = E(R_1), \mu_2 = E(R_2), \sigma_{11} = Var(R_1), \sigma_{22} = Var(R_2), \sigma_{12} = Cov(R_1, R_2).$$

Um nur ökonomisch sinnvolle Fälle zu betrachten, wollen wir ausschließen, dass die beiden Renditen eine Korrelation von +1 oder -1 haben. Andernfalls hieße dies, dass eine Rendite vollkommen von der anderen abhängt. Es soll nun eine Wertpapierzusammenstellung gesucht werden, bei der mit hoher Sicherheit eine akzeptable Rendite des Gesamtvermögens erreicht wird.

Wir teilen unser Vermögen $x$ im Zeitpunkt $t = 0$ in die beiden prozentualen Anteile $\pi_1$ und $\pi_2$ auf, wobei $\pi_i$ den Anteil am Gesamtvermögen beschreibt, der in die $i$.Aktie investiert wird. Dabei sollen die Bedingungen

$$\pi_1 \geq 0, \quad \pi_2 \geq 0, \quad 1 = \pi_1 + \pi_2$$

gelten, da zum einen keine negative Anzahl von Aktien gehalten werden sollen und zum anderen die Summe der prozentualen Anteile eins ergeben muss. Ein solches Paar $(\pi_1, \pi_2)$ wird als ***Portfolio*** bezeichnet. Wenn nun $X^\pi(T)$ das Endvermögen bei Verwendung des Portfolios $\pi = (\pi_1, \pi_2)$ bezeichnet, so ergibt sich die zugehörige ***Portfoliorendite*** als

$$R^\pi = \frac{X^\pi(T) - x}{x}$$

und gleichzeitig auch als gewichtete Summe der einzelnen Aktienerträge, denn es gilt

$$R^\pi = \pi_1 R_1 + \pi_2 R_2 .$$

Folglich erhalten wir den Erwartungswert und die Varianz der Portfoliorendite als

$$E\left(R^\pi\right) = \pi_1 E(R_1) + \pi_2 E(R_2) = \pi_1 \mu_1 + \pi_2 \mu_2 ,$$

$$Var\left(R^\pi\right) = Var(\pi_1 R_1 + \pi_2 R_2) = \pi_1^2 \sigma_{11} + \pi_2^2 \sigma_{22} + 2\pi_1 \pi_2 \sigma_{12} .$$

Die obige Forderung nach einer akzeptablen Rendite, die mit möglichst hoher Sicherheit erreicht werden soll, lässt sich als das Problem des Minimierens der Varianz der Portfoliorendite unter der Nebenbedingung, dass der Erwartungswert der Portfoliorendite mindestens $K$ sein soll, interpretieren. Diese Aufgabe ist eine Form des Erwartungswert-Varianz-Ansatzes nach Markowitz und wird nun von uns gelöst. Formal lautet das Optimierungsproblem:

(VE)

$$\min_{\pi_1, \pi_2} \left(\pi_1^2 \sigma_{11} + 2\pi_1 \pi_2 \sigma_{12} + \pi_2^2 \sigma_{22}\right)$$
$$\text{udN} \quad \pi_1 \geq 0, \quad \pi_2 \geq 0, \quad 1 = \pi_1 + \pi_2, \quad \mu_1 \pi_1 + \mu_2 \pi_2 \geq K ,$$

wobei wir der Einfachheit halber $\mu_1 \neq \mu_2$ annehmen. Löst man nun die Nebenbedingung $1 = \pi_1 + \pi_2$ nach $\pi_2$ auf und setzt diesen Ausdruck anstelle von $\pi_2$ in die Zielfunktion des Optimierungsproblems ein und nimmt der Einfachheit halber an, dass

$$\mu_1 > \mu_2$$

gilt (das darf man immer annehmen, da man im umgekehrten Fall die „erste Aktie" in „zweite Aktie" umbenennen kann) , so erhält man das äquivalente Problem:

(VE*)

$$\min_{\pi_1} \left((\sigma_{11} - 2\sigma_{12} + \sigma_{22})\pi_1^2 + 2(\sigma_{12} - \sigma_{22})\pi_1 + \sigma_{22}\right)$$
$$udN \quad 0 \leq \pi_1 \leq 1, \quad \pi_1 \geq \frac{K - \mu_2}{\mu_1 - \mu_2} =: K^* .$$

Damit dieses Problem auch eine Lösung besitzt, setzen wir voraus, dass die Forderung eines Mindesterwartungswerts für die Rendite erfüllbar ist, was in der obigen Formulierung (VE*) durch die Annahme

$$K^* \leq 1$$

gesichert wird. Wir erhalten also als ***zulässigen Bereich*** für $\pi_1$ das Intervall $[\max(0, K^*), 1]$.
Um (VE*) zu lösen, muss man eine quadratische Funktion in $\pi_1$ über einem abgeschlossenen Intervall minimieren. Da $|\rho(X,Y)|<1$ gilt, folgt $\sigma_{11} - 2\sigma_{12} + \sigma_{22} > 0$, d.h., die zu minimierende Funktion in (VE*) ist eine nach oben geöffnete Parabel in $\pi_1$ mit einem eindeutigen Minimum bei

$$\hat{\pi}_1 = \frac{\sigma_{22} - \sigma_{12}}{\sigma_{11} - 2\sigma_{12} + \sigma_{22}}.$$

**Fall 1:** $\sigma_{22} - \sigma_{12} \leq 0$, also $\hat{\pi}_1 \leq 0$

In diesem Fall ist die zu minimierende Funktion um so kleiner, je kleiner $\pi_1$ ist. Folglich erhalten wir den optimalen Wert für $\pi_1$ als den kleinsten zulässigen Wert mit

$$\pi_1^{opt} = \min\left( \max\left(0, K^*\right), 0\right).$$

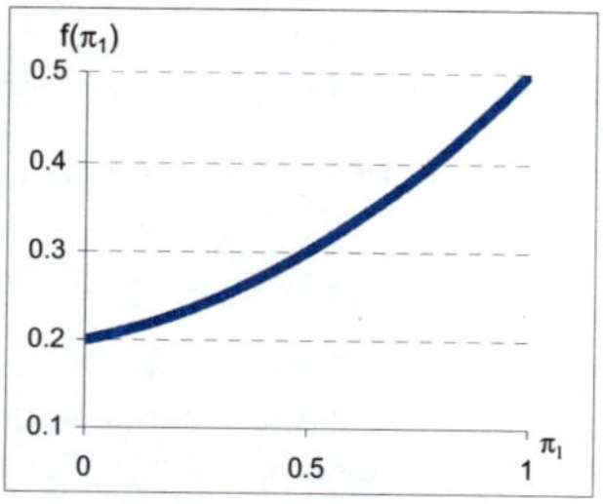


**Abbildung 4.11** *Fall 1:* $\hat{\pi}_1 < 0$

Der optimale Wert für $\pi_2$ ergibt sich gemäß

$$\pi_2^{opt} = 1 - \pi_1^{opt}.$$

**Fall 2:** $\sigma_{22} - \sigma_{12} > 0 \quad \left(also \quad \hat{\pi}_1 > 0\right)$

Je nach Lage des Minimums, $1 > \hat{\pi}_1 > 0$ (Fall 2a) oder $\hat{\pi}_1 \geq 1$ (Fall 2b) ergeben sich zwei mögliche Bilder:

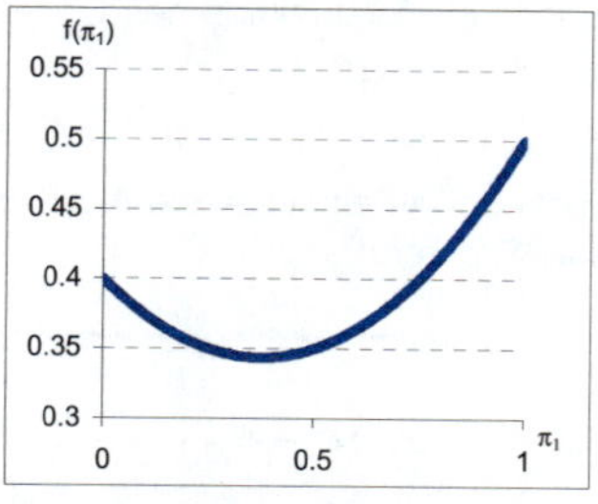


**Abbildung 4.12** *Fall 2a:* $0 < \hat{\pi}_1 < 1$

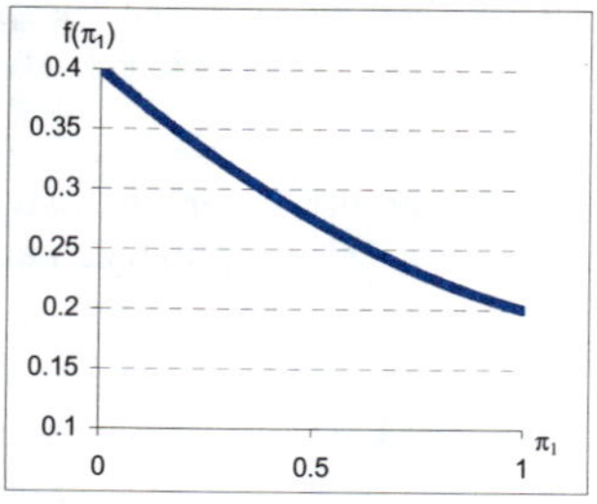


**Abbildung 4.13** *Fall 2b:* $\hat{\pi}_1 > 1$

Im linken Bild liegt das absolute Minimum im Innern des Intervalls [0,1]. Im rechten Bild wird die zu minimierende Funktion um so kleiner, je größer $\pi_1$ ist. Je nach Gestalt des zulässigen Bereichs (d.h. in Abhängigkeit des Werts von $K^*$) erhalten wir aus den beiden Bildern den optimalen Wert für $\pi_1$ als

$$\pi_1^{opt} = \begin{cases} \hat{\pi}_1, & falls \quad K^* \le \hat{\pi}_1 \le 1 \\ 1, & falls \quad K^* \le 1 \le \hat{\pi}_1 \\ K^*, & falls \quad \hat{\pi}_1 \le K^* \end{cases}$$

und den optimalen Wert für $\pi_2$ über

$$\pi_2^{opt} = 1 - \pi_1^{opt}.$$

Wir formulieren das Ganze als Algorithmus (unter der Annahme $\mu_1 > \mu_2$) :

**Algorithmus 4.1:** *Erwartungswert-Varianz-Problem für zwei Wertpapiere* (Formulierung (VE))

1. Berechne aus den gegebenen Daten $K^* := \dfrac{K - \mu_2}{\mu_1 - \mu_2}$. Die Aufgabe hat nur dann eine Lösung, wenn $K^* \le 1$.
2. Zeichne die Funktion $f(\pi_1) = (\sigma_{11} + \sigma_{22} - 2\sigma_{12})\pi_1^2 + 2(\sigma_{12} - \sigma_{22})\pi_1 + \sigma_{22}$ über dem für $\pi_1$ zulässigen Bereich $\left[\max\left(0, K^*\right), 1\right]$.
3. Bestimme je nach Gestalt von $f(\pi_1)$ über $\left[\max(0, K^*), 1\right]$ das Minimum und erhalte

$$\pi_1^{opt} = \begin{cases} K^* & \text{falls } K^* > 0 \\ 0 & \text{falls } K^* \le 0 \end{cases} \qquad \text{im Fall } \sigma_{22} - \sigma_{12} \le 0,$$

$$\pi_1^{opt} = \begin{cases} \hat{\pi}_1, & falls \quad K^* \le \hat{\pi}_1 \le 1 \\ 1, & falls \quad K^* \le 1 \le \hat{\pi}_1 \\ K^*, & falls \quad \hat{\pi}_1 \le K^* \end{cases} \qquad \text{im Fall } \sigma_{22} - \sigma_{12} > 0.$$

4. Berechne den optimalen Wert für $\pi_2$ mit $\pi_2^{opt} = 1 - \pi_1^{opt}$.

**Bemerkung:** Im Fall $\mu_1 = \mu_2$ erkennt man sofort, dass die Mindestrenditeforderung

$$\mu_1 \pi_1 + \mu_2 \pi_2 \ge K$$

genau dann erfüllbar ist, wenn $\mu_1 \ge K$ gilt. Liegt dies vor, ist das ganze Intervall [0, 1] zulässig für $\pi_1$. Wir können dann das optimale Paar ($\pi_1^{opt}$, $\pi_2^{opt}$) mit Algorithmus 4.1 und $K^*=0$ bestimmen. Andernfalls existiert kein Paar ($\pi_1$, $\pi_2$), das die Mindestrenditeforderung erfüllt, d.h. der zulässige Bereich ist leer.

**Diskussion 4.8:**

An dieser Stelle kann das Optimierungsproblem diskutiert werden. Ist es wirklich die Umsetzung der Forderung einer „Mindestrendite mit möglichst hoher Sicherheit“? Gibt es noch andere sinnvolle Formulierungen dieser Aufgabenstellung? Welche sonstigen Optimierungsmöglichkeiten bieten sich an ?

(→Ü.4.30)

**Bemerkung**

Ist in der obigen Herleitung das zweite Wertpapier eine risikolose Anlage mit Rendite $\mu_2$, so gelten $\sigma_{22}=\sigma_{12}=0$. Man benötigt somit keine Kovarianz und erhält

$$E\left(R^{\pi}\right)=\pi_1\mu_1+\pi_2\mu_2\,,$$

$$Var\left(R^{\pi}\right)=Var\left(\pi_1 R_1+\pi_2\mu_2\right)=Var\left(\pi_1 R_1\right)=\pi_1{}^2\sigma_{11}^2\,.$$

Damit ergibt sich mit $\mu_1>\mu_2$ das Problem

$$\text{(VE*)}\qquad \begin{array}{ll} \min\limits_{\pi_1} & \pi_1^2\sigma_{11} \\ \text{udN} & 0\le\pi_1\le 1,\quad \pi_1\ge K^* \end{array}\,,$$

Wegen $\sigma_{11}>0$ hat dieses Problem (unter der Annahme $K^*\le 1$) offenbar die Lösung

$$\pi_1^{opt}=\max\left(0,K^*\right),\quad \pi_2^{opt}=1-\max\left(0,K^*\right),$$

da man sich immer im Fall 1 mit $\sigma_{22}-\sigma_{12}\le\ 0$ befindet.

**b) Der Erwartungswert-Varianz-Ansatz im Fall von drei Wertpapieren**

Den meisten Personen erscheint die Aufgabenstellung, den Ertrag unter „erträglichem Risiko“ zu maximieren, das natürlichere Problem. Wir wollen es deshalb in diesem Abschnitt zusammen mit einer graphischen Lösungsmethode im Fall von drei Wertpapieren vorstellen.
Wir erweitern nun unseren Markt um ein drittes Wertpapier. Der Einfachheit halber beschränken wir uns auf die Variante, dass das dritte Wertpapier ein risikoloses Wertpapier mit einer Rendite von $\mu_3=r$ ist, für das natürlich die Varianz und die Kovarianzen $\sigma_{13}$, $\sigma_{23}$, $\sigma_{31}$, $\sigma_{32}$ alle gleich Null sind. Die Renditen der beiden anderen Wertpapiere sollen jeweils postive Varianzen $\sigma_{jj}$ haben. Weiter sei die Korrelation der Renditen der beiden Wertpapiere verschieden von ±1.
Die Aufgabenstellung, den Ertrag unter „erträglichem Risiko“ zu maximieren, lässt sich nun als das Problem interpretieren, unter allen Portfolios ($\pi_1$, $\pi_2$, $\pi_3$), die eine Varianz der Portfoliorendite von höchstens $C$ besitzen, dasjenige mit dem höchsten Erwartungswert der Portfoliorendite zu bestimmen. Wenn wir nun beachten, dass das risikolose Wertpapier keinen Beitrag zur Portfoliorenditevarianz liefert, erhalten wir damit das Problem

(EV)

$$\max_{\pi_1,\pi_2,\pi_3}\left(\pi_1\mu_1+\pi_2\mu_2+\pi_3 r\right)$$

$$udN\quad \pi_1\ge 0,\pi_2\ge 0,\pi_3\ge 0,\quad 1=\pi_1+\pi_2+\pi_3,\quad \pi_1^2\sigma_{11}+2\pi_1\pi_2\sigma_{12}+\pi_2^2\sigma_{22}\le C$$

Dies ist wieder eine Form des Erwartungswert-Varianz-Ansatzes nach Markowitz. Um uns im Folgenden einige Fallunterscheidungen zu ersparen, wollen wir noch annehmen, dass die Varianzschranke $C > 0$ so klein gewählt wurde, dass ein reines Investment in eines der beiden riskanten Wertpapiere nicht zulässig ist und dass die beiden riskanten Wertpapiere eine andere erwartete Rendite als das risikolose Wertpapier besitzen, dass also

$$C < \min\{\sigma_{11}, \sigma_{22}\} \text{ und } \mu_1 \neq r \neq \mu_2$$

gelten. Diese Annahme ist in der Praxis so gut wie immer erfüllt.
Durch Auflösen der Gleichungsnebenbedingung $1 = \pi_1 + \pi_2 + \pi_3$ nach $\pi_3$ und Einsetzen dieses Ausdrucks anstelle von $\pi_3$ in das Optimierungsproblem, erhalten wir das äquivalente Problem:

(EV*)
$$\max_{\pi_1, \pi_2, \pi_3} \left(\pi_1(\mu_1 - r) + \pi_2(\mu_2 - r) + r\right)$$
$$udN \quad \pi_1 \geq 0, \pi_2 \geq 0, \quad \pi_1 + \pi_2 \leq 1, \quad \pi_1^2\sigma_{11} + 2\pi_1\pi_2\sigma_{12} + \pi_2^2\sigma_{22} \leq C$$

Man beachte, dass dies jetzt nur noch ein Problem in zwei Variablen ist, bei dem eine lineare Zielfunktion über einem Bereich zu maximieren ist, der durch lineare Nebenbedingungen und eine quadratische Nebenbedingung gegeben ist.

Genauer:
Der zulässige Bereich von (EV*) für die Paare $(\pi_1, \pi_2)$ ist der Bereich im positiven Quadranten, der unterhalb der Geraden $1 = \pi_1 + \pi_2$ **und** unterhalb der durch die Gleichung $\pi_1^2\sigma_{11} + 2\pi_1\pi_2\sigma_{12} + \pi_2^2\sigma_{22} = C$ gegebenen Kurve liegt. Die letzte Gleichung beschreibt eine Ellipse (man beachte, dass aufgrund der Beziehung $|Cov(X,Y) \leq \sigma(X) \cdot \sigma(Y)|$ insbesondere $\sigma_{11} + \sigma_{22} \geq \sigma_{12}$ gilt). Diese Gleichung lässt sich nicht immer eindeutig als Funktion von $\pi_1$ schreiben, da es auch vorkommen kann, dass einem Wert von $\pi_1$ zwei Werte von $\pi_2$ zugeordnet werden können (wie unten im ersten Beispielbild). Es gilt nämlich

$$\pi_1^2\sigma_{11} + 2\pi_1\pi_2\sigma_{12} + \pi_2^2\sigma_{22} = C$$
$$\Leftrightarrow \quad \left(\pi_2 + \pi_1\frac{\sigma_{12}}{\sigma_{22}}\right)^2 = \frac{C}{\sigma_{22}} - \pi_1^2\frac{\sigma_{11}\sigma_{22} - \sigma_{12}^2}{\sigma_{22}^2}.$$

Ist nun die rechte Seite negativ, dann existiert kein $\pi_2$, so dass das Paar $(\pi_1, \pi_2)$ auf der Ellipse liegt. Ist die rechte Seite hingegen nicht-negativ, so können wir auf beiden Seiten die Wurzel ziehen und erhalten sowohl für die Wahl der positiven als auch der negativen Wurzel der rechten Seite nach anschließendem Subtrahieren von $(\pi_1\sigma_{12})/\sigma_{22}$ die beiden folgenden Paare

$$(\pi_1, \pi_2) = \left(\pi_1, \sqrt{\frac{C}{\sigma_{22}} - \pi_1^2\frac{\sigma_{11}\sigma_{22} - \sigma_{12}^2}{\sigma_{22}^2}} - \pi_1\frac{\sigma_{12}}{\sigma_{22}}\right),$$

$$(\pi_1, \pi_2) = \left(\pi_1, -\sqrt{\frac{C}{\sigma_{22}} - \pi_1^2\frac{\sigma_{11}\sigma_{22} - \sigma_{12}^2}{\sigma_{22}^2}} - \pi_1\frac{\sigma_{12}}{\sigma_{22}}\right),$$

die auf der Ellipse liegen. Zur Lösung unseres Problems sind allerdings nur die Paare mit nichtnegativen Komponenten relevant.
Als typische Bilder für den zulässigen Bereich ergeben sich:

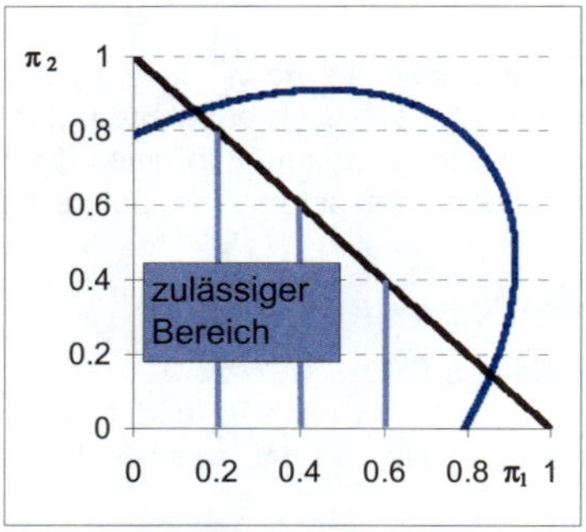


**Abbildung 4.14** *Beispiel 4.1*

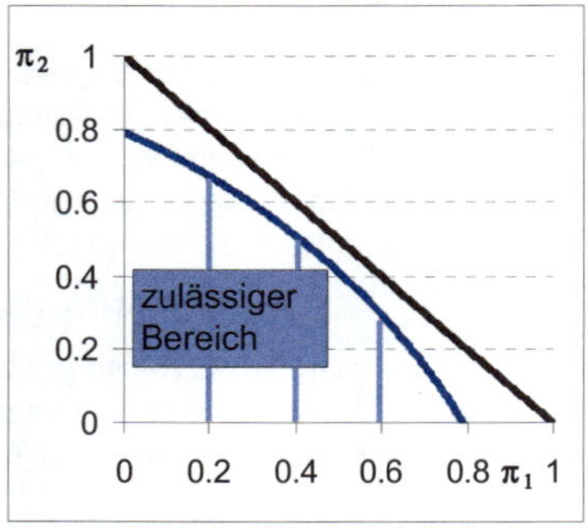


**Abbildung 4.15** *Beispiel 4.2*

Hierbei wurden die folgenden Daten gewählt:
$\sigma_{11}$=0,4 $\sigma_{22}$=0,4 $C = 0{,}25$ (für beide Bilder), $\sigma_{12}$= -0,2 im Fall des ersten Bildes, $\sigma_{12}$= 0,2 im Fall des zweiten Bildes.

Wie man anhand obiger Bilder sieht, erlaubt die negative Kovarianz zu gegebenem $\pi_1$ einen höheren Wert von $\pi_2$ als im Fall positiver Kovarianz, was sich dadurch erklärt, dass die negative Kovarianz zwischen den Aktien für eine ***Risikoreduktion*** sorgt. Allerdings erzielt man auch im zweiten Fall eine Risikoreduktion durch Aufteilung des Vermögens in die beiden Wertpapiere gegenüber dem Investment des gleichen Betrags in lediglich ein Wertpapier. Man erkennt dies daran, dass der Ellipsenteil, der im positiven Quadranten liegt und Paare $(\pi_1, \pi_2)$ mit gleicher Varianz $C$ der Portfoliorendite beschreibt, oberhalb der Geraden liegt, die die beiden Schnittpunkte der Ellipse mit den Koordinatenachsen verbindet. Dieser Effekt der Risikoreduktion durch Zusammenstellung mehrerer Wertpapiere heißt ***Diversifikationseffekt*** (und wird weiter unten auch theoretisch begründet). Aus ihm leitet sich eines der wichtigsten Prinzipien der Finanzmathematik ab, das ***Diversifikationsprinzip*** der ***Risikoreduktion durch Streuung des Investments auf verschiedene Anlagemöglichkeiten***.

Analog zum Vorgehen in Kapitel 1 erhält man jetzt die optimale Lösung, indem man die Gerade, die senkrecht auf dem Vektor $(\mu_1 - r, \mu_2 - r)$ steht, also die Funktion

$$g(x) = -\frac{\mu_1 - r}{\mu_2 - r}x,$$

bis zum Rand des zulässigen Bereichs in Richtung des Vektors $(\mu_1 - r, \mu_2 - r)$ verschiebt. Der so entstandene Schnittpunkt der Geraden mit dem zulässigen Bereich stellt das optimale Paar $\left(\pi_1^{opt}, \pi_2^{opt}\right)$ dar. Je nach Gestalt des zulässigen Bereichs erhält man den Schnittpunkt auf zwei Arten:

**1. Fall:** Es existiert ein Schnittpunkt der Ellipse $\pi_1^2\sigma_{11} + 2\pi_1\pi_2\sigma_{12} + \pi_2^2\sigma_{22} = C$ mit der Geraden $1 = \pi_1 + \pi_2$.
Hier erhält man durch Einsetzen der Geradengleichung in die Ellipsengleichung, also durch die Wahl von $\pi_2 = 1 - \pi_1$ in der Ellipsengleichung, die quadratische Gleichung

$$\pi_1^2 + 2\pi_1 \frac{\sigma_{12} - \sigma_{22}}{\sigma_{22} + \sigma_{11} - 2\sigma_{12}} + \frac{\sigma_{22} - C}{\sigma_{22} + \sigma_{11} - 2\sigma_{12}} = 0,$$

die in diesem Fall zwei Lösungen hat. Die Lösung, die $\pi_1^{opt}$ ergibt, ist die Komponente $\pi_1$ des Punkts, durch den auch die bis an den Rand des zulässigen Bereichs verschobene Gerade geht, die senkrecht auf dem Vektor $(\mu_1 - r, \mu_2 - r)$ steht. Weiter erhält man

$$\pi_2^{opt} = 1 - \pi_1^{opt}, \pi_3^{opt} = 0.$$

**2. Fall:** Es existiert kein Schnittpunkt der Ellipse $\pi_1^2\sigma_{11} + 2\pi_1\pi_2\sigma_{12} + \pi_2^2\sigma_{22} = C$ mit der Geraden $1 = \pi_1 + \pi_2$.

In diesem Fall erhält man das optimale Paar $(\pi_1^{opt}, \pi_2^{opt})$ als den Punkt, in dem die verschobene Gerade

$$g_b(x) = -\frac{\mu_1 - r}{\mu_2 - r}x + b$$

Tangente an die Ellipse $\pi_1^2\sigma_{11} + 2\pi_1\pi_2\sigma_{12} + \pi_2^2\sigma_{22} = C$ ist. Man muss also nicht nur $\pi_1$ sondern auch noch $b$ bestimmen. Um das zu erreichen, setzt man zunächst die Geradengleichung in die Ellipsengleichung ein, d.h. man setzt dort

$$\pi_2 = -\frac{\mu_1 - r}{\mu_2 - r}\pi_1 + b =: a\pi_1 + b$$

ein und erhält die folgende quadratische Gleichung:

$$\pi_1^2 + 2\pi_1 \frac{b\sigma_{12} + ab\sigma_{22}}{\sigma_{11} + a^2\sigma_{22} + 2a\sigma_{12}} + \frac{b^2\sigma_{22} - C}{\sigma_{11} + a^2\sigma_{22} + 2a\sigma_{12}} = 0.$$

Diese Gleichung beinhaltet noch den unbekannten Wert $b$. Um ihn zu bestimmen, verwenden wir jetzt, dass diese Gleichung eine Doppelnullstelle hat, da die Gerade $g_b(x)$ lediglich Tangente an die Ellipse ist. Wir wissen also, dass für dieses $b$ folgende Gleichung gelten muss

$$b^2\left(\frac{\sigma_{12} + a\sigma_{22}}{\sigma_{11} + a^2\sigma_{22} + 2a\sigma_{12}}\right)^2 - \frac{b^2\sigma_{22} - C}{\sigma_{11} + a^2\sigma_{22} + 2a\sigma_{12}}\left(\sigma_{11} + a^2\sigma_{22} + 2a\sigma_{12}\right) = 0.$$

Man wählt nun in Abhängigkeit der Gestalt von $g_b(x)$ („fallend oder steigend") die geeignete Lösung $b$ dieser Gleichung:

$$b = \begin{cases} +\sqrt{\dfrac{C\left(\sigma_{11} + 2a\sigma_{12} + a^2\sigma_{22}\right)}{\sigma_{11}\sigma_{22} - \sigma_{12}^2}}, & \textit{falls} \quad a > 0 \\ -\sqrt{\dfrac{C\left(\sigma_{11} + 2a\sigma_{12} + a^2\sigma_{22}\right)}{\sigma_{11}\sigma_{22} - \sigma_{12}^2}}, & \textit{falls} \quad a < 0 \end{cases}.$$

Auf diesem Weg erhält man alle Komponenten des optimalen Portfolios als

$$\pi_1^{opt} = b\frac{a\sigma_{22} - \sigma_{12}}{\sigma_{11} + a^2\sigma_{22} + 2a\sigma_{12}}, \quad \pi_2^{opt} = -\frac{\mu_1 - r}{\mu_2 - r}\pi_1^{opt} + b, \quad \pi_3^{opt} = 1 - \pi_1^{opt} - \pi_2^{opt}.$$

Wieder schreiben wir das Ganze auch als Algorithmus:

**Algorithmus 4.2:** Erwartungswert-Varianz-Problem für drei Wertpapiere (wobei eines eine risikolose Geldanlage ist), Formulierung (EV)

1. Zeichne den durch die Nebenbedingungen

$$\pi_1 \geq 0, \pi_2 \geq 0, \quad \pi_1 + \pi_2 \leq 1, \quad \pi_1^2 \sigma_{11} + 2\pi_1 \pi_2 \sigma_{12} + \pi_2^2 \sigma_{22} \leq C$$

gegebenen zulässigen Bereich für die Paare $(\pi_1, \pi_2)$.

2. Verschiebe die Gerade, die senkrecht auf dem Vektor $(\mu_1 - r,\ \mu_2 - r)$ steht, bis zum Rand des zulässigen Bereichs in Richtung des Vektors $(\mu_1 - r,\ \mu_2 - r)$.

3. Bestimme das optimale Paar $(\pi_1^{opt},\ \pi_2^{opt})$ durch Schnittpunktbildung gemäß den beiden obigen Fällen 1 und 2.

4. Erhalte den optimalen Wert für $\pi_3$ als $\pi_3^{opt} = 1 - \pi_1^{opt} - \pi_2^{opt}$.

**Diskussion 4.9:**

Wie kann man das obige Verfahrens zur Lösung von (EV) auf den Fall mit drei riskanten Wertpapieren erweitern? Welche Problematik taucht auf, wenn man die Lösungsmethode für (VE) auf den Fall von drei Wertpapieren übertragen will ?

(→Ü.4.31)

**c) Der Erwartungswert-Varianz-Ansatz in allgemeiner Form**

Es wird nun ein Ein-Perioden-Modell mit $d$ Aktien betrachtet, deren heutige Kurse $p_i$, $i = 1, \ldots, d$, bekannt und deren Kurse im Endzeitpunkt $T$ des betrachteten Investmentproblems, $P_i(T)$, durch die Modellierung ihrer Renditen

$$R_i = \frac{P_i(T) - p_i}{p_i}$$

gegeben sind. Es wird weiter angenommen, dass die Erwartungswerte, die Varianzen und die Kovarianzen der Renditen bekannt sind:

$$\mu_i = E(R_i), \quad \sigma_{ii} = Var(R_i), \quad \sigma_{ij} = Cov(R_i, R_j), \quad i, j = 1, \ldots, d.$$

Die Varianzen und Kovarianzen sind Bestandteil der sogenannten Kovarianzmatrix $\sigma$:

$$\sigma = \begin{pmatrix} \sigma_{11} & \sigma_{12} & \cdots & \sigma_{1d} \\ \sigma_{21} & \ddots & & \vdots \\ \vdots & & \ddots & \\ \sigma_{d1} & \cdots & & \sigma_{dd} \end{pmatrix}.$$

Ansonsten lassen wir jede beliebige Wahrscheinlichkeitsverteilung der relativen Erträge zu. Es ist für das Markowitz-Modell egal, ob sich die obigen Erwartungswerte und Kovarianzen z.B. aus einem Binomial- oder einem Black-Scholes-Modell (siehe Kapitel 6) ergeben. Das Ziel besteht nun darin, die Wertpapierzusammenstellung zu finden, die den größten erwarteten Ertrag unter

Einhaltung einer Obergrenze für die Varianz der Rendite liefert. Dafür ist es zweckmäßig, das sogenannte Portfolio $\pi$ zu betrachten. Das ***Portfolio*** ist ein $d$-Tupel, bei dem $\pi_i$ den Anteil am Gesamtvermögen beschreibt, der in die $i$.Aktie investiert wird. Um ein negatives Endvermögen zu vermeiden, setzen wir grundsätzlich voraus, dass alle Komponenten des Portfolios nicht-negativ sind. Ein Portfolio muss somit die Bedingungen

$$\pi_i \geq 0, \quad i = 1,...,d, \qquad \pi_1 + \pi_2 + \ldots + \pi_d = 1$$

erfüllen. Die zu maximierende ***Portfoliorendite***

$$R^\pi = \frac{X^\pi(T) - x}{x},$$

wobei $X^\pi(T)$ das Endvermögen bei Verwendung des Portfolios $\pi$ bezeichnet, ergibt sich als die mit den Komponenten des Portfolios gewichtete Summe der einzelnen Aktienerträge, denn es gilt

$$R^\pi = \pi_1 \cdot R_1 + \pi_2 \cdot R_2 + \ldots + \pi_d \cdot R_d = \pi' R,$$

wobei $R=(R_1,...,R_d)$ der Vektor der Renditen ist. Aus dieser Beziehung ergibt sich der Erwartungswert der Portfoliorendite als

$$E\left(R^\pi\right) = \pi_1 \cdot \mu_1 + \pi_2 \cdot \mu_2 + \ldots + \pi_d \cdot \mu_d = \pi' \mu$$

mit $\mu=(\mu_1,...,\mu_d)$. Da dies nur der Erwartungswert der Gesamtrendite und keine sichere Rendite ist, betrachtet man auch die Varianz der Rendite zur Beurteilung des Risikos des gewählten Portfolios. Hierbei muss beachtet werden, dass sich die Gesamtvarianz nicht nur aus den einzelnen Varianzen ergibt, sondern auch von den Beziehungen der Wertpapiere untereinander beeinflusst wird. Sind tatsächlich alle Kovarianzen gleich Null, dann ergibt sich die Varianz der Rendite des Gesamtvermögens aus

$$\bar{\sigma} = \pi_1{}^2 \cdot \sigma_{11} + \cdots + \pi_d{}^2 \cdot \sigma_{dd} = \pi' \begin{pmatrix} \sigma_{11} & & 0 \\ & \ddots & \\ 0 & & \sigma_{dd} \end{pmatrix} \pi.$$

Falls sich die Wertpapiere allerdings doch gegenseitig beeinflussen, fließen die Kovarianzen mit in die Formel ein. Die Formel für die Varianz der Rendite des Gesamtvermögens lässt sich dann am einfachsten in Matrixschreibweise darstellen:

$$Var\left(R^\pi\right) = \sum_{i,j=1}^{d} \pi_i \sigma_{ij} \pi_j = \pi' \sigma \pi.$$

Mit Hilfe dieser Vorüberlegungen und Bezeichnungen können wir nun die folgenden drei verschiedenen Formulierungen des Erwartungswert-Varianz-Ansatzes darstellen, die in der Literatur auftauchen und alle eng miteinander verwandt sind:

i) „Maximiere die erwartete Rendite bei beschränkter Varianz“

$$\max_{\pi \in R^d} \pi' \mu$$

$$u.d.N.: \pi_i \geq 0, \quad \sum_{i=1}^{d} \pi_i = 1, \quad \pi' \sigma \pi \leq C$$

ii) „Minimiere die Varianz der Rendite bei gegebener Mindestrendite“

$$\min_{\pi \in R^d} \pi' \sigma \pi$$

$$u.d.N.: \pi_i \geq 0, \quad \sum_{i=1}^{d} \pi_i = 1, \quad \pi' \mu \geq K$$

iii) „Maximiere die gewichtete Differenz der erwarteten Rendite und ihrer Varianz“

$$\max_{\pi \in R^d} \left( \pi' \mu - \lambda \pi' \sigma \pi \right)$$

$$u.d.N.: \pi_i \geq 0, \quad \sum_{i=1}^{d} \pi_i = 1$$

Hierbei sind $C, K, \lambda$ jeweils vorgegebene positive Konstanten.

Diese drei Probleme sind zunächst für beliebige Werte der Konstanten $C, K, \lambda$ nicht (direkt) äquivalent. Man kann jedoch immer ein Tripel $(C, K, \lambda)$ angeben, so dass die Lösung der drei Problemstellungen zum gleichen optimalen Portfolio $\pi$ führt.

**Bemerkungen zu allgemeinen Lösungsverfahren:**
Bezüglich der expliziten Lösung ist erst einmal zu bemerken, dass die beiden letzten Probleme ii) und iii) jeweils darin bestehen, eine quadratische Zielfunktion über einen durch lineare Nebenbedingungen gegebenen zulässigen Bereich zu minimieren bzw. zu maximieren. Zur Lösung dieser Art von Problemen existieren Standardverfahren der quadratischen Optimierung, wie z.B. der Algorithmus von Gill und Murray (1978) oder von Goldfarb und Idnani (1983), die zudem auch noch schnell und effizient sind. Die erste Formulierung i) des Erwartungswert-Varianz-Problems besteht aus der Maximierung einer linearen Zielfunktion über einem zulässigen Bereich, der durch eine quadratische und mehrere lineare Nebenbedingungen gegeben ist. Hierfür existieren keine Standardverfahren. Man könnte sich zwar mit allgemeinen nicht-linearen Optimierungsverfahren behelfen, doch sind diese nicht sonderlich effizient, da sie keinen Vorteil aus der sehr speziellen Struktur des Problems ziehen können. Ein Iterationsverfahren zur Lösung des ersten Problems durch Lösen einer Folge von Problemen der zweiten Formulierung wird in Korn (1997) beschrieben.

**Bemerkung: „Der Diversifikationseffekt“**

Eine Grundweisheit beim Investment mit riskanten Gütern lautet, dass man sein Vermögen nie nur in eine Alternative investieren soll. Man sollte immer ein ***diversifiziertes Portfolio*** (also eine ***gesunde Mischung*** verschiedenster Alternativen) halten, um sein Risiko möglichst klein zu belassen (man vergleiche hierzu auch die bereits oben gemachten Bemerkungen bei der grafischen Lösung des Problems für drei Wertpapiere). Dies ist schon von Alters her bekannt, ohne dass es die zugehörige Mathematik gegeben hätte und leuchtet auch ohne mathematische Modellierung ein. So wurde im bereits bei den Babyloniern vor ca. 3000 Jahren empfohlen, sein Vermögen auf die drei Alternativen Grund und Boden, Produktivvermögen und auf leicht veräußerbare Gegenstände aufzuteilen. Um diesem Prinzip der Diversifikation auch eine mathematische Rechtfertigung zu geben, zeigen wir in der folgenden Proposition, dass die Standardabweichung der Rendite eines Portfolios von Investmentmöglichkeiten (wie z.B. Aktien) immer kleiner oder gleich der gewichteten Summe der Standardabweichungen der Einzelinvestments ist:

***Satz***

Für einen beliebigen Portfoliovektor $\pi$ mit nicht-negativen Komponenten sei

$$\sigma\left(R^{\pi}\right):=\sqrt{Var\left(R^{\pi}\right)}$$

die Standardabweichung des Portfolioreturns. Dann gilt

$$\sigma\left(R^{\pi}\right)\leq\sum_{i=1}^{d}\pi_i\sigma\left(R_i\right).$$

***Beweis:***

Aufgrund der für beliebige Zufallsvariablen $X$ und $Y$ gültigen Beziehungen

$$Var(X+Y)=Var(X)+Var(Y)+2Cov(X,Y),$$

$$\left|Cov(X,Y)\right|\leq\sigma(X)\cdot\sigma(Y)$$

folgt

(*) $$\left(\sigma(X+Y)\right)^2=Var(X+Y)=Var(X)+Var(Y)+2Cov(X,Y)\leq\left(\sigma(X)+\sigma(Y)\right)^2.$$

Wählt man

$$X=\pi_1R_1,\qquad Y=\sum_{i=2}^{d}\pi_iR_i\,,$$

so erhält man aus (*)

(+) $$\sigma\left(R^{\pi}\right)=\sigma(X+Y)\leq\sigma(X)+\sigma(X)=\pi_1\sigma(R_1)+\sigma\left(\sum_{i=2}^{d}\pi_iR_i\right).$$

Wiederholt man diese Abschätzung jetzt $d-1$ mal für die Standardabweichung der Summe in (+), so ergibt sich die Behauptung.

Eine weitere beeindruckende Wirkung des Diversifikationseffekts sieht man im Fall unkorrelierter Aktien, d.h. wenn wir

$$Cov\left(R_i,R_j\right)=0 \text{ für } i\neq j,\quad i,j=1,\dots,d$$

vorliegen haben. Teilt man dann sein Vermögen so auf, dass in alle Aktien der gleiche Anteil des Vermögens investiert wird, so gilt:

$$Var\left(R^{\pi}\right)=\frac{1}{d^2}\sum_{i=1}^{d}Var(R_i)\quad\text{für } \pi=\left(1/d,\dots,1/d\right).$$

Um die Wirkung dieser Beziehung zu illustrieren, schauen wir auf den Spezialfall, dass alle Aktien dieselbe Varianz der Rendite besitzen. Dann beträgt die Varianz des Portfolios lediglich das $1/d$ –

fache der Varianz, die man hätte, wenn man das gesamte Vermögen nur in eine Aktie investieren würde. In diesem Spezialfall gilt:

$$Var\left(R^{\pi}\right)=\frac{1}{d}Var\left(R_1\right) \quad \text{für } \pi=\left(\tfrac{1}{d},\ldots,\tfrac{1}{d}\right).$$

Dies entspricht für mittlere bis große $d$ einer dramatischen Reduktion des Risikos, die allein durch simple Diversifikation erzielt wurde.

**Diskussion 4.10:**

An dieser Stelle bietet es sich an, eine Diskussion des Diversifikationseffekt einzuleiten und dessen kritische Betrachtung anzuregen. Ein geeignetes Beispiel wären z.B. zwei Aktien, deren Kurse sich entweder verdoppeln oder auf Null fallen. Hierbei soll sich der Kurs der einen Aktie genau dann verdoppeln, wenn der Kurs der anderen auf Null fällt. Unter welchen Gesichtspunkten ist Diversifikation sinnvoll, unter welchen nicht ?

**Übungsaufgaben**

***Ü.4.30*** Am Markt gebe es zwei Aktien, dabei habe die $i$-te Aktie die erwartete Rendite $\mu_i$ und die Varianz der Rendite betrage $\sigma_{ii}$, $i$=1,2. Die Kovarianz der Rendite zwischen beiden Aktien sei $\sigma_{12}$. Stellen Sie ein Portfolio aus zwei Wertpapieren geeignet zusammen, so dass die erwartete Rendite mindestens $K$ beträgt und die Varianz der Rendite minimal ist! Beschreiben Sie die Lösung der Aufgabe auch in Worten, so dass sie im Alltag verständlich wird!
a) $\mu_1=0{,}06$, $\mu_2=0{,}1$, $\sigma_{11}=0{,}2$, $\sigma_{22}=0{,}5$, $\sigma_{12}=0$, $K=0{,}08$
b) $\mu_1=0{,}06$, $\mu_2=0{,}1$, $\sigma_{11}=0{,}5$, $\sigma_{22}=0{,}2$, $\sigma_{12}=0{,}3$, $K=0{,}08$
c) $\mu_1=0{,}06$, $\mu_2=0{,}1$, $\sigma_{11}=0{,}2$, $\sigma_{22}=0{,}4$, $\sigma_{12}=-0{,}1$, $K=0{,}08$
d) $\mu_1=0{,}06$, $\mu_2=0{,}1$, $\sigma_{11}=0{,}2$, $\sigma_{22}=0{,}5$, $\sigma_{12}=0{,}1$, $K=0{,}065$

***Ü.4.31*** Am Markt gebe es zwei Aktien, dabei habe die $i$-te Aktie die erwartete Rendite $\mu_i$ und die Varianz der Rendite betrage $\sigma_{ii}$, $i$=1,2. Die Kovarianz der Rendite den zwischen beiden Aktien sei $\sigma_{12}$. Am Markt gebe es noch ein risikoloses Wertpapier mit der Varianz $\sigma_{33}=0$ und der festen Rendite $\mu_3$. Stellen Sie ein Portfolio aus diesen drei Wertpapieren geeignet zusammen, so dass die Varianz unter der oberen Schranke $C$ bleibt und die erwartete Rendite maximal ist!
a) $\mu_1=0{,}06$, $\mu_2=0{,}1$, $\mu_3=0{,}05$, $\sigma_{11}=0{,}2$, $\sigma_{22}=0{,}5$, $\sigma_{12}=0$, $C=0{,}08$
b) $\mu_1=0{,}06$, $\mu_2=0{,}1$, $\mu_3=0{,}05$, $\sigma_{11}=0{,}2$, $\sigma_{22}=0{,}4$, $\sigma_{12}=-0{,}1$, $C=0{,}05$
c) $\mu_1=0{,}06$, $\mu_2=0{,}1$, $\mu_3=0{,}05$, $\sigma_{11}=0{,}2$, $\sigma_{22}=0{,}5$, $\sigma_{12}=0{,}1$, $C=0{,}05$

***Ü.4.32*** Warum lohnt es sich manchmal, auch eine Aktie mit einer kleinen erwarteten Rendite mit ins Portfolio aufzunehmen? Illustrieren Sie ihre Begründung, indem Sie ein kleines Rechenbeispiel konstruieren!

***Ü.4.33*** Stellen Sie sich vor, am Markt gebe es fünf Aktien mit den im Anschluss beschriebenen Eigenschaften. Untersuchen Sie den Diversifikationseffekt genauer, indem sie für jede Zusammenstellung von zwei bis vier Aktien das Portfolio mit der geringsten Gesamtvarianz suchen! (*Hinweis*: Dies ist mit der üblichen Schulmathematik kaum zu lösen! Versuchen Sie durch geschicktes Überlegungen Näherungslösungen zu finden oder benutzen Sie Hilfsmittel wie Excel!) Berechnen Sie anschließend die erwartete Rendite dieses Portfolios! Kommentieren Sie Ihr Ergebnis!
Aktie 1: $\mu_1=0{,}08$, $\sigma_{11}=0{,}2$, $\sigma_{12}=0{,}1$, $\sigma_{13}=0$, $\sigma_{14}=-0{,}02$
Aktie 2: $\mu_2=0{,}1$, $\sigma_{22}=0{,}2$, $\sigma_{23}=0$, $\sigma_{24}=-0{,}2$
Aktie 3: $\mu_3=0{,}06$, $\sigma_{33}=0{,}2$, $\sigma_{34}=0$
Aktie 4: $\mu_4=0{,}03$, $\sigma_{44}=0{,}2$

## *4.9 Fortsetzung des Gesprächs: Weniger Risiko, bitte! - Optimierung unter neuen Gesichtspunkten*

*So nach und nach wird dem Chef bewusst, dass die Rendite einer Geldanlage, nur in Wertpapiere des Unternehmens Windig und der Naturstromer AG aufgeteilt, doch sehr stark schwankt, gleichgültig wie man das Portfolio zusammenstellt. Das entspricht weniger seiner Vorstellung einer sicheren Rente für seine Arbeitnehmer. Geld, das er längerfristig anlegen lässt, sollte nicht ganz so großen Risiken ausgesetzt sein. Nach der lebhaften Unterhaltung mit dem Chef trifft sich das Unternehmensberatungsteam wieder im Besprechungszimmer, in dem es mittlerweile aufgrund der düsteren Wolken am Himmel so dunkel ist, dass man am liebsten schon Feierabend machen würde.*

*Nadine:* Mach doch mal jemand das Licht an! Bei dem Sturm draußen kostet der Strom heute nichts.

*Sebastian*: In mir drinnen stürmt es jetzt auch. Stellt euch vor, der Chef besteht auf der Maximal-Varianz von $0{,}001$!

*Nadine*: Nachdem ihm klar wurde, worum es sich bei der Varianz der Rendite handelt, war ihm die Unsicherheit der Geldanlage zu groß. Er möchte, dass seine Rente wirklich sicher ist.

*Sebastian*: Varianz von $0{,}001$ mit diesen Wertpapieren! Unmöglich! Schaut euch Olivers und Selinas Abbildungen (4.7 und 4.8) noch mal an! Diese Varianz kann man eindeutig nicht erreichen. Die kleinstmögliche Varianz liegt etwa bei 0,025.

*Nadine*: Exakt bei $0{,}024$!

*Sebastian*: Na gut. Löst man nun das letzte Optimierungsproblem für alle Varianzschranken $C$, die erfüllbar sind, so erhält man zu jedem *C* auch eine optimale erwartete Rendite. Die Varianzschranke $C=0{,}001$ ist allerdings nicht erfüllbar!

*Oliver*: Klingt wieder nach Arbeit für mich! Da werde ich doch gleich eine Abbildung anfertigen, auf der zu jeder zulässigen Varianzschranke die erwartete optimale Rendite eingetragen wird:

(→Ü.4.34)

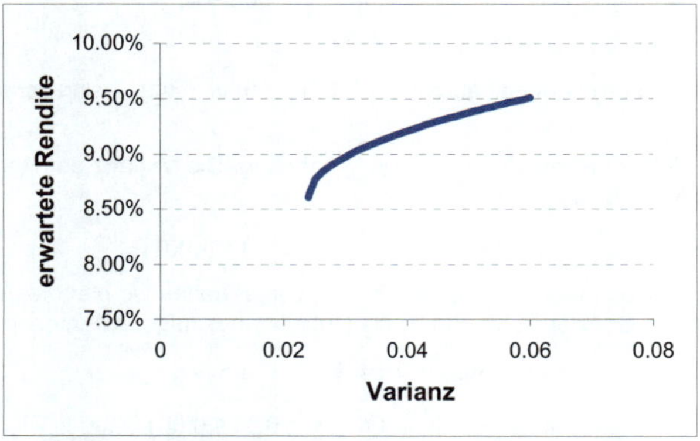


**Abbildung 4.16** *Erwartungswert-Varianz-effiziente Menge*

*Sebastian*: Den Graph der so erhaltenen Funktion nennt man übrigens die ***Erwartungswert-Varianz-effiziente Menge***. Auf ihr liegen außerdem alle Paare, die Lösungen unserer ersten Problemformulierung des Erwartungswert-Varianz-Problems sind. Man muss nur die Erwartungswertschranke $K$ durch alle Werte laufen lassen, bei denen die Forderung einer Mindestrendite auch eine echte Nebenbedingung darstellt.

*Nadine*: Und wen juckt das? Die Varianz ist dem Chef nach wie vor zu groß! Zurück zum Hauptthema. Tja, dann habe ich ihm vorgeschlagen, einen Teil des Geldes doch in festverzinsliche Wertpapiere anzulegen. Dort gibt es zur Zeit Zinsen von genau 5 % jährlich und zwar sicher! Ohne Schwankung und Varianz! Diesmal konnte er sich mit dem Gedanken an solch langweilige Wertpapiere anfreunden.

*Oliver*: Wenn wir die Geldanlage clever einteilen, bekommt der Chef seine Varianz von $0{,}001$ und dazu eine Spitzenrendite.

*Nadine*: Das heißt, wir haben jetzt als Zielfunktion „maximiere die Rendite". Da wir nun ein Wertpapier mehr haben, setzt sich die erwartete Gesamtrendite aus drei Erwartungswerten zusammen:

$$\frac{r^*}{100} = y_1 \cdot \frac{r_1}{100} + y_2 \cdot \frac{r_2}{100} + y_3 \cdot \frac{r_3}{100}.$$

$K$ soll wieder unser Kapital bezeichnen. Davon wird der Betrag $x_i$ , $i$=1,2,3, ins $i$-te Wertpapier investiert. $y_i = x_i / K$ , $i$=1,2,3, sind die Anteile des $i$-ten Wertpapiers am Gesamtkapital. Das $i$-te Wertpapier habe die erwartete Rendite von $r_i$ %, $i$=1,2,3. Die erwartete Gesamtrendite beträgt dann $r^*$%.

*Selina*: Moment mal, das festverzinsliche Wertpapier wird doch gar nicht vom Zufall beeinflusst und hat demzufolge gar keinen Erwartungswert!

*Sebastian*: Doch! Die Rendite des festverzinslichen Wertpapiers ist halt eben eine langweilige Zufallsvariable mit einem langweiligen Erwartungswert, nämlich dem festen Zinssatz. Die Besonderheit ist, dass die Varianz der Rendite Null ist!

*Nadine*: Jetzt setze ich unsere Werte ein. $y_3$ sei nun der Anteil des festverzinslichen Wertpapiers am Gesamtkapital. Alles andere wie zuvor:

$$\max \quad y_1 \cdot 9{,}5 + y_2 \cdot 8 + y_3 \cdot 5.$$

Das ist also die Zielfunktion unserer neuen Optimierungsaufgabe. Als Nebenbedingung haben wir, dass die Varianz der Rendite höchstens $0{,}001$ betragen soll.

*Selina*: Ich ahne es bereits, jetzt wird es kompliziert.

*Oliver*: Also die anderen Nebenbedingungen $y_1 \geq 0, y_2 \geq 0, y_1 + y_2 \leq 1$ sind schon mal nicht kompliziert.

*Sebastian*: Na ja, Selina hat schon die richtige Vorahnung. Die Varianz der Rendite ergibt leider eine quadratische Nebenbedingung:

$$y_1^2 \cdot 0{,}06 + y_2^2 \cdot 0{,}04 + y_3^2 \cdot 0 \leq 0{,}001.$$

*Nadine*: Zum Glück ist die dritte Varianz gleich Null. Daher haben wir hier die Formel einer zweidimensionalen Ellipse. Ganz so schwierig ist die Optimierungsaufgabe nun doch nicht:

$$\begin{aligned} \max \quad & y_1 \cdot 4{,}5 + y_2 \cdot 3 + 5 \\ \text{udN} \quad & y_1^2 \cdot 0.06 + y_2^2 \cdot 0.04 \leq 0.001 \\ & y_1 \geq 0, \quad y_2 \geq 0 \\ & y_1 + y_2 \leq 1. \end{aligned}$$

*Oliver*: Soll ich mal wieder ein Bildchen zeichnen?

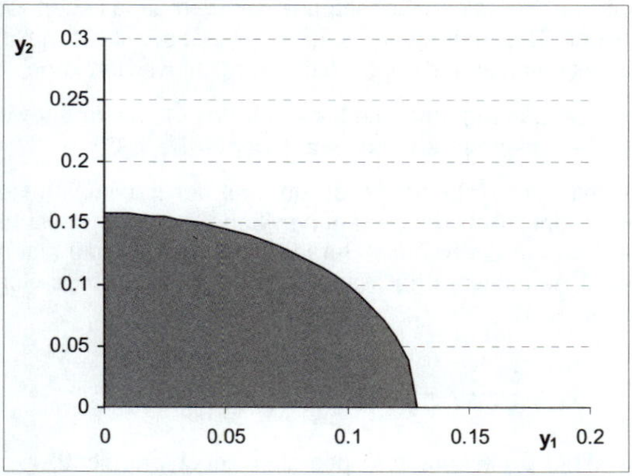


**Abbildung 4.17** *Portfolios mit Varianz kleiner gleich 0,001*

Für die Varianz habe ich folgende Kurve gezeichnet:

$$y_2 = \sqrt{\frac{0{,}001 - 0{,}06 \cdot y_1^2}{0{,}04}}.$$

Das ist die Kurve aller Portfolios mit Varianz der Rendite gleich $0{,}001$. Portfolios, deren Varianz kleiner als $0{,}001$ sind, liegen unter dieser Kurve. Der graue Bereich unter der Kurve ist also der zulässige Bereich. Die Nebenbedingung $y_1 + y_2 \leq 1$ spielt in diesem Fall keine Rolle. Die Bedingung, dass die Varianz klein sein soll, ist so stark, dass $y_1$ und $y_2$ beide sehr klein bleiben müssen und selbst als Summe nicht in die Nähe von Eins kommen. Diesmal haben wir eine lineare Zielfunktion, das können wir grafisch lösen. Wir verschieben die Zielfunktionsgerade

$$y_2 = \frac{r^* - 5}{3} - \frac{4{,}5}{3} \cdot y_1$$

für verschiedene feste Renditewerte $r^*$ einfach parallel nach rechts oben:

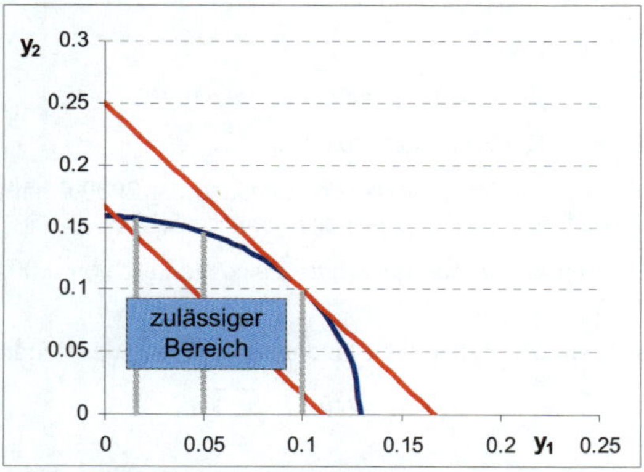


**Abbildung 4.18** *Zulässiger Bereich mit Zielfunktion*

Die untere Gerade gehört zur Rendite von 5,5 %, die obere Gerade zur Rendite von 5,75 %. Es sieht aus, als ob die obere Gerade die Kurve der Varianz in genau einem Punkt schneidet. Geraden mit höherer Rendite haben keinen Schnittpunkt mit dem zulässigen Bereich, da sie parallel über dieser Geraden liegen. Die Rendite von 5,75 % scheint somit die maximale Rendite zu sein, die von einem Portfolio mit einer Varianz unter 0,001 erreicht werden kann.

Jetzt haben wir beinahe die Lösung, aber ich kann mir das Ganze irgendwie nicht vorstellen. Ich muss mir mal eine Tabelle mit konkreten Zahlen anlegen. (→Ü.4.35)

*Nadine*: Oliver, ich bin mir aber nicht sicher, ob das mit der maximalen Rendite von 5,75 % so stimmt. Das, was man in einer Abbildung erkennen kann, ist doch meist ziemlich ungenau. Für das exakte Ergebnis muss man die Rendite-Gerade finden, die genau einen Schnittpunkt mit der Varianz-Ellipse von 0,001 gemeinsam hat. Dafür setze ich die Rendite-Gerade mit der Varianz-Ellipse gleich:

$$\frac{r^*-5}{3}-\frac{4{,}5}{3}\cdot y_1=\sqrt{\frac{0{,}001-0{,}06\cdot y_1^2}{0{,}04}}\,.$$

*Selina*: Moment mal, Nadine! Du kennst das optimale $r^*$ noch gar nicht!

*Nadine*: Genau das ist der Trick. Ich habe doch zusätzlich die Information, dass die Gerade die Ellipse nur berühren darf. Also darf ich beruhigt weiter rechnen und beide Seiten quadrieren...

*Während Oliver seine Tabelle erstellt, Nadine fleißig rechnet, Selina zum Nachschminken auf die Toilette verschwindet, packt Sebastian das firmeneigene Notebook aus, tippt eifrig und ruft plötzlich:*

*Sebastian*: Die optimale erwartete Rendite liegt bei 5,75 %.

*Nadine*: Das habe ich gerade auch ausgerechnet! Wie hast du denn das Ergebnis so schnell gefunden?

*Sebastian*: Tja, es hat sich doch gelohnt, dass unsere Unternehmensberatung auf meinen Rat hin die neue Optimierungs-Software gekauft hat!

*Oliver*: Spielverderber! Diesmal konnte man es auch per Hand ausrechnen!

*Sebastian*: Sobald du aber noch mehr Wertpapiere betrachten und eventuell Kovarianzen und anderes beachten musst, wird dir das kaum noch gelingen! Allerdings, Oliver, ein großes Lob für dich, du hast wirklich sehr sorgfältig gezeichnet!

*Nadine*: Ich habe als Ergebnis noch:

$$y_1=0{,}1\,,\quad y_2=0{,}1\,,\quad y_3=0{,}8\,.$$

Sebastian, stimmt das mit deinen Werten überein?

*Sebastian*: Ja, das habe ich ebenfalls. Mit dieser Aufteilung der 2000 € hätten wir mit der festgelegten Maximalvarianz von 0,001 die beste Rendite, nämlich 5,75 %.

*Oliver*: Aber was heißt denn im Grunde genommen eine Varianz von 0,001 für die Rendite von 5,75 %?

*Nadine*: Aus der Varianz berechnet man die Standardabweichung der Rendite:

$$\sigma(\mathit{Rendite})=\sqrt{0{,}001}\,.$$

Damit kann man einen ungefähren Bereich für die Rendite angeben. Salopp könnte man nun sagen, die Rendite dieser Kapitalanlage liegt nach einem Jahr ungefähr zwischen

$$\frac{5{,}75}{100} - \sqrt{0{,}001} \leq \textit{wahrscheinliche Rendite} \leq \frac{5{,}75}{100} + \sqrt{0{,}001}\,,$$

$$\frac{2{,}58772}{100} \leq \textit{wahrscheinliche Rendite} \leq \frac{8{,}91228}{100} \quad .$$

Somit liegt die Rendite in vielen Fällen zwischen 2,58 % und 8,91 %. Es kann aber auch mehr oder weniger sein.

*Selina*: Höre ich da gerade 8,91 % und mehr als erwartete Rendite? Klingt gar nicht schlecht! Da muss aber alles bombig laufen und an der Börse darf es keinen schwarzen Freitag geben.

*Nadine*: Selina, du bist ein hoffnungsloser Optimist. Jedenfalls wird dem Chef die Lösung diesmal gut gefallen!

*Der Chef hat in der Tat eine solche Freude an diesem Ergebnis, dass er das Unternehmensberatungsteam mit zahlreichen neuen Aufgaben überhäuft. Er weist darauf hin, dass er das Geld über mindestens 30 Jahre hinweg anlegen und regelmäßige Einzahlungen machen möchte. Wenn einer seiner Angestellten schließlich das Rentenalter erreicht, dann hat er vor, ihm regelmäßig kleine Beträge aus dem Kapital zu überweisen, u.s.w. Natürlich soll das Clever Consulting Team ihm helfen, eine ideale Geldanlage für solche Pläne zu finden und auf eine gerechte Verteilung der Rentengelder unter seinen Angestellten zu achten. Während das Team von Clever Consulting sich noch mit vielen Optimierungs- und Organisationsaufgaben beschäftigen muss, haben wir mit diesem Kapitel erst einmal Feierabend.*

## Übungsaufgaben

**Ü.4.34** Stellen Sie die Formeln zusammen, die man braucht, um die Erwartungswert-Varianz-effiziente Menge zu zeichnen (siehe Abbildung 4.15) und lösen Sie diese Formeln!

**Ü.4.35** Vervollständigen Sie Olivers Tabelle (siehe Gespräch)!

| Festverzinsliche Wertpapiere | Anteil | Firma Windig | Anteil | Aktien der Naturstromer AG | Anteil | Erwartungswert der Rendite | Varianz der Rendite |
|---|---|---|---|---|---|---|---|
| 1000 | 0.5 | 800 | 0.4 | 200 | 0.1 | | |
| 600 | | 0 | | 1400 | | | |
| 1800 | | 100 | | 100 | | | |
| 1400 | | 400 | | | | | |
| 1600 | | 0 | | | | | |

**Ü.4.36** Setzen Sie Nadines Überlegungen fort (siehe Gespräch)! Berechnen Sie dazu die Schnittpunkte der Renditegeraden mit der Ellipse! Berechnen Sie danach die optimale Rendite und die optimalen Anteile. Wie viel € müssen in welches Wertpapier investiert werden?

**Ü.4.37** a) Stellen Sie sich vor, der Chef wünscht sich eine Mindest-Rendite von 7 %. Er möchte, dass auch das Festgeld als Anlageform zur Verfügung steht, damit die Varianz der Rendite nicht zu hoch wird. Er besteht auf einer Geldanlage mit kleinstmöglicher Varianz. Formulieren Sie dazu die Optimierungsaufgabe!

b) Erstellen Sie Abbildungen zu dieser Aufgabe! (*Hinweis*: Die Nebenbedingung $y_1 + y_2 \leq 1$ darf man in diesem Fall nicht ignorieren!) (*Zweiter Hinweis*: Testen Sie die Varianzen 0,015 und 0,0072 und beachten Sie, dass die Kurven Ellipsen darstellen!)
c) In welchem Bereich könnte die erwartete Rendite streuen? Sichert diese Geldanlage in der Regel das angelegte Kapital?

## 4.10 Zusammenfassung

Wir haben untersucht, wie ein Geldbetrag aufgeteilt und in verschiedene Wertpapiere angelegt werden kann. Eine solche Zusammenstellung aus verschiedenen Wertpapieren nennt man ein ***Portfolio***. Sind uns die Erwartungswerte und Varianzen der Renditen der einzelnen Wertpapiere sowie deren Kovarianzen bekannt, so lässt sich mit Hilfe des ***Erwartungswert-Varianz-Ansatzes*** ein ***optimales Portfolio*** bestimmen. Je nach Präferenz des Investors ergeben sich zwei verschiedene mögliche Aufgabenstellungen des Optimierungsproblems:

Optimierungsaufgabe 1: *„Maximiere die erwartete Gesamtrendite des Portfolios“*
Man gibt sich eine Varianz der Gesamtrendite von höchstens *C* vor. Unter allen möglichen Portfolios, die diese Bedingung erfüllen, bestimmt man die Zusammenstellung mit der größten erwarteten Rendite.

Optimierungsaufgabe 2: *„Minimiere die Gesamtvarianz des Portfolios“*
Man gibt sich eine erwartete Gesamtrendite von mindestens $K$ vor. Unter allen möglichen Portfolios, die diese Bedingung erfüllen, bestimmt man die Zusammenstellung mit der kleinsten Varianz der Rendite.

Hierzu wurden grafische Lösungsmethoden für die Fälle des Investments in zwei bzw. in drei Wertpapiere vorgestellt.

## 4.11 Portfolio-Optimierung: Kritik am Erwartungswert-Varianz-Ansatz und aktuelle Forschungsaspekte

Der Erwartungswert-Varianz-Ansatz zur Portfolio-Optimierung wird auch heute noch in der Praxis häufig verwendet, obwohl er von H. Markowitz bereits 1952 entwickelt wurde. Wie bereits erwähnt erhielt Markowitz dafür zusammen mit zwei weiteren Wissenschaftlern im Jahr 1990 den Nobelpreis für Wirtschaftswissenschaften. Allerdings bietet er viele Ansätze zur Kritik.

So ist die Varianz als Risikomaß umstritten, da eine Minimierung oder Beschränkung der Varianz, wie im Markowitz-Ansatz vorgesehen, im Grunde erwünschte positive Abweichungen der Portfoliorendite von ihrem Erwartungswert ebenfalls bestraft. So gesehen stellt Varianzminimierung auch (zumindest teilweise) Chancenminimierung dar. Es existieren deshalb in der Literatur viele Arbeiten, in denen die Varianz der Portfoliorendite durch andere Risikomaße, wie z.B. den Value-at-Risk (ein Quantil der Rendite auf einem vorgegebenen Niveau), ersetzt wird.

Der gravierendste Nachteil des Erwartungswert-Varianz-Ansatzes besteht darin, dass ihm ein sogenanntes ***Ein-Perioden-Modell*** zugrunde liegt. Es wird lediglich eine einzige Handelsperiode (die durchaus auch einen großen Zeitraum beschreiben kann) berücksichtigt. Am Anfang dieser Periode stellt der Investor sein Portfolio gemäß dem gewählten Erwartungswert-Varianz-Kriterium zusammen und hält es bis zum Ende der Periode in unveränderter Form. Egal, was zwischendurch am Aktienmarkt passiert, man ändert sein Portfolio (zumindest im Modell) nicht. Gleichzeitig erfolgt auch die Modellierung der Aktienkurse auf extrem vereinfachende Weise. Der Kursverlauf einer einzelnen Aktie auf dem Intervall $[0,T]$ wird lediglich durch ihren Erwartungswert und die Varianz ihrer Rendite sowie die Kovarianzen der Rendite mit den Renditen der übrigen Aktien beschrieben. Es geschieht keine Modellierung des Aktienkurses im Zeitablauf.

Um den Nachteil einer solch statischen Betrachtungsweise zu beheben, werden in der neueren Theorie der Finanzmathematik im Allgemeinen und der Portfolio-Optimierung im Besonderen sogenannte Mehrperiodenmodelle betrachtet, bei denen der Investor entweder in mehreren, endlich vielen Zeitpunkten oder sogar kontinuierlich im Zeitablauf handeln darf. Hiermit geht auch eine mehrperiodige Modellierung der Aktienkurse einher. So verwenden Praktiker im Bereich des Derivatehandels normalerweise zeitlich kontinuierliche Aktienkursmodelle wie z.B. das Black-Scholes-Modell (siehe Kapitel 5).

Im Bereich der Portfolio-Optimierung wird in Mehrperiodenmodellen häufig der Erwartungswert des ***Nutzens*** aus dem erzielten Endvermögen maximiert. Dieser Nutzen wird durch eine monoton wachsende, konkave Funktion modelliert, was zum einen besagt, dass dem Investor mehr Geld lieber ist als weniger, er aber andererseits mit wachsendem Vermögen einen geringeren Nutzen aus jeder weiteren Geldeinheit erhält (man spricht auch von „abnehmendem Grenznutzen“). Durch die Einführung einer Nutzenfunktion wird modelliert, dass es dem Investor nicht unbedingt auf die absoluten Ertragszahlen sondern mehr auf die Folgen („den Nutzen“) dieser Erträge ankommt. Außerdem führt die Annahme einer konkaven Nutzenfunktion automatisch dazu, dass bei gleichem Erwartungswert des Endvermögens immer eine risikolose gegenüber einer risikobehafteten Anlagestrategie bevorzugt wird. Man hat somit risikoscheues Verhalten in die Zielfunktion eingebaut und benötigt keine Varianzschranke als Nebenbedingung mehr.

Das Paradebeispiel einer solchen Nutzenfunktion ist der natürliche Logarithmus. Falls ein Investor in einem zeitstetigen Marktmodell (z.B. im Black-Scholes-Modell) seinen logarithmischen Nutzen maximieren will, so verlangt die optimale Lösung von ihm, dass er in jedem Zeitpunkt mit seinen Wertpapieren Handel betreiben muss, um die prozentualen Anteile des in die einzelnen Wertpapiere investierten Kapitals konstant zu halten. Dies ist aber sowohl aus physischen Gründen („keine unendliche Reaktionsgeschwindigkeit“) als auch aus finanziellen Gründen („dauernder Handel führt wegen der anfallenden Transaktionskosten zum Ruin“) nicht möglich. Es kann allerdings gezeigt werden (siehe Rogers (2001)), dass beispielsweise eine lediglich wöchentliche Anpassung der Verhältnisse an die optimale Strategie nur zu geringfügigen Abweichungen gegenüber dem aus der optimalen zeit-stetigen Strategie erzielten Nutzen führt.

Weitere aktuelle Aspekte der Forschung auf dem Gebiet der Portfolio-Optimierung sind die Berücksichtigung der am Markt anfallenden Transaktionskosten, der Portfolio-Optimierung mit unsicheren Marktkoeffizienten, der Optimierung unter Einbeziehung von Optionen, der Bestimmung optimaler Strategien beim Risiko eines bevorstehenden Crashs, der Entscheidung über optimales Investment unter der Vorgabe von Höchstwerten für bestimmte Risikomaße, optimales Investment für Versicherungen, usw.

Sicherlich ist dieses Spektrum viel zu groß, um auch nur einen einigermaßen vollständigen Überblick zu geben. Es soll lediglich verdeutlicht werden, dass es noch viele aktuelle, praxis-relevante Probleme im Bereich der Portfolio-Optimierung zu lösen gibt. Mehr zu modernen Methoden der Portfolio-Optimierung kann man z.B. in Korn und Korn (2001) oder in Korn (1997) lesen.

## 4.12 Weitere Übungsaufgaben

Das Excel-Programm Beispiele1.xls bietet die Möglichkeit, verschiedene Szenarien durchzuspielen. Verändern Sie die Eingabe-Daten in den bunten Kästchen, z.B. die einzelnen Renditen, und versuchen Sie, die Grafiken zu interpretieren!

# KAPITEL 5: Modellierung von Aktienkursen

## *Übersicht*

*Stichwörter der Ökonomie:*

- Wertpapiermarktmodelle
- Arbitrage
- Handelsstrategie
- Binomialmodell
- Black-Scholes-Modell

*Stichwörter der Schulmathematik:*

- Binomialverteilung
- Normalverteilung
- Balkendiagramm (Histogramm)
- Exponentialfunktion
- natürlicher Logarithmus
- stetige Funktionen

*Inhalt*

## *Leitfaden für das 5. Kapitel*

In diesem Kapitels soll eine explizite Modellierung der ***Entwicklung von Aktienpreisen im Zeitablauf*** vorgenommen werden. Dabei werden mit dem ***Binomial-*** und dem ***Black-Scholes-Modell*** Wertpapiermarktmodelle entwickelt, die sowohl in der Praxis verwendet werden als auch die für Aktienkurse typische unregelmäßige Gestalt besitzen, die von der Form her so gar nicht den üblichen im Schulunterricht vorkommenden Funktionen ähnelt.
Zum Verständnis dieses Kapitels sind Grundkenntnisse in der Wahrscheinlichkeitsrechnung nötig (wie z.B. im Abschnitt 5.6 vermittelt), insbesondere die Binomial- und die Normalverteilung werden wichtige Rollen spielen. Es ist zwar möglich, auf die Abschnitte zu verzichten, die auf der Normalverteilung aufbauen, aufgrund der praktischen Bedeutung der Modelle wird dies jedoch nicht empfohlen.
In Abschnitt 5.1 werden zunächst einige Aspekte und die Notwendigkeit einer expliziten Aktienkursmodellierung aufgezeigt. In den Gesprächsteilen, Abschnitte 5.2/4/6, werden sowohl das Binomial- und das Black-Scholes-Modell vorgestellt als auch das für die Aktienkursmodellierung (und besonders für die Optionsbewertung, siehe Kapitel 7) fundamentale ökonomische Konzept der ***Arbitragefreiheit*** anschaulich vermittelt.
Eigenschaft und Form der Binomial- und der Normalverteilung stellen den Inhalt von Abschnitt 5.3 dar und können je nach Vorkenntnissen der Schüler übersprungen werden. Auf die Problematik, des zur Normalverteilung gehörenden Wahrscheinlichkeitsraums kann im Rahmen dieses Buches nicht eingegangen werden. In diesem Abschnitts bietet es sich auch an, bereits experimentell Zusammenhänge zwischen der Normal- und der Binomialverteilung herzustellen (siehe Diskussion 5.1).
Der Begriff der ***Arbitragefreiheit,*** also das Nichtvorhandensein der Möglichkeit, risikolos Gewinne ohne Eigenkapitaleinsatz erzielen zu können, wird in Abschnitt 5.5 im Fall des Ein-Perioden-Modells präzise formuliert. Aufgrund der zentralen Bedeutung dieses Begriffs – unter anderem für das nächste Kapitel – sollte er ausführlich diskutiert werden (z.B. wie im Gespräch 5.4 dargestellt).
Die formale Einführung des ***Binomialmodells*** und des ***Black-Scholes-Modells*** geschieht in Abschnitt 5.7, in dem auch eine Grenzbeziehung zwischen beiden Modellen über den Satz von de Moivre-Laplace hergestellt wird.
Im Abschnitt 5.8 werden Grundlagen der Simulation zufälliger Ereignisse und insbesondere von Aktienkursen vorgestellt. Hier bietet sich natürlich auch die Realisierung der einzelnen Modelle mit Hilfe des Computers an. Generell besitzt die Simulation in der Finanzmathematik große Bedeutung und wird im nächsten Kapitel um die Monte Carlo Methode erweitert.

## *5.1 Beobachtung der Entwicklung von Vermögenswerten*

**Ein Blick in die Zukunft**

Es wäre wunderbar, wenn man Aktienkurse perfekt vorhersagen könnte, denn dann könnte man wirklich optimale Investmententscheidungen treffen. Leider ist dies aufgrund der vielfältigen Einflüsse, die einen Aktienkurs bestimmen (wie z.B. Wert und Zukunftschancen der Firma, allgemeine Wirtschaftslage, politische Entscheidungen, Käuferverhalten, usw.), nicht möglich. Erste Anhaltspunkte für eine zukünftige Entwicklung des Aktienpreises liefern Schätzungen für den Erwartungswert und die Varianz der Rendite eines Wertpapiers. Dieses grobe Modell für die Entwicklung des Aktienkurses (mit dem in Kapitel 5 gearbeitet wurde), das immer nur auf einen einzigen Zeitpunkt in der Zukunft bezogen ist, ist allerdings nicht besonders hilfreich, wenn es um kompliziertere Fragestellungen geht. Dann benötigt man ein Modell, das sehr viele Zeitpunkte in der Zukunft oder sogar einen kontinuierlichen Verlauf der Wertpapierpreise betrachtet. Das in der Praxis häufig verwendete Modell der ***geometrisch Brownschen Bewegung zur Modellierung der Aktienkurse***, auf das wir in diesem Kapitel näher eingehen, betrachtet stetige Aktienpreisentwicklungen. Dabei bezieht sich die Stetigkeit sowohl auf die zeitliche Modellierung (es wird die Entwicklung des Kurses in allen zukünftigen Zeitpunkten betrachtet) als auch auf die Wertentwicklung der Aktie (d.h es wird davon ausgegangen, dass der Aktienkurs eine stetige Funktion der Zeit ist). Dies entspricht zwar nicht ganz der Realität, denn Preise ändern sich in Sprüngen (allerdings oft in sehr kleinen), doch dieses Modell hat sich in der Praxis inzwischen sehr bewährt und wird mittlerweile immer mehr hinsichtlich seiner Anwendungen in der Realität verfeinert. Es ist ein gutes Hilfsmittel, Optionspreise zu berechnen und Risiken zu erkennen. Man kann damit auch Vermögensentwicklungen simulieren und auf diese Weise einen Blick in die mögliche Zukunft wagen.

**Objektive Bewertung von Vermögen und Risiken**

Heutzutage spielen Banken in der Wirtschaft eine sehr wichtige Rolle, unter anderem als Kreditgeber und Kreditvermittler, Anbieter von Geldanlagemöglichkeiten sowie anderen Finanzdienstleistungen. Durch diese Aufgaben sind Banken vielfältigen finanziellen Risiken ausgesetzt. So kann es passieren, dass ein Schuldner plötzlich sein Darlehen nicht zurückzahlen kann. Finanzielle Verluste entstehen aber auch dadurch, dass der Auslandsbestand einer Bank durch eine starke Abwertung der entsprechenden Währung nahezu wertlos wird oder dass das Computernetzwerk streikt und so Verluste durch Fehlbuchungen und entgangene Geschäfte entstehen. In große Schwierigkeiten kann eine Bank kommen, wenn durch ein plötzliches Ereignis (z.B. Ausfall eines großen Schuldners und dadurch entstandener Vertrauensverlust in die Bank) sehr viele Kunden auf einmal ihr Konto leeren (Liquiditätsrisiko).
All diese Risiken dürfen aber nicht zu einer Instabilität des Bankensystems führen. Ganz davon abgesehen, dass die Ersparnisse der Kunden geschützt sein sollten, werden zuverlässige Banken mit einem guten Wirtschaftssystem gleichgesetzt. Sie sollen den Menschen ein Gefühl von Sicherheit und Stabilität vermitteln. Deswegen sind Banken in vielen Ländern der Welt verpflichtet, Kredite und Marktpreisrisiken durch Eigenkapital abzusichern (siehe Baseler Eigenkapitalverordnung von 1988 und Baseler Marktrisikopapier von 1996), was durch eine Bankenaufsicht überwacht wird. Neue Entwicklungen in der mathematischen Forschung haben zu immer mehr neuen Finanzinstrumenten und neuen Methoden der Riskosteuerung geführt, weshalb die Richtlinien von 1988 und 1996 mittlerweile veraltet erscheinen und der Baseler Ausschuss für Bankenaufsicht an neuen Empfehlungen für die internationale Bankenwelt arbeitet, im Internet zu finden unter dem Stichwort „***Basel II***“. Darin wird übrigens auch überlegt, wie in Zukunft operationale Risiken (z.B. Computerpannen) abzusichern sind.
Diese Verordnungen und die kommenden neuen Verordnungen bedeuten für die Finanzinstitute, dass sie ständig über ihre Vermögenswerte und ihre mögliche zukünftige Entwicklung Bescheid

wissen müssen. Das motiviert bzw. zwingt insbesondere die Banken, viel Zeit in die Entwicklung neuer mathematischer Wertpapiermodelle zu stecken und sie durch Hinzunahme weiterer Eigenschaften noch realistischer zu gestalten. So besitzen Großbanken für verschiedene Märkte (Aktienmarkt, Währungsmarkt, Optionsmarkt, usw.) oft auch verschiedene, an die Eigenarten der jeweiligen Märkte angepasste Modelle, mit denen sie Simulationen (siehe Abschnitt 5.8) oder Preisberechnungen (siehe Abschnitt 6.4) durchführen.

## *5.2 Gespräch: Neue Modelle In Düsseldorf*

*Gerade bringt der Schaffner ein Tablett mit vier Tassen Kaffee und drei Croissants in das Konferenzabteil des mit 250 km/h durch die Landschaft rauschenden Zuges. Dort sitzen Selina, Oliver, Nadine und Sebastian vom Clever Consulting Team und bereiten sich auf ihren neuen Auftrag in Düsseldorf vor. Die „Deutsche Kunst- und Kulturbank AG", die ihren Hauptsitz in Düsseldorf hat, hat das Team bestellt, damit sie mathematische Marktmodelle, die andere Unternehmensberater für sie entwickelt haben, einmal einer gründlichen Überprüfung unterziehen.*

*Nadine*: Neue Marktmodelle in der *Deutschen Kunst- und Kulturbank AG*, so, so! Von dieser Bank habe ich nie zuvor etwas gehört.

*Selina*: Die gibt es auch noch nicht lange. Die Marktlücke, die diese Bank nutzt, ist erst vor kurzem erkannt worden. Sie vergibt Kredite an Museen und Kulturzentren und finanziert große Rockkonzerte vor, wie z.B. das letzte große Konzert der *Green Mild Peppers* in Köln. Weiterhin vergibt sie Kredite an aussichtsreiche Modedesigner und finanziert Modeschauen.

*Sebastian*: Und deshalb hat die Bank ihren Hauptsitz in Düsseldorf, der Stadt der Mode.

*Oliver*: Ich glaube, ich kenne nun den wahren Grund, weshalb du, Selina, unbedingt mit zu unserem Auftraggeber nach Düsseldorf fahren wolltest. Soweit ich mich entsinnen kann, hast du von mathematischen Aktienmodellen herzlich wenig Ahnung!

*Selina*: Erstens braucht ihr auch eine neutrale Person mit gründlichen betriebswirtschaftlichen Kenntnissen, die eure graue Theorie kritisch hinterfragt. Zweitens könnt ihr mir ja jetzt noch einiges erklären und kommt auf diese Weise richtig in Fahrt. Drittens bin ich für euch der beste Shopping-Berater der Welt, wenn ihr nach Feierabend eure Business-Garderobe erweitern wollt.

*Oliver*: Einen Berater für meine Garderobe könnte ich durchaus gebrauchen. Dafür erkläre ich dir gerne alles über Aktienpreismodelle. Außerdem denke ich, dass du gespannt zuhören wirst, wenn es darum geht, Aktienkurse vorherzusagen.

*Selina*: Aktienkurse vorhersagen, daran glaube selbst ich nicht. Die Kurse werden so stark vom Zufall beeinflusst, da kann man höchstens einen erhofften langfristigen ***Trend*** angeben.

*Sebastian*: Aber mit einem geeigneten Modell kann man zumindest einige wichtige Entscheidungen treffen. Das erläutere ich nun an einem ***Ein-Perioden-Binomialmodell***.

*Nadine*: Das ist doch finanzmathematische Theorie von vorgestern. Man braucht ein kontinuierliches Modell für den Verlauf der Aktienkurse auf dem gesamten Betrachtungszeitraum von heute bis zum Zeithorizont eines Investmentproblems. Wer von uns hat eigentlich auf sein Croissant verzichtet? Oliver, machst du etwa eine Diät?

*Oliver*: Um Gotteswillen, nein. Es ist bestimmt Selina, die sich in ihr neues Modellkleid hineinhungert. Ansonsten, lasst uns mit dem einfacheren Aktienpreismodell anfangen.

*Nadine*: Nein, dieses ***Modell vereinfacht die Wirklichkeit*** zu stark. Im Prinzip betrachtet es nur zwei Zeitpunkte, nämlich heute und einen Punkt in der Zukunft. Dabei verläuft die Zeit doch kontinuierlich.

*Sebastian*: Das kann man annähern, indem man das Modell ausbaut und dann viele kleine Perioden betrachtet...

*Während das Unternehmensberatungsteam mit einer Ausnahme seine Croissants verkrümelt und sich noch ein wenig über wirklichkeitsnahe und wirklichkeitsfremde Modelle sowie den richtigen Start des Kurzlehrgangs streitet, holen wir ein paar mathematische Grundlagen nach.*

**Diskussion 5.1:**

An dieser Stelle kann man allgemein über Modellbildung diskutieren. Man kann sich weiter überlegen, welche Vereinfachungen man für ein Marktmodell vorschlagen (z.B. nur eine Aktie, Kreditzinsen entsprechen Festgeldzinsen, usw.) würde. Welche Probleme können entstehen, wenn man nicht genügend vereinfacht?

## 5.3 Mathematische Grundlagen: Binomial- und Normalverteilung

**Ein Spezialfall der Binomialverteilung: die Bernoulliverteilung**

Die einfachste aller Zufallsverteilungen ist wohl die ***Bernoulliverteilung*** (benannt nach dem Mathematiker Jakob Bernoulli, 1654-1705), ein Spezialfall der Binomialverteilung. Sie beschreibt Zufallsexperimente, bei denen etwas Bestimmtes passiert oder nicht passiert. Das Zufallsexperiment hat also zwei mögliche Ausgänge, die mit 1 („es passiert" oder auch „Erfolg") oder 0 („es passiert nicht" oder auch „kein Erfolg") gekennzeichnet werden.
Als Beispiel betrachten wir den fairen Münzwurf. Dem Ereignis „Kopf" kann eine „1" und dem Ereignis „Zahl" kann eine „0" zugeordnet werden. Beide Ausgänge haben die gleiche Wahrscheinlichkeit, d.h.

$$P(\{1\}) = \frac{1}{2} = P(\{0\}).$$

Aber nicht bei allen Zufallsexperimenten mit nur zwei möglichen Ergebnissen haben beide Ausgänge die gleiche Wahrscheinlichkeit. Man kann z.B. das Geschlecht eines neugeborenen Kindes als Zufallsexperiment betrachten. Aus vielen empirischen Studien weiß man mittlerweile, dass mehr Jungen als Mädchen auf die Welt kommen. Damit ist die Wahrscheinlichkeit für einen Jungen etwas größer als $1/2$, angenommen es sei

$$P(\{Junge\}) = 0{,}51.$$

Nach den Rechenregeln für Wahrscheinlichkeiten gilt dann

$$P(\{Mädchen\}) = 1 - 0{,}51 = 0{,}49.$$

Man beschreibt ein Bernoulli-Experiment, indem man die Wahrscheinlichkeit für einen „Erfolg", also den Ausgang „1", angibt:

$$P(\{1\}) = p \quad , \qquad 0 \le p \le 1.$$

Die Wahrscheinlichkeit für das Ereignis „0" ergibt sich dann als

$$P(\{0\}) = 1 - p.$$

Der Erwartungswert einer bernoulliverteilten Zufallsvariablen $X$, die nur die Werte 0 oder 1 annimmt, lässt sich sehr leicht berechnen:

$$E(X) = p \cdot 1 + (1-p) \cdot 0 = p\,.$$

Für die Varianz ergibt sich:

$$Var(X) = E\left(X^2\right) - E(X)^2 = 1^2 \cdot p + 0^2 \cdot (1-p) - p^2 = p \cdot (1-p)$$

und man erhält zusammenfassend:

***Bernoulliverteilung:*** Ein Zufallsexperiment heißt ***Bernoulli-Experiment***, falls das Experiment nur zwei mögliche Ausgänge besitzt, die mit 1 oder 0 gekennzeichnet werden. Es reicht, die Wahrscheinlichkeit für einen „Erfolg"- das Ereignis „1" - anzugeben:

$$P(\{1\}) = p, 0 \le p \le 1 \;\Rightarrow P(\{0\}) = 1 - p\,.$$

Eine bernoulliverteilte Zufallsvariable $X$ nimmt nur die Werte 0 oder 1 an und für sie gilt:

Erwartungswert: $E(X) = p$, Varianz: $Var(X) = p \cdot (1-p)$.

(→Ü.5.1, Ü.5.2)

**Die Binomialverteilung**

Wenn das gleiche Bernoulli-Experiment mehrmals unabhängig hintereinander ausgeführt wird und wir die Anzahl der Experimente zählen, in denen unser spezielles Ereignis, das wir mit „1" gekennzeichnet haben, vorliegt, so besitzt die Zufallsvariable „Anzahl" eine ***Binomialverteilung***. Ein einfaches Beispiel hierfür ist, dass wir die gleiche Münze dreimal nacheinander werfen und zählen, wie oft wir Kopf geworfen haben. Oder wir betrachten eine Familie mit fünf Kindern unterschiedlichen Alters (also ohne Zwillinge, da bei eineiigen Zwillingen das Geschlecht des einen von dem anderen abhängt) und zählen die Anzahl der Mädchen.

***Binomialverteilung:*** Wird ein Bernoulli-Experiment mit Erfolgswahrscheinlichkeit $p$ $n$-mal unabhängig hintereinander ausgeführt, dann gilt für die Zufallsvariable $X$, die die Anzahl der Erfolge zählt:

$$P(\{X = k\}) = \binom{n}{k} \cdot p^k \cdot (1-p)^{(n-k)}, 0 \le k \le n\,.$$

Wir sagen dann auch, dass die Zufallsvariable $X$ binomialverteilt mit den Parametern $0<p<1$ und $n \in$ IN ist und schreiben dies als

$$X \sim B(n, p)\,.$$

Eine solch binomialverteilte Zufallsvariable kann also nur die Werte $0,1,..,n$ annehmen und es gilt:

Erwartungswert: $E(X) = n \cdot p$, Varianz: $Var(X) = n \cdot p \cdot (1-p)$.

Die Wahrscheinlichkeit $P(X=k)$ für $k$ Erfolge kann man sich am besten merken, indem man sich bewusst macht, dass $p^k \cdot (1-p)^{n-k}$ die Wahrscheinlichkeit für eine feste Folge von $n$ unabhängigen Bernoulli-Experimenten mit $k$ Erfolgen und $n-k$ Misserfolgen ist. Der Vorfaktor $n!/k!(n-k)!$ (also der Bionomialkoeffizient) gibt an, auf wie viele Arten man $k$ Erfolge und $n-k$ Misserfolge in $n$ Experimenten anordnen kann.

Die Wahrscheinlichkeit, beim dreimaligen fairen Münzwurf nur einmal Kopf zu werfen, beträgt dann

$$P(X=1)=\frac{3!}{1!\cdot(3-1)!}\cdot\frac{1}{2}^{1}\cdot\frac{1}{2}^{2}=0,375,$$

also etwas mehr als ein Drittel.
Für eine Famile mit fünf Kindern und ohne Zwillinge berechnet sich die Wahrscheinlichkeit, nur Mädchen zu haben, als

$$P(X=5)=\frac{5!}{5!\cdot(5-5)!}\cdot 0,49^5\cdot 0,51^0\approx 0,028,$$

dies kommt also nur mit einer Wahrscheinlichkeit von weniger als $3$ % vor.

Da die Zufallsvariable $X$ eines Binomialexperimentes, die die Anzahl der Erfolge zählt, durch die Addition der unabhängigen Zufallsvariablen $X_1$, ..., $X_n$ der einzelnen Bernoulli-Experimente zustande gekommen ist, lassen sich Erwartungswert und Varianz von

$$X=X_1+\ldots+X_n$$

sehr leicht berechnen:

$$E(X)=E(X_1)+\ldots+E(X_n)=n\cdot p,$$

$$Var(X)=Var(X_1)+\ldots+Var(X_n)=n\cdot p\cdot(1-p).$$

Man beachte, dass die Kovarianzen zwischen den $X_i$, $i=1,\ldots n$ Null sind, da wir unabhängige Zufallsvariablen voraussetzen.
(→Ü.5.3,Ü.5.4)

## Die Normalverteilung

Ohne zu übertreiben, kann mal wohl behaupten, dass die ***Normalverteilung*** (auch als Gauß-Verteilung bezeichnet) die wichtigste aller Zufallsverteilungen ist. Man kann sie überall im täglichen Leben beobachten. Sie hat allerdings (im Rahmen dieses Buches betrachtet) eine Besonderheit: Die Menge $\Omega$ aller möglichen Ausgänge des zugehörigen Zufallsexperiments ist nicht endlich, $\Omega$ umfasst sogar alle reellen Zahlen. Dies hat zur Konsequenz, dass nicht alle möglichen Werte mit positiver Wahrscheinlichkeit angenommen werden können. Mehr noch, es wird sogar kein einziger dieser Werte mit positiver Wahrscheinlichkeit angenommen! Das bedeutet, dass wir den Begriff der Wahrscheinlichkeitsdichte benötigen, auf den wir in Kürze eingehen werden.

Am besten veranschaulicht man sich die Normalverteilung anhand von Beispielen:

- Die Körpergröße aller in einer Stadt lebenden 20-jährigen Frauen ist ungefähr normalverteilt.
- Wenn eine Schulklasse die unbekannte Breite eines Tisches erraten soll, dann sind die Schätzwerte der Schüler annähernd normalverteilt.
- Das Gewicht von 6 Wochen alten männlichen weißen Mäusen ist näherungsweise normalverteilt.

- Ein kleines Werkstück wird mit einem Präzisionsmessgerät von verschiedenen Personen vermessen. Trotz aller Genauigkeit ergeben sich Messfehler. Diese sind dann approximativ normalverteilt.
- Eine Partygesellschaft versucht an Silvester, den Preis für eine bestimmte Sorte Sekt für das nächste Jahresende vorauszusagen. An Silvester des folgenden Jahres stellt man fest, dass der Schätzfehler (richtiger Preis - geschätzter Preis) näherungsweise normalverteilt ist.

Alle Beispiele haben etwas gemeinsam: Es gibt einen Mittelwert, den „korrekten Wert" oder eine Art Normalwert, um den herum sich alle anderen Werte verteilen. Und zwar verteilen sich die anderen Werte symmetrisch um diesen Zentralwert herum. Es gibt etwa genauso viele Werte, die darunter liegen wie darüber. In der Nähe dieses Zentralwertes liegen die meisten Werte, sehr weit weg liegende Werte kommen äußerst selten vor.
Erstellt man aus den Daten ein Balkendiagramm (Histogramm), ergibt sich ein Bild, das so ähnlich wie das folgende aussehen könnte (basierend auf 200 Zufallsdaten):

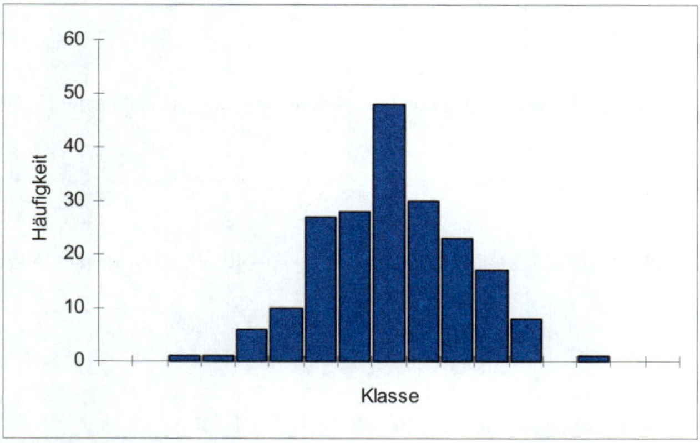


**Abbildung 5.1** *Histogramm einer Stichprobe aus normalverteilten Zufallsvariablen*

Würde man nun immer mehr Zufallsdaten auswerten und die Klassen für das Balkendiagramm immer feiner einteilen, so erhielte man eine glockenförmige Gestalt, die der anschließenden Abbildung ähnelt, die die Dichte der Standardnormalverteilung $\varphi(x)$ zeigt:

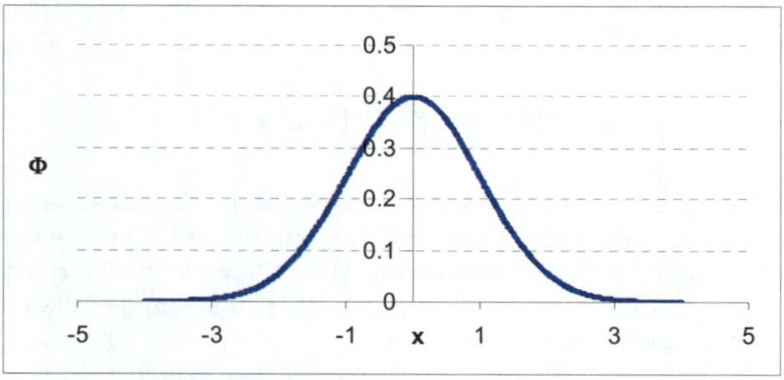


**Abbildung 5.2** *Dichte der Standardnormalverteilung*

Eine ***Dichte*** stellt in der Wahrscheinlichkeitstheorie eine nicht-negative reelle Funktion dar, die im Prinzip ein „ideales Balkendiagramm" modelliert. Mit Hilfe der Dichte können Wahrscheinlichkeiten berechnet werden, denn der Flächeninhalt unter der Kurve der Dichte von $y$ bis $z$ gibt uns gerade die Wahrscheinlichkeit an, dass im zugehörigen Zufallsexperiment ein Wert aus dem Intervall $(y, z]$ angenommen wird. Folglich muss die gesamte Fläche zwischen $x$-Achse und Dichte den Inhalt Eins haben.

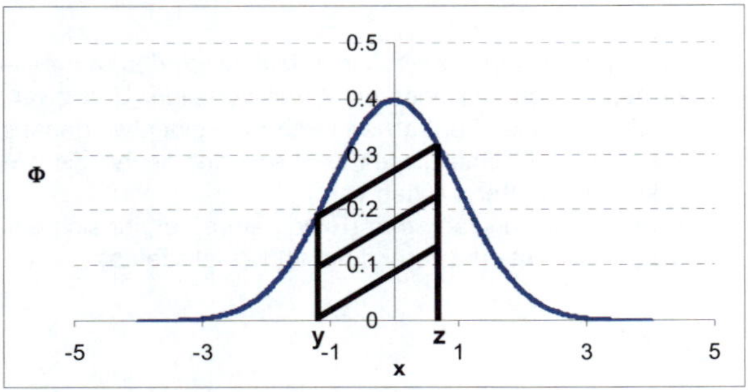


**Abbildung 5.3** *Berechnung von Wahrscheinlichkeiten mit Hilfe einer Dichte*

***Definition:***

Eine Zufallsvariable $X$ besitzt eine ***Dichte*** $f\colon \mathbb{R} \to [0,\infty)$, falls für alle Werte $y \le z$ mit $y,z \in \mathbb{R}$ gilt

$$P(\{y \le X \le z\}) = \int_y^z f(x)\,dx .$$

Für den Erwartungswert der Zufallsvariablen $X$ gilt dann

$$E(X) = \int_{-\infty}^{\infty} x \cdot f(x)\,dx ,$$

falls dieser Wert endlich ist.

Hieraus ergibt sich

$$P(\{X = y\}) = \int_y^y f(x)\,dx = 0 .$$

Man beachte dazu, dass eine normalverteilte Zufallsvariable alle möglichen reellen Werte annehmen kann. Dass genau dieser eine Wert $y$ exakt getroffen wird, ist so unwahrscheinlich, dass einem einzigen Wert immer die Wahrscheinlichkeit Null zugeordnet wird. Trotzdem sagt der Wert der Dichte etwas über die Wahrscheinlichkeit aus, mit der $y$ (nahezu) getroffen wird. Ist die Dichte $f(.)$ nämlich stetig in $y$, so gilt für kleine Werte $\varepsilon > 0$

$$P(\{y - \varepsilon \le X \le y + \varepsilon\}) = \int_{y-\varepsilon}^{y+\varepsilon} f(x)\,dx \approx 2 \cdot \varepsilon \cdot f(y) .$$

Je größer also $f(y)$ ist, desto wahrscheinlicher wird $X$ Werte in der Nähe von $y$ annehmen. Ausgehend von den oben geschilderten Beispielen erwartet man, dass bei einer normalverteilten Zufallsvariablen ein Intervall, das den „Normalwert" enthält, eine größere Wahrscheinlichkeit hat als ein Intervall gleicher Länge, das weit weg vom „Normalwert" liegt. Genau das sieht man an der Dichte der Normalverteilung, die am „Normalwert" den höchsten Wert annimmt. Anhand der Beispiele kann man sich ebenfalls gut vorstellen, dass das Intervall („Normalwert" - $y$, „Normalwert"] die gleiche Wahrscheinlichkeit wie [„Normalwert", „Normalwert" + $y$) hat. Auch dies passt zur Dichte der Normalverteilung, die symmetrisch ist.

***Normalverteilung:***

a) Die ***Dichte der Normalverteilung*** lautet:

$$\varphi(x) = \frac{1}{\sqrt{2 \cdot \sigma^2 \cdot \pi}} \cdot e^{-\frac{(x-\mu)^2}{2 \cdot \sigma^2}}, \quad \sigma > 0, \quad \mu \in \mathbb{R}.$$

Sind $\mu = 0$ und $\sigma = 1$, dann nennt man dies die ***Dichte der Standardnormalverteilung***.

b) Die ***Verteilungsfunktion der Standardnormalverteilung*** lautet:

$$\Phi(z) = P(\{X \leq z\}) = \frac{1}{\sqrt{2 \cdot \pi}} \cdot \int_{-\infty}^{z} e^{-x^2/2}\, dx.$$

c) Ist die Zufallsvariable $X$ normalverteilt mit den Parametern $\mu \in \mathbb{R}$ und $\sigma > 0$, so schreibt man auch:

$$X \sim N(\mu, \sigma^2).$$

Eine normalverteilte Zufallsvariable kann Werte aus ganz $\mathbb{R}$ annehmen und es gilt:

Erwartungswert: $E(X) = \mu$, Varianz: $Var(X) = \sigma^2$.

Leider lässt sich das Integral in der Verteilungsfunktion der Standardnormalverteilung nicht explizit berechnen. Wegen der Wichtigkeit dieser Verteilung hat man das Integral und somit auch $\Phi(z)$ mit numerischen Methoden für viele Werte von $z$ berechnet und tabelliert. Solche Tabellen findet man in Statistikbüchern (z.B. Henze(1997)). Wegen

$$\Phi(-z) = 1 - \Phi(z),$$

sind dort in der Regel nur die Werte von $\Phi(z)$ für positive $z$ tabelliert. Mit der Funktion $\Phi$ kann man die Wahrscheinlichkeiten von Intervallen $(y, z]$ oder $(z, \infty)$ von standardnormalverteilten Zufallsvariablen berechnen

$$P(\{y < X \leq z\}) = \Phi(z) - \Phi(y),$$

$$P(\{X > z\}) = 1 - P(\{X \leq z\}) = 1 - \Phi(z).$$

Die Werte von $\Phi(z)$ findet man auch in gängigen Tabellenkalkulationen für den Computer unter dem Begriff „Verteilungsfunktion der Standardnormalverteilung".

(→Ü.5.3)

Der Mittelwert oder der „Normalwert" in unseren Beispielen, um den herum sich alle anderen Werte gleichmäßig verteilen, ist der Parameter $\mu$, der auch der Erwartungswert der Normalverteilung ist. Ist die Zufallsvariable $X$ nicht standardnormalverteilt, sondern nur normalverteilt, so lässt sich durch eine einfache Transformation trotzdem die Tabelle für die Standardnormalverteilung benutzen.

***Rückführung auf Standardnormalverteilung:*** Ist die Zufallsvariable $X$ normalverteilt, dann ist die Zufallsvariable $Z = \dfrac{X-\mu}{\sigma}$ standardnormalverteilt.

Es gilt somit: $P(\{X \le y\}) = P\left(\left\{Z \le \dfrac{y-\mu}{\sigma}\right\}\right) = \Phi\left(\left\{\dfrac{y-\mu}{\sigma}\right\}\right)$.

Ein Kritikpunkt an der Verwendung der Normalverteilung zur Modellierung von Längen, Gewichten, u.s.w. ist, dass eine normalverteilte Zufallsvariable mit positiver Wahrscheinlichkeit auch negative Werte annehmen kann. Diese Wahrscheinlichkeiten sind aber oft verschwindend klein, da die Dichte der Normalverteilung sehr schnell fällt, wenn man sich vom Erwartungswert $\mu$ entfernt. So gelten z.B.

$$\begin{aligned} P(\{\mu-2\cdot\sigma \le X \le \mu+2\cdot\sigma\}) &= \Phi\left(\frac{\mu+2\cdot\sigma-\mu}{\sigma}\right) - \Phi\left(\frac{\mu-2\cdot\sigma-\mu}{\sigma}\right) \\ &= 2\cdot\Phi(2)-1 = 0{,}9544, \\ P(\{\mu-3\cdot\sigma \le X \le \mu+3\cdot\sigma\}) &= \Phi\left(\frac{\mu+3\cdot\sigma-\mu}{\sigma}\right) - \Phi\left(\frac{\mu-3\cdot\sigma-\mu}{\sigma}\right) \\ &= 2\cdot\Phi(3)-1 = 0{,}9974. \end{aligned}$$

Werte außerhalb des Intervalls $[\mu - 3\cdot\sigma\ ,\ \mu + 3\cdot\sigma]$ kommen demzufolge höchstens mit einer Wahrscheinlichkeit von etwa 0,26 % vor. Praktisch heißt das, dass wir solche Werte wohl kaum beobachten werden.

Als Rechenbeispiel betrachten wir das Werkstück, das von verschiedenen Personen gemessen wird. Wir nehmen an, das Werkstück würde im Mittel exakt vermessen werden und die Standardabweichung des Messfehlers sei gleich 10 mm. Der Messfehler wird als eine normalverteilte Zufallsvariable $X$ mit Erwartungswert $\mu = 0$ und Standardabweichung $\sigma$=10 modelliert. Wie groß ist dann die Wahrscheinlichkeit, einen Messfehler von weniger als 5 mm zu machen? Zuerst rechnet man die Zufallsvariable auf Standardnormalverteilung um

$$P(\{-5 < X \le 5\}) = P\left(\left\{\frac{-5-0}{10} < \frac{X-0}{10} \le \frac{5-0}{10}\right\}\right) = P\left(\left\{-\frac{1}{2} < Z \le \frac{1}{2}\right\}\right),$$

anschließend kann man die Werte der Standardnormalverteilung aus einer Tabelle ablesen

$$P\left(\left\{-\frac{1}{2} < Z \le \frac{1}{2}\right\}\right) = \Phi\left(\frac{1}{2}\right) - \Phi\left(-\frac{1}{2}\right) = 2\cdot\Phi\left(\frac{1}{2}\right) - 1 = 0{,}383.$$

Die Wahrscheinlichkeit, eine Abweichung des Messergebnisses von weniger als 5 mm zu erzielen, ist größer als 1/3.

Stellen wir uns nun vor, dass die in einer Stadt lebenden 20-jährigen Frauen eine Durchschnittsgröße von 170 cm hätten und dass die Standardabweichung der Körpergröße 9 cm betragen würde. $X$ wäre dann eine normalverteilte Zufallsvariable mit Erwartungswert $\mu = 170$ und Standardabweichung $\sigma = 9$. Wie groß wäre die Wahrscheinlichkeit, dass eine zufällig ausgewählte Frau größer als 190 cm wäre?

$$P(\{X > 190\}) = P\left(\left\{\frac{X-170}{9} > \frac{190-170}{9}\right\}\right) = P\left(\left\{Z > \frac{20}{9}\right\}\right),$$

$$P\left(\left\{Z > \frac{20}{9}\right\}\right) = 1 - \Phi\left(\frac{20}{9}\right) = 0{,}0132 .$$

Die Wahrscheinlichkeit wäre deutlich kleiner als 2 % (obwohl in unserer Beispiel-Stadt anscheinend viele große Frauen leben).

**Übungsaufgaben**

***Ü.5.1*** Sind die folgenden Experimente Bernoulli-Experimente?

a) Werfen eines Würfels

b) Werfen eines Würfels und nachschauen, ob die Zahl gerade oder ungerade ist

c) Anzahl der Elternteile pro Kind, die auf einem Elternabend anwesend sind

d) Das „liebt mich-liebt mich nicht-Spiel“ mit einer Margeritenblüte

***Ü.5.2*** Die Wahrscheinlichkeit, dass eine Tüte Gummibärchen eine durch drei teilbare Anzahl von Bärchen enthält, sei 1/3. Wie groß ist die Wahrscheinlichkeit, dass sich drei Kinder, die gerecht teilen wollen, um übrig gebliebene Bärchen streiten? Betrachten Sie die Zufallsvariable $X$, die den Wert 1 annimmt, wenn die Kinder sich streiten, und ansonsten den Wert 0 hat! Berechnen Sie Erwartungswert und Varianz von $X$!

***Ü.5.3*** Berechnen Sie die Wahrscheinlichkeiten für folgende binomialverteilte Zufallsvariablen:

a) Wie hoch ist in einer Familie mit fünf Kindern und ohne Zwillinge die Wahrscheinlichkeit, nur auf Jungen zu treffen? (Wählen Sie obige Wahrscheinlichkeiten!)

b) Wie groß ist beim zweimaligen Münzwurf die Wahrscheinlichkeit, genau einmal Kopf zu werfen?

c) Frau Schmitt kauft sehr eilig Mineralwasser ein. Da sie sowohl kohlensäurereichen als auch kohlensäurearmen Sprudel kaufen möchte, mischt sie eine Kiste mit 12 Flaschen. Wegen ihrer Eile greift sie die Flaschen zufällig aus dem Regal. Wie groß ist die Wahrscheinlichkeit, dass sie von beiden Sorten genau die gleiche Menge erhält?

d) Wie groß ist die Wahrscheinlichkeit, dass Frau Schmitt in ihrer zufällig zusammengestellten Sprudel-Kiste kein kohlensäurearmes Wasser hat?

e) Wie groß ist die Wahrscheinlichkeit für folgende Pechsträhne beim „Mensch-Ärger-Dich-Nicht“-Spiel: dreimaliges Würfeln und keine Sechs gewürfelt?

f) Die Wahrscheinlichkeit, beim Einkauf eine defekte Glühbirne zu erwischen, sei 1/100. Wie groß ist die Wahrscheinlichkeit, dass beim Kauf einer Sonderangebotspackung mit vier Stück keine kaputte Glühbirne dabei ist?

***Ü.5.4*** Berechnen Sie die Wahrscheinlichkeiten für folgende binomialverteilte Zufallsvariablen:

a) Ein Ornithologe beobachtet Vögel in einer Parkanlage. Die Wahrscheinlichkeit, dass es sich bei einem gesichteten Vogel um einen Spatz handelt, sei 80 %. Wenn nun der Vogelforscher 15 einzelne (warum ist das wichtig?) Vögel gesehen hat, wie groß ist die Wahrscheinlichkeit, dass mindestens vier Vögel keine Spatzen waren?

b) Ein Service-Techniker einer Computer-Firma repariert defekte Computer in 90 % aller Fälle in genau 15 Minuten, in den anderen Fällen braucht er 40 Minuten. An einem Morgen bekommt er um acht Uhr 14 Aufträge. Wie groß ist die Wahrscheinlichkeit, dass er nicht pünktlich um 12 Uhr zum Mittagessen gehen kann?

**<u>Ü.5.5</u>** Erklären Sie ausführlich, warum für die standardnormalverteilte Zufallsvariable $X$ $P(y<X\leq z)=\Phi(z)-\Phi(y)$ und $P(X>z)=1-P(X\leq z)=1-\Phi(z)$ gilt !

(siehe auch Kapitel 4)

**<u>Ü.5.6</u>** Für die folgenden Aufgaben brauchen Sie eine Tabelle der Standardnormalverteilung. Wenn Sie Zugang zu einem Computer mit geeigneter Software haben, versuchen Sie eine übersichtliche Tabelle anzufertigen!

Übernehmen Sie die Werte aus den Beispielen im obigen Text (Seite 150)!

a) Wie groß ist die Wahrscheinlichkeit, beim Messen des Werkstücks, einen Messfehler von weniger als 7 mm zu machen?

b) Wie groß ist die Wahrscheinlichkeit, einen Messfehler von mehr als 8 mm zu machen?

c) Es stellt sich heraus, dass eine Person das Werkstück um mehr als 2 cm zu lang gemessen hat. Wie groß ist die Wahrscheinlichkeit dafür, dass so etwas passiert?

d) Wie groß ist die Wahrscheinlichkeit, dass man in der im Text beschriebenen Stadt zufällig auf eine 20-jährige Frau trifft, die kleiner als 152 cm ist?
e) Wie groß ist die Wahrscheinlichkeit, dass die zufällig getroffene 20-jährige Frau tatsächlich etwa 170 cm groß ist, wenn wir mit „etwa 170“ alle Frauen von 168 cm bis 172 cm ansehen?

**<u>Ü.5.7</u>** Ein Arzt stellt fest, dass die Dauer seiner Patienten-Gespräche annähernd normalverteilt ist, und zwar mit einem Erwartungswert von 12 Minuten und einer Standardabweichung von 3 Minuten.

a) Wie groß ist die Wahrscheinlichkeit, dass ein zufällig ausgewähltes Gespräch kürzer als 10 Minuten ist?

b) Der Arzneimittelvertreter weiß, dass er nach dem nächsten Patienten mit dem Arzt sprechen kann. Wie groß ist die Wahrscheinlichkeit, dass er länger als 20 Minuten warten muss?

c) Wie groß ist die Wahrscheinlichkeit, dass ein zufällig ausgewähltes Gespräch länger als 30 Minuten ist? Beurteilen Sie aufgrund dieses Resultats, ob die Annahme der Normalverteilung für die Dauer der Patienten-Gespräche geeignet ist!

**<u>Ü.5.8</u>** Der Biergarten-Besitzer Fredel glaubt, nachdem er eine überdachte Freisitz-Ecke eingerichtet hat, dass die Anzahl seiner Gäste pro Tag im Sommer ungefähr normalverteilt sei. Er gibt seine täglichen Beobachtungen in sein neues Computerprogramm ein und ist nach vielen Klicks und Berechnungen der Meinung, dass seine Daten normalverteilt mit einem Erwartungswert von 200 Gästen pro Tag und einer Standardabweichung von 50 sind.

a) Mit Schrecken stellt er fest, dass sein Bier nahezu alle ist, und dass das Bier für den heutigen Tag im Prinzip nur für 210 Gäste ausreicht. Wie groß ist die Wahrscheinlichkeit, dass er an diesem Tag enttäuschte Gäste haben wird?

b) Der Gastwirt meint, die Stimmung in seinem Biergarten sei am besten, wenn etwa 170 bis 240 Gäste kommen. Mit welcher Wahrscheinlichkeit gibt es an einem zufällig ausgewähltem Tag diese optimale Anzahl an Gästen?

c) Ein Mathematiker, der den Biergarten gerne besucht und nach einigen Bieren mit dem Wirt ins Gespräch kommt, meint, dass Fredel sein Computerprogramm doch zu blind angewendet hätte.

Erstens kommen bei der Normalverteilung alle reellen Werte als Ergebnis in Betracht und nicht nur natürliche Zahlen. Und zweitens wäre wohl eine Binomialverteilung für die Anzahl seiner Gäste pro Tag besser. Der Mathematiker schlägt vor, dass von der Stadt mit 300 000 Einwohnern jede Person mit einer Wahrscheinlichkeit p entscheide, ob sie heute in Fredel's Biergarten gehe oder nicht. p müsste man dann geeignet bestimmen, so dass der Erwartungswert der Binomialverteilung genau bei 200 liege.

Bestimmen Sie ein geeignetes p! Berechnen Sie auch die Standardabweichung und vergleichen Sie mit dem Normalverteilungsmodell! Überlegen Sie sich Vor- und Nachteile der Binomialverteilungsannahme und ebenso der Normalverteilungsannahme zur Modellierung der Anzahl der Gäste pro Tag!

## 5.4 Fortsetzung des Gesprächs: Arbitrage - Viel Geld aus Nichts

*Wie sollte es anders sein, es war Selina, die kein Croissant essen wollte und entschied, dass man bei den Erklärungen mit dem einfacheren Modell beginnen sollte.*

*Sebastian*: Das Ein-Perioden-Binomialmodell ist das einfachste Modell für einen Aktienkurs, dass man sich vorstellen kann. Ich gebe euch einmal ein Beispiel. Wir nehmen an, dass sich der Kurs einer Aktie gemäß dem folgendem Diagramm entwickelt:

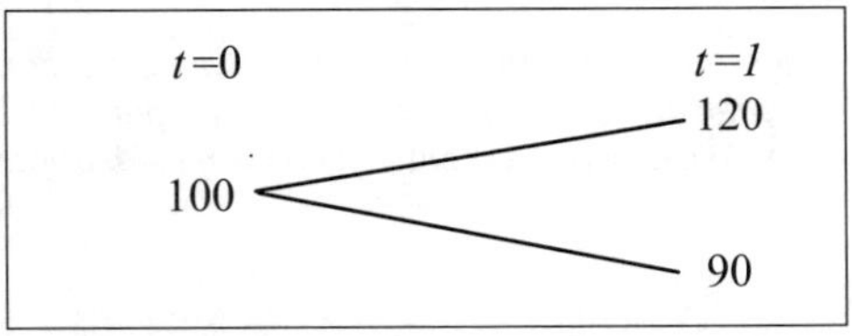


**Abbildung 5.4** *Ein-Perioden-Binomialmodell*

d.h. der Aktienkurs von 100 heute kann entweder auf 120 nach einem Jahr steigen oder aber auf 90 fallen.

*Nadine*: Das hat aber nun rein gar nichts mehr mit der Realität zu tun!

*Oliver*: Oh, doch! Man sieht, dass der Preis hoch oder runter gehen kann und das zufällig. Hoch geht er mit der Wahrscheinlichkeit $p$ und runter mit der Wahrscheinlichkeit $1-p$. Da es sich hierbei im Prinzip um eine Binomialverteilung handelt und wir nur eine Periode betrachten, heißt dieses Modell auch ***Ein-Perioden-Binomialmodell***.

*Sebastian*: Und nun, Selina, stell dir vor, dass in diesem einfachen Modell der Aktienkurs nie fällt, sondern im schlechtesten Fall nur auf 110 steigen würde und der aktuelle Marktzins für risikolos angelegtes Geld und auch Kredite kleiner als 10 % wäre.

*Selina*: Da sehe ich eine Möglichkeit, steinreich zu werden. Ich leihe mir einfach ausreichend Geld zum Marktzinssatz. Davon kaufe ich möglichst viele Aktien zu 100 und verkaufe sie nach einem Jahr mindestens zu 110. Anschließend zahle ich den Kredit samt Zinsen zurück, pro geliehenen 100 sind das dann im Endeffekt weniger als 110, da Sebastian den Marktzins kleiner als 10 % angesetzt hat. Pro gekaufter Aktie mache ich einen sicheren Gewinn und nach einem Jahr bin ich Millionär.

*Sebastian*: Habe ich mir gedacht, dass du das sofort merkst. Das nennt man übrigens ***Arbitragemöglichkeit***, eine Möglichkeit, ohne eigenes Kapital und ohne Risiko Gewinn zu machen.

In unseren Modellen möchte ich ab sofort voraussetzen, dass es keine Arbitragemöglichkeiten gibt.

*Selina*: Warum das denn?

*Sebastian*: Nehmen wir einmal an, es gibt diese Arbitragemöglichkeit. Dann gibt es viele Selinas in der Welt, die das sofort merken. Alle stürzen sich auf die Aktie und wollen sie kaufen. Aufgrund der großen Nachfrage wäre in Nullkommanix der Preis der Aktie auf ein Niveau angestiegen, zu dem es keine Arbitragemöglichkeit mehr gibt.

*Oliver*: Es gibt übrigens noch eine andere Möglichkeit, wie Arbitrage entstehen kann. Stell dir vor, im einfachen Modell würde der Aktienkurs nur nach unten gehen.

*Selina*: Dann würde ich mir die Aktie irgendwo leihen und sie anschließend verkaufen. Das Leihen von Aktien und das anschließende Verkaufen nennt man übrigens ***Leerverkauf*** oder ***short-selling***. Allerdings ist es gesetzlich stark eingeschränkt. Das so erhaltene Geld würde ich als Festgeld anlegen, nach einem Jahr den Zins einstreichen, die Aktie dann billig an der Börse nachkaufen und zurückgeben. Selbst bei einem Zinssatz von nur 1 % im Jahr hätte ich pro Aktie Gewinn gemacht.

*Sebastian*: Genau. Und wenn sich viele so verhalten wie du, würde dadurch, dass auf einmal viele diese Aktie verkaufen wollten, der Kurs so stark sinken, bis diese Arbitragemöglichkeit wieder ruckzuck weg wäre.

Selina: Schade...

*Die vor Selinas innerem Auge aufgetürmten risikolosen Gewinne stürzen nun mit einem Riesengepolter ein. Für ein Aktienpreismodell ist es sinnvoll, Arbitragemöglichkeiten auszuschließen. Deswegen wollen wir uns im Folgenden noch ein bisschen mit Arbitragemöglichkeiten beschäftigen.*

**Diskussion 5.2:**

Es wird empfohlen, den Begriff der Arbitragemöglichkeit eingehend zu diskutieren. Mögliche Aspekte können sein:

- Ist eine Anlage im risikolosen Wertpapier eine Arbitragemöglichkeit?
- Ist eine kostenlose Teilnahme am Lotto eine Arbitragemöglichkeit?
- Wie lässt sich der Begriff der Arbitragemöglichkeit auf andere Gebiete des Lebens übertragen?
- Glauben Sie, dass es Arbitragemöglichkeiten (an der Börse, im Leben, usw.) gibt?

## 5.5 Hintergrund: Arbitrage im Ein-Perioden-Binomialmodell

**Arbitrage**

Wir wollen zunächst eine formlose Definition geben:

Eine ***Arbitragemöglichkeit*** ist die Möglichkeit, ohne eigenes Kapital Gewinn zu erzielen und gleichzeitig kein Risiko besteht, einen Verlust zu erleiden.

Dies wird nun mathematisch präzisiert:

***Definition:***

Es sei $X(t)$ das Vermögen eines Investors, der an einem Wertpapiermarkt investiert, wobei $t$ alle Zeiten zwischen $0$ („heute“) und dem Zeithorizont $T$ durchläuft. Man sagt dann auch, dass eine ***Arbitragemöglichkeit*** für den Investor besteht, falls es möglich ist, dass er mit dem Vermögen $X(0)=0$ startet und für sein Endvermögen $X(T)$

$$X(T)\geq 0 \text{ und } P(\{X(T)>0\})>0\,,$$

gilt, d.h. es entstehen am Ende niemals Schulden für den Investor, aber die Aussicht, ein strikt positives Endvermögen zu erzielen, hat eine positive Wahrscheinlichkeit.

Obwohl die obige Definition für allgemeine Wertpapiermodelle gilt, wollen wir uns zunächst darauf beschränken, Bedingungen herzuleiten, so dass im Ein-Perioden-Binomialmodell keine Arbitragemöglichkeiten bestehen. Hierfür wollen wir zunächst eine formale Beschreibung des durch ein Ein-Perioden-Binomialmodell charakterisierten Wertpapiermarkts geben:

**Der Wertpapiermarkt im Ein-Perioden-Binomialmodell:**

Wir nehmen an, dass in unserem Markt zum Zeitpunkt $t=0$ die beiden folgenden Anlagemöglichkeiten bestehen:

- Kauf bzw. (Leer-) Verkauf von Aktien mit heutigem Preis $P_1(0)=p_1>0$ und zukünftigem Preis

  $$P_1(T)=\begin{cases} u\cdot p_1 & \text{mit Wahrscheinlichkeit } p \\ d\cdot p_1 & \text{mit Wahrscheinlichkeit } (1-p) \end{cases},$$

  wobei $u>d$ gelte.
- Festgeld oder Kredit zum Zinssatz von $r\geq 0$, wobei wir stetige Verzinsung im Zeitraum $[0,T]$ annehmen, d.h. die Vermögensentwicklung einer Geldeinheit ist durch

  $$P_0(0)=1\,,\;P_0(T)=e^{rT}$$

gegeben.

***Bemerkung**:* Die stetige Verzinsung wurde hier im Hinblick auf das später vorgestellte Black-Scholes-Modell (siehe Abschnitt 5.6/7/8) gewählt. Falls nur zeitdiskrete Modelle behandelt werden, kann man der Einfachheit halber auch eine einmalige Verzinsung auf $[0,T]$, also

$$P_0(0)=1\,,\;P_0(T)=1+r\cdot T\,,$$

annehmen. Würde man statt $r$ die Zinsrate $r^*=1/T\cdot(e^{rT}-1)$ wählen, so würden beide Verzinsungsarten zum selben Wert $P_0(T)$ führen.

Somit kann der Investor in $t=0$ sein Vermögen aufteilen und Aktien kaufen oder leihen, Geld anlegen oder leihen. Will er z.B. mehr Aktien kaufen als es sein Anfangsvermögen von $x$ zulässt, so muss er einen entsprechenden Kredit aufnehmen. Investiert er weniger als $x$ Geldeinheiten in die Aktie, so muss er in unserem Modell den Rest in Festgeld anlegen.

Im Binomialmodell ist gemäß unserer Definition die Anzahl der Aufwärtsbewegungen des Aktienkurses $B(1,p)$-verteilt, woraus sich der Name Binomialmodell herleitet.

***Definition:***

Unter einer ***Handelsstrategie*** (im Ein-Perioden-Binomialmodell) verstehen wir ein Paar $(f, g)$ in $\mathbb{R} \times \mathbb{R}$ mit

$$x = f + g \cdot p_1,$$

wobei $f$ den in $t = 0$ festverzinst angelegten Geldbetrag beschreibt und $g$ die Anzahl der in $t = 0$ gehaltenen Aktien darstellt.

Ist $f$ eine negative Zahl, dann bedeutet das, dass ein Kredit aufgenommen wurde. Ist $g$ negativ, so wurde ein Leerverkauf getätigt.

Da man in Ein-Perioden-Modellen nur zu Beginn handelt und dann seine Wertpapierzusammenstellung bis zum Endzeitpunkt unverändert lässt, nennt man dies auch eine ***Buy-and-Hold-Strategie***. Diese Handelsstrategie führt zum Endvermögen

$$X(T) = \begin{cases} f \cdot e^{rT} + g \cdot p_1 \cdot u & \textit{mit Wahrscheinlichkeit } p \\ f \cdot e^{rT} + g \cdot p_1 \cdot d & \textit{mit Wahrscheinlichkeit } (1-p) \end{cases}.$$

Jetzt sieht man deutlich, dass die Zufallsvariable Endvermögen $X(T)$ bei gewählter Handelsstrategie nur zwei mögliche Werte annehmen kann. Nur wenn man sein gesamtes Vermögen festverzinst anlegt, weiß man bereits im Zeitpunkt $t=0$, welches Vermögen man im Endzeitpunkt $T$ haben wird.

Wüsste man aber, dass sich auch im schlechtesten Fall die Aktie besser (im Sinne von: größer oder gleich) verzinsen würde als das Festgeld (bzw. der Kredit), d.h. würde man $u > d \geq e^{rT}$ annehmen, so würde man heute einen Kredit aufnehmen, damit Aktien kaufen, den Kredit dann in $T$ zurückzahlen und den übrig bleibenden Aktiengewinn einstreichen. Formal würde man also $-f = g \cdot p_1 > 0$ wählen und hätte dann

$$x = X(0) = 0$$

$$X(T) = \begin{cases} -g \cdot p_1 \cdot e^{rT} + g \cdot p_1 \cdot u & \textit{mit Wahrscheinlichkeit } p \\ -g \cdot p_1 \cdot e^{rT} + g \cdot p_1 \cdot d & \textit{mit Wahrscheinlichkeit } (1-p) \end{cases}.$$

In beiden Fällen ist wegen der Annahme $u > d \geq e^{rT}$ das Endvermögen $X(T)$ nicht-negativ und im ersten Fall sogar strikt positiv. Man könnte somit einen Arbitragegewinn erzielen. Analog entsteht eine Arbitragemöglichkeit, wenn sich die Aktie immer schlechter entwickeln würde als die risikolose Geldanlage. Damit keine solchen Arbitragemöglichkeiten existieren, fordern wir also

$$d < e^{r \cdot T} < u \text{ „\textbf{No-Arbitrage-Bedingung}“}$$

im Ein-Perioden-Binomialmodell. Implizit fordern wir damit auch $0 < p < 1$.

**Übungsaufgaben**

***Ü.5.9*** Beschreiben Sie formal und ausführlich mit Worten die Arbitragemöglichkeit im Ein-Perioden-Binomialmodell, die entsteht, wenn sich die Aktie auch im besten Falle (im Sinne von: kleiner oder gleich) immer schlechter als das Festgeld entwicklen würde!

***Ü.5.10*** Berechnen Sie zu gegebener Handelsstrategie $(f, g)$ und zum gegebenen Anfangsvermögen $x > 0$:

a) $E(X(T))$ b) $Var(X(T))$ !

***Ü.5.11*** Es sei ein Ein-Perioden-Binomialmodell durch $r = 0{,}05$, $u = 1{,}2$, $d = 1$, $T = 1$, $p_1 = 100$, $p = 0{,}75$ gegeben (Bezeichnungen wie oben). Stellen Sie sich vor, dass Sie ein Anfangskapital von 1000 € besitzen.

a) Bestimmen Sie alle Handelsstrategien $(f,g)$ mit $E(X(T)) \geq 1100$. Welche unter diesen hat die minimale Varianz?

b) Ist es möglich, eine Handelsstrategie mit $E(X(T))=1000$ anzugeben? Begründen bzw. beschreiben Sie dies ausführlich!

***Ü.5.12*** Ist das folgende „Binomialmodell mit zwei Aktien" arbitragefrei? Fertigen Sie eine Zeichnung an!

In unserem Marktmodell sei ein festverzinsliches Wertpapier mit der stetigen Verzinsung von 0,01 gegeben. Außerdem seien zwei Aktien gegeben, beide mit dem Anfangspreis 100. Die erste Aktie ändere mit Wahrscheinlichkeit $p$ nach einem Jahr den Wert auf 120 und mit Wahrscheinlichkeit $(1-p)$ auf 80. Die zweite Aktie ändere nach einem Jahr mit Wahrscheinlichkeit $p$ den Wert auf 115 und auf 90 mit Wahrscheinlichkeit $(1-p)$. Die beiden Aktien seien jedoch nicht unabhängig voneinander, fällt die eine Aktie im Preis, dann fällt auch die andere; steigt die eine im Preis, dann steigt auch die andere. Allerdings soll die Möglichkeit bestehen, sie völlig unabhängig voneinander zu kaufen.

***Ü.5.13*** Kleine Anmerkung zum Alltag im Wirtschaftsleben: Tatsächlich existieren in der Realität manchmal Arbitragemöglichkeiten. Es gibt aber recht viele Menschen (nicht nur Händler!), die gezielt nach diesen Arbitragemöglichkeiten suchen - sogenante Arbitrageure -, deswegen bleiben solche Möglichkeiten nie lange bestehen und die Gewinnchancen sind meistens gering. Überlegen Sie sich nun aktuelle Beispiele des Alltags, die sozusagen „Arbitragemöglichkeiten" zu sein scheinen, und diskutieren Sie, ob es wirklich welche sind (z.B. die Geschäftseröffnung eines neuen Ladens direkt um die Ecke mit kostenlosem Kaffee und Kuchen).

## *5.6 Fortsetzung des Gesprächs: Mehr Realität - das Mehr-Perioden-Binomialmodell*

*Ja, ja, auch wenn Selina kein Croissant zum Beißen hat, an der Erkenntnis, dass sinnvolle Aktienmodelle arbitragefreifrei sind, hat sie noch eine Zeitlang zu knabbern. Nachdem Oliver erwähnt, dass man Arbitrage auch oft mit „free lunch" bezeichnet, beginnt ihr leerer Magen bei dem Wörtchen „lunch" doch zu brummeln. Frei nach dem Motto „Ein voller Magen studiert nicht gern" und mit der Vorstellung, heute abend ein elegantes Kleid in Größe 36 kaufen zu können, stürzt sie sich übermotiviert in die Erforschung neuer mathematischer Wissensgebiete.*

*Selina*: Wie sieht das mit dem Binomialmodell aus, wenn es mehrere Aktien gibt?

*Sebastian*: Das wird schwieriger. Aber es ist völlig unproblematisch, das Modell auf mehrere Perioden auszudehnen. Man hängt einfach viele Modelle hintereinander. Das ergibt einen großen verzweigten Baum mit vielen Ästen, man spricht dann von einem ***Mehr-Perioden-Binomialmodell***. Es eignet sich wunderbar zum Simulieren von Aktienpreisentwicklungen.

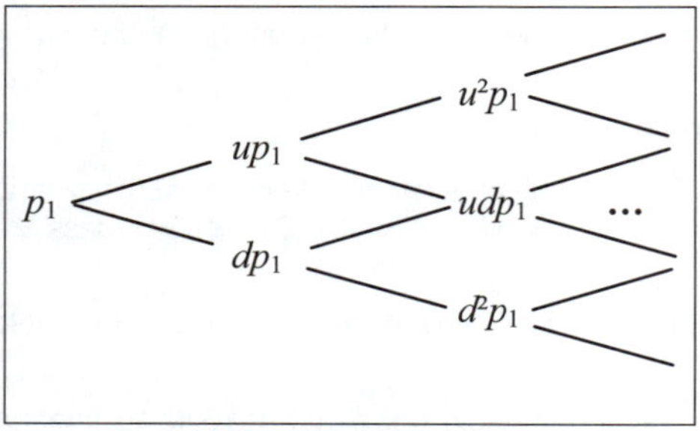


**Abbildung 5.5** *Binomialbaum*

*Nadine*: Ja aber Sebastian, du willst uns doch nicht erklären wollen, dass das was mit der Realität zu tun hat. Am Ende eines 4-Perioden-Binomialmodells gibt es nur vier mögliche Aktienpreise! Wie viele Perioden brauchen wir denn da zu einer wirklich realistischen Modellierung?

*Sebastian*: 1000.

*Selina*: Wie bitte? Das kann doch nicht dein Ernst sein!

*Sebastian*: Doch, ist es. Na ja, die 1000 ist ja auch keine unumstößliche Zahl. Ich meine ja nur, dass man die Zeit zwischen zwei Zeitpunkten, also die Periodenlänge sehr klein wählen soll, um im Endzeitpunkt unseres Beobachtungszeitraums ausreichend viele mögliche Preise zur Verfügung zu haben.

*Oliver*: Ah, genau! Sehr viele kleine Aufs und Abs ergeben dann eine Gestalt wie ein echter Aktienkurs.

*Selina*: So ein ungleichmäßiges, gezacktes Auf und Ab? Wie zum Beispiel dieser Aktienkurs der *Gabriel Müll AG* hier in meiner Wirtschaftszeitung?

**Abbildung 5.6** *Fiktiver Aktienkurs der Gabriel Müll AG*

Ich kann das einfach nicht glauben. So ein Binomialbaum sieht doch sehr regelmäßig aus, wie soll damit ein solch chaotischer Aktienkursverlauf entstehen?

*Nadine*: Du musst halt auch beachten, dass der Baum alle möglichen Kursverläufe beinhaltet. Tatsächlich siehst du ja nur eine einzige dieser Folgen von Aufs und Abs. Das sieht schon ziemlich zackig aus. Oliver kannst du nicht mal schnell etwas auf dem Laptop simulieren?

*Oliver*: Habe mir schon gedacht, dass so was kommt. Aber das mache ich gerne. Ich wähle einfach mal $u=1{,}013$ und $d=0{,}99$. Der Anfangskurs der Aktie sei 100.

*Nadine*: Wie kommst du auf solche Zahlen?

*Oliver*: 13 ist meine Glückszahl.

Selina: Da brauchst du dich nicht wundern, wenn du vom Pech verfolgt wirst!

*Oliver*: Jetzt muss ich noch in jedem Zeitpunkt auswürfeln, ob der aktuelle Aktienpreis mit $u$ oder mit $d$ multipliziert wird.

*Sebastian*: Ein Würfel wird dir da nicht viel helfen, denn ein $u$ tritt mit der Erfolgswahrscheinlichkeit von $p$ und $d$ mit der Wahrscheinlichkeit $(1-p)$ auf.

*Nadine*: Sei nicht so ein Bessserwisser. Oliver verwendet bestimmt den Zufallszahlengenerator.

*Oliver*: Stimmt! Und hier ist auch schon meine Simulation.

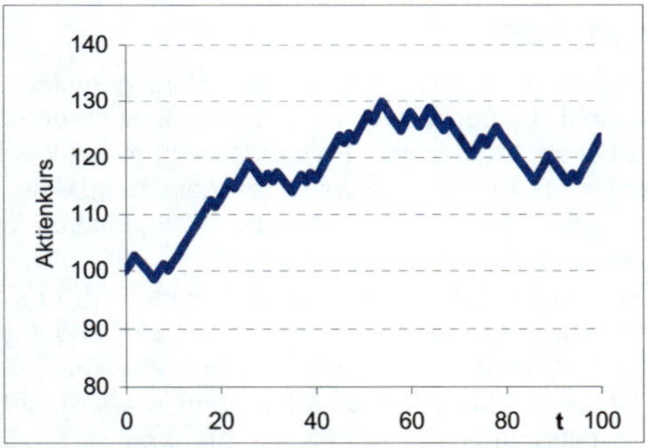


**Abbildung 5.7** *Simulierter Aktienkurs im 100-Perioden-Binomialmodell*

Sieht doch gut aus, oder nicht? Übrigens, ich habe $p=1/2$ gewählt, das hätte man zur Not auch auswürfeln können.

*Selina*: Sieht wirklich wie echt aus!

*Nadine*: So ganz zufrieden bin ich nicht, hättest besser mehr Perioden genommen. Wenn man ganz genau hinguckt, sieht man doch eine gewisse Regelmäßigkeit.

*Oliver*: Aber das $u$ und das $d$ habe ich doch fantastisch gewählt, nicht wahr? $u$ darf nicht viel größer als 1 sein, weil sonst der Kurs riesengroß werden könnte. Genauso sollte $d$ nicht viel kleiner als 1 sein, da er sonst schnell gegen 0 geht.

*Sebastian*: Erinnert ihr euch noch an die Arbitrage-Überlegungen im Ein-Perioden-Fall? Wir brauchen

$$d < e^{r \cdot T} < u \,.$$

Da wir hier im Mehr-Perioden-Binomialmodell die Zeit in ganz viele kleine Stückchen einteilen, ist unser $T$ sehr klein und fast Null, das bedeutet dann auch, dass $e^{r \cdot T} \approx 1$ ist. Olivers Wahl sichert damit, dass dieses 100-Perioden-Binomialmodell arbitragefrei ist.

*Nadine*: Schön und gut! Aber man hat doch dann als Endpreis

$$P_1(1) = 100 \cdot 1{,}013^X \cdot 0{,}99^{100-X} \,,$$

wobei die Zufallsvariable $X$ binomialverteilt mit $X \sim B(100, 1/2)$ ist. Mit einer solchen Binomialverteilung lässt sich nur sehr aufwändig rechnen. Allein die ganzen Binomialkoeffizienten!

*Sebastian*: Kann es sein, dass jetzt gleich von dir die Normalverteilung und das Black-Scholes-Modell ins Spiel gebracht werden.

*Nadine*: Genau so ist es.

*Bevor wir dem Gespräch weiter lauschen, wollen wir uns erst um einige mathematische Details kümmern und Grundlagen des n-Perioden-Binomialmodells, des Black-Scholes-Modells und ihren Beziehungen betrachten*

## 5.7 Mathematische Grundlagen: Das *n*-Perioden-Binomialmodell und das Black-Scholes-Modell

### Das Mehr-Perioden-Binomialmodell

Das Mehr-Perioden-Binomialmodell stellt die direkte Verallgemeinerung des Ein-Perioden-Binomialmodells aus Abschnitt 5.5 dar. Es ist in der Literatur auch unter der Bezeichnung ***Cox-Ross-Rubinstein-Modell*** bekannt und soll im Folgenden vorgestellt werden. Man kann es einerseits als ein schönes, einfaches Modell auffassen, an dem man viele Grundprinzipien der Finanzmathematik erläutern kann. Es kann aber auch als Approximation für komplexe Modelle wie das berühmte Black-Scholes-Modell aufgefasst werden.
Wir betrachten nun die Entwicklung eines Aktienkurses $P_1^{(n)}(T)$ in einem $n$-Perioden-Binomialmodell mit Zeithorizont $T$. Im $n$-Perioden-Binomialmodell finden jeweils Preisänderungen (und Handel) zu den Zeiten $j \cdot T/n$ mit $j = 1, ..., n$ statt. Die Entwicklung des Aktienkurses im Cox-Ross-Rubinstein-Modell ist durch das folgende Diagramm wiedergegeben, wobei wir uns der einfacheren Darstellbarkeit halber auf den Fall $n=2$ beschränken:

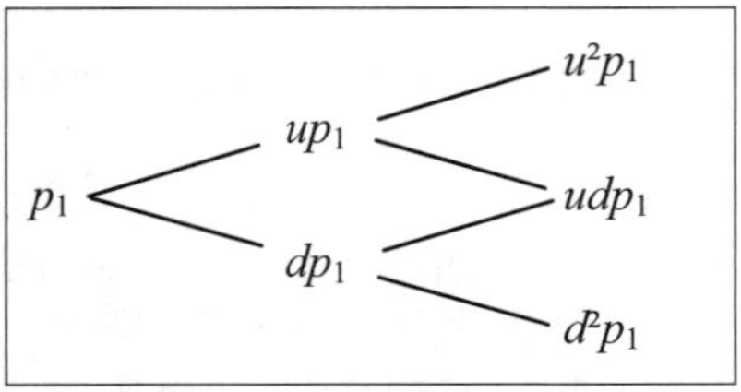


**Abbildung 5.8** *Aktienkursverlauf im Zwei-Perioden-Binomialmodell*

Der Aktienkurs verhält sich also wie ein Baum, der aus einzelnen Ein-Perioden-Binomialmodellen zusammengesetzt ist (man spricht deshalb auch von ***Baummodellen***). Die Vermehrungsfaktoren $u$ und $d$ sind genau wie die Wahrscheinlichkeiten $p$ für einen Kursanstieg in jedem Knoten gleich, so dass der Preis der Aktie zur jeweiligen Zeit $j \cdot T/n$ eindeutig durch die Anzahl der vorher stattgefundenen Aufwärtsbewegungen des Aktienkurses bestimmt ist. Der Name ***Binomialmodell*** erklärt sich dadurch, dass die Anzahl $X_n$ der Aufwärtsbewegungen im $n$-Perioden-Binomialmodell einer Binomialverteilung mit Parametern $n$ und $p$ genügt, da $X$ Summe von $n$ unabhängigen Null-Eins-Variablen $X_i$ ist, die jeweils dann den Wert Eins annehmen, wenn zur Zeit $i \cdot T/n$ ein Kursanstieg stattfindet:

$$X_n \sim B(n, p).$$

Der Aktienkurs ergibt sich dann als

$$P_1^{(n)}(T) = p_1 \cdot u^{X_n} \cdot d^{n-X_n} = p_1 \cdot \exp\left(X_n \cdot \ln\left(\tfrac{u}{d}\right) + n \cdot \ln(d)\right).$$

Man sieht daraus auch, dass der Aktienkurs im $n$-Perioden-Binomialmodell im Endzeitpunkt $T$ genau $n+1$ verschiedene Werte annehmen kann.
Wie im Ein-Perioden-Binomialmodell wird auch hier angenommen, dass für jede Periode die Möglichkeit besteht, Geld zum risikolosen, stetigen Zinssatz $r \geq 0$ anzulegen bzw. aufzunehmen. Eine Geldeinheit, die zur Zeit $t = 0$ risikolos angelegt wird, entwickelt sich deshalb wie folgt:

$$P_0(t) = e^{r \cdot t}, \quad t = 0, \frac{T}{n}, 2 \cdot \frac{T}{n}, \ldots, T.$$

Es lässt sich leicht überprüfen, dass das so entstandene Marktmodell genau dann arbitragefrei ist, wenn die Beziehung

$$d < e^{r \cdot T/n} < u$$

gilt. Man prüft leicht nach, dass

$$E\left(P_1(T)\right) = p_1 \cdot \left(p \cdot u + (1-p) \cdot d\right)^n.$$

(→Ü.5.14)

**n-Perioden-Binomialmodell:**

$$P_0(t) = e^{rt}$$

$$P_1(t) = p_1 \cdot u^{X_k} \cdot d^{k-X_k}, \quad t = k \cdot \frac{T}{n}, \quad k \in \{0, 1, \ldots, n\}$$

$$X_k \sim B(k, p)$$

**Der Satz von de Moivre-Laplace**

Erhöht man nun die Anzahl $n$ im $n$-Perioden-Binomialmodell, d.h. man würde eine immer feinere Zeiteinteilung wählen, so stellt sich die Frage, ob sich für große $n$ so etwas wie eine Grenzverteilung ergibt. Die Antwort auf diese Frage lautet ja und unterstreicht auch die große Bedeutung der Normalverteilung. Sie basiert auf dem ***Satz von de Moivre-Laplace***. Dieser Satz besagt, dass für große Werte von $n$ die Binomialverteilung $B(n,p)$ mit Parametern $n$ und $p$ (also die Verteilung der Anzahl der Erfolge bei $n$ unabhängig voneinander durchgeführten 0-1-Experimenten, bei denen die Erfolgswahrscheinlichkeit jeweils $p$ beträgt) mit Hilfe der Normalverteilung (genauer: einer Normalverteilung mit gleichem Erwartungswert $np$ und gleicher Varianz $np(1-p)$) approximiert werden kann.

***Satz von de Moivre-Laplace* :**
Besitzt $X$ eine $B(n, p)$-Verteilung, so ist

$$\frac{X-E(X)}{\sqrt{Var(X)}}=\frac{X-np}{\sqrt{np(1-p)}}$$

für große $n$ approximativ standardnormalverteilt, d.h. es gilt für große $n$ (Faustregel: $n \cdot p \cdot (1-p) \geq 9$):

$$P\left(\frac{X-np}{\sqrt{np(1-p)}} \leq x\right) \approx \Phi(x),$$

wobei $\Phi(x)$ die Verteilungsfunktion der Standardnormalverteilung ist.

Diese Konvergenzbeziehung lässt sich zum Beispiel anhand des ***Galtonschen Bretts*** auch visuell vorführen. In Abbildung 5.9 verdeutlichen wir sie durch Vergleich der (als Histogramm dargestellten) Wahrscheinlichkeitsfunktion einer $B(20, 0.5)$-Verteilung mit der Dichte einer $N(10, 5)$-Verteilung, der Normalverteilung mit Erwartungswert 10 und Varianz 5. Die Abweichungen sind also bereits für kleine $n$ sehr gering.

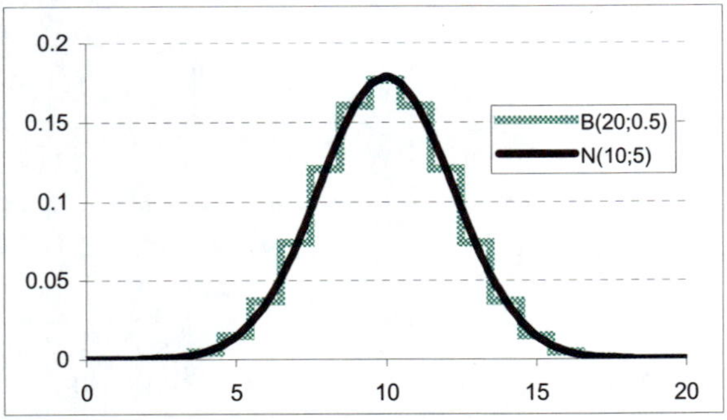


**Abbildung 5.9** *Vergleich zwischen der Dichte der Normalverteilung und der Wahrscheinlichkeitsfunktion der Binomialverteilung*

Der große Vorteil dieser Approximation besteht in der einfacheren Möglichkeit, Wahrscheinlichkeiten für binomialverteilte Zufallsvariablen zu berechnen. So gilt für eine binomialverteilte Zufallsvariable $X$

$$P(\{X \leq k\})=\sum_{j=0}^{k}\frac{n!}{k!(n-k)!}p^k(1-p)^{n-k},$$

was aufgrund der Fakultäten für große $k$ sehr aufwändig zu berechnen ist. Mit Hilfe des Satzes von de Moivre-Laplace erhält man für große $n$ approximativ

$$P(\{X \leq k\})=P\left(\left\{\frac{X-np}{\sqrt{np(1-p)}} \leq \frac{k-np}{\sqrt{np(1-p)}}\right\}\right) \approx \Phi\left(\frac{k-np}{\sqrt{np(1-p)}}\right).$$

Den Wert der Standardnormalverteilung können wir nun einfach in einer Tabelle ablesen.
(→Ü.5.15, Ü.5.16)

**Das Black-Scholes-Modell**

Die Rolle der Normalverteilung als Grenzverteilung der Binomialverteilung liefert uns die Möglichkeit, das sogenannte Black-Scholes-Modell als Grenzmodell einer Folge sich immer weiter verfeinernder Binomialmodelle aufzufassen.
Hierfür stellen wir zunächst die Grundlagen des ***Black-Scholes-Modells*** zusammen. Ebenso wie im Binomialmodell gibt es in diesem Modell eine risikolose Geldanlage, bei der wir eine stetige Verzinsung zum Zinssatz $r$ annehmen. Somit erhalten wir für die Entwicklung $P_0(t)$ einer Geldeinheit, die zur Zeit $t = 0$ risikolos angelegt wird,

$$P_0(t) = e^{rt}, \quad t \in [0, T].$$

Die zeitliche Entwicklung des Aktienpreises $P_1(t)$ wird gemäß

$$P_1(t) = p_1 \cdot e^{\left(b - \frac{1}{2}\sigma^2\right)t + \sigma W(t)}, \ t \in [0, T]$$

modelliert, wobei $r$, $b$ und $\sigma$ feste reelle Zahlen sind, deren Bedeutung wir später herleiten werden. Der wichtigste Bestandteil im Black-Scholes-Modell ist die Zufallsvariable $W(t)$, genauer: die Menge der Zufallsvariablen $\{W(t),\ t \in [0,T]\}$. Eine solche Menge, bei der der Index eine Zeitvariable ist und demzufolge die Entwicklung eines Zufallsexperimentes über einen Zeitraum hinweg beschrieben wird, bezeichnet man als ***stochastischen Prozess***. Die Zufallsvariable $W(t)$ beschreibt eine ***Brownsche Bewegung***, auf die wir gleich im Anschluss eingehen. Ihre wesentliche Eigenschaft für das Verständnis von $P_1(t)$ ist die, dass $W(t) \sim N(0,t)$ gilt. Man nennt den stochastischen Prozess $P_1(t)$ auch eine ***geometrisch Brownsche Bewegung***.
(→Ü.5.17)

**Die Brownsche Bewegung**

Wir beschäftigen uns nun mit dem stochastischen Prozess $\{W(t),\ t \in [0,T]\}$, der als ***Brownsche Bewegung*** oder auch als ***Wiener Prozess*** bezeichnet wird. Er ist dadurch bestimmt, dass $W(t)$ eine normalverteilte Zufallsvariable mit Erwartungswert Null und Varianz $t$ ist, somit gilt

$$W(t) \sim N(0,t).$$

Zusätzlich soll $W(t)$ als Funktion von $t$ (also als stochastischer Prozess) eine stetige Funktion sein und den Forderungen

i) $W(0) = 0$
ii) $W(t) - W(s) \sim N(0, t-s)$ für $t > s$ *„normal verteilte Zuwächse"*
iii) $W(t) - W(s)$ ist unabhängig von $W(r) - W(u)$ für $t > s \geq r > u$ *„unabhängige Zuwächse"*

genügen. Zur Illustration präsentieren wir in Abbildung 5.10 einen simulierten Pfad der Brownschen Bewegung, dabei handelt es sich um ein mögliches Ergebnis des zugehörigen Zufallsexperiments. Wie man solche Simulationen erstellt wird in Abschnitt 5.8 erläutert werden.

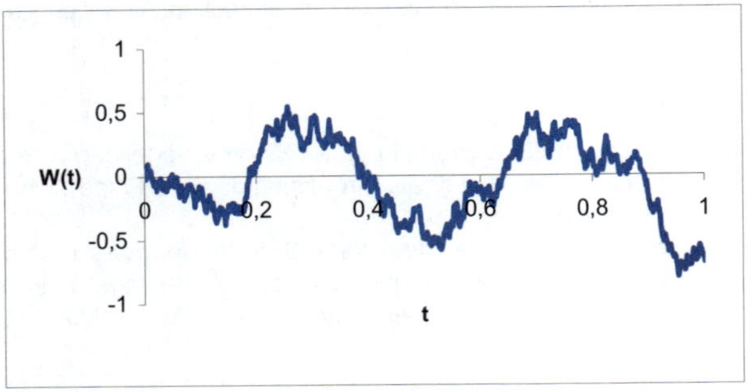


**Abbildung 5.10** *Simulierter Pfad einer Brownschen Bewegung* $W(t)$

Es fällt sofort der sehr unregelmäßige, gezackte Verlauf von $W(t)$ auf (eigentlich müsste man $W(t,\omega)$ schreiben, da wir für jedes $\omega\in\Omega$ einen anderen Verlauf der Funktion $W(t)$ erhalten, aber der Übersichtlichkeit wegen verzichten wir hier auf die explizite Angabe der Abhängigkeit von $\omega$). Tatsächlich lässt sich zeigen, dass $W(t)$ als Funktion von $t$ in keinem $t\in[0,T]$ differenzierbar ist! Diese zunächst sehr seltsam erscheinende Eigenschaft ist für Aktienkursmodelle zwingend notwendig, da man z.B. aus einer positiven Ableitung in $t$ sofort schließen könnte, dass der Aktienkurs im nächsten Moment mit Sicherheit steigen würde, was natürlich realitätsfern wäre. (→Ü.5.18)

## Eigenschaften des Aktienkurses im Black-Scholes-Modell

Man kann aus den Eigenschaften der Brownschen Bewegung (für diesen Abschnitt braucht man nur die Eigenschaft $W(t)\sim N(0,t)$) heraus jetzt schließen, dass für den Aktienkurs $P_1(t)$ gilt

$$E\left(P_1(t)\right)=p_1\cdot e^{bt},$$

$$\frac{1}{t}\cdot E\left(\ln\left(\frac{P_1(t)}{p_1}\right)\right)=b-\tfrac{1}{2}\sigma^2,\qquad \frac{1}{t}\cdot Var\left(\ln\left(\frac{P_1(t)}{p_1}\right)\right)=\sigma^2.$$

Der mittlere Aktienkurs $E(P_1(t))$ verhält sich also wie ein stetig verzinstes Festgeldkonto mit Zinsrate $b$, der mittleren (zeitstetigen) Aktienrendite pro Zeiteinheit. Der Wert $b$ wird als ***mittlere Ertragsrate*** von $P_1(t)$ bezeichnet. Die Standardabweichung der zeitstetigen Aktienrendite pro Zeiteinheit, $\sigma$, wird als die ***Volatilität*** der Aktie bezeichnet. Sie ist „das" Maß für die Schwankungsbreite des Aktienkurses. Ihre Bedeutung wird im Kapitel „Optionsbewertung" noch deutlicher werden.

## Ist das Black-Scholes-Modell arbitragefrei?

Es kann tatsächlich gezeigt werden, dass das Black-Scholes-Modell arbitragefrei ist. Dies erfordert aber technische Hilfsmittel, die wir hier nicht einführen können (siehe z.B. Korn und Korn (2001) ). Eine heuristische Begründung für die Arbitragefreiheit ist z.B., dass für alle Zeitpunkte $t,s$ mit $t>s$ gilt

$$\ln\left(\frac{P_1(t)}{P_1(s)}\right)\sim N\left(\left(b-\tfrac{1}{2}\sigma^2\right)\cdot(t-s),\sigma^2\cdot(t-s)\right).$$

Auf diese Weise wird sichergestellt, dass die zeitstetige Aktienrendite mit positiver Wahrscheinlichkeit sowohl größer als auch kleiner als die zeitstetige Festgeldrendite von $r\cdot(t-s)$ ist, da die Normalverteilung beliebig große und beliebig kleine Werte mit positiver Wahrscheinlichkeit überschreitet.

## Wie hängen Binomial- und Black-Scholes-Modell zusammen ?

Damit nun der Aktienkurs $P_1^{(n)}(T)$ im Binomialmodell gegen den Aktienkurs $P_1(T)$ im Black-Scholes-Modell für wachsende Periodenanzahl $n$ konvergieren kann, müssen zumindest zwei Dinge erfüllt sein:

- Im Binomialmodell muss die Zeitspanne zwischen zwei Handelsperioden, $\Delta t = T/n$, gegen Null gehen, damit ein zeitstetiges Modell mit dauernden Handlungsmöglichkeiten als Grenzfall auftreten kann.
- Gleichzeitig müssen die „Vermehrungsfaktoren" $u$ und $d$ gegen Eins konvergieren, damit der entstehende Grenzprozess ein stetiger Prozess (als Funktion der Zeit) sein kann.

Für $u$ und $d$ machen wir den Ansatz

$$u = u(\Delta t) = \exp\left(\beta \cdot \Delta t + \sigma \frac{1-p}{\sqrt{p(1-p)}} \sqrt{\Delta t}\right), \qquad d = d(\Delta t) = \exp\left(\beta \cdot \Delta t - \sigma \frac{p}{\sqrt{p(1-p)}} \sqrt{\Delta t}\right),$$

wobei $\beta$ und $\sigma$ (mit $\sigma > 0$) gegebene reelle Zahlen sind (in diesem Fall ergeben sich $u$ und $d$ aus obigen Gleichungen) sowie $p \in (0,1)$. Wir nehmen weiter an, dass $\Delta t$ bereits so klein ist, dass $u > 1 > d$ gilt. Dann haben $\beta$ und $\sigma$ die Darstellung

$$\beta = \frac{\ln(d) + p\left(\ln(u) - \ln(d)\right)}{\sqrt{\Delta t}}, \quad \sigma = \frac{\ln(u) - \ln(d)}{\sqrt{\Delta t}} \sqrt{p(1-p)}\,.$$

Wir haben nun Folgen von Werten von $u$ und $d$ vorliegen, die jeweils für wachsendes $n$ gegen Eins konvergieren (und zwar monoton von oben bzw. von unten). Mit obiger Darstellung von $u$ und $d$ erhält man

$$P_1^{(n)}(T) = p_1 \cdot \exp\left(X_n \cdot \ln\left(\tfrac{u}{d}\right) + n \cdot \ln(d)\right) = p_1 \cdot \exp\left(\frac{X_n - np}{\sqrt{np(1-p)}} \sigma\sqrt{T} + \beta \cdot T\right).$$

Mit dem Satz von de Moivre-Laplace folgt jetzt, dass in obiger Gleichung die Verteilung des Exponenten auf der rechten Seite asymptotisch (d.h. für $n \to \infty$) gleich der des Exponenten von

$$P_1(T) = p_1 \cdot e^{\left(b - \frac{1}{2}\sigma^2\right) \cdot T + \sigma \cdot W(T)}$$

ist, wenn man $b = \beta + \frac{1}{2}\sigma^2$ setzt. Alles in allem erhalten wir die Konvergenz des Binomialmodells zur Zeit $T$ gegen den Aktienkurs im Black-Scholes-Modell zum gleichen Zeitpunkt. Die gemeinsame Konvergenz in allen Zeitpunkten $t \in [0, T]$ des durch lineare Interpolation aus den Binomialmodellen zeitstetig gemachten Aktienkurses gegen das Black-Scholes-Modell kann nur mit tief gehenden mathematischen Aussagen gezeigt werden (siehe z.B. Korn und Korn (2001)).

## Bemerkung

Um mehr als einen Aktienkurs gleichzeitig zu modellieren, benötigt man sowohl im Binomialmodell als auch im Black-Scholes-Modell mehrdimensionale Zufallskomponenten. Diese werden hier aus Gründen der Komplexität nicht behandelt.

## Übungsaufgaben

**Ü.5.14** Betrachten Sie das 8-Perioden-Binomialmodell mit den Parametern $u$=1,1, $d$=1,5, $T$=1, $p$=0,4 und mit der risikolosen stetigen Verzinsung von $r$=1,15.

a) Ist das Modell arbitragefrei?

b) Berechnen Sie alle möglichen Aktienkurse in diesem Modell im Zeitpunkt T=1!

c) Berechnen Sie den Kursverlauf der Aktie, wenn die Zufallsvariable $X_n$ der Aufwärtsbewegungen nacheinander die Werte 0, 1, 0, 0, 1, 1, 0, 0 annimmt! Geben Sie noch zwei weitere Möglichkeiten für den Verlauf der Zufallsvariablen $X_n$ an, mit der die Aktie zum Endzeitpunkt den gleichen Preis hat!

**Ü.5.15** In einem sehr eigenwilligem Dorf mit 1300 wahlberechtigten Einwohnern entscheide sich jede Person eher zufällig, ob sie heute zur Kommunalwahl geht oder nicht, und zwar beträgt die Wahrscheinlichkeit, heute zu wählen $p$=2/5. Berechnen Sie die Wahrscheinlichkeit, dass in diesem Dorf die Wahlbeteiligung

a) über 50 % liegt!
b) unter 80 % liegt!

**Ü.5.16** In einer großen Schule mit 1800 Schülern beträgt die Wahrscheinlichkeit, dass ein zufällig ausgewählter Schüler mindestens eine Fünf im Jahresendzeugnis hat etwa 1/20.

a) Berechnen Sie die Wahrscheinlichkeit, dass in einer Klasse mit 30 Schülern mehr als 5 Schüler mindestens eine Fünf im Zeugnis haben!

b) Berechnen Sie die Wahrscheinlichkeit, dass in einer Jahrgangsstufe mit 200 Schülern mehr als 20 Schüler mindestens eine Fünf im Zeugnis haben!

**Ü.5.17** Wir betrachten einen Aktienkurs im Black-Scholes-Modell mit den Parametern $p_1=100$, $b=0{,}1$, $\sigma=0{,}3$, $T=1$.

a) Berechnen Sie

$$P(\{P_1(T)\in[90,110]\})\,!$$

a) Geben Sie mit Hilfe der Eigenschaften der Normalverteilung Grenzen für den Aktienkurs an, so dass gilt

$$P(\{P_1(T)\in[a_1,a_2]\})\geq 0{,}95\,.$$

b)* Geben Sie eine allgemeine Lösung für beliebige Parameter an!

**Ü.5.18** Wir beobachten folgende Brownsche Bewegung:
$W(0)=0$, $W(0{,}2)=0{,}1$, $W(0{,}4)=0{,}05$, $W(0{,}6)=-0{,}1$, $W(0{,}8)=-0{,}15$, $W(1)=-0{,}1$.

a) Skizzieren Sie diese Brownsche Bewegung!

b) Geben Sie jeweils die Wahrscheinlichkeit an, dass der tatsächliche Wert $\pm 0{,}05$ beobachtet werden konnte! (Geben Sie dabei immer an, welche Verteilung gerade betrachtet wird!)

## 5.8 Fortsetzung des Gesprächs: Voll im Trend - ein stetiges Aktienpreismodell

*Unglücklich mit dem ihrer Ansicht nach realitätsfernen Binomialmodell hatte Nadine ihre Trostschokolade aus der Handtasche gekramt und hatte während der letzten Unterhaltung schon die halbe Tafel vernascht. Da sie nun endlich mit ihren Erklärungen zuschlagen kann, knüllt sie den Rest in die Alufolie, legt ihn auf ihren leeren Teller und holt einen dicken schwarzen Stift aus ihrer Tasche.*

*Nadine*: Betrachtet euch doch noch einmal den Jahres-Aktienchart der *Gabriel Müll AG* (siehe auch Abbildung 5.6 und 5.11)! Da sieht schließlich alles sehr eckig und wild aus, so als würde man zufällig mit dem Bleistift hoch und runter kritzeln. Und nun zeichne ich mit dem Stift eine Trendlinie ein.

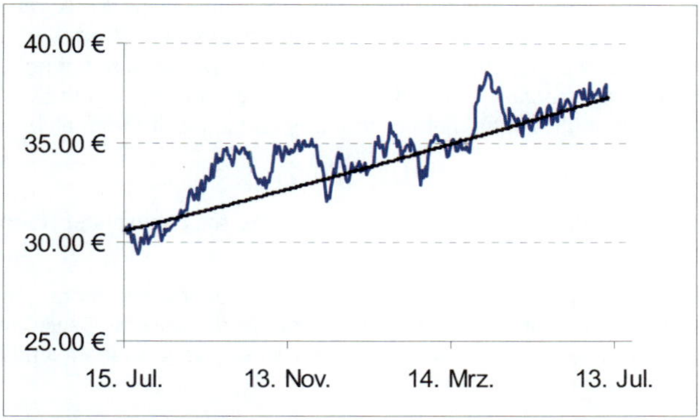


**Abbildung 5.11** *Fiktiver Aktienkurs der Gabriel Müll AG mit Trendlinie*

*Selina*: Was soll das? Du kritzelst einfach mit einem Filzstift in meiner Wirtschaftszeitung herum!

*Nadine*: Keine Sorge, der lässt sich wieder ausradieren. Nun, es sieht doch so aus, als ob sich der Aktienkurs aus zwei Komponenten zusammensetzt. Anscheinend gibt es einen ***langfristig bestimmenden Trend*** und ***kurzfristige Einflüsse***, die zu lokal stark schwankenden Aktienkursen führen. Als langfristigen Trend habe ich eine Linie eingezeichnet, die einem festverzinsten Kapital mit stetiger Verzinsung von etwa 20 % entspricht.

*Oliver*: Verzinsung von 20 % höre ich da. Erstaunlich, wieviel Geld sich mit Müll verdienen lässt!

*Nadine*: Aber, wie du anhand der Zacken siehst, schwankt der Gewinn! Und zwar ziemlich unregelmäßig und unerwartet.

*Oliver*: Dieses Zackenmuster erinnert mich an die irren Bewegungen der kleinen dürren Wasserkäfer auf dem Universitätsteich.

*Nadine*: Da liegst du genau richtig. Diese Zacken werden durch eine bestimmte Art der sogenannten ***Brownschen Bewegung*** beschrieben, genauso wie die Bewegungen der Wasserläufer auf dem Teich. Der Begriff und die Theorie der Brownschen Bewegung wurde ursprünglich eingeführt, um die Bewegungen kleiner Teilchen auf der Wasseroberfläche zu modellieren. Und obwohl die Bewegung so abstrus aussieht, kann man sie mathematisch ganz einfach formulieren. Ist das nicht fantastisch?

*Sebastian*: Ein stochastischer Prozess mit stetigen Pfaden und stationären und unabhängigen Zuwächsen, das ist nicht einfach.

*Nadine*: Also, Sebastian, das ist eher was für die Theoretiker. Selina, diesen mathematischen Kleinkram musst du nicht verstehen. Wir wollen das Marktmodell, das ich gleich vorstelle, doch nur anwenden und dafür muss man seine vollständige theoretische Herleitung nicht parat haben. In erster Linie muss das Modell das Aktienkursverhalten realer Kursentwicklungen geeignet widergeben, und das tut es. In der Praxis ist es übrigens als ***Black-Scholes-Modell*** bekannt und wird millionenfach angewendet.

*Sebastian*: Naja. Aber irgendetwas Konkretes musst du schon erzählen. Schließlich sind wir ja auch Mathematiker.

*Nadine*: Genau! Also, Selina, stell dir einen Wasserläufer vor, der sich auf einer Wasseroberfläche unregelmäßig mal nach rechts und mal nach links bewegt. Wir halten seinen jeweiligen Aufenthaltsort $W(t)$ zur Zeit $t$ als Funktion der Zeit $t$ in einer Grafik fest. Damit es eine zweidimensionale Zeichnung wird, betrachten wir nur die Abweichung zur gedachten Mittellinie des Teiches.

Da sich der Käfer kontinuierlich bewegt, ist $W(t)$ immer eine stetige Funktion, wir können also ohne abzusetzen zeichnen. Allerdings kennen wir den zukünftigen Wert $W(t)$ nicht, er ist eine Zufallsvariable. Wir müssen daher stets warten, wohin der Käfer gerade springt und können nicht schon einen Strich vorweg machen. Bewegt sich unser Wasserläufer gemäß einer Brownschen Bewegung, dann ist sein heute unbekannten Aufenthaltsort zur Zeit $t$ normalverteilt mit Varianz $t$

$$W(t) \sim N(0,t).$$

*Selina*: So, so. Oliver, du hast doch für alles immer etwas Anschauliches! Kannst du uns da etwas zeigen?

*Oliver*: Na klar. Auf unserem Notebook habe ich ein Simulationsprogramm gespeichert. Dieses Programm erzeugt mit Hilfe eines Zufallszahlengenerators Brownsche Bewegungen. So ähnlich könnte dann die von Nadine beschriebene Grafik der Bewegungen eines Wasserläufers aussehen.

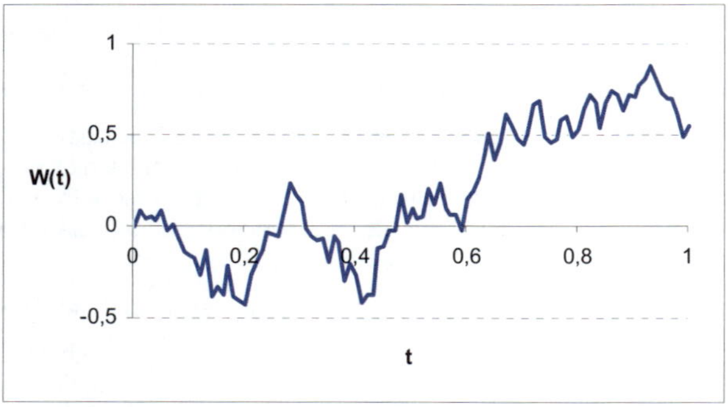


**Abbildung 5.12** *Simulation einer Brownschen Bewegung*

Hier, Nadine, das ist doch diesmal wirklich zackig und unregelmäßig genug, oder?

*Nadine*: Damit bin ich jetzt zufrieden. Wir wollen nun mit dieser Zutat ein Aktienmodell konstruieren. Schaut nochmal auf den Chart der Müll AG (Abbildung 5.11). Der Aktienkurs besteht im Black-Scholes-Modell aus zwei Komponenten, der Trendkomponente und der Brownschen Bewegungskomponente:

> Aktienkurs-Komponente 1: - Die „festverzinsliche Trendkomponente", d.h. der Anfangskurs der Aktie wird stetig verzinst, siehe Trendlinie.
>
> Aktienkurs-Komponente 2: Die Komponente mit der ***Brownschen Bewegung***, die die rein zufälligen Schwankungen des Aktienkurses beschreibt, siehe Zacken.

Ganz bewusst habe ich soeben nicht Komponente 1 + Komponente 2 geschrieben.

*Oliver*: Das ergäbe nämlich manchmal negative Aktienkurse, da die Normalverteilung in der Brownschen Bewegung auch negative Werte liefert. Damit ist doch der erste, der sich mit der Modellierung von Aktienkursen beschäftigt hat, durch seine Doktorprüfung geflogen. Wie lautete doch gleich sein Name?

*Sebastian*: Bachelier hieß derjenige, der als erster versucht hatte, Aktienkurse mit Hilfe der Brownschen Bewegung zu beschreiben. Übrigens hat er seine Doktorprüfung bestanden, allerdings mit einer relativ schlechten Note, die ihm schließlich die wissenschaftliche Karriere verdorben hat. Aktienkurse überzeugend zu modellieren ist halt eben nicht einfach!

*Nadine*: Um negative Preise zu vermeiden, bedient man sich eines cleveren Tricks. Man modelliert den ***Logarithmus des Aktienkurses*** mit Hilfe der Brownschen Bewegung und setzt:

*Logarithmus der 1. Komponente:* $\ln(p_0) + \beta \cdot t$.

Da ist kein Zufall drin!

*Logarithmus der 2. Komponente:* Brownsche Bewegung mit Volatilität $\sigma > 0$, also $\sigma \cdot W_t$.

D.h. wir haben in der zweiten Komponente eine zeitabhängige, normalverteilte Zufallsvariable $W_t$ mit $W_t \sim N(0,t)$, die mit einer Konstanten $\sigma$, der sogenannten Volatilität, multipliziert wird.

Jetzt dürfen wir addieren:

*Logarithmus des Aktienkurses:* $\ln(p_0) + \beta \cdot t + \sigma \cdot W_t$.

Der Logarithmus darf dabei ruhig negative Werte annehmen. Den Kurs der Aktie erhalten wir dann als

*Aktienkurs zur Zeit t:* $p_0 \cdot \exp(\beta \cdot t + \sigma \cdot W_t)$,

der wegen der Exponentialfunktion immer nicht-negativ ist. Das war's schon. Ich habe noch Schokolade übrig. Will jemand ein Stückchen?

*Selina*: Oh ja, gib bloß nicht alles an Oliver weiter. Irgendwie habe ich Hunger. Jetzt erkläre mir noch, wie die eben erwähnte Volatilität mit der Aktien-Kennzahl „Volatilität" zusammenhängt!

*Nadine*: Die Aktien-Kennzahl „Volatilität" ist die Standardabweichung des Logarithmus des Aktienkurses. Mit diesem Modell betrachtet und bezogen auf ein Jahr, also $t=1$, ist das genau die Volatilität $\sigma$.

*Selina*: Wo kommt denn nun der Wert aus der Zeitung her?

*Sebastian*: Es gibt Marktanalytiker, die beschäftigen sich damit, diesen Wert zu schätzen, z.B. mit Hilfe dieses Modells. Eine Möglichkeit besteht darin, den Schätzungen die beobachteten Aktienkurse aus den letzten 30 oder 250 Tagen zugrunde zu legen, das ergeben dann die 30-Tage oder 250-Tage-Volatilitäten. Man kann aber auch die Volatilitäten aus den Optionspreisen (siehe Kapitel 6) herausrechnen. Das ergibt meiner Meinung nach bessere Markteinschätzungen, weil diese Werte zukunftsorientiert sind. Da es verschiedene Schätzmethoden gibt, können die Werte in den verschiedenen Zeitungen unterschiedlich sein.

*Selina*: Und der Wert $\beta$ ist die erwartete Rendite meiner Aktie?

*Nadine*: Leider nein. Normalerweise schreibt man das Modell anders auf:

$$\text{Aktienkurs zur Zeit t:} \quad p_0 \cdot \exp\left(\left(\beta + \tfrac{1}{2} \cdot \sigma^2\right) \cdot t + \sigma \cdot W_t - \tfrac{1}{2} \cdot \sigma^2 \cdot t\right).$$

Ersetzt man nun $\beta + \frac{1}{2} \cdot \sigma^2$ durch $b$, so erhalten wir:

***Die Modellierung eines Aktienkurses mit Hilfe der geometrisch Brownschen Bewegung, das***

***"Black-Scholes-Modell"***

Der Preis der Aktie $P(t)$ zur Zeit $t$ wird modelliert als

$$P(t) = p_0 \cdot \exp\left(\left(b - \tfrac{1}{2} \cdot \sigma^2\right) \cdot t + \sigma \cdot W_t\right),$$

$$\text{wobei } W_t \sim N(0,t), b > 0, \quad \sigma > 0.$$

Es gilt für den Erwartungswert: $E\left(P(t)\right) = p_0 \cdot e^{b \cdot t}$.

Dein gewünschter Wert ist dann $b$.

*Selina*: Nein! Stimmt nicht ganz, der Teufel steckt im Detail! Man muss aufpassen, ob stetig oder jährlich verzinst wird. Betrachtet man nur Renditen, die sich auf eine jährliche Verzinsung beziehen, muss man den stetigen Zinssatz $b$ auf den effektiven Zinssatz umrechnen. Damit ist die erwartete Rendite der Aktie pro Jahr ein kleines bisschen mehr als $b$!

*Nadine*: Oh, Selina, die pingeligen Kleinigkeiten sind doch sonst mein Revier!

*Selina*: Aber nicht, wenn es um konkrete Gewinnchancen oder Verlustquellen geht!

*Selina lehnt sich zufrieden im bequemen Zugsessel zurück und strahlt den gerade hereinschauenden Schaffner an. Als sie ihn bittet, ihr doch ein paar Frankfurter mit Brötchen vorbeizubringen, schließen sich alle anderen ihr an und bestellen damit das dritte Frühstück. Sebastians Hinweis, dass die Brownsche Bewegung so unerwartete Ausschläge haben kann, dass sie theoretisch einen Aktienkurs fast bis zum Nullpunkt treiben könnte, beeindruckt Selina dann nur noch am Rande.*

## Übungsaufgaben

***Ü.5.19*** Wir betrachten nun ein 4-Perioden-Binomialmodell genauer!

Wir nehmen an, dass der Anfangspreis der Aktie $p_1$=50 sei. In jeder Periode ändere sich der Aktienkurs um den Faktor $u$=1,15 mit Wahrscheinlichkeit $p$ oder um den Faktor $d$=0,85 mit Wahrscheinlichkeit $(1-p)$. Jede Zeitperiode habe die Länge $t$=1/4.

a) Zeichnen Sie einen 4-Perioden-Binomialbaum (auf ein ausreichend großes Blatt)!

b) Ist dieses Modell arbitragefrei, falls das Festgeld mit $r$=0,05 stetig verzinst wird?

c) Ist dieses Modell arbitragefrei, falls das Festgeld mit $r$=0,15 stetig verzinst wird?

c)* Wenn es zusätzlich die Möglichkeit gibt, in mit $r$>0 stetig verzinstes Festgeld zu investieren, welche Forderungen müssen die Faktoren $u$ und $d$ erfüllen, damit das Modell arbitragefrei ist?

d) Simulieren Sie mögliche Aktienkursentwicklungen mit diesem Modell! Verwenden Sie dazu die folgenden Ergebnisse eines wiederholten fairen Münzwurfs:

i) 0 1 0 0
ii) 1 0 0 1
„1" bedeutet, dass der Faktor $u$ verwendet werden soll, „0" bedeutet, dass der Faktor $d$ verwendet werden soll.

iii)* Überlegen Sie sich eigene Simulationsmöglichkeiten (z.B. mit einem Würfel)!
iv) Zeichnen Sie dazu einen Aktienchart! Sieht er realistisch aus?

e)* Wenn sich die Faktoren $u$ und $d$ nach jeder Periode ändern würden, was würde sich am Aussehen des Binomialbaums ändern?

***Ü.5.20*** Stellen wir uns vor, dass wir eine Aktie über zehn Tage beobachtet haben und uns dabei folgende Aktienkurse (Schlusskurse) notiert haben:

25,13€, 25,90€, 26,30€, 25,00€, 24,90€, 25,25€, 25,45€, 26,20€, 26,10€, 26,70€.

a) Zeichnen Sie einen Aktienchart!

b) Skizzieren Sie eine Trendlinie in den Aktienchart!

c) Berechnen Sie den Logarithmus des Aktienkurses und zeichnen Sie diese Funktion!

d) Wir betrachten nun den Aktienkursverlauf unter dem Black-Scholes-Modell. Wir nehmen hier an, dass b=0,09 und $\sigma$=0,3 sei. Berechnen Sie nun die 10 verschiedenen Werte, die die im Modell enthaltenene Brownsche Bewegung $W_t$ bei unseren Beobachtungen angenommen hat!

e) Zeichnen Sie diese Brownsche Bewegung!

f) Was ist die erwartete Rendite dieser Aktie laut diesem Black-Scholes-Modell?

## 5.9 Mathematische Grundlagen: Zufallszahlen und Simulation von Aktienkursen

**Simulationen**

Bisher haben wir bereits an verschiedenen Stellen dieses Buches Simulationen erwähnt, insbesondere Aktienkurs-Simulationen, ohne darauf einzugehen, was eine Simulation ist und wie man sie erzeugt. Eine ***Simulation*** ist eine ***modellhafte Nachbildung*** eines realen Vorgangs. In den meisten Fällen stellt man Prozesse dar, die eine oder mehrere Zufallskomponenten beinhalten. Daher betrachtet man allgemein eine Simulation als ein Zufallsexperiment, bei dem eine Zufallsgröße mit einer vorgegebenen Verteilung erzeugt werden soll. Im Besonderen verwendet man computergenerierte Simulationen, um „was-wäre-wenn-Szenarien" durchzuspielen. Man kann die Ergebnisse bequem betrachten, ohne die Gefahr von wirtschaftlichen oder menschlichen Schäden einzugehen.

**Zufallszahlen**

Für Simulationen mit Zufallskomponenten braucht man geeignete Zufallsgrößen. Natürlich kann man viele Zufallsgrößen rein physisch erzeugen, wie z.B. eine Gleichverteilung auf den Zahlen 1,2,3,4,5,6 durch Würfeln mit einem fairen Würfel oder eine Bernoulli-Verteilung durch Werfen einer (eventuell unfair präparierten) Münze. Dieses Vorgehen ist aber in Anbetracht der für die Anwendung oft enorm hohen benötigten Anzahl der zugehörigen Zufallszahlen sehr ineffizient. Deshalb wird die folgende Annahme gemacht:
*Annahme:*
*Es liegt ein Mechanismus vor, mit dem man beliebig viele unabhängige, auf dem Intervall [0,1] gleichmäßig verteilte Zufallszahlen erzeugen kann.*
Unter einem solchen Mechanismus wollen wir der Einfachheit halber eine vom Computer bereitgestellte Funktion verstehen (typischerweise mit Namen „Random", die aber je nach verwendeter Software anders lauten kann). Wir gehen hier nicht auf die zahlentheoretischen Methoden ein, die der Computer zur Erzeugung der (Pseudo-)Zufallszahlen verwendet.

Nachdem wir einen Mechanismus besitzen, der uns beliebig viele unabhängige, auf [0,1] gleichmäßig verteilte Zufallszahlen liefert, wollen wir im Folgenden zeigen, wie wir mit dessen Hilfe Zufallszahlen mit einer vorgegebenen Verteilung erzeugen können. Wir werden drei verschiedene Fälle betrachten.

**Anmerkung: Gleichverteilte Zufallszahlen**

Die Gleichverteilung auf einer endlichen Ereignismenge $\Omega$ ist uns allen intuitiv klar. Jedes Element von $\Omega$ hat die gleiche Wahrscheinlichkeit, nämlich $P(1/|\Omega|)$ (wobei $|\Omega|$ die Anzahl der Elemente von $\Omega$ darstellt). Bei einer reellen Zufallsvariablen $X$ mit einer Gleichverteilung auf einem Intervall $[a,b]$ ist es ähnlich, dort hat jedes Teilintervall von $[a,b]$ die gleiche Wahrscheinlichkeit wie ein anderes Teilintervall gleicher Länge. Hierbei heißt eine Zufallsvariable $X$ auf $[a,b]$ ***gleichmäßig verteilt***, falls sie folgende Dichte besitzt

$$f(x)=\begin{cases}\frac{1}{b-a} & \text{für } x\in[a,b]\\ 0 & \text{für } x\notin[a,b]\end{cases}.$$

**i) Diskret verteilte Zufallszahlen**

Wir betrachten zunächst den Fall, dass eine Zufallsgröße $X$ simuliert werden soll, die nur endlich viele Werte $x^{(1)}, \dots , x^{(k)}$ annimmt, wobei

$$p_i = P\left(\left\{X = x^{(i)}\right\}\right),\quad i=1,\dots,k$$

gilt. Um nun aus einer auf [0,1] gleichmäßig verteilten Zufallsgröße $Y$ eine Zufallsgröße mit derselben Verteilung wie $X$ zu erhalten, teilen wir das Intervall [0, 1] in $k$ Teilintervalle $I_1,\dots, I_k$ auf mit

$$I_i=[p_1+\ldots+p_{i-1}, p_1+\ldots+p_i),\quad i=1,\dots,k-1,$$

$$I_k=[p_1+\ldots+p_{k-1},1].$$

Wir definieren dann eine Zufallsgröße $Z$ folgendermaßen:

$$Z=x^{(i)},\quad \text{falls}\quad Y\in I_i\ .$$

Praktisch bedeutet dies: Erzeugt der Zufallsgenerator (z.B. „Random“) eine Zahl $Y\in[0,1]$, bestimmen wir zuerst das Intervall, in dem der Wert liegt. Nehmen wir an, dies sei das $i$-te Intervall, dann setzten wir die Zufallsvariable auf den $i$-ten Wert der Zufallsgröße $X$. Damit nimmt die Zufallsvariable $Z$ die gleichen Werte wie $X$ an und die Verteilungen stimmen überein, d.h.

$$P(X=x_i)=p_i=P(Z=x_i)\,.$$

Eine diskrete Zufallsvariable, die eine Verteilung besitzt, bei der abzählbar viele Werte mit positiver Wahrscheinlichkeit angenommen werden, kann vollkommen analog simuliert werden. Man muss lediglich das Intervall $[0,1]$ auf dieselbe Art wie oben in unendlich viele Intervalle aufteilen, wobei es natürlich kein letztes Intervall geben kann.

**ii) Zufallszahlen mit stetiger Verteilungsfunktion**

Wollen wir Werte einer Zufallsgröße $X$ erzeugen, die überabzählbar viele Werte annimmt, wie z.B. die Normalverteilung oder die stetige Gleichverteilung, dann brauchen wir die ***Verteilungsfunktion*** $F(x)=P(\{X\leq x\})$ der Zufallsvariablen. Falls die Verteilungsfunktion $F(x)$ stetig ist, definieren wir die verallgemeinerte Umkehrfunktion von $F(x)$ als:

$$\tilde{F}^{-1}(y):=\inf\{z\in I\!R \mid F(z)=y\},\qquad y\in[0,1]\,.$$

Hierbei können – je nach Typ der gewünschten Verteilung – auch die Werte $\pm\infty$ angenommen werden. Die Erzeugung der gewünschten Zufallszahlen ist nun ganz einfach:

> *1. Schritt:*
>
> Erzeuge $N$ unabhängige, auf $[0,1]$ gleichmäßig verteilte Zufallszahlen $y_1,..., y_N$.
>
> *2. Schritt:*
>
> Transformiere $y_1, ..., y_N$ zu $x_1, ..., x_N$ mit $x_i = \tilde{F}^{-1}(y_i)$.

Die Verteilungsannahme für die transformierten Zufallsgrößen lässt sich leicht nachprüfen:
Sei $X = \tilde{F}^{-1}(Y)$, wobei $Y$ auf $[0,1]$ gleichmäßig verteilt ist, dann gilt

$$P(X \leq x) = P\left(\tilde{F}^{-1}(Y) \leq x\right) = P\left(Y \leq F(x)\right) = F(x) \quad \forall x \in IR,$$

d.h. $X$ besitzt die vorgegebene Verteilungsfunktion $F$.

Beispiel 5.1: *Exponentialverteilte Zufallszahlen*

Aus $F(x) = \left(1 - e^{-\lambda x}\right) 1_{[0,\infty[}(x)$ folgt $\tilde{F}^{-1}(y) = -\frac{1}{\lambda}\ln(1-y)$ , $y \in (0,1]$,

und man kann obigen Algorithmus anwenden, um $\mathrm{Exp}(\lambda)$-verteilte Zufallszahlen für $\lambda > 0$ zu erzeugen.

Im Falle der Normalverteilung ist die verallgemeinerte Umkehrfunktion der Verteilungsfunktion leider nicht durch eine geschlossene analytische Form gegeben, so dass man häufig eine andere Methode bevorzugt. Es gibt jedoch (recht komplizierte) Funktionen, die die Umkehrfunktion der Veterteilungsfunktion der Normalverteilung gut annähern. Die Suche nach Funktionen, die gewünschte Umkehrfunktionen besser nachbilden, ist übrigens ein aktuelles Thema in der mathematischen Forschung, denn so erzeugte Zufallszahlen eignen sich oft besser für mehrdimensionale Simulationen mit hohem Präzisions-Anspruch.

(→Ü.5.21)

### iii) Normalverteilte Zufallszahlen

Zur Erzeugung von normalverteilten Zufallszahlen hat sich im Allgemeinen die sogenannte Box-Muller-Transformation bewährt. Die Besonderheit ist, dass dabei die Zufallszahlen immer als Pärchen erzeugt werden. Sind $Y$ und $Y'$ unabhängig und jeweils auf (0,1] gleichmäßig verteilt, so sind $X$ und $X'$ gegeben als

$$X = \sqrt{-2\ln(Y)} \cdot \cos(2\pi Y'), \quad X' = \sqrt{-2\ln(Y)} \cdot \sin(2\pi Y'),$$

unabhängig und jeweils $N(0,1)$-verteilt. Man erzeugt erst die unabhängigen, gleichmäßig verteilten Zufallszahlen und transformiert sie anschließend paarweise mittels der Box-Muller-Transformation in die standardnormalverteilten Zufallszahlen.
Braucht man Zufallszahlen $Z \sim N(\mu, \sigma^2)$, dann transformiert man zusätzlich:

$$Z = \sigma \cdot X + \mu .$$

### Simulation von Aktienkursen im $n$-Perioden-Binomialmodell

Mit Hilfe der Möglichkeit, diskret verteilte Zufallszahlen zu erzeugen, kann man nun Aktienkurse in einem $n$-Perioden-Binomialmodell simulieren. Wir betrachten ein $n$-Perioden-Binomialmodell mit Zeithorizont $T$, Änderungsfaktoren $u$ und $d$ sowie Änderungswahrscheinlichkeit $p$. Zunächst erzeugt man $n$ unabhängige, Bernoulli-verteilte Zufallsvariable $x_1, x_2, \ldots, x_n$ aus $n$ unabhängigen, auf $[0,1]$ gleichverteilten Zufallszahlen $y_1, y_2, \ldots, y_n$:

$$x_i = \begin{cases} 1, & \text{falls } y_i < p \\ 0, & \text{falls } y_i \geq p \end{cases}, \quad i=1,\ldots,n,$$

wobei $p$ die Wahrscheinlichkeit für einen „Erfolg" im Bernoulli-Experiment ist. Wir legen fest, dass $x_i = 1$ bedeutet, dass der Aktienkurs sich zur Zeit $t_i = i \cdot T/n$ um den vorgegebenen Faktor $u$ verändert; $x_i = 0$ bedeutet, dass sich der Aktienkurs in $t_i$ um den Faktor $d$ verändert. Die Summe $x_1 + \ldots + x_i$ stellt somit die Gesamtzahl der Aufwärtsbewegungen der Aktie bis zum Zeitpunkt $t_i$ dar. Man erhält also aus dem Anfangskurs $p_1$ der Aktie einen simulierten Aktienkurs $P_1(t_i)$ im Binomialmodell als

$$P(t_i) = p_1 \cdot u^{x_1 + \ldots + x_i} \cdot d^{\,i-(x_1+\ldots+x_i)}$$

für alle Zeitpunkte $t_1, t_2, \ldots, t_n$.

Um Arbitragefreiheit sicherzustellen, wählt man $d < e^{r \cdot \frac{T}{n}} < u$, wobei $r$ ein geeigneter Marktzins ist.

Ein typisches Resultat einer solchen Simulation ist in Abbildung 5.11 gegeben, als Parameter wurden $n$=30, $T$=30, $p$=0,65, $u$=1,02, $d$=0,95, $p_1$=100 gewählt:

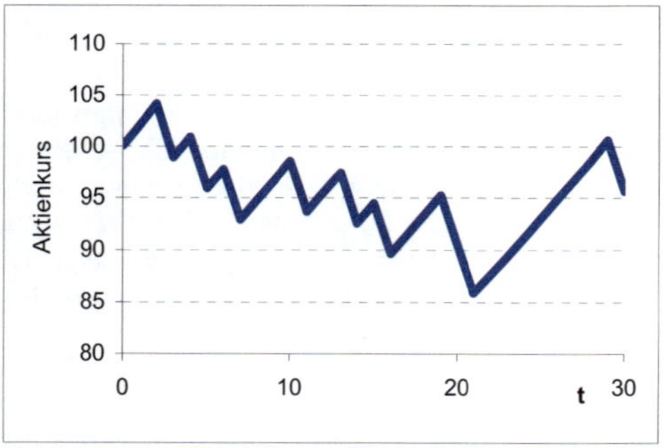


**Abbildung 5.13** *Simulation eines Aktienkurses im Binomialmodell*

Damit für alle Zeitpunkte ein simulierter Aktienkurs zur Verfügung steht, verbindet man in der Regel in der Abbildung die simulierten Werte $P_1(t_i)$ durch eine gerade Linie, rechnerisch ergeben sich diese Zwischenwerte durch lineare Interpolation.
(→Ü.5.22, Ü.5.23)

**Simulation von Aktienkursen im Black-Scholes-Modell**

Obwohl das Black-Scholes-Modell vom Konzept her recht anspruchsvoll ist und auch als zeitstetiges Modell in überabzählbar vielen Zeitpunkten simuliert werden müsste, lässt es sich doch hinreichend genau auf sehr einfache Weise nachbilden.

Zur Erinnerung: Der Aktienkurs $P_1(t)$ zur Zeit $t$ im Black-Scholes-Modell hat die Form

$$P_1(t) = p_1 \cdot e^{\left(b-\frac{1}{2}\cdot\sigma^2\right)\cdot t+\sigma\cdot W(t)}.$$

Hierbei ist nur $W(t)$ zufällig und es gilt

$$W(t) \sim N(0,t).$$

Will man lediglich den Aktienkurs zu einem ***festen*** Zeitpunkt $t$ simulieren, so benötigt man nur eine standardnormalverteilte Zufallszahl $X$. Nach Multiplikation mit $\sqrt{t}$ gilt dann

$$\sqrt{t} \cdot X \sim N(0,t).$$

Indem man den Zufallswert $\sqrt{t} \cdot X$ an Stelle von $W(t)$ einsetzt, erhält man den gewünschten simulierten Aktienkurs zur Zeit $t$.

Will man hingegen einen ganzen ***Kursverlauf*** von $P_1(t)$ für $t \in [0,T]$ simulieren, so wählt man eine hinreichend feine Zeiteinteilung des Intervalls $[0,T]$. So ist z.B. für $T=1$ eine Unterteilung in $N=500$ Intervalle der Länge $T/N=0{,}002$ erfahrungsgemäß vollkommen ausreichend. Anschließend erzeugt man den Aktienkurs $P_1(t_i)$ in den Zeitpunkten $t_i = i \cdot T/N$, $i=1,2,\ldots, N$, und verbindet die so entstandenen Punkte durch lineare Interpolation. Hierzu geht man wie folgt vor (dieser Algorithmus eignet sich sehr gut zum Programmieren):

**Algorithmus 5.1:** *Simulation des Aktienkurses im Black-Scholes-Modell*

1. Setze $P_1(0)=p_1$, $W(0)=0$, $t_0=0$, $i=0$.
2. Für $i=1$ bis $N$ wiederhole

$$t_i = i \cdot \frac{T}{N}.$$

Erzeuge eine standardnormalverteilte Zufallszahl $X_i$ , die unabhängig von den zuvor erzeugten Zufallszahlen ist, und berechne damit:

$$W(t_i) = W(t_{i-1}) + \sqrt{\frac{T}{N}} \cdot X_i,$$

$$P_1(t_i) = p_1 \cdot \exp\left(\left(b - \frac{1}{2} \cdot \sigma^2\right) \cdot t_i + \sigma \cdot W(t_i)\right).$$

3. Verbinde die Punkte $P_1(t_0),\ldots,P_1(t_N)$ linear.

Wie man sieht, ist die Erzeugung des Aktienkurses im Black-Scholes-Modell nicht weiter schwierig und man erhält bei hinreichend großer Wahl von $N$ die für das Black-Scholes-Modell typischen Preisverläufe als Simulation, wie z.B. in Abbildung 5.12 dargestellt. Betrachtet wurde ein Modell mit Zeithorizont $T=30/360$, Anzahl der Simulationsschritte $N=30$, Volatilität $\sigma=0{,}3$, mittlere Ertragsrate $b=0{,}05$, sowie Anfangskurs $p_1=100$.

**Abbildung 5.14** *Simulation eines Aktienkurses im Black-Scholes-Modell*

(→Ü.5.24, Ü.5.25)

**Realistischere $n$-Perioden-Binomialmodelle**

Vergleicht man Abbildung 5.12 mit Abbildung 5.11 erscheint manch einem das Mehr-Perioden-Binomialmodell für die Simulation eines Aktienkursverlaufs völlig ungeeignet. Der Verlauf in Abbildung 5.12 entspricht viel eher einem 30-Tage-Aktienchart, den man in einer Wirtschaftszeitung findet. Allerdings kann man auch mit dem Binomialmodell realistische Kursverläufe erzeugen, wenn man die Zeiteinteilung fein genug wählt und die Parameter gut anpasst.
Um einen Black-Scholes-Aktienkurs mit Volatilität $\sigma$ und mittlerer Ertragsrate $b$ zu approximieren, wählt man in der Praxis häufig

$$u = 1 + \sigma \cdot \sqrt{\frac{T}{n}}, \quad d = 1 - \sigma \cdot \sqrt{\frac{T}{n}}, \quad p = \frac{1}{2} + \frac{b \cdot \sqrt{\frac{T}{n}}}{2\sigma}.$$

Eine Rechtfertigung dieser Wahlen von $u$ und $d$ ergibt sich aus einer Taylor-Entwicklung erster Ordnung der Exponentialfunktion für die Wahlen von $u$ und $d$ im Abschnitt über den Zusammenhang von Binomial- und Black-Scholes-Modell. Damit man brauchbare Ergebnisse erhält, muss man die Anzahl der Perioden $n$ sehr groß wählen! Mit dieser Parameterwahl und den Werten $T$=30/360, $n$=300, $\sigma$=0,3, $b$=0,05, $p_1$=100 ergibt sich das Bild aus Abbildung 5.13.

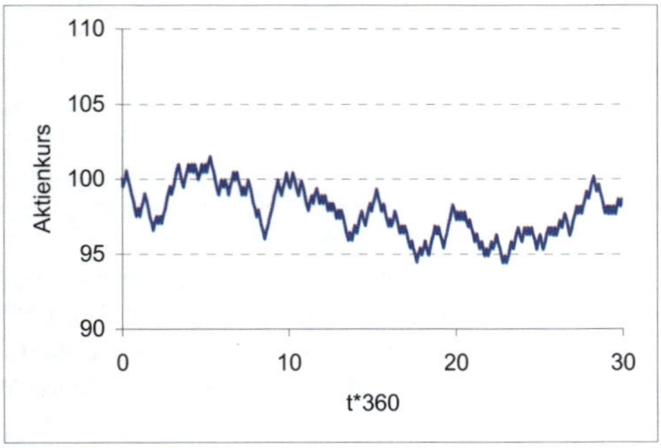


**Abbildung 5.15** *Simulation eines Aktienkurses in einem 300-Perioden-Binomialmodell*

## Übungsaufgaben

***Ü.5.21*** Betrachten Sie die auf $[-1,1]$ gleichverteilte Zufallsvariable $X$.

a) Geben Sie die Dichte der Zufallsvariablen $X$ an!

b) Berechnen Sie die Verteilungsfunktion von $X$ ! (Hinweis: Besitzt eine Zufallsvariable $X$ eine Dichte $f$, dann berechnet sich die Wahrscheinlichkeit als

$$P(\{X \leq c\}) = \int_{-\infty}^{c} f(x)\,dx\,.)$$

c) Wie kann man eine Zufallsvariable mit genau dieser Verteilung aus einer auf $[0,1]$ gleichmäßig verteilten Zufallsvariablen erzeugen?

***Ü.5.22*** Simulieren Sie einen Aktienkurs im 10-Perioden-Binomialmodell mit den Parametern $T=1,\ p=0{,}55,\ u=1{,}05,\ d=0{,}98,\ p_1=100$! Verwenden Sie folgende auf $[0,1]$ gleichverteilte Zufallszahlen:

0,2, 0,44, 0,8, 0,1, 0,13, 0,96, 0,7, 0,35, 0,4, 0,28 !

Erstellen Sie daraus einen Aktienchart!

***Ü.5.23*** Simulieren Sie einen Aktienkurs im 15-Perioden-Binomialmodell mit den Parametern $T=1,\ p=0{,}333,\ u=1{,}1,\ d=0{,}98,\ p_1=100$! Verwenden Sie einen Würfel, um Zufallszahlen zu erzeugen! Dokumentieren Sie den Verlauf Ihrer Simulation und zeichnen Sie schließlich einen Aktienchart!

***Ü.5.24*** Simulieren Sie einen Aktienkurs im Black-Scholes-Modell mit den Parametern $N=10$, $\sigma=0{,}2,\ b=0{,}08,\ p_1=100$! Verwenden Sie folgende standardnormalverteilten Zufallszahlen:

0,2, -0,44, 0,8, 1, 1,3, -2,96, 0,7, 0,35, 0,4, 1,28 !

Erstellen Sie daraus einen Aktienchart!

***Ü.5.25*** Simulieren Sie einen Aktienkurs im Black-Scholes-Modell mit den Parametern $N=15$, $\sigma=0{,}4,\ b=0{,}1,\ p_1=100$! Verwenden Sie folgende auf [0,1] gleichverteilte Zufallszahlen:

0,2, 0,44, 0,8, 0,1, 0,13, 0,96, 0,7, 0,35, 0,4, 0,28 0,63 0,27 0,84 0,71 0,14 !

Erstellen Sie daraus einen Aktienchart!

***Ü.5.26*** Berechnen Sie die Parameter $u$ und $d$ sowie $p$, die für die Erstellung der Abbildung 5.13 verwendet wurden!

***Ü.5.27*** Simulieren Sie einen Aktienkurs im 15-Perioden-Binomialmodell für eine Aktie mit den Parametern $\sigma=0{,}25,\ b=0{,}09,\ p_1=100$! Wählen Sie $u$ und $d$ sowie $p$ geeignet!

***Ü.5.28*** Wählen Sie sich eine interessante Aktie aus dem täglichen Leben aus, suchen Sie im Internet nach ihrer Volatilität $\sigma$ und nach der mittleren Ertragsrate $b$! Simulieren Sie mit Hilfe dieser Angaben den Aktienkurs mit verschiedenen Modellen für die nächsten 5 Tage und vergleichen Sie dann mit dem tatsächlichen späteren Aktienkursverlauf dieser Aktie! Falls Sie keine Zufallszahlen zur Hand haben, erzeugen Sie sich mit Hilfe eines Würfels oder einer Münze geeignete Zufallszahlen! Dokumentieren Sie Ihre Simulationen und Ihre Beobachtungen genau!

## 5.10 Zusammenfassung

In diesem Kapitel wurden das $n$-Perioden-Binomialmodell und das Black-Scholes-Modell zur Modellierung eines Aktienkurses vorgestellt. Beim $n$-Perioden-Binomialmodell ändert sich der Aktienkurs an $n$ vorgegebenen Zeitpunkten jeweils mit Wahrscheinlichkeit $p$ um den Faktor $u$ und mit Wahrscheinlichkeit $(1-p)$ um den Faktor $d$. Man erhält somit nach $n$ Perioden einen Aktienpreis von

$$P_1^{(n)}(T) = p_1 \cdot u^{X_n} \cdot d^{(1-X_n)},$$

wobei $p_1$ der Preis der Aktie in $t=0$ ist und $X_n$ die Anzahl der Aktienpreisveränderungen um den Faktor $u$ beschreibt.
Im Black-Scholes-Modell wird ein Aktienpreis zu jedem Zeitpunkt $t \in [0,T]$ als

$$P_1(t) = p_1 \cdot e^{\left(b-\frac{1}{2}\sigma^2\right)\cdot t + \sigma\cdot W(t)}$$

modelliert, wobei $b$ als mittlere Ertragsrate von $P_1(t)$ (beachte: es gilt $E(P_1(t))=p_1 e^{b\cdot t}$) und $\sigma$ als Volatilität von $P_1(t)$ bezeichnet werden. $W(t)$ ist ein stochastischer Prozess, der insbesondere

$$W(t) \sim N(0,t)$$

erfüllt, eine sogenannte (eindimensionale) Brownsche Bewegung. Weitere Eigenschaften, wie die Arbitragefreiheit der Märkte, die aus Festgeldanlage und der jeweiligen Aktie bestehen, sowie Algorithmen zur Simulation der obigen Aktienkursmodelle, sind wichtige Bestandteile dieses Kapitels.

## 5.11 Ausblick: Neuere Preismodelle

Obwohl das Black-Scholes-Modell die Realität der Aktienkursbewegungen recht gut wiedergibt und in der Praxis akzeptiert ist, so hat es doch Schwächen, die zur Entwicklung noch komplexerer und realistischerer Modelle für Aktienpreise geführt haben. Zwar sollen diese Modelle hier nicht vorgestellt werden, aber es sollen zumindest ein paar Gründe für die Notwendigkeit zur Verbesserung des Black-Scholes-Modells angegeben werden.

**i) Unabhängigkeit der relativen Preiszuwächse**

Anhand empirischer Daten ist es leicht zu überprüfen, dass die Renditen von Aktienpreisen (also die relativen Zuwächse) in der Regel nahezu unkorreliert, aber nicht unabhängig sind.

**ii) Konstante Volatilität**

Die Annahme konstanter Volatilität müsste sich in der Praxis darin äußern, dass die täglichen Renditen der Aktienpreise über die Zeit alle gleich verteilt wären. Statt dessen beobachtet man aber sehr oft ein sogenanntes „Volatility Clustering“, d.h. hohe Ausschläge nach oben folgen auf hohe Ausschläge nach unten (und umgekehrt), während es gleichzeitig Phasen gibt, in denen nur kleine Werte der Renditen beobachtet werden. Dies wird auch in Abbildung 5.14 deutlich, wo die Tagesrenditen $(S(t+1)- S(t))/S(t)$ des Kurses der Deutschen Bank-Aktie abgetragen sind. Man hat deshalb Preismodelle mit sogenannter stochastischer Volatilität entwickelt. Genauer: die Konstante $\sigma$ im Black-Scholes-Modell wird durch einen eigenen stochastischen Prozess ersetzt, der sich ähnlich wie eine weitere Brownsche Bewegung verhält.

**iii) Lognormal-verteilte Renditen**

Erstellt man ein Histogramm der logarithmischen Renditen $\ln(S(t+1)/S(t))$ der Aktienpreise, so beobachtet man, dass man typischerweise mehr sehr kleine und mehr sehr große Werte beobachtet als beim Vorhandensein einer Normalverteilung. Aus diesem Grund wurde in den zurückliegenden Jahren verstärkt nach Verteilungen gesucht, die in der Lage sind, dieses am Markt beobachtete Verhalten besser als die Normalverteilung zu erklären. Als geeignete Kandidaten haben sich hyperbolische Verteilungen und *t*-Verteilungen erwiesen. Eine Darstellung der Hintergründe der zugehörigen Preisprozesse sprengt den technischen Rahmen dieses Manuskripts.
Es bleibt aber festzuhalten, dass das Black-Scholes-Modell trotz einiger Unzulänglichkeiten nach wie vor die überragende Rolle sowohl in der Theorie als auch der Praxis der Finanzmathematik spielt und deshalb immer als Benchmark für neu entwickelte Modelle gilt.

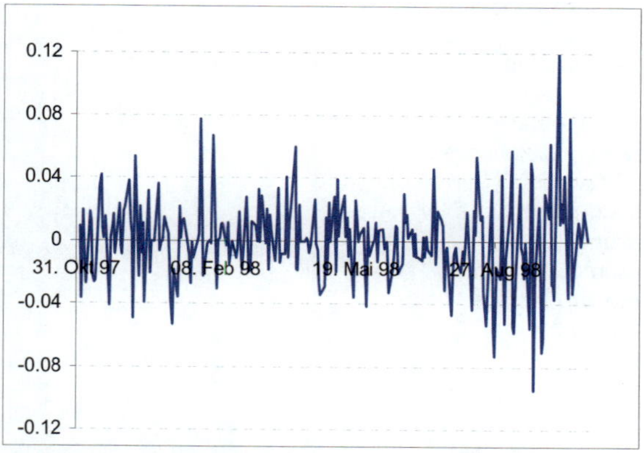


***Abbildung 5.16*** *Tagesrenditen der Deutschen Bank-Aktie vom 31.10.97-31.10.98*

# KAPITEL 6: Optionsbewertung

## *Übersicht*

*Stichwörter der Ökonomie:*

- Termingeschäfte (Futures und Forwards)
- Optionen
- Derivate
- Duplikationsprinzip
- Geldbeträge abzinsen und aufzinsen
- Vollständige Märkte
- Risiko-neutrale Bewertung

*Stichwörter der Schulmathematik:*

- Lösen von linearen Gleichungssystemen
- Matrizen und Vektoren
- Beweis durch Induktion
- Binomialverteilung
- Normalverteilung
- Satz von de Moivre-Laplace
- Monte-Carlo-Simulation

*Inhalt*

## *Leitfaden für das 6. Kapitel*

Das Hauptziel dieses Kapitels besteht in einer Einführung der Grundbegriffe des ***Optionshandels*** und des ***Duplikationsprinzips*** zur ***Bewertung von Optionen*** in ***vollständigen Märkten***. Dabei sollte besonders Wert auf das Verstehen des Duplikationsprinzips („Nachbildung von Zahlungsströmen“) und der daraus resultierenden ***risiko-neutralen Bewertung*** gelegt werden, die auf den ersten Blick dem intuitiven Gefühl zu widersprechen scheint.
Hintergrundinformationen zum Begriff und zur Geschichte der Option werden in den Abschnitten 6.1 und 6.2 vermittelt. Mögliche Anwendungen von verschiedenen Optionstypen werden im ersten Gespräch der Clever Consulting Mitarbeiter in Abschnitt 6.3 vorgestellt, während das zweite Gespräch in Abschnitt 6.4 eine Einführung in das Duplikationsprinzip zur Optionsbewertung beinhaltet.
Die nachfolgenden beiden Abschnitte 6.5 und 6.6 behandeln das mathematische Grundgerüst der Optionsbewertung. Im erstgenannten Abschnitt wird eine mathematische Definition einer Option und des Duplikationsprinzips gegeben, die im nachfolgenden Abschnitt angewandt werden, um explizite Formeln zur Optionspreisbestimmung herzuleiten. Anhand dieser Formeln wird der Begriff der risiko-neutralen Bewertung geprägt. An mathematischen Grundlagen werden nur der Begriff des Erwartungswertes und das Lösungsverfahren bei linearen Gleichungssystemen (in der Regel 2 x 2-Systeme) benötigt. Zur Begründung des Duplikationsprinzips ist der in Kapitel 6 vorgestellte Begriff der Arbitragefreiheit notwendig. Will man auf kompliziertere Marktmodelle verzichten, so sind die Abschnitte 6.5 und 6.6 für eine Einführung in die Optionsbewertung ausreichend.
In den Abschnitten 6.7 (im dritten Gespräch) und 6.8 wird auf heuristischem Weg in die Nobel-Preis gekrönte Anwendung der Black-Scholes-Formel zur Bewertung europäischer Call-und-Put-Optionen eingeführt. Dabei werden als mathematische Grundlagen das in Kapitel 6 vorgestellte Black-Scholes-Modell sowie der Satz von de Moivre-Laplace vorausgesetzt (für den Gesprächsteil reicht die Kenntnis des entsprechenden Gesprächs aus Kapitel 6).
Exotische Optionen und eine populäre Methode, deren Preise zu berechnen, die Monte-Carlo-Simulation, sind Gegenstand von Abschnitt 6.9. Während die Darstellung der exotischen Optionen hauptsächlich dazu dient, einen Einblick in die Vielfalt des Derivatehandels zu vermitteln, ist die Monte-Carlo-Methode durchaus von selbstständigem Interesse. Sie ist eine gute Möglichkeit, um den Computereinsatz in der Finanzmathematik zu demonstrieren.

## *6.1 Optionen - prägendes Merkmal der modernen Finanzmärkte*

### Finanzmärkte im Wandel

Ganz abgesehen davon, dass die Händler nicht mehr auf dem Börsenparkett herumschreien, sondern die Aktienkurse lautlos über den Computerbildschirm flackern, unterscheidet sich die Börsenkultur von heute auch in anderen Gesichtspunkten deutlich von der vor 50 Jahren. Auch wenn die Stimmung in heutigen Börsen noch so ruhig erscheint, es wird sehr viel mehr als früher gehandelt und nicht nur Aktien und Rohstoff-Termingeschäfte prägen das Bild. Ein typisches Kennzeichen der modernen Märkte ist der verstärkte Handel mit **Derivaten** vielfältigster Struktur. Derivate sind abgeleitete Finanzinstrumente, denen ein Basiswert wie eine Aktie, eine Anleihe, ein Zinsinstrument oder ein Rohstoff unterliegt und deren Wert deshalb vom Wert des Basiswerts abhängt. So gibt es z.B. Tracker-Zertifikate auf Kakao oder Aluminium, Wertpapiere, mit denen man den Kurs einer Aktie nach unten absichern kann oder man kann neuerdings sogar einen gewissen Schutz vor ausgefallenen Unternehmensanleihen kaufen. Zu den am häufigsten genutzten Derivaten zählen ***Futures*** und ***Optionen***. Im Rahmen dieses Kapitels beschäftigen wir uns allerdings nicht mit den Futures, zu denen ein kompliziertes System von Sicherheitszahlungen gehört, sondern nur mit den einfacher strukturierten ***Forwards***, beides sind ***Termingeschäfte***. Auch wird der Schwerpunkt des Kapitels auf den mathematisch interessanteren Optionen liegen, denn wir wollen in erster Linie spannende Anwendungen der Mathematik vorstellen.
Bei ***Forwards*** handelt es sich um Verträge, die es ermöglichen, einen bestimmten Basiswert an einem festgelegten Termin in der Zukunft zu einem festen Preis zu kaufen oder zu verkaufen. Man ist bei Futures bzw. Forwards verpflichtet, zu diesem Zeitpunkt den Basiswert zum vereinbarten Preis zu kaufen bzw. zu verkaufen. Der Besitzer einer ***Option*** hingegen kann auswählen, ob er zur festgelegten Zeit den Basiswert zum vereinbarten Preis erwirbt oder nicht (bzw. verkauft oder nicht). Er hat also eine Wahlmöglichkeit.
Termingeschäfte gibt es schon seit dem Mittelalter. Bedeutend für die Finanzwelt wurden sie mit dem Ende des 19. und dem Beginn des 20. Jahrhunderts, nachdem man begann, die Verträge für den Börsenhandel zu standardisieren. Optionen erschienen erst viel später auf dem Markt. Als 1637 der holländische Tulpenmarkt zusammenbrach, waren unter anderem auch erste Vorläufer von Optionskontrakten daran beteiligt. Populär wurden Optionen jedoch erst, als die Mathematiker Black und Scholes 1973 in einem wissenschaftlichen Artikel eine Formel zur Berechnung ihres Preises angeben konnten. Zur gleichen Zeit wurde in Chicago die „Chicago Board Options Exchange" speziell für den Handel mit Aktienoptionen eröffnet. Danach blühte der Handel mit Derivaten auf.

### Aktien - aber sicher?

Es gibt viele Gründe, sein Vermögen in Aktien anzulegen. Man möchte vielleicht eine Firma, deren Unternehmensidee einem gefällt, unterstützen. Manch einer lehnt Zinsen prinzipiell ab und möchte sein Geld nur durch Produktivität vermehren. Ein weiterer Grund könnte sein, dass man bestrebt ist, dass sich das eigene Kapital entsprechend dem Inflationsniveau entwickelt. Schließlich könnte man schlicht und ergreifend feststellen, dass die erwartete Rendite einer Aktie deutlich höher als das allgemeine Zinsniveau für festverzinstes Geld ist. All diesen Argumenten steht aber immer das Risiko der unerwarteten Kursschwankungen der Wertpapiere gegenüber. Falls der Aktienmarkt einbricht, hat man am Schluss eventuell erheblich weniger Geld als vorher.

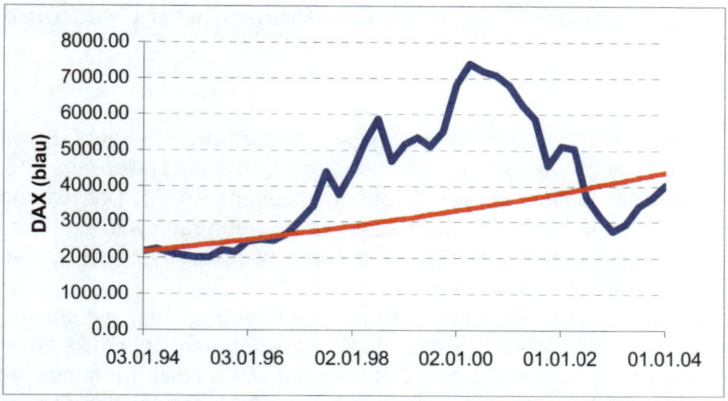


**Abbildung 6.1** *Vergleich der Entwicklung des DAX-Index mit einer 7%-igen Verzinsung*

Man fragt sich daher, ob man nicht in Aktien anlegen und dabei das Anfangskapital sichern kann. Das ist der Punkt, an denen Optionen ins Spiel kommen, denn außer zum Spekulieren werden Optionen zur Kursabsicherung genutzt.

Die Bankinstitute haben mittlerweile erkannt, dass sich Kunden eine Art „sichere Aktie" wünschen und bieten neuerdings Produkte wie z.B. „Aktien mit Sicherheitsnetz" zum Verkauf an. In der Regel handelt es sich dabei um eine Kombination von Aktie mit Festgeldern und Optionen. Besonders in schlechten Börsenzeiten sind Finanzprodukte mit Kapitalgarantie sehr beliebt und der verstärkte Handel mit solchen Produkten führt dazu, dass der Handel mit Optionen indirekt weiter zunimmt.

Im Rahmen des Privatisierungsprozesses der Deutschen Telekom, 1996, erschien eines der ersten Garantieprodukte, die in Deutschland der breiten Öffentlichkeit angeboten wurden. Mit dem Papier „Safe-T" der Commerzbank erwarb man, stark vereinfacht beschrieben, eine Option, die es ermöglichte, jederzeit bis zum Jahre 2002 den Vertrag gegen die Telekom-Aktie einzutauschen oder am Ende der Laufzeit des Vertrages den Wert der Telekom-Aktie zum Ausgabekurs von 1996 zu erhalten. Das bedeutete im Prinzip, dass man das Anfangskapital, das man am Emmissionstag in die Telekom-Aktie investiert hätte, garantiert zurückbekommt. Im Zusammenhang mit der „Volksaktie" Deutsche Telekom könnte man dieses Wertpapier durchaus als erste deutsche „Volksoption" betrachten.

**Diskussion 6.1:**

- Recherchieren Sie im Internet, ob der Kauf der „Safe-T"-Option tatsächlich eine Kursabsicherung für den Anleger bewirkt hat (vergleichen Sie den Emissionskurs der Telekom-Aktie von 18.November 1996 mit dem Preis von 2002). Der zu zahlende Preis dieser Option bestand aus einer Anfangszahlung in Höhe des Startkurses der Telekom-Aktie (womit die Aktie erworben wurde) sowie der Überlassung der Dividendenzahlungen während der Laufzeit des Vertrages (als Gegenleistung für die Kursabsicherung). Die Depotverwaltung für dieses Produkt war kostenlos. Diskutieren Sie diesen Preis!
- Informieren Sie sich über aktuelle Garantieprodukte, die der Markt anbietet! Wie sind diese Produkte gestaltet? Welche Bedingungen und welche Preise gibt es? Ist immer der gesamte Kursverlust abgesichert oder nur ein Teil?

## 6.2 Hintergrund: Optionen - Begriffe, Grundlagen und Geschichte

### Optionen und Forwards

Der Begriff der Option ist nicht nur aus dem Bereich der Finanzwelt bekannt. Er wird gleichfalls im tagtäglichen Sprachgebrauch verwendet und bedeutet dort soviel wie, eine Möglichkeit haben („ich habe auch noch die Option, dieses Angebot anzunehmen...“). Das wesentliche Merkmal einer solchen Option ist, dass man sie zwar nutzen kann, wenn man will, sie aber nicht unbedingt wahrnehmen muss. Insofern stellt eine Option immer etwas Positives dar. Dieselben Merkmale besitzt auch eine Option im Sinne der Finanzwelt.
Im Allgemeinen versteht man unter einer ***Option*** einen Vertrag, der seinem Käufer eine nicht-negative Zahlung unsicherer Höhe zu einem festen zukünftigen Zeitpunkt zusichert. Man wird also schlimmstenfalls nichts (das heißt eine Zahlung der Höhe Null), im günstigen Fall aber eine strikt positive Zahlung erhalten. Dabei bezeichnet man den Verkäufer des Optionskontraktes als **Zeichner** der Option, den Käufer als ***Halter*** der Option.
Die bekanntesten Formen von Optionen sind die europäischen Kauf- bzw. Verkaufsoptionen auf Aktien, engl. ***Calls*** bzw. ***Puts***. Sie garantieren ihrem Besitzer das Recht (nicht aber die Pflicht!), eine Aktie einer bestimmten Firma zum festgelegten Endzeitpunkt $T$ (der sogenanten ***Fälligkeit***) zum festgelegten Preis $K$, dem ***Ausübungspreis*** oder ***Strike***, vom Zeichner der Option zu erwerben (im Falle des Calls) oder aber an den Zeichner der Option zu verkaufen (im Fall des Puts).
Bei den Optionen unterscheidet man zwischen ***europäischen*** und ***amerikanischen Optionen***. Bei amerikanischen Optionen darf man sein Wahlrecht jederzeit während der Laufzeit des Kontraktes ausüben, bei europäischen nur am Ende der Laufzeit.
Optionen ähneln in gewisser Hinsicht den ***Futures*** bzw. den ***Forwards***, allerdings gibt es dort keine Wahlmöglichkeit. Ein Forwardkontrakt ist ein Vertrag darüber, ein bestimmtes Gut zu einem festen Zeitpunkt in der Zukunft zu einem festen Preis zu kaufen bzw. zu verkaufen. Futures unterscheiden sich von den Forwards unter anderem dadurch, dass sie für die Börse standardisiert wurden und Sicherheitszahlungen zu leisten sind. Forwards werden anders als Futures nicht an der Börse gehandelt, diese Kontrakte werden von den Banken, sozusagen „am Bankschalter“, individuell gestaltet, deswegen versieht man sie mit dem Kürzel OTC („over the counter“).

### Optionen - Call und Put

Der Besitzer eines ***Calls*** wird dann sein Recht wahrnehmen, die Aktie zum Preis $K$ im Zeitpunkt $T$ zu erwerben, wenn der Preis $P_1(T)$ der Aktie größer als der Ausübungspreis $K$ ist. Anschließend könnte er die Aktie zum Preis $P_1(T)$ am Markt veräußern und hätte somit durch Ausüben der Option einen Gewinn der Höhe $P_1(T) - K$ gemacht. Ist hingegen der Preis $P_1(T)$ der Aktie kleiner als $K$, so wird der Besitzer des Calls sein Recht verfallen lassen. Wollte er nämlich die Aktie erwerben, so wäre es für ihn günstiger, dies am Markt zu tun. Der Besitz des Calls führt in diesem Fall zu keiner positiven Zahlung. Man identifiziert daher einen europäischen Call mit der Endzahlung

$$B_{call} = \left(P_1(T) - K\right)^+ .$$

Graphisch wird die Endauszahlung des europäischen Calls durch das folgende ***Payoff-Diagramm*** (Auszahlungs-Diagramm) dargestellt:

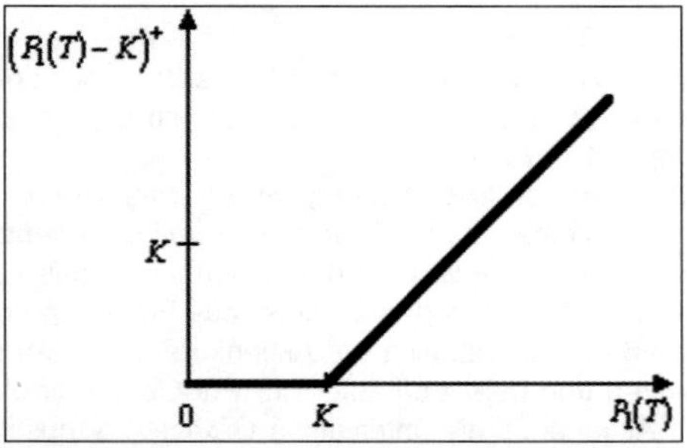


**Abbildung 6.2** *Payoff-Diagramm für einen europäischen Call*

Ähnlich verhält sich der Besitzer eines ***Puts***. Dieser wird dann sein Recht wahrnehmen, die Aktie zum Preis $K$ zu verkaufen, wenn der Preis $P_1(T)$ der Aktie im Zeithorizont kleiner als der Ausübungspreis $K$ ist. Durch Ausüben der Option hätte er einen Gewinn der Höhe $K - P_1(T)$ gemacht. Ist hingegen der Preis $P_1(T)$ der Aktie größer als $K$, so wird der Besitzer des Puts sein Recht verfallen lassen. Wollte er weiterhin die Aktie verkaufen, so wäre es für ihn günstiger, dies am Markt zu tun. Der Besitz des Puts führt in diesem Fall nicht zu einem Gewinn. Man identifiziert daher einen europäischen Put mit der Endzahlung

$$B_{put} = \left(K - P_1(T)\right)^+.$$

Graphisch wird die Endauszahlung des europäischen Puts durch das folgende Payoff-Diagramm dargestellt:

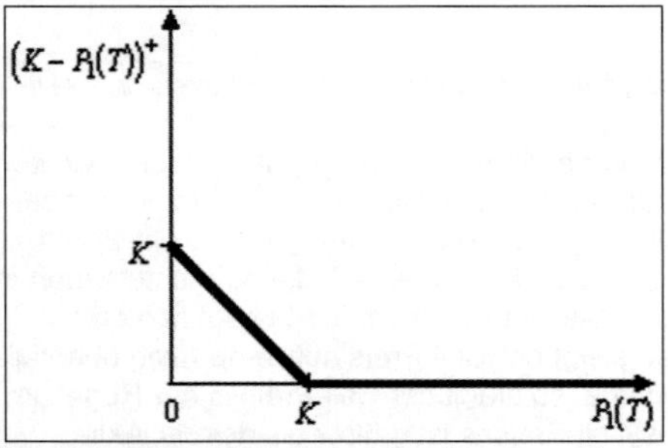


**Abbildung 6.3** *Payoff-Diagramm für einen europäischen Put*

**Vergleich: Optionen - Forwards**

Sowohl Optionen als auch Forwards sind Verträge über Geschäfte, die in der Zukunft liegen. Optionen beinhalten ein Wahlrecht, Forwards nicht. Die Höhe der zukünftigen Zahlung beim Forwardkontrakt ist bereits heute bekannt, jedoch ist nicht klar, ob das in der Zukunft getätigte Geschäft dann auch vorteilhaft ist. Im Falle einer Option ist die Höhe der zukünftigen Zahlung zwar unbekannt, es ist aber wegen des Wahlrechts des Optionshalters sichergestellt, dass das zugehörige Geschäft (zumindest für den Halter) nicht zu einem Verlust führt („nicht-negative Endzahlung"). Hieraus ergibt sich nun, dass man für den Erwerb einer Option heute eine Zahlung („Prämie") zu leisten hat. Wegen der Unsicherheit der Höhe der zukünftigen Zahlung kann man die Höhe dieser Prämie nicht so einfach bestimmen. Das allgemein akzeptierte Grundprinzip, nämlich das Duplikationsprinzip, zur Bestimmung des Optionspreises ist Gegenstand des nächsten Abschnitts.

**Warum handelt man mit Optionen?**

Da Optionen keine originären Wertpapiere sind, sondern sich immer auf ein zugrunde liegendes Gut (z.B. Aktien, Handelsgüter, Wetter (!), usw.) beziehen, ist es natürlich berechtigt, nach dem Nutzen von Optionen überhaupt zu fragen.
Der erste wichtige Aspekt ist der der ***Absicherung gegen unerwünschte Preisschwankungen*** des zugrunde liegenden Guts. Besitzt man z.B. eine Aktie mit dem heutigem Wert von 200 €, so kann man durch den Kauf einer Put-Option mit dem Ausübungspreis von 150 € für die Laufzeit der Option eine untere Grenze des Werts des „Pakets" aus Put-Option und Aktie von 150 € festschreiben (siehe Abbildung 6.4). Fällt nämlich der Aktienkurs unter den Wert von 150 €, so kann man sein Optionsrecht nutzen und dem Verkäufer der Put-Option die Aktie zum Stückpreis von 150 € verkaufen. Fällt der Aktienpreis nie unter diese Grenze, so muss man auch sein Optionsrecht nicht ausüben. Analog kann man durch den Kauf einer Call-Option auf eine Aktie den zukünftigen Kaufpreis dieser Aktie begrenzen.

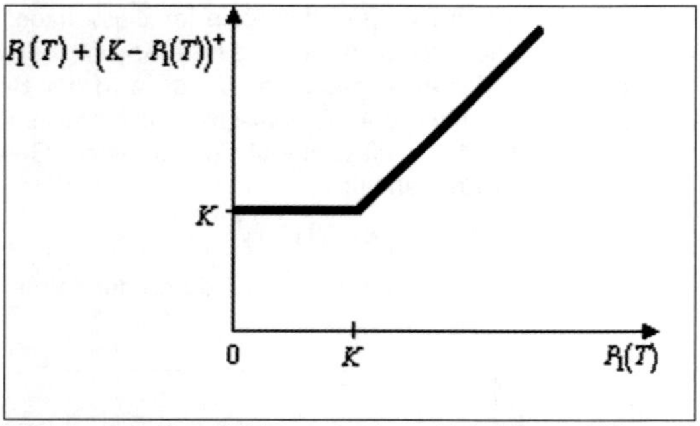


**Abbildung 6.4** *Payoff-Diagramm eines „Pakets" aus Aktie und Put*

Ein anderer Aspekt besteht in der Preisentwicklung der Option. Wir werden uns zwar erst später um die exakte Bestimmung des Preises einer Option kümmern, aber es ist auch ohne dieses Wissen plausibel, dass sich eine Option im Preis anders entwickelt als die zugrunde liegende Aktie. Wenn man z.B. eine Call-Option auf eine Aktie betrachtet, kann man folgende Zusammenhänge leicht erkennen (oder aber empirisch am Markt beobachten):

- Steigt der Aktienkurs, so steigt der Call-Preis auf diese Aktie ebenfalls.
- Steigt der Aktienkurs um 1 €, so steigt der Call-Preis in der Regel um weniger als 1 €, aber der prozentuale Anstieg des Call-Preises ist größer als der der Aktie.

Analog gelten diese Überlegungen auch für Kursverluste. Wegen des höheren prozentualen Gewinns/Verlusts der Call-Option spricht man von einem ***Hebeleffekt*** (englisch: ***Leverage effect***), den sich Spekulanten gerne zu Nutze machen.

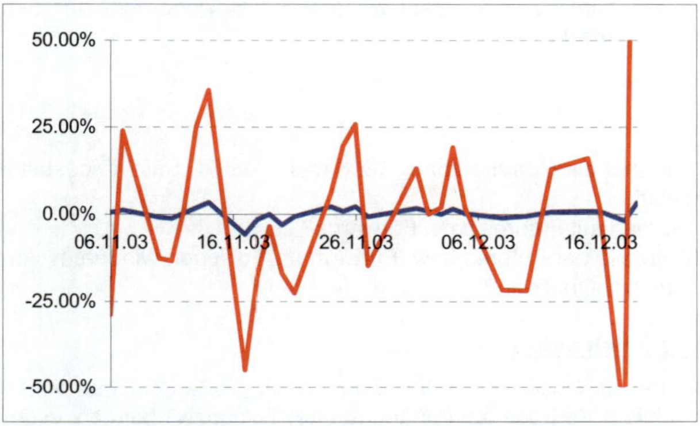


**Abbildung 6.5** *Vergleich der täglichen prozentualen Änderungen des Aktienkurses(blau) mit denen des Callpreises (rotbraun) (bereinigte empirische Daten)*

Diese beiden Effekte werden auch in den Abbildungen 6.5 und 6.6 illustriert. Betrachtet wird dort eine Aktie, die Ende des Jahres 2003 um den Kurs 16 € schwankte und ein Call auf diese Aktie mit Ausübungspreis 16 € und Fälligkeit 19.Dezember 2003. Hierbei verdeutlicht die erste Abbildung den Hebeleffekt, indem sie die Tagesrenditen der Aktie mit denen des Calls vergleicht. Die zweite Abbildung vergleicht eine Investition in die Aktie mit einer in Calls. Am 5.11.2003 wurde hierzu das gleiche Kapital in die Aktie wie in die Option investiert (dazu musste man etwa 15 Optionen kaufen) und danach wurde das jeweilige Portfolio unverändert gehalten. Die zweite Abbildung soll außerdem die Risiken des Optionshandels verdeutlichen:

- Optionen sind auslaufende Wertpapiere, d.h. sie existieren nur zeitlich begrenzt.
- Man kann bei einem Optionsinvestment einen **TOTALVERLUST** erleiden.

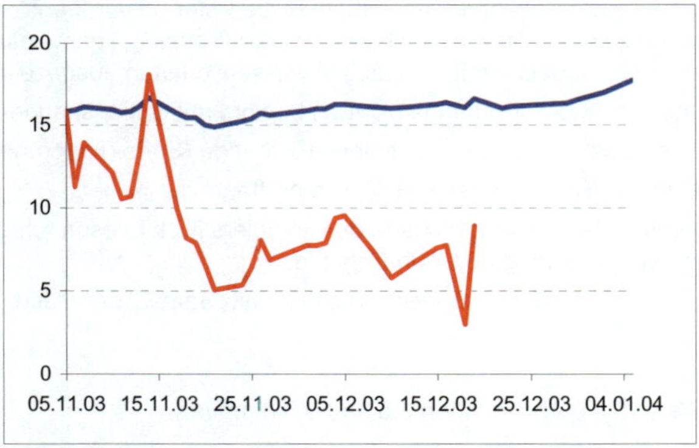


**Abbildung 6.6** *Vergleich eines Aktieninvestments (blau) mit einem Investment in Calls (rotbraun) (bereinigte empirische Daten)*

Der Totalverlust, der darin besteht, dass der anfangs gezahlten Kaufprämie am Ende der Laufzeit des Optionsvertrages eine Zahlung in Höhe Null gegenübersteht, ist kein Ausnahmeereignis, sondern tritt erfahrungsgemäß und konstruktionsbedingt recht häufig auf. Dieses Ereignis wäre bei unserer Beispieloption in der Abbildung eingetreten, wenn die Aktie am 19.Dezember unter den Kurs von 16 € gerutscht wäre, anstatt auf 16,60 € zu steigen.

Zusammengefasst ergeben sich also zwei wesentliche Beweggründe für den Optionshandel: ***Absicherung und Spekulation***.
(→Ü.6.1)

**Diskussion 6.2:**

- Wie vermuten Sie, hat die Commerzbank 1996 das Produkt „Safe-T" gestaltet? Aktie plus Call oder Aktie plus Put?
- Weshalb handelt man mit Futures bzw. Forwards?
- Was sind die Nachteile der Futures bzw. Forwards? Wo liegen wiederum Vorteile von Termingeschäften gegenüber Optionen?

**Geschichte des Optionshandels**

- **1634**: Vorläufer von Optionen werden während der großen Tulpenmanie in Holland gehandelt. Man schließt Verträge auf (eingegrabene) Tulpenzwiebeln ab, in denen man einen Kaufpreis vereinbart, der nur zur Kaufzeit fällig wird, wenn die mittlerweile ausgegrabene Zwiebel ein bestimmtes Mindestgewicht nicht unterschreitet. 1637 bricht der holländische Tulpenmarkt zusammen, was unter anderem auch auf diese spekulativen Termingeschäfte mit Optionscharakter zurückzuführen ist.
- **1728**: Erste Aktienoptionen der Königlich Westindischen und Guineaschen Kompanie, die zum Kauf von Anteilen der französischen Insel Ste. Croix berechtigen.
- **1848**: Gründung des Chicago Board of Trade, aus dem sich später die größte Terminbörse der Welt entwickelt.
- **1973**: Das Chicago Board of Trade eröffnet die Chicago Board Options Exchange, die größte Terminbörse der Welt. Der Handel beginnt mit Call Optionen, vier Jahre später kommen außerdem Put-Optionen hinzu.
- **1973** : Fischer Black und Myron Scholes veröffentlichen ihre Arbeit, die die später mit dem Nobelpreis für Wirtschaftswissenschaften ausgezeichnete Black-Scholes-Formel zur Bewertung europäischer Call-Optionen enthält. Robert Merton veröffentlicht im selben Jahr eine Verallgemeinerung hiervon. Auch er wird später (1997) – gemeinsam mit Myron Scholes – mit dem Nobelpreis für Wirtschaftswissenschaften ausgezeichnet.
- **1975**: Die American Stock Exchange (AMEX) beginnt mit Optionshandel.
- **1988**: In der Schweiz wird die Swiss Options Exchange (Soffex) gegründet.
- **1990**: Die Deutsche Termin Börse (DTB) wird eröffnet.
- **1995**: Extrem riskante Optionsgeschäfte des Händlers Nick Leeson führen zum Bankrott der traditionsreichen Barings Bank in England.
- **1996**: Die erste deutsche „Volksoption" erscheint mit „Safe-T" am Markt.

**Übungsaufgaben**

***Ü.6.1*** Betrachten Sie sich die Abbildungen 6.5 und 6.6 genauer.

a) Beschreiben Sie die beiden Abbildungen ausführlich.

b) Stellen Sie sich vor, die Aktie hätte am Fälligkeitstermin des Calls den Kurs von 15,95 € gehabt. Welchen Wert hätte der Call? Wieviel wäre ihr Investment in Calls dann wert?

c) Am 6.11 kostete übrigens ein Call 0,76 € und die Aktie 15,91 €. Wie hätte sich hier eine Investion in die Option im Vergleich zur Investition in die Aktie ausgewirkt?

d) Am 21.11 kostete der Call 0,34 € und die Aktie 14,91 €. Stellen Sie sich vor, dass Sie ein besonders cleverer und glücklicher Börsenhändler sind. Wie hätten Sie den Hebeleffekt genutzt?

## *6.3 Gespräch: Hoch motiviert - Optionen als leistungsorientierte Bonuszahlungen*

*Das hatten die Wetterfrösche nun so nicht vorhergesagt. Angekündigt hatten sie eine eisige Kälte mit strahlendem Sonnenschein und einer Niederschlagswahrscheinlichkeit von nur zehn Prozent. Dies hatte das Team von Clever Consulting bewogen, die Fahrt zu ihrem nächsten Einsatzort in Selinas neuem azurblauen Sportcoupé zu genießen. Der Wetterbericht lag durchaus richtig mit der Kälte und auch der mit deutlich positiver Wahrscheinlichkeit herabfallende Niederschlag war ja gewissermaßen angekündigt. Allerdings, dass man über einer Stunde frierend auf der sonnenlosen Autobahn im Schnee feststecken würde, das hatte niemand erwartet. Und wie andere Menschen sich Geschichten zum Aufwärmen erzählen, beginnen die vier Jungunternehmensberater über ihre Arbeit und Mathematik zu reden.*

*Oliver*: Also, ich freue mich schon auf unseren neuen Auftraggeber. Nicht nur, weil es in seinem Büro warm ist. Unsere Aufgabe finde ich diesmal besonders reizvoll.

*Sebastian*: Da stimme ich dir zu. Die Idee der *Estrella Haarpflegeprodukte AG*, ihre leitenden Angestellten zu motivieren, indem man ihnen nach Ende des Geschäftsjahres einen Bonus in Form von Aktienoptionen auf die eigene Firma auszahlt, finde ich äußerst raffiniert.

*Selina*: Ausnahmsweise hätte ich als Manager dieser Firma lieber die eigenen Produkte als Bonus anstatt Optionen auf die eigenen Aktien.

*Sebastian*: Das kann ich mir gut vorstellen. Berge von Shampoo, Haarspray und Tönungen in allen Farben würden sich in deinem Bad stapeln.

*Nadine*: Auf die eigenen Erzeugnisse als Bonus wäre ich nur scharf, wenn ich Managerin einer Schokoladen- und Pralinenfabrik wäre. Will jemand ein paar meiner Edelkirsch-Pralinen?

*Selina*: Nein danke, die enthalten Alkohol und ich muss heute noch fahren.

*Oliver*: Hoffentlich darfst du auch heute noch fahren! Nadine, mir kannst du ruhig welche geben, die wärmen so schön! Mit den eigenen Produkten zu belohnen, ist an sich eine gute Idee. Aber selbst bei mir gäbe es bei Schokolade irgendwann eine Sättigungsgrenze. Weitere Schokolade wäre dann keine Belohnung und damit kein Anreiz mehr für mich. Aber mit den Optionen ist das etwas anderes. Diese haben ja einen Wert und je mehr Optionen man hat, desto größer fällt der Bonus aus, und zwar ohne das Badezimmer in einen Drogeriemarkt mit zu eng gestellten Regalen zu verwandeln.

*Nadine*: Außerdem werden Optionen um so wertvoller, je besser der leitende Angestellte die Firma führt und je mehr das Unternehmen am Markt beachtet wird! Welche einzelnen Optionen sollen wir eigentlich betrachten?

*Selina*: Die *Estrella AG* überlegt, ihren Managern einfache Call-Optionen zu geben. Weitere Möglichkeiten, die zur Debatte stehen, sind Index- und Barriere-Optionen. Eine unserer Aufgaben soll sein, die Variante auszuwählen, die die Manager am meisten motiviert und der Firma zu sagen, was das kostet.

*Oliver*: Eine echte Herausforderung für uns!

*Sebastian*: Nadine, hast du die Übersicht über die verschiedenen Optionstypen aus unserem Studium eingepackt?

*Nadine*: Na klar, bin doch immer ordentlich vorbereitet!

***Übersicht der verschiedenen Optionstypen:***

***Call-Option***: Man erwirbt das Recht, eine Aktie zu einem vorher festgelegten Preis zu kaufen.

***Put-Option***: Man erwirbt das Recht, eine Aktie zu einem vorher festgelegten Preis zu verkaufen.

***Digital-Option***: Liegt der Kurs der Aktie zum Ende der Laufzeit des Kontraktes über (bzw. unter) einem vorher festgelegten Wert, erhält man einen festgelegten Geldbetrag ausgezahlt.

***Option auf Minimum/Maximum mehrerer Aktien***: Man erwirbt das Recht, die billigste (bzw. teuerste) Aktie eines Aktienpaketes zu einem vorher festgelegten Preis zu kaufen (bzw. zu verkaufen).

***Indizierte Option***: Liegt der Kurs der Aktie zum Ende der Laufzeit des Kontraktes über dem Kurs einer Vergleichsaktie (oft handelt es sich hierbei um einen Index wie z.B. der DAX oder der Dow Jones), erhält man die Differenz zwischen den Kursen ausgezahlt.

***Barriere-Option***: Passiert es, dass während der Laufzeit des Kontraktes der Kurs der Aktie über (bzw. unter) einem bestimmten Wert liegt, erhält (bzw. verliert) man das Recht, die Aktie zu einem vorher festgelegten Kurs zu kaufen (bzw. zu verkaufen).

***Europäische Optionen***: Man darf die Option nur zum Ende der Laufzeit des Kontraktes ausüben.

***Amerikanische Optionen***: Man darf die Option jederzeit während der Laufzeit des Kontraktes ausüben.

*Selina*: Call-Optionen als Belohnung für die Manager sind sicherlich verlockend. Calls erwirtschaften einen Gewinn, wenn der Kurs der Aktie über dem vorher festgelegten Wert liegt. Und der Gewinn ist um so größer, je größer der tatsächliche Kurs der Aktie ist! Wenn ich mich als Manager meiner Aktiengesellschaft anstrenge, den Wert der AG gewaltig steigere und der Kurs der Aktie daraufhin tüchtig steigt, dann ist das eine beachtenswerte Leistung. In diesem Fall werde ich meine Belohnungs-Call-Optionen mit hohem Gewinn verkaufen können.

*Sebastian*: Der Nachteil ist allerdings, dass man einen Kaufpreis für die Aktie im Call vorher festlegen muss. Ein einigermaßen realistischer Wert, der die leitenden Angestellten auch wirklich motiviert, ist im Vorhinein nur sehr schwer festzulegen. Daher halte ich eine indizierte Option für geeigneter. Ist der Kurs der AG besser als ein Vergleichskurs, haben die Manager gute Arbeit geleistet und sollten mit der Option Gewinne erzielen. Das motiviert, sich auch in schlechten Zeiten anzustrengen und immer noch besser als die Konkurrenz zu sein!

*Nadine*: Na ja, so ganz kann ich mich für diese Optionen, die nur vom Schlusswert der Aktie abhängen, nicht erwärmen. Das verführt doch die Manager dazu, ganz am Schluss die Lage der Firma zu schönen, um den Wert der Aktie kurzfristig hochzutreiben.

*Selina*: So ein Quatsch! Die Mehrzahl der Manager ist doch ehrlich!

*Sebastian*: Das glaubst auch nur du, Selina!

*Nadine*: Ach Selina, schalt doch mal den Motor und die Heizung ein!

*Selina*: Ruhe dahinten auf den billigen Plätzen! Das Auto bleibt im Stau aus, das ist ökologischer und vor allem ökonomischer. Und gefälschte Bilanzen, lieber Sebastian, gibt es bei der *Estrella AG* bestimmt nicht!

*Oliver*: Wie wäre es eigentlich mit einer Barriere-Option? Damit kann man zum Beispiel untere Grenzen setzen. Meine Idee ist, dass man eine Barriere-Option ausgibt, die das Recht erteilt, die Aktie zu einem vorher festgelegten Preis zu kaufen, aber nur dann, wenn der Aktienkurs niemals eine Schranke unterschreitet. Das verhindert, dass die Manager zu große Risiken eingehen und die Firma dadurch herunterwirtschaften. Außerdem hängt diese Option nicht nur vom Schlusskurs der Aktie ab.

*Nadine*: Ich empfinde Barriere-Optionen als ungerecht! Wenn nämlich der gesamte Aktienmarkt einbricht, liegt das in den meisten Fällen nicht in der Verantwortung der Manager der *Estrella AG*. Vielleicht haben sie gerade in dieser Zeit besonders verantwortungsvoll gewirtschaftet. Aber durch die Barriere ist ihre Belohnungsoption nichts mehr wert. Am liebsten wäre mir eine Option, die eine Art Mittelwert aller Zwischenkurse berechnet und davon abhängt....

*Es dauert nicht lange und das Clever Consulting Team befindet sich mitten in einer hitzigen Debatte über die Motivationseffekte der verschiedenen Optionstypen.*

**Diskussion 6.3:**

- Überlegen Sie selbst, inwieweit die verschiedenen Optionstypen Manager eventuell motivieren würden, ihre Firma erfolgreicher zu führen. Überlegen Sie auch Nachteile dieses Belohnungssystems!
- Informieren Sie sich im Internet oder in der Zeitung, ob es solche Optionstypen gibt, mit denen man Nadine begeistern könnte.

## 6.4 Fortsetzung des Gesprächs: So oder so - das Duplikationsprinzip

*Durch das Streitgespräch abgelenkt bemerkt Selina nicht, dass der Streudienst an ihnen vorbeizockelt und der Stau sich in Bewegung setzt. Nur ein lautes Gehupe veranlasst sie schließlich, den Motor wieder zu starten. Doch leider gibt es für Selina nur ein kurzfristiges Fahrvergnügen, denn schon einen Kilometer weiter steht ein Lastwagen quer und blockiert die Fahrbahn für den Räumdienst. Selina, die sich wie immer auf der Überholspur befindet, fährt noch weiter nach links, damit sich eine große breite Gasse für das Fahrzeug des technischen Hilfswerks bildet. Während die vier frierend warten und sich sehnsüchtig eine heiße Suppe wünschen, greifen sie wieder eines ihrer Lieblingsthemen auf.*

*Nadine*: Also ehrlich gesagt, statt einer Option oder Haarpflegemittel als Bonus wäre mir als Manager ein fester Geldbetrag auf meinem Girokonto am liebsten. Das ist viel sicherer. Da weiß man auch, was man hat.

*Sebastian*: Na, so einfach kannst du das nicht betrachten! Als erstes brauchen wir einen Vergleichsmaßstab, um zu beurteilen, ob der Manager wirklich gut gewirtschaftet hat. Das ist in einer Option sozusagen mitinbegriffen. Und zweitens kannst du mit Hilfe der mathematischen Theorie der Optionsbewertung berechnen, was deine Option wert ist. Nach dem Rechnen weißt du auch, was du hast!

*Selina*: Dazu verwendet man unter anderem die Black-Scholes-Formel aus den 70'er Jahren. Erstaunlich, dass man bis etwa 1970 gebraucht hat, um den Preis für eine Option zu berechnen! So kompliziert kann die Optionsbewertung doch nicht sein?

*Sebastian*: Ach ja? Was schlägst du denn als Lösung vor?

*Selina*: Ich berechne einfach den Erwartungswert der Zahlung im Ausübungszeitpunkt!

*Sebastian*: Das möchte ich gerne sehen!

*Nadine*: Sebastian, sei nicht so gehässig. So weit daneben liegt Selina nicht. Sie hat nur ein paar klitzekleine Kleinigkeiten übersehen! Am besten wir betrachten zunächst ein einfaches Beispiel.

Wir stellen uns eine Aktie vor, die heute 1 € kostet und in einem Monat mit der Wahrscheinlichkeit $a$ auf den Preis 2 € steigt oder mit der Wahrscheinlichkeit $(1-a)$ auf den Kurs von 0,75 € sinkt:

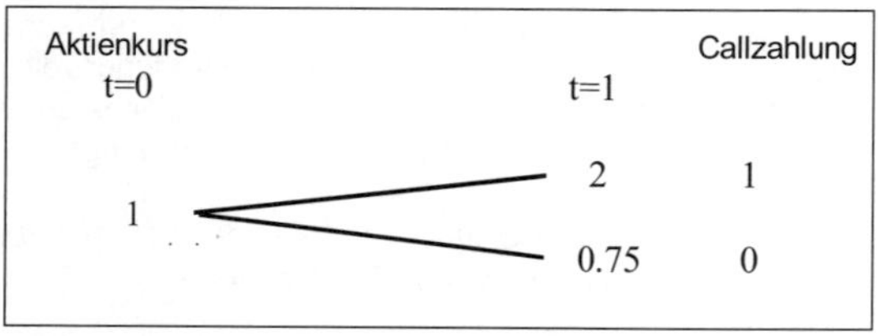


**Abbildung 6.7** *Preisentwicklung einer fiktiven Aktie und Endzahlung eines fiktiven Calls mit Ausübungspreis 1*

Nehmen wir einmal an, wir haben eine europäische Call-Option auf diese Aktie gekauft, und zwar mit dem Ausübungspreis 1 € und einer Laufzeit von einem Monat. Falls die Aktie auf den Wert 2 € steigt, freuen wir uns über unsere Option, lösen sie ein, kaufen die Aktie zum Preis von 1 €, verkaufen die Aktie gleich wieder und haben somit einen Gewinn von 1 € gemacht. Ist die Aktie allerdings gefallen, lassen wir die Option verfallen und haben einen Verlust in Höhe des Optionspreises hinzunehmen. Der Erwartungswert für unseren unsicheren Gewinn beträgt daher

$$E\left(\left(P_1(T)-K\right)^+\right)=(2-1)\cdot a+0\cdot(1-a)=a\,.$$

*Oliver*: Diesen Erwartungswert $a$ könnte man doch jetzt einfach als Wert der Option wählen. Wir müssten nur einen möglichst guten Wert für diese Wahrscheinlichkeit schätzen!

*Sebastian*: Oliver, sag bloß, du kannst dich nicht mehr daran erinnern, wie man bei der Optionsbewertung vorgeht!

*Oliver*: Doch, sicher, so vage erinnere ich mich. Ein vollkommen unbekannter Wert, der geschätzt werden musste, kam im Optionspreis nicht vor! Andererseits musste man beachten, dass es am Markt noch andere Anlagemöglichkeiten wie z.B. das Festgeld gibt.

*Selina*: Natürlich! Jetzt fällt es mir wie Tomaten von den Augen! Da die Option ja ein von der Aktie abgeleitetes Wertpapier ist, kann ich die Endauszahlung der Option mit Hilfe der Aktie, Festgeld und Kredit nachbilden!

Wenn ich nämlich einen Kredit von 60 aufnehme und 80 Aktien kaufe, mit diesem Portfolio ein Depot eröffne, dann erhalte ich nach einem Monat, egal was passiert, exakt den gleichen Geldbetrag, den mir 100 Optionen ausschütten würde. Wenn die Aktie steigt, habe ich nach der Kreditrückzahlung ein Plus von 100; und wenn die Aktie fällt, habe ich ein ausgeglichenes Konto, also einen Gewinn von 0.

*Oliver*: Wie kommst du gerade auf diese Zusammenstellung?

*Selina*: Das hatte ich im Gefühl.

*Nadine*: So, so, Mathematik mit Gefühl! Leute, ihr müsst ein Gleichungssystem mit zwei Gleichungen und zwei Unbekannten aufstellen. $x$ bezeichnet den Geldbetrag, den man in Festgeld investiert, und $y$ bezeichnet die Anteile, die man von der Aktie kauft. Der Einfachheit halber sei im Moment der Zins für Kredite und Festgeld gleich Null.

Wenn die Aktie steigt, dann muss unser Portfolio den Wert 1 haben, das ist der Betrag, den man in diesem Fall mit einer Option gewinnt. Wenn die Aktie fällt, muss das Ergebnis $0$ sein. Das ergibt die Gleichungen

$$x + y \cdot 2 = 1,$$

$$x + y \cdot 0,75 = 0.$$

Die Lösung dieser Gleichung ist gerade $x = -0,6$ und $y = 0,8$.

*Selina*: Haargenau! Mal hundert, dann habt ihr meine Zahlen.

*Nadine*: Wenn ich mir also dieses Portfolio zulegen will, benötige ich dafür das Kapital von $-0,6+0,8 \cdot 1=0,2$. Soviel ist die Option mindestens wert, denn das ist der Geldbetrag, den man benötigt, um die Option nachzubilden, um also genau dieselben Zahlungen zu erhalten, als ob man die Option besitzen würde.

*Selina*: Wäre die Option am Markt teurer, gäbe es Arbitragemöglichkeiten für mich, wunderbar! Läge der Preis der Option am Markt über 0,2, dann würde ich diese Option massenhaft nachbilden und genauso massenhaft Optionskontrakte unter die Leute bringen. Für die Nachbildung brauche ich nur 0,2, aber pro verkaufter Option erhalte ich mehr als 0,2. In diesem Moment habe ich mit jeder verkauften Option einen satten Gewinn gemacht. Nach einem Monat bezahle ich brav eventuell entstandene Optionsgewinne an die Optionsschein-Inhaber aus. Dank exakter Nachbildung der Option ist das Geld dafür ja vorhanden - und das ganze Geschäft ist ohne ohne Risiko für mich. Traumhaft!

*Sebastian*: Du hast es erfasst! Der Optionspreis berechnet sich nicht aus der unbekannten und eher subjektiven Erfolgswahrscheinlichkeit $a$, sondern aus den Kosten, die eine Nachbildung der Option kostet! Nur so kann man ein Marktmodell ohne Arbitragemöglichkeiten formulieren. Dieses Optionsbewertungsprinzip nennt man übrigens das ***Duplikationsprinzip***, da man die Option mit Hilfe von Aktie, Festgeld und Kredit dupliziert.

*Selina*: Nadine, jetzt erkläre mir noch, warum meine Vermutung mit dem Erwartungswert nicht ganz so falsch war!

*Nadine*: Wenn du den Erwartungswert in einem risiko-neutralen Markt betrachtest, dann ergibt dies tatsächlich den Optionspreis. Allerdings musst du in diesem Moment ein anderes Wahrscheinlichkeitsmaß heranziehen....

*Langsam wird Selina klar, warum die Black-Scholes-Formel zur Optionsbewertung erst relativ spät entdeckt wurde. Nadines detailliertes Fachwissen lässt ihr einen Schauer über den Rücken laufen. Als 100 m vor ihr auf einmal Rückscheinwerfer aufleuchten und die Autokolonne sich anscheinend in Bewegung setzt, startet Selina den Motor mit einem lauten Brummen und signalisiert damit allen anderen, dass sie nun nichts mehr hören kann........*

**Übungsaufgaben**

***Ü.6.2*** Beschreiben Sie, wie Sie die Arbitragemöglichkeit ausnützen würden, wenn der Preis der Option aus dem Gespräch unter $0,2$ liegen würde!

***Ü.6.3*** Berechnen Sie den Erwartungswert der Endzahlung der folgenden Optionen! Vergessen Sie dabei nicht, dass dies nicht der Optionspreis ist!

Die Aktie habe heute den Kurs 2, nach einem Monat steige sie mit der Wahrscheinlichkeit $p$=0,6 auf 2,5 oder falle auf 1,8.

a) Betrachten Sie einen europäischen Call auf diese Aktie mit der Laufzeit von einem Monat und dem Ausübungspreis 2!

b) Betrachten Sie einen europäischen Call auf diese Aktie mit der Laufzeit von einem Monat und dem Ausübungspreis 1,9!

c) Betrachten Sie einen europäischen Put auf diese Aktie mit der Laufzeit von einem Monat und dem Ausübungspreis 2!

d) Betrachten Sie einen europäischen Put auf diese Aktie mit der Laufzeit von einem Monat und dem Ausübungspreis 2,2!

***Ü.6.4*** Bestimmen Sie die Optionspreise der Optionen in Aufgabe 6.2 nach dem Duplikationsprinzip! Der Einfachheit halber nehmen wir an, dass Festgelder und Kredite mit 0 % verzinst werden.

***Ü.6.5*** Welchen Optionspreis würden Sie der Option in folgendem Binomialmodell zugestehen?

Die Aktie habe heute den Kurs 10, nach einem Monat steige sie mit der Wahrscheinlichkeit p=0,6 auf 15, ansonsten falle sie auf 8. Der Einfachheit halber nehmen wir an, dass Festgelder und Kredite mit 0 % verzinst werden. Untersuchen Sie eine europäische Call-Option mit dem Ausübungspreis 15!

## *6.5 Mathematische Grundlagen: Prinzipien der Optionsbewertung*

### Vorarbeiten: Forwardkontrakte

Forwardkontrakte werden in der Regel für Güter, Wertpapiere oder Währungen ausgehandelt, die einer der Vertragspartner in naher Zukunft kaufen möchte (oder sogar muss) und dienen meistens der Preissicherung. Oft erwartet derjenige, der kaufen möchte, in absehbarer Zeit einen sicheren Geldfluss. Um zu sehen, wie man Forwards bewertet, betrachten wir einen Forwardkontrakt auf eine Aktie, die im Moment den Kurs $P_1(0)=p_1$ hat und im betrachteten Zeitraum keine Dividende ausschüttet. Der Kaufpreis von $K$ für die Aktie im Zeitpunkt $T$ wird üblicherweise so vereinbart, dass der Wert des Kontraktes zum jetzigen Zeitpunkt $t$=0 gerade Null beträgt. Es dreht sich also weniger um den Wert des Kontraktes, als vielmehr um die Festlegung des Preises $K$, der den Kontrakt bei Abschluss kostenlos macht, den sogenannten ***Forwardpreis***.

In die folgenden Überlegungen um den zukünftigen Preis $K$ fließt mit ein, dass es weitere Möglichkeiten gibt, Geld (risikolos) anzulegen. Außer der Investitionsmöglichkeit in die Aktie betrachten wir Festgeld mit dem stetigen Zinssatz von $r$ %. Des weiteren gebe es noch die Möglichkeit, Kredite zum gleichen stetigen Zinssatz aufzunehmen.
Zunächst wird der Aktienbesitzer erwägen, dass er anstatt seine Aktie erst später im Zeitpunkt $T$ über den Forwardkontrakt zu veräußern, die Aktie bereits jetzt zum aktuellen Kurs von $p_1$ verkaufen könnte. Diesen Betrag könnte er dann als Festgeld anlegen und hätte schließlich zum Zeitpunkt $T$ das Vermögen

$$e^{r \cdot T} \cdot p_1 .$$

Der Aktienverkäufer im Forwardkontrakt wird also mindestens den Betrag $K=e^{rT}p_1$ aushandeln wollen. Andererseits könnte der Aktienkäufer seine Aktie gleich am Markt kaufen und den Kauf durch einen Kredit in Höhe von $p_1$ finanzieren. Im Zeitpunkt $T$ müsste er den Betrag

$$e^{r \cdot T} \cdot p_1$$

zurückzahlen. Folglich wird er im Forwardkontrakt kein $K$ akzeptieren, dass diesen Preis übersteigt. Somit ist der Kaufpreis $K$ eindeutig bestimmt.

***Forward-Preis:***
Ein Forwardkontrakt auf eine Aktie zum Kaufpreis $K$ im Zeitpunkt $T$ besitzt genau dann den heutigen Wert $0$, wenn als Kaufpreis $K$ der Wert

$$K = e^{r \cdot T} \cdot p_1$$

gewählt wird, wobei $p_1$ der aktuelle Aktienkurs ist .

In den obigen Überlegungen wurde schon das ***Duplikationsprinzip***, das für die Optionspreisbestimmung sehr wichtig ist, vorgestellt. Wir werden im Folgenden sehen, dass es bei der Bewertung einer (unsicheren) zukünftigen Zahlung stets entscheidend ist, zu wissen, ob man dieselbe Zahlung auch durch eine Investition in andere Wertpapiere erzielen („nachbilden") kann.

**Diskussion 6.4:**

Man könnte im Forwardkontrakt auch einen beliebigen festen Betrag $K$ vorgeben, dann wäre der Kontrakt jedoch nicht mehr kostenlos. Verwenden Sie ein analoges Duplikationsargument, um den Wert dieses Forwards zum Zeitpunkt des Vertragsabschlusses zu berechnen!

**Naive Bewertung eines Optionskontraktes**

Wir wollen zunächst eine auf den ersten Blick sinnvoll erscheinende Vorgehensweise zur Bestimmung des Optionspreises am Ein-Perioden-Binomialmodell demonstrieren und dabei auch gleich aufzeigen, dass dieses naheliegende Vorgehen im Allgemeinen zu einem falschen Preis führt.
Wir betrachten einen Markt, in dem es möglich ist, Geld zum stetigen Zinssatz von 5 % für eine Periode anzulegen und in eine Aktie zu investieren, deren Preisverlauf durch das Diagramm 6.8 gegeben ist.

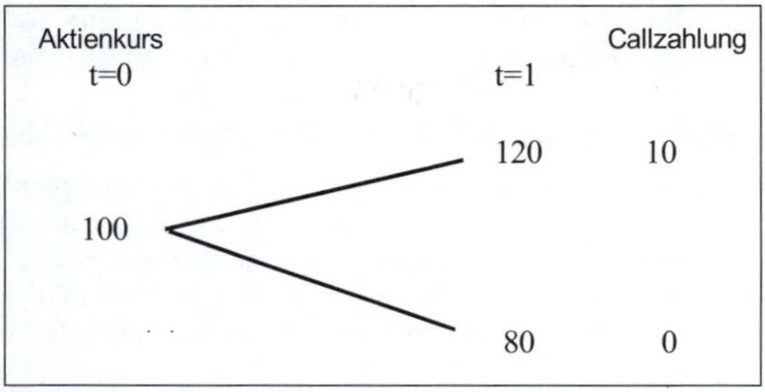


***Abbildung 6.8*** *Aktienkurs und Endauszahlung eines Calls mit Strike* $K = 110$

Hierbei glauben wir, dass der Aktienkurs mit 80 %-iger Wahrscheinlichkeit steigen und mit 20 %-iger Wahrscheinlichkeit fallen wird. Im Rahmen dieses Modells wollen wir den Preis eines europäischen Calls mit Ausübungspreis $K=110$ auf die Aktie bestimmen. Unter obigen Annahmen erhalten wir aus dem Besitz des Calls am Ende mit Wahrscheinlichkeit $0{,}8$ eine Zahlung der Höhe $10$ und ansonsten nichts. Da wir die Zahlung allerdings erst am Ende der Periode erhalten, erscheint es zusätzlich sinnvoll, sie mit dem Zinssatz der risikolosen Geldanlage, also 5%, abzuzinsen. Wir hätten also

$$\text{erwartete Auszahlung} = E\left(\left(P_1(1)-110\right)^+\right) = 0{,}8\cdot 10 + 0{,}2\cdot 0 = 8,$$

$$\text{"natürlicher Preis(-vorschlag)"} = 8\cdot e^{-0{,}05\cdot 1} \approx 7{,}61.$$

Ist dies nun der richtige Preis der Option ?
Ein kritischer Punkt ist sicher, dass dieser Optionspreis von unserer Einschätzung der Wahrscheinlichkeit für eine Aufwärtsbewegung der Aktie abhängig ist. Da typischerweise zwei verschiedene Investoren verschiedene Einschätzungen dieser Wahrscheinlichkeit haben, würden sie sich nur schwer auf einen Preis einigen können. Dieses Problem stellt sich jedoch gar nicht erst, denn wir werden zeigen, dass die richtige Vorgehensweise, den Optionspreis zu bestimmen, eine andere ist. Sie beruht nämlich auf dem sogenannten Duplikationsprinzip.

***Duplikationsprinzip:***
Liefern in einem arbitragefreien Markt zwei verschiedene Güter exakt die gleichen Zahlungsströme, so müssen ihre Preise zu jedem Zeitpunkt übereinstimmen.

**Beweis des Duplikationsprinzips:**

Das Duplikationsprinzip ist eine direkte Folgerung aus der Annahme der Arbitragefreiheit (man vergleiche hierzu die Definition der Arbitragefreiheit in Kapitel 5). Wäre z.B. Gut $1$ teurer als Gut $2$, so könnte man Gut $1$ leer verkaufen (d.h. verkaufen, ohne dass man das Gut besitzt), aus dem Erlös Gut $2$ erwerben und das restliche Geld risikolos anlegen (oder, falls dies nicht möglich ist, das restliche Geld als Bargeld aufbewahren). Alle aus dem Leerverkauf von Gut $1$ zu leistenden Zahlungen können durch den Besitz von Gut $2$ getätigt werden, da beide Güter den gleichen Zahlungsstrom besitzen, sich also neutralisieren. Als risikoloser Gewinn bleibt dann die ursprüngliche Differenz der Preise von Gut $1$ und Gut $2$. Somit haben wir die Existenz einer Arbitragestrategie nachgewiesen. Dies steht aber im Widerspruch zur Annahme der Arbitragefreiheit des Marktes. Folglich müssen die Preise der beiden Güter immer übereinstimmen.

**Anwendung des Duplikationsprinzip auf das Optionsbewertungsproblem**

Wir wenden nun das Duplikationsprinzip auf unser Optionsbewertungsproblem im Ein-Perioden-Binomialmodell an. Können wir in diesem Modell eine Investmentstrategie in die dem Call zugrunde liegende Aktie und in die risikolose Geldanlage finden, so dass diese exakt zur gleichen Endzahlung wie der Besitz des Calls führt, so muss nach dem Duplikationsprinzip der Preis des Calls mit dem Anfangsvermögen, das zum Verfolgen dieser Investmentstrategie benötigt wurde, übereinstimmen.

Es seien hierzu $\varphi$ bzw. $\psi$ der zu Beginn der Periode in die risikolose Geldanlage investierte Betrag bzw. die Anzahl der zu Beginn der Periode erworbenen Aktien. Da der Besitz des Calls im Fall des Kursanstiegs der Aktie zu einer Endzahlung von 10 und bei fallendem Aktienpreis zu einer Zahlung von Null führt, ist die „Duplikationsstrategie" $(\varphi, \psi)$ durch das folgende lineare Gleichungssystem eindeutig bestimmt:

$$\varphi \cdot e^{0,05 \cdot 1} + \psi \cdot 120 = 10,$$

$$\varphi \cdot e^{0,05 \cdot 1} + \psi \cdot 80 = 0.$$

Da dieses Gleichungssystems die eindeutige Lösung $(\varphi, \psi) = (-20/e^{0,05}, 1/4)$ besitzt, erhalten wir den – nach dem Duplikationsprinzip (man beachte auch, dass das obige Ein-Perioden-Binomalmodell ein arbitragefreies Marktmodell ist !) – eindeutigen Preis der Call-Option als den heutigen Preis der Duplikationsstrategie $(\varphi, \psi)$

$$\mathit{Optionspreis} = \varphi + \psi \cdot 100 \approx 5{,}9754.$$

**Bemerkung und Beispiele**

Da es außer Calls und Puts noch sehr viele weitere Typen von Optionen gibt, so wollen wir nun den Begriff der Option allgemein definieren, bevor wir das allgemeine Resultat zur Optionsbewertung vorstellen:

***Definition:***
Unter einer Option (vom europäischen Typ) versteht man eine nicht-negative Zufallsvariable $B$, die eine Zahlung an den Halter der Option zum Ende ihrer Laufzeit bestimmt, die nur vom Kursverlauf der Aktie bis zum Zeitpunkt $T$ abhängt.

Europäische Calls und Puts mit Ausübungspreis $K$ und Laufzeit $T$ lassen sich also mit den Endzahlungen

$$B_{call} = \left(P_1(T) - K\right)^+ \quad \text{bzw.} \quad B_{put} = \left(K - P_1(T)\right)^+$$

identifizieren, wobei der Einfachheit halber jeweils von einer Option auf die „erste" Aktie ausgegangen wurde. Weitere Beispiele teils deutlich komplexerer Optionen werden wir im Abschnitt über ***exotische Optionen*** kennen lernen. Bei einer Option vom ***amerikanischen*** Typ darf der Besitzer der Option den Zeitpunkt $t \in \{0,1,...,T\}$ des Ausübens seines Optionsrechts selbst wählen. Das Bewerten amerikanischer Optionen wird deshalb deutlich komplizierter als das Bewerten europäischer Optionen. Wir werden auf diese Problematik im weiteren Verlauf gesondert eingehen.

In der obigen Anwendung des Duplikationsprinzips zur Bewertung unseres Beispiel-Calls ist die Existenz einer Duplikationsstrtegie von fundamentaler Bedeutung. Wir formalisieren dies in:

***Definition:***
Ein Markt, in dem man alle Optionen duplizieren kann, heißt ***vollständiger Markt***.

Aus dem Duplikationsprinzip erhält man:

***Satz:***
In einem vollständigen Markt ist der Optionspreis eindeutig als der heutige Preis der zugehörenden Duplikationsstrategie festgelegt.

Es ergeben sich einige interessante Fragestellungen:
- Wie bestimmt man in einem realistischen Marktmodell (wie z.B. dem Black-Scholes-Modell aus dem 5. Kapitel) den Preis einer Option?
- Wie erhält man einen Optionspreis in einem unvollständigen Markt?
- In welcher Beziehung stehen der „naheliegende Preisvorschlag“ und der (nach dem Duplikationsprinzip bestimmte) Optionspreis?

**Diskussion 6.5:**

Oft benutzt man auch im Alltag das Duplikationsprinzip, um Preise zu bewerten. Zum Beispiel vergleicht man unweigerlich den Preis eines Bahntickets von Mannheim nach Saarbrücken mit der Kombination der Einzeltickets der verschiedenen Verkehrsverbünde. Finden Sie noch weitere Beispiele!

**Übungsaufgaben**

***Ü.6.6*** Berechnen Sie geeignete Forwardpreise! Welchen Preis $K$ sollte man für die Zukunft $T$ aushandeln, wenn die Aktie heute $p_1$ kostet und der aktuelle Marktzinssatz ein stetiger Zins der Höhe $r$ ist?

a) $p_1=100,\ r=0{,}05,\ T=2$ b) $p_1=120,\ r=0{,}09,\ T=1$

c) $p_1=90,\ r=0{,}04,\ T=1/2$ d) $p_1=110,\ r=0{,}02,\ T=1/4$

***Ü.6.7*** Stellen Sie sich vor, sie leiten eine Firma und müssen im zukünftigen Zeitpunkt $T$ 1000\$ zahlen. Um sich vor Wechselkursschwankungen Euro/Dollar zu schützen, kaufen Sie einen Forward auf Dollar. Welcher Kaufpreis $K$ (in Euro) ist für die Dollars sinnvoll, wenn man beachtet, dass Euros zum stetigen Zinssatz $r$ und Dollars zum stetigen Zinssatz $s$ angelegt werden können?

a) Beschreiben Sie ausführlich Ihr Modell und geben Sie eine Formel an!

b) Berechnen Sie den Kaufpreis $K$ im Fall $T=1/2,\ r=0{,}02,\ s=0{,}05,$ heutiger Wechselkurs: 1\$=0,95€!

***Ü.6.8*** a) Berechnen Sie den Preis eines europäischen Calls in einem Ein-Perioden-Binomialmodell mit $p=0{,}7,\ d=1,\ u=1{,}1,$ stetigem Zins von $r=0{,}07,\ T=1,$ Anfangskurs $p_1=100$ der Aktie, Ausübungspreis $K=100$!

b) Berechnen Sie den Preis eines europäischen Puts in einem Ein-Perioden-Binomialmodell mit $p=0{,}7,\ d=1,\ u=1{,}1,$ stetigem Zins von $r=0{,}07,\ T=1,$ Anfangskurs $p_1=100$ der Aktie, Ausübungspreis $K=110$!

## *6.6 Mathematische Grundlagen: Der Optionspreis im Binomialmodell*

**Der Optionspreis im Ein-Perioden-Binomialmodell**

Wir wollen als erstes die Beziehung zwischen dem „naheliegenden Preisvorschlag“, also dem abgezinsten Erwartungswert der Endzahlung, und dem tatsächlichen Optionspreis im Binomialbeispiel genauer untersuchen. Wir betrachten hierzu ein Ein-Perioden-Modell, in dem der Investor die Möglichkeiten besitzt, sein Geld in ein Festgeldkonto mit stetigem Zinssatz $r$ oder in eine Aktie mit heutigem Preis $p_1$ zu investieren. Der Kurs der Aktie wird durch ein Ein-Perioden-Binomialmodell mit Vermehrungsfaktoren $u$ und $d$ beschrieben, was graphisch in Abbildung 6.9 dargestellt ist.

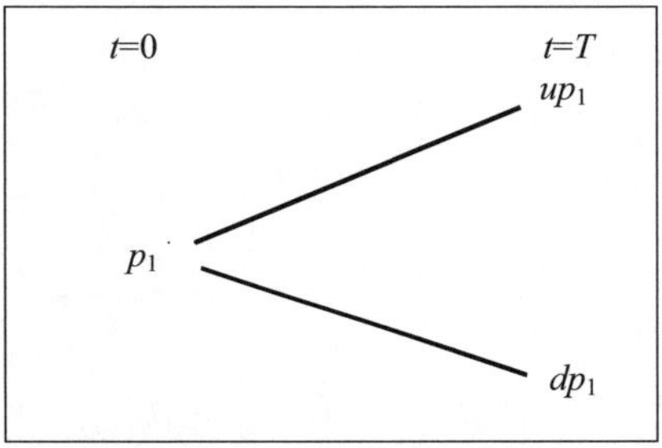


**Abbildung 6.9** *Aktienkurs im Ein-Perioden-Binomialmodell*

Dabei nehmen wir an, dass der Aktienkurs mit Wahrscheinlichkeit $p$ bis zum Endzeitpunkt $T$ steigt und mit Wahrscheinlichkeit $1-p$ fällt. Wir fordern die übliche Bedingung

$$d < e^{rT} < u\,, \tag{*}$$

um in diesem Modell Arbitragemöglichkeiten auszuschließen. Unser Ziel ist es, eine Option mit der Endzahlung $B(P_1(T))$ (d.h. die Endzahlung ist nur vom Aktienkurs am Fälligkeitstag der Option abhängig) zu bewerten. Wir verwenden den im letzten Abschnitt vorgestellten Duplikationsansatz, d.h. wir suchen ein Paar ($\varphi$, $\psi$), das unsere Investition von $\varphi$ Geldeinheiten auf das Festgeldkonto und in $\psi$ Aktien in $t=0$ beschreibt und in $t=T$ diesselben Zahlungen wie die Option liefert. Dieses Paar muss also den folgenden beiden Gleichungen genügen

$$\varphi \cdot e^{rT} + \psi \cdot up_1 = B(up_1)\,,$$

$$\varphi \cdot e^{rT} + \psi \cdot dp_1 = B(dp_1)\,.$$

Die eindeutige Lösung dieses Gleichungssystems ist

$$\varphi = \frac{uB(dp_1) - dB(up_1)}{e^{rT} \cdot (u-d)}\,, \qquad \psi = \frac{B(up_1) - B(dp_1)}{p_1 \cdot (u-d)}\,.$$

Unter Verwendung dieser Lösung erhält man:

> ***Satz:*** „Optionspreis und risiko-neutrales Maß“
> Unter der Annahme (*) gilt im Ein-Perioden-Binomialmodell für den eindeutigen Preis $p_B$ der durch die Endzahlung $B(P_1(T))$ gegebenen Option
>
> $$p_B = \left(q \cdot B(up_1) + (1-q) \cdot B(dp_1)\right) \cdot e^{-rT}\,,$$
>
> wobei für
>
> $$q = \frac{e^{rT} - d}{u-d}$$
>
> die Beziehung $0<q<1$ gilt, $q$ also eine Wahrscheinlichkeit darstellt.

**Beweis:**
Nach dem Satz über das Duplikationsprinzip und wegen der expliziten Form der Strategie $(\varphi, \psi)$ gilt für den Optionspreis

$$p_B = \varphi + \psi \cdot p_1 = \frac{uB(dp_1) - dB(up_1)}{e^{rT} \cdot (u-d)} + \frac{B(up_1) - B(dp_1)}{(u-d)}.$$

Mit Hilfe der Definition von $q$ erhält man aus dieser Gleichung

$$p_B = \frac{1}{e^{rT}} \cdot \frac{uB(dp_1) - dB(up_1) + e^{rT} \cdot B(up_1) - e^{rT} \cdot B(dp_1)}{(u-d)}$$

$$= \frac{1}{e^{rT}} \cdot \left( \frac{(u - e^{rT}) B(dp_1)}{u-d} + \frac{(e^{rT} - d) B(up_1)}{u-d} \right)$$

$$= e^{-rT} \cdot (q \cdot B(up_1) + (1-q) \cdot B(dp_1)). \quad \square$$

**Bemerkung zum „risiko-neutralen Maß"**

Betrachtet man die Binomialverteilung mit der Erfolgs-Wahrscheinlichkeit $q$ und bezeichnet man mit $E_Q$ den abgezinsten Erwartungswert des Aktienkurses in $T$ bzgl. dieser Binomialverteilung, dann ergibt sich

$$E_Q\left(e^{-rT} \cdot P(T)\right) = e^{-rT} \cdot (q \cdot up_1 + (1-q) \cdot dp_1)$$

$$= \frac{p_1}{e^{rT}} \left( \frac{(e^{rT} - d)\; u}{u-d} + \frac{(u - e^{rT})\; d}{u-d} \right) = p_1 .$$

Bezüglich dieser Binomialverteilung ist der erwartete abgezinste Endpreis der Aktie gerade gleich dem heutigen Wert der Aktie, d.h. die Aktie verzinst sich im Mittel wie Festgeld. Ihr Preis beinhaltet keine Risikoprämie (in Form einer besseren mittleren Verzinsung) gegenüber Festgeld. Diese spezielle Binomialverteilung wird daher mit dem Symbol $Q$ und dem Begriff „***risiko-neutrales Maß***" bezeichnet. Nach dem letzten Satz gilt für dieses Maß

$$p_B = E_Q\left(e^{-rT} B(P_1(T))\right),$$

d.h. bezüglich dem risiko-neutralen Maß ergibt sich der Optionspreis gerade als der abgezinste Erwartungswert der Auszahlung der Option. Wir haben somit im einfachsten Modell, dem Ein-Perioden-Binomialmodell, bereits eine Antwort auf die dritte Frage aus Abschnitt 6.5 gefunden:

> Der eindeutige Optionspreis entspricht dem „natürlichen Preis", wenn man als Wahrscheinlichkeitsmaß das ***risiko-neutrale Maß Q*** verwendet.

Man spricht deshalb auch von ***risiko-neutraler Bewertung***. Dies ist ein überaus erstaunliches Ergebnis und es kann sogar gezeigt werden, dass es in jedem vollständigen, arbitragefreien Markt gültig ist! Die bemerkenswerte Konsequenz ist aber:

Der Optionspreis ist von der persönlichen Einschätzung der Wahrscheinlichkeit $p$ für einen Kursanstieg unabhängig !

Das mag auf den ersten Blick unglaublich erscheinen, denn warum soll der Preis einer Option unabhängig von der Wahrscheinlichkeit sein, dass man am Ende durch die Ausübung der Option eine positive Zahlung erhält oder nicht ? Die Begründung für diese Unabhängigkeit liegt darin, dass eine Option nur ein ***derivatives Wertpapier*** (kurz: Derivat) ist, das kein selbständiges Eigenleben führt, sondern vom Verhalten des zugrunde liegenden Aktienkurses abhängt (deshalb auch ***derivativ = abgeleitet***). Ist der Aktienpreis zu Beginn der Periode festgelegt und besteht Klarheit über seine möglichen zukünftigen Werte (die Vermehrungsfaktoren $u$ und $d$ sind also bekannt), ist auch der Optionspreis festgelegt. Die obige Feststellung, dass der Optionspreis unabhängig von der Wahrscheinlichkeit $p$ ist, gilt nämlich bereits für den Aktienpreis! Denn warum soll der heutige Aktienpreis $p_1$ mit seiner abgezinsten erwarteten Endzahlung übereinstimmen, nur weil wir die persönliche Einschätzung der Wahrscheinlichkeit $p$ für einen Kursanstieg haben? Es ist das gleiche Problem wie bei der Option. Allerdings wirkt das Ganze in diesem Fall weniger paradox. Wenn unsere persönliche Einschätzung des Werts der Aktie höher als der Marktpreis $p_1$ ist, so werden wir ihren Kauf als ein gutes Geschäft beurteilen, sonst nicht. Mehr noch, das obige Vorgehen bei der Bewertung der Option ist das einzige, das mit den tatsächlich am Markt vorhandenen Aktienpreisen konsistent ist. Schließlich gilt auch für den Aktienpreis die bereits oben gezeigte Beziehung

$$p_1 = E_Q\left(e^{-rT} \cdot P(T)\right),$$

wobei zusätzlich Ungleichheit bei Verwendung aller anderen Wahrscheinlichkeitsmaße besteht. Folglich ist das Wahrscheinlichkeitsmaß $Q$ dasjenige, das der Markt bereits zur Bewertung der Aktien verwendet hat.
(→Ü.6.9, Ü.6.10)

**<u>Der Preis eines europäischen Calls im *n*-Perioden-Binomialmodell</u>**

Als nächsten Schritt betrachten wir ein $n$-Perioden-Binomialmodell, auch als Cox-Ross-Rubinstein-Modell bekannt und in Abschnitt 6.7 bereits beschrieben, mit den Parametern $u$ und $d$ und der üblichen Forderung

$$d < e^{r \cdot T/n} < u\,, \tag{**}$$

die äquivalent zur Arbitragefreiheit ist. Wir demonstrieren die Berechnung des Optionspreises im $n$-Perioden-Binomialmodell zunächst am Zwei-Perioden-Fall. Hierzu sei wieder eine Option zu bewerten, die durch eine Endzahlung der Form $B(P(T))$ gegeben ist, d.h. die Endzahlung ist eine Funktion des Endpreises der Aktie.
Wenn wir uns nun hierzu eine Periode vor der Fälligkeit der Option befänden (also entweder im Zustand $up_1$ oder $dp_1$), so könnten wir mit Hilfe unserer Resultate aus dem Ein-Perioden-Fall (insbesondere mit dem letzten Satz) den jeweiligen Optionspreis berechnen, der natürlich aus heutiger Sicht noch zufällig ist, da wir nicht wissen, in welchem der beiden Zustände wir uns zur Zeit $T/2$ befinden werden. Somit haben wir das Zwei-Perioden-Optionsbewertungsproblem auf das Problem zurückgeführt, im Zeitpunkt $t=0$ eine Option in einem Ein-Perioden-Binomialmodell zu bewerten, da wir ja bereits ihren Wert in jedem der möglichen Zustände in $T/2$ wissen. Dieses Problem lässt sich nun wieder mit unseren Ergebnissen aus dem Ein-Perioden-Fall lösen. Auf diese Weise können wir uns ***rückwärts*** durch größere Modelle arbeiten, indem wir jeweils eine Periode rückwärts gehen und so den $n$-Perioden-Baum in lauter kleine Ein-Perioden-Bäume zerlegen (***Prinzip der Rückwärtsinduktion***).

Für den Fall einer europäischen Call-Option mit Ausübungspreis $K$ erhalten wir auf diese Weise eine explizite Formel, die wir mittels Induktion beweisen werden:

***Satz:*** „Call-Preis im allgemeinen Binomialmodell"
Unter den Voraussetzungen (**) und $u^n p_1 > K$ ist der Preis $p_{Call,n}$ eines europäischen Calls mit Ausübungspreis $K \geq 0$ im $n$-Perioden-Binomialmodell durch die folgende Formel gegeben:

(**CP**) $$p_{Call,n} = p_1 \cdot N(a;n,\hat{q}_n) - e^{-rT} \cdot K \cdot N(a;n,q_n),$$

wobei

$$q_n = \frac{e^{r \cdot T/n} - d}{u-d}, \quad \hat{q}_n = \frac{q_n u}{e^{r \cdot T/n}}, \quad N(a;n,z) = \sum_{i=a}^{n} \binom{n}{i} z^i (1-z)^{n-i}$$

und $a$ die kleinste ganze Zahl in $\{0, 1, ..., n\}$ ist, für die gilt

$$u^a d^{n-a} p_1 > K.$$

**Beweis:**
Wir führen eine vollständige Induktion nach der Anzahl $n$ der Perioden des Binomialmodells durch.

<u>$n=1$:</u> Hier folgt die Aussage direkt aus dem Satz über den Optionspreis im Ein-Periodenmodell, wenn man $B(p(T))=(p_1-K)^+$ wählt. (→Ü.6.11)

<u>$(n-1) \Rightarrow n$:</u>
Wir führen zunächst die Bezeichnungen $p_{Call,n-1}(u)$ und $p_{Call,n-1}(d)$ als Abkürzung für die Preise des Calls ein, wenn der Aktienkurs zur Zeit $1 \cdot T/n$ (also nach einer Periode) gestiegen bzw. gefallen ist. Zur Berechnung dieser Preise kann man aufgrund der Induktionsannahme bereits die Formel (**CP**) anwenden, da lediglich $n-1$ Perioden folgen, also vom jeweiligen Startpunkt zur Zeit $T/n$ aus nur noch ein $n-1$-Perioden-Binomialbaum folgt. Wenn wir in der Formel (**CP**) die folgenden Ersetzungen

$$p_1 \to \hat{p}_1 = up_1, \quad T \to \hat{T} = \frac{n-1}{n} \cdot T$$

durchführen und beachten, dass

$$q_{n-1} = \frac{e^{r\frac{n-1}{n}T/(n-1)} - d}{u-d} = q_n, \quad \hat{q}_{n-1} = \frac{q_{n-1}u}{e^{r\frac{n-1}{n}T/(n-1)}} = \hat{q}_n$$

gelten, erhalten wir per Induktion (beachte: der Ausgangspreis der Aktie ist $up_1$)

$$p_{call,n-1}(u) = up_1 N(a(n-1,u);n-1,\hat{q}_n) - Ke^{-r\frac{n-1}{n}T} N(a(n-1,u);n-1,q_n),$$

wobei $a(n-1, u)$ die kleinste ganze Zahl $a$ in $\{0, 1, ..., n-1\}$ ist, für die gilt

$$u^{a+1} d^{n-1-a} p_1 > K.$$

Wir machen uns an dieser Stelle zunutze, dass wir bereits wissen, dass in der ersten Periode eine Aufwärtsbewegung des Aktienkurses vorliegt. Auf analoge Art erhalten wir

$$p_{call,n-1}(d) = dp_1 N\left(a(n-1,d);n-1,\hat{q}_n\right) - Ke^{-r\frac{n-1}{n}T} N\left(a(n-1,d);n-1,q_n\right),$$

wobei $a(n-1, d)$ die kleinste ganze Zahl a in $\{0, 1, ..., n-1\}$ ist, für die gilt

$$u^a d^{n-a} p_1 > K,$$

falls eine solche Zahl existiert. Falls selbst für $a=n-1$ die Ungleichung $u^a d^{n-a} p_1 \leq K$ gilt, so folgt

$$p_{call,n-1}(d) = 0,$$

was dann auch mit (**CP**) übereinstimmt, da die Summen in den $N$-Termen damit gleich Null sind. Um den Preis des Calls zur Zeit $t=0$ zu erhalten, können wir nun den Satz über die Optionsbewertung im Ein-Perioden-Binomialmodell anwenden, indem wir – dank der bereits bekannten Preise des Calls in den beiden möglichen Zuständen zur Zeit $T/n$ – den Call mit einer Option mit Laufzeit $T/n$ und Endzahlung

$$B\left(P\left(T/n\right)\right) = \begin{cases} p_{Call,n-1}(u), & \text{falls} \quad P\left(T/n\right) = up_1 \\ p_{Call,n-1}(d), & \text{falls} \quad P\left(T/n\right) = dp_1 \end{cases}$$

identifizieren. Man erhält durch explizite Rechnung und geeignetes Zusammenfassen:

$$p_{call,n} = e^{-rT/n}\left(q_n p_{Call,n-1}(u) + (1-q_n)\, p_{Call,n-1}(d)\right)$$

$$= p_1 \cdot \left[\hat{q}_n N\left(a(n-1,u),n-1,\hat{q}_n\right) + (1-\hat{q}_n) N\left(a(n-1,u),n-1,\hat{q}_n\right)\right]$$

$$-Ke^{-rT}\left[q_n N\left(a(n-1,u),n-1,q_n\right) + q_n N\left(a(n-1,d),n-1,q_n\right)\right].$$

Die Behauptung ist damit also bewiesen, wenn man für beliebiges $0 < q < 1$ zeigt, dass

$$N(a,n,q) = qN\left(a(n-1,u),n-1,q\right) + qN\left(a(n-1,d),n-1,q\right)$$

gilt. Hierfür beachte man die folgenden bekannten bzw. leicht einzusehenden Beziehungen (siehe auch Kapitel 2)

$$\binom{n}{i} = \binom{n-1}{i-1} + \binom{n}{i-1}, \quad \binom{n}{n} = \binom{n-1}{n-1} = 1, \quad n \in IN, \quad 0 \leq i < n,$$

$$a = a(n-1,d) = a(n-1,u) + 1, \quad n \in IN,$$

wobei $a$ wie in der Behauptung definiert ist. Damit erhält man

$$qN\left(a(n-1,u),n-1,q\right) + qN\left(a(n-1,d),n-1,q\right) =$$

$$= q \sum_{i=a(n-1,u)}^{n-1} \binom{n-1}{i} q^i (1-q)^{n-1-i} + (1-q) \sum_{i=a(n-1,d)}^{n-1} \binom{n-1}{i} q^i (1-q)^{n-1-i}$$

$$= \sum_{i=a(n-1,u)}^{n-1} \binom{n-1}{i} q^{i+1} (1-q)^{n-1-i} + \sum_{i=a(n-1,d)}^{n-1} \binom{n-1}{i} q^i (1-q)^{n-i}$$

$$= \sum_{i=a(n-1,u)+1}^{n} \binom{n-1}{i-1} q^i (1-q)^{n-i} + \sum_{i=a(n-1,d)}^{n-1} \binom{n-1}{i} q^i (1-q)^{n-i}$$

$$= \sum_{i=a}^{n} \binom{n}{i} q^i (1-q)^{n-i} = N(a,n,q),$$

womit alle Behauptungen gezeigt sind.

**Bemerkung zum „risiko-neutralen Maß"**

Die oben gewählte Form der Darstellung für den Call-Preis lehnt sich stark an die Black-Scholes-Formel im zeitstetigen Modell an. Dies ist bewusst so gehalten, da wir im nächsten Abschnitt die Black-Scholes-Formel mittels Grenzübergang aus der Binomial-Formel herleiten werden. Wieder sieht man – wie im Satz beim Ein-Perioden-Fall – , dass der Call-Preis im Binomialmodell genau dem „natürlichen" Preis (also der auf heute abgezinsten Endzahlung) entspricht, wenn man das eindeutige risiko-neutrale Maß $Q$ verwendet, das durch die in jedem Knoten des Baums gleiche Wahrscheinlichkeit $q_n$ (wie im obigen Satz gegeben) für einen Kursanstieg im nächsten Zeitintervall eindeutig bestimmt ist. Man kann nämlich zeigen (als Übung empfohlen!), dass die oben gezeigte Formel (**CP**) für den Call-Preis die äquivalente Darstellung

$$p_{Call,n} = e^{-rT} \sum_{i=0}^{n} \binom{n}{i} q_n{}^i (1-q_n)^{n-i} \left(u^i d^{n-i} p_1 - K\right)^+$$

$$= E_Q\left(e^{-rT}\left(S_n^{(n)} P(T) - K\right)^+\right)$$

besitzt. Insbesondere ergibt sich hieraus auch die folgende Interpretation für $N(a;n, qn)$

$$N(a;n,q_n) = Q(P(T) > K)$$

als die risiko-neutrale Wahrscheinlichkeit, durch den Besitz des Calls eine positive Endauszahlung zu erhalten.

**Der Preis eines europäischen Puts im *n*-Perioden-Binomialmodell**

Für den europäischen Put erhalten wir mit analogem Beweis das zum vorigen Satz analoge Resultat:

***Satz:*** „Put-Preis im allgemeinen Binomialmodell"
Unter den Annahmen (**) und $d^n p_1 < K$ ist der Preis $p_{Put,n}$ eines europäischen Puts mit Basispreis $K > 0$ im $n$-Perioden-Binomialmodell durch die folgende Formel gegeben:

(**PP**) $$p_{put,n} = Ke^{-rT}\left[1 - N(a;n,q_n)\right] - p_1 \cdot \left[1 - N(a;n,\hat{q}_n)\right],$$

wobei

$$q_n = \frac{e^{r \cdot T/n} - d}{u-d}, \quad \hat{q}_n = \frac{q_n u}{e^{T/n}}, \quad N(a;n,z) = \sum_{i=a}^{n} \binom{n}{i} z^i (1-z)^{n-i}$$

und $a$ die kleinste ganze Zahl in $\{0, 1, ..., n\}$ ist, für die gilt

$$u^a d^{n-a} p_1 > K.$$

## Algorithmus zur Berechnung des Preises allgemeiner Optionen im Binomialmodell

Ähnlich wie im Beweis des Satzes zum Optionspreis eines europäischen Calls kann man zeigen, dass für jede Option gilt, dass sich im Binomialmodell der eindeutige Optionspreis als abgezinster Erwartungswert (bezüglich des risiko-neutralen Maßes $Q$) der Zahlungen ergibt, die aus der Option resultieren. (Der Induktionsanfang für den Fall $n = 1$ ist genau die Aussage des Satzes im Ein-Perioden-Modell.) Dieses Resultat gilt für beliebige vollständige Wertpapiermarktmodelle.
In einem vollständigen Markt und insbesondere im $n$-Perioden-Binomialmodell erhält man daraus einen einfachen Algorithmus zur Berechnung eines Optionspreises. Die Grundlage dieses Algorithmus ist das Prinzip der Rückwärtsinduktion. Dabei müssen folgende Tatsachen beachtet werden:

- Der Optionspreis im Endzeitpunkt $T$ stimmt mit der Endzahlung der Option im jeweiligen Zustand überein.
- Der Optionspreis in jedem „Knoten des Baums" ergibt sich als mit $q$ (bzw. $1-q$) gewichtetes und mit $e^{-rT/n}$ abgezinstes Mittel der Optionspreise in den beiden nachfolgenden Knoten.

Die Funktionsweise dieses Algorithmus wird in Abbildung 6.10 für ein Zwei-Perioden-Binomialmodell und einen Put mit Ausübungspreis $K= 100$ demonstriert. Aus den gewählten Preisverläufen (jeweils Anstieg um 20 %, Verlust von 10%) und dem risikolosen Zinssatz von $r = 0{,}1$ ergibt sich $q=(e^{0,1}-0{,}9)/(1{,}2-0{,}9)\approx 0{,}684$ für die risiko-neutrale Wahrscheinlichkeit eines Kursgewinns der Aktie in jedem Knoten. Die Optionspreise in den einzelnen Knoten des Baums lassen sich mit dem oben beschriebenen Rückwärtsalgorithmus darstellen und stehen im Bild oberhalb des Aktienpreises in den einzelnen Knoten des Baums. Der heutige Preis der Option steht direkt über dem Startaktienkurs.

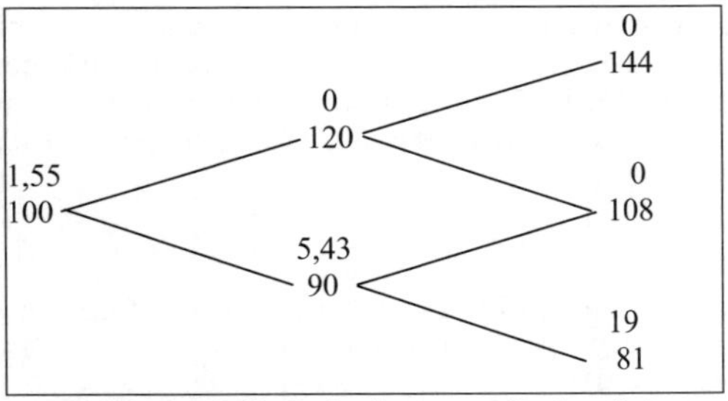


**Abbildung 6.10** *Preis eines europäischen Puts*

Man beachte insbesondere, dass sich ein solcher Algorithmus ideal zum Programmieren eignet und sich auch für das Berechnen der Preise von Optionen mit deutlich komplexeren Auszahlungen als die eines einfachen Puts anbietet.

## Bewertung amerikanischer Optionen im Binomialmodell

Bisher haben wir lediglich europäische Optionen im Binomialmodell betrachtet. Im Gegensatz zu einer europäischen Option kann bei einer amerikanischen Option jederzeit bis zum Ende der Laufzeit das Optionsrecht ausgeübt werden. Wir nehmen an, dass der Besitzer der Option sie nur dann ausüben wird, wenn er durch die mit der sofortigen Ausübung verbundenen Auszahlung (dem ***inneren Wert der Option***) einen Betrag erhalten würde, der höher wäre als der Wert der Option, wenn man sie nicht ausüben würde. Man vergleicht also immer den inneren Wert mit dem Restwert der Option. Dies führt zu einer einfachen Berechnungsmethode des Preises einer amerikanischen Option im Binomialmodell, wenn wir die oben beschriebene Rückwärtsinduktion um den Vergleich mit dem inneren Wert erweitern. Wir können hierzu die folgenden beiden Fakten verwenden:

- Der Optionspreis im Endzeitpunkt $T$ stimmt mit der Endzahlung der Option im jeweiligen Zustand überein.
- Der Optionspreis in jedem „Knoten des Baums" ergibt sich als das Maximum aus dem inneren Wert und den mit $q$ (bzw. $1-q$) gewichteten und mit $e^{-rT/n}$ abgezinsten Mittel der Optionspreise in den beiden nachfolgenden Knoten.

Die letzte Tatsache bedeutet, dass wir die Option genau dann ausüben, wenn der innere Wert höher ist als der Wert der Option, wenn man sie nicht ausüben würde. Der Algorithmus ist in Bild 6.11 mit denselben Werten wie in Bild 6.10 illustriert. Allerdings bewerten wir nun einen amerikanischen Put und müssen deshalb noch den inneren Wert der Option in jedem Knoten berücksichtigen.

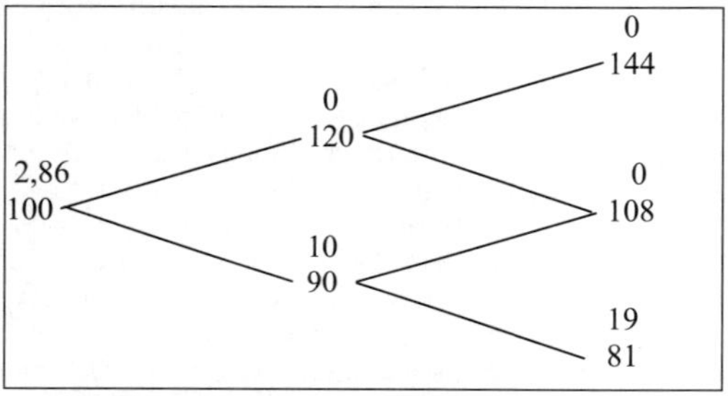


**Abbildung 6.11** *Preis eines amerikanischen Puts*

Vergleicht man die Bilder 6.10 und 6.11, stellt man fest, dass es für den amerikanischen Put optimal ist, ihn auszuüben, sobald der innere Wert positiv ist, also sobald der Aktienkurs unter 100 fällt. Dagegen kann der europäische Put noch nicht ausgeübt werden, wenn der Kurs in $T=1$ auf 90 fällt, da man erst in $T=2$ ausüben darf. Hieraus ergibt sich der deutlich höhere Preis für den amerikanischen Put in $t=0{,}1$.

**Übungsaufgaben**

***Ü.6.9*** a) Berechnen Sie den Preis eines europäischen Calls in einem Ein-Perioden-Binomialmodell mit $p=0{,}7$, $d=0{,}9$, $u=1{,}1$, stetigem Zins von $r=0{,}05$, $T=1/4$, Anfangskurs $p_1=100$ der Aktie, Ausübungspreis $K=105$!

b) Berechnen Sie den Preis eines europäischen Puts in einem Ein-Perioden-Binomialmodell mit $p=0{,}7$, $d=1{,}1$, $u=1{,}5$, stetigem Zins von $r=0{,}09$, $T=2$, Anfangskurs $p_1=100$ der Aktie, Ausübungspreis $K=110$!

***Ü.6.10*** a) Berechnen Sie den Preis einer Option, die im Zeitpunkt $T$ den Betrag $(P(T)-K)^+/P(T)$ auszahlt! Betrachten Sie dafür ein Ein-Perioden-Binomialmodell mit $p=0{,}5$, $d=0{,}9$, $u=1{,}1$, stetigem Zins von $r=0{,}05$, $T=1/4$, Anfangskurs $p_1=100$ der Aktie, Ausübungspreis $K=105$!

b) Berechnen Sie den Preis einer Option, die im Zeitpunkt $T$ den Betrag 1 auszahlt, falls $P(T)>K$ gilt und ansonsten nichts (eine solche Option heißt ein Digital-Call oder Alles-oder-Nichts-Call)! Betrachten Sie dafür ein Ein-Perioden-Binomialmodell mit $p=0{,}5$, $d=0{,}9$, $u=1{,}1$, stetigem Zins von $r=0{,}02$, $T=1/4$, Anfangskurs $p_1=100$ der Aktie, Ausübungspreis $K=105$!

***Ü.6.11*** Zeigen Sie den Induktionsanfang im Beweis der Preisformel für den europäischen Call im $n$-Perioden-Binomialmodell, indem Sie die Formel ausführlich ausrechnen!

## *6.7 Fortsetzung des Gesprächs: Optionsbewertung in jeder Lebenslage?*

*Nein, die vier Unternehmensberater befinden sich immer noch nicht bei der Estrella Haarpflegeprodukte AG. In weiser Voraussicht, dass sich am heutigen Tage wohl nicht mehr viel auf der Autobahn bewegen wird, nutzten sie eine der letzten Fahrgelegenheiten, um zu einem Motel zu abzubiegen und dort zu übernachten. Sie hatten mehr Glück als das Auto hinter ihnen und bekamen noch zwei Doppelzimmer. Da man bei dem wilden Schneetreiben nahezu nichts anderes tun kann, als im Zimmer herumzusitzen, haben die vier den Entschluss gefasst, sich gemütlich zu einer Runde Monopoly zu treffen. Überraschenderweise hatte Selina das Spiel gleich neben dem Verbandskasten im Kofferraum aufbewahrt.*

*Selina*: Ha, die Schlossallee gehört mir! Oliver, ich hätte gerne 50 € Grundstücksmiete von dir!

*Oliver*: Tja, ich besitze leider nur noch 12 €.

*Selina*: Dann gib mir als Ersatz deine Parkstraße!

*Nadine*: Selina, du bist nicht fair - die Parkstraße ist viel mehr wert als 50 €!

*Sebastian*: Oliver, verkauf doch Selina einfach eine Option auf dein Spielgeld nach einer Runde, sagen wir mal mit Ausübungspreis 100 €!

*Nadine*: Das steht aber gar nicht in den Spielregeln.

*Selina*: Und ich bin mir nicht klar darüber, was ich davon habe.

*Sebastian*: Oliver wird gleich über Los ziehen und 200 € einkassieren. Dank seinen zwei Bahnhöfen wird er höchstwahrscheinlich einiges in der Runde dazuverdienen. Und wenn er zum zweiten Mal über Los zieht, erhältst du die Möglichkeit, sein gesamtes Geld für 100 € einzustreichen.

*Selina*: Klingt gut, also eine Art europäischer Call auf Olivers Bargeld. Dann darf Oliver aber keine Häuser in dieser Runde kaufen, damit er keine unnötigen Ausgaben tätigt!

*Nadine*: Klingt zu gut. Ich glaube, ich kaufe diese Option! Bin mir sicher, dass Oliver auch die 10 € in der Schönheitskonkurrenz gewinnt.

*Oliver*: Moment einmal, ich bestehe aber darauf, dass ich die 200 €, die ich bekomme, wenn ich beim zweiten Mal über Los ziehe, behalten darf. Es gelten nur die Scheinchen, die sich unmittelbar davor in meiner Kasse befinden.

*Selina*: Meinetwegen. Und wie bewerte ich diese Option jetzt? Mit der ***Black-Scholes-Formel für europäische Calls***?

$$\text{"fairer Preis des Calls"} = p_1 \cdot \Phi(d_1) - K \cdot e^{rT} \cdot \Phi(d_2),$$

$$d_1 = \frac{\ln\left(p_1/K\right) + \left(r + \tfrac{1}{2}\sigma^2\right)T}{\sigma\sqrt{T}}, \quad d_2 = d_1 - \sigma\sqrt{T}.$$

*Sebastian*: Ei guck mal da, diese Formel kennst du auswendig! Und, was nimmst du als Volatilität $\sigma$?

*Selina*: Fangen wir mal mit den Sachen an, die klar sind: Da man mit der Option Olivers Spielgeld nach einer Runde für 100 € bekommt, ergibt das den Ausübungspreis $K$=100. Ich brauche den heutigen Preis $p_1$ des Wertpapiers. Oliver besitzt 12 €, schuldet mir 50 € und bekommt gleich 200 €. Sagen wir mal, Olivers Barvermögen ist im Moment $p_1$= 162 € wert. Das $r$ in der Formel stellt den risikolosen Marktzinssatz dar.

*Sebastian*: Bist du dir da sicher? Ist das nicht die mittlere Ertragsrate der Aktie?

*Selina*: Hör auf, mich zu ärgern! Jetzt bin ich unsicher geworden, dabei habe ich die Formel gründlich auswendig gelernt.

*Nadine*: Selina, du erinnerst dich richtig. Wenn man Optionen in einem risiko-neutralen Markt bewertet, braucht man nur den risikolosen Marktzinssatz.

*Selina*: Na also. Als risikolosen Zinssatz wähle ich den bei Monopoly üblichen Hypothekenzinssatz, somit ist $r=10\%$.

*Sebastian*: Und was ist bei $T$? Die Zeit, die Oliver braucht, um durch eine Runde zu kommen, ist doch eher zufällig.

*Selina*: Wenn Oliver zum zweiten Mal über Start kommt, läuft die Option aus. Basta. Ich wähle für die Zeitdauer der Option $T=1$. Tja, was mache ich jedoch mit der Volatilität $\sigma$?

*Nadine*: Ich modelliere die Preisentwicklung von Olivers Barvermögen entsprechend einer geometrisch Brownschen Bewegung mit der mittleren Ertragsrate von 10 % und der Volatilität $\sigma$ $=0{,}2$.

*Sebastian*: Wie bitte?

*Nadine*: Na ja, so ungefähr. Außerdem muss sich das Wertpapier unbedingt entsprechend einer geometrisch Brownschen Bewegung modellieren lassen, sonst dürfen wir die Black-Scholes-Formel gar nicht anwenden.

*Sebastian*: Und dann muss es ein risikoloses Wertpapier am Markt geben, das sich stetig verzinst. Diese Hypotheken verzinsen sich doch eher konstant!

*Nadine*: Ausnahmsweise sollten wir in diesem Fall einmal weniger streng sein. Schließlich geht es hier auch nicht um Millionen und es handelt sich nur um ein Monopoly-Spiel!

*Selina*: Also Volatilität $\sigma=0{,}2$. Prima, fertig. Nun kann ich $d_1$ und $d_2$ berechnen.

$$d_1=\frac{\ln\left(162/100\right)+\left(0{,}1+\frac{1}{2}\cdot 0{,}04\right)\cdot 1}{0{,}2\cdot 1}=3{,}01213,\quad d_2=3{,}01213-0{,}2\cdot 1=2{,}81213\,.$$

Da $\Phi$ die Verteilungsfunktion der Normalverteilung darstellt, muss ich jetzt noch die beiden Funktionswerte auswerten. Hat jemand eine Tabelle griffbereit?

*Sebastian*: Nein, aber unseren Firmen-Laptop. Die Werte sind

$$\Phi(3{,}01213)=0{,}998703,\quad \Phi(2{,}81213)=0{,}997539\,.$$

Das heißt, die Option wäre

$$162\cdot 0{,}998703-100\cdot e^{0{,}1\cdot 1}\cdot 0{,}997539\approx 51{,}54$$

wert.

*Nadine*: 50 € und ein bisschen, das ist günstig. Ich kaufe die Option. Oliver wird diese Runde bestimmt viel Glück haben. Außerdem habe ich so meinen eventuellen Besuch beim Südbahnhof abgesichert!

*Oliver*: Wisst ihr was, so einfach kommt ihr mir nicht an mein Bares ran. Ich glaube, ich nehme lieber eine Hypothek auf die Parkstraße auf.

*Nadine*: Mach das bloß nicht, du verlierst eine wertvolle Einkunftsmöglichkeit....

*Es entstand eine sehr hitzige Diskussion um das weitere Vorgehen wegen Olivers drohender Insolvenz, wodurch es schließlich noch ein heißer Abend nach dem großen Kaltstart wurde.*

**Diskussion 6.6:**

- Es bleibt die Frage, inwiefern man Formeln auswendig lernen und blind anwenden kann. Finden Sie mögliche Kritikpunkte bei der Anwendung im Monopoly-Spiel! Warum werden Formeln kritiklos angewandt? Was sind die Vorteile eines solchen Vorgehens? Was sind die Nachteile?
- Verwenden Sie selbst die Black-Scholes-Formel „kritiklos" und rechnen Sie Optionspreise von in der Zeitung gegebenen Optionen nach! Diskutieren Sie über Ihre Ergebnisse und versuchen Sie, Unterschiede zu erklären!

**Übungsaufgaben**

***Ü.6.12*** Berechnen Sie mit Hilfe der Black-Scholes-Formel für europäische Calls den Wert folgender Calls:

a) Heutiger Wert der Aktie $p_1$=100, mittlere Ertragsrate der Aktie $b$=0,1, Volatilität $\sigma$=0,3, Ausübungspreis $K$=110, risikoloser (stetiger) Markzinsatz $r$=0,04, $T$=1.

b) Heutiger Wert der Aktie $p_1$=100, mittlere Ertragsrate der Aktie $b$=0,1, Volatilität $\sigma$=0,3, Ausübungspreis $K$=100, risikoloser (stetiger) Markzinsatz $r$=0,04, $T$=1.

c) Heutiger Wert der Aktie $p_1$=100, mittlere Ertragsrate der Aktie $b$=0,1, Volatilität $\sigma$=0,3, Ausübungspreis $K$=90, risikoloser (stetiger) Markzinsatz $r$=0,04, $T$=1.

***Ü.6.13*** Suchen Sie im anschließenden Text nach der Black-Scholes-Formel für europäische Puts und berechnen Sie den Wert folgender Puts:

a) Heutiger Wert der Aktie $p_1$=100, mittlere Ertragsrate der Aktie $b$=0,1, Volatilität $\sigma$=0,2, Ausübungspreis $K$=100, risikoloser (stetiger) Markzinsatz $r$=0,05, $T$=1.

b) Heutiger Wert der Aktie $p_1$=100, mittlere Ertragsrate der Aktie $b$=0,1, Volatilität $\sigma$=0,2, Ausübungspreis $K$=100, risikoloser (stetiger) Markzinsatz $r$=0,09, $T$=1.

c) Heutiger Wert der Aktie $p_1$=100, mittlere Ertragsrate der Aktie $b$=0,1, Volatilität $\sigma$=0,2, Ausübungspreis $K$=100, risikoloser (stetiger) Markzinsatz $r$=0,02, $T$=1.

***Ü.6.14*** Falls Sie alle Aufgaben 6.12 und 6.13 gerechnet haben, werfen Sie noch einmal einen genaueren Blick auf die Ergebnisse! Wie könnte der Optionspreis vom Ausübungspreis abhängen? Wie beeinflusst der risikolose Marktzinssatz den Preis?

## *6.8 Mathematische Grundlagen: Die Black-Scholes-Formel für europäische Calls und Puts*

**Das zugrunde liegende Marktmodell**

Die Black-Scholes-Formel zur Bewertung europäischer Call- und Put-Optionen ist das herausragende Ergebnis der modernen Finanzmathematik. Ihre Bedeutung sowohl für die Theorie als auch die Praxis wurde nicht zuletzt durch die Verleihung des Nobelpreises für Wirtschaftswissenschaften an Robert Merton und Myron Scholes für ihre Arbeiten zur Black-Scholes-Formel (siehe Black und Scholes (1973), Merton (1973)) im Jahr 1997 unterstrichen. Fischer Black erlebte diese große Auszeichnung nicht mehr, da er bereits 1995 verstarb.

Das der Black-Scholes-Formel zugrunde liegende Wertpapierpreismodell, das in Abschnitt 6.7 ausführlich beschrieben wurde, basiert auf folgenden Grundannahmen: Es liegt ein Markt vor, der aus einer risikolosen Festgeldanlage zum Zinssatz $r$ (und kontinuierlicher Verzinsung) und einer Aktie mit mittlerer Ertragsrate $b$ und Volatilität $\sigma$ besteht. Wie in Abschnitt 6.7 vorgestellt sind die zugehörigen Wertpapierpreise durch

$$P_0(t) = e^{rt}, \quad P_1(t) = p_1 e^{\left(b-\frac{1}{2}\sigma^2\right)t+\sigma W(t)}, \quad t \in [0,T]$$

gegeben, wobei $r$, $b$ und $\sigma$ wieder feste reelle Zahlen sind.

**Anmerkungen**

Der mathematisch korrekte Zugang zur Herleitung der Black-Scholes-Formel im von uns bisher gewählten Rahmen wäre die Anwendung des Duplikationsprinzips (siehe z.B. Korn und Korn (1999); Black und Scholes (1973) hatten einen anderen Zugang gewählt, der das Optionsbewertungsproblem auf die Lösung einer partiellen Differentialgleichung zweiter Ordnung mit Randbedingungen, ein sogenanntes Cauchy-Problem, transformiert). Mithilfe der Duplikationsstrategie erhält man, dass sich der Optionspreis als der abgezinste Erwartungswert der Endzahlung der Option ergibt, wenn man im obigen Modell

$$b = r$$

annimmt. Diese Annahme hat zur Folge, dass sich der Aktienpreis $P_1(t)$ im Mittel wie das risikolose Festgeld entwickelt. Tatsächlich entspricht dies wiederum dem Übergang zur Bewertung mit dem eindeutigen risiko-neutralen Maß, in völliger Analogie zu den Resultaten im Binomialmodell (siehe Kapitel III in Korn und Korn (1999)). Eine exakte Darstellung dieses Sachverhalts ist im Rahmen der uns zur Verfügung stehenden technischen Mittel in diesem Kapitel nicht möglich.

**Heuristische Herleitung der Black-Scholes-Formel**

Wir betrachten eine Folge von $n$-Perioden-Binomialmodellen, die gegen die obigen Preise im Black-Scholes-Modell konvergieren, wenn wir $b=r$ annehmen. Als erstes stellen wir fest, dass in beiden Modellen die Entwicklung des festverzinslichen risikolosen Wertpapieres übereinstimmt. Um den Aktienkurs im Black-Scholes-Modell

$$P_1(t) = p_1 \cdot e^{\left(r-\frac{1}{2}\sigma^2\right)t+\sigma W(t)}$$

zu approximieren, wählen wir wieder (siehe Kapitel 6) die durch

$$u_n = \exp\left(\tilde{r} \cdot \Delta t + \sigma \cdot \frac{1-p}{\sqrt{p(1-p)}} \cdot \sqrt{\Delta t}\right), \quad d_n = \exp\left(\tilde{r} \cdot \Delta t - \sigma \cdot \frac{p}{\sqrt{p(1-p)}} \cdot \sqrt{\Delta t}\right)$$

gegebene Folge von Binomialmodellen mit $\tilde{r} = r + \frac{1}{2}\sigma^2$, $\Delta t = T/n$ und $p \in (0,1)$. Man kann mit Hilfe des Satzes von de Moivre-Laplace zeigen, dass der Aktienpreis in den Binomialmodellen

$$P_1^{(n)}(T) = p_1 \cdot \exp\left(X_n \cdot \ln\left(\frac{u_n}{d_n}\right) + n \cdot \ln(d_n)\right)$$

für $n \to \infty$ die gleiche Verteilung wie $P_1(T)$ besitzt. Es lässt sich (mit einigem technischen Aufwand) verifizieren, dass die zugehörigen Folgen der Call-Optionspreise gegen

$$E\left(e^{-rT}\left(p_1 \cdot e^{\sigma W(T)+\left(r-\frac{1}{2}\sigma^2\right)T} - K\right)^+\right),$$

den Preis einer Call-Option im Black-Scholes-Modell, konvergieren. Berechnet man diesen Erwartungswert explizit, so erhält man:

***Satz:*** „Black-Scholes-Formel"
a) Der eindeutige Preis $p_{Call}$ eines europäischen Calls mit Ausübungspreis $K$ und Laufzeit $T$ ist im Black-Scholes-Modell durch

$$p_{Call} = p_1 \cdot \Phi(d_1) - K \cdot e^{rT} \cdot \Phi(d_2)$$

gegeben, wobei $\Phi$ die Verteilungsfunktion der Standard-Normalverteilung ist und $d_1$, $d_2$ als

$$d_1 = \frac{\ln\left(\frac{p_1}{K}\right) + \left(r + \frac{1}{2}\sigma^2\right)T}{\sigma\sqrt{T}}, \quad d_2 = d_1 - \sigma\sqrt{T}$$

definiert sind.
b) Der eindeutige Preis $p_{Put}$ eines europäischen Puts mit Ausübungspreis $K$ und Laufzeit $T$ ist im Black-Scholes-Modell durch

$$p_{Put} = K \cdot e^{rT} \cdot \Phi(-d_2) - p_1 \cdot \Phi(-d_1)$$

gegeben, wobei $\Phi$, $d_1$ und $d_2$ wie in a) definiert sind.

**Bemerkung**

Die Black-Scholes-Formel kann sehr gut durch die beiden Formeln aus den Sätzen über den Call- und Putpreis im $n$-Perioden-Binomialmodell approximiert werden, wenn man $n \geq 30$ und $u,d$ wie oben wählt.

**Beweis der Black-Scholes-Formel** (nur für den Fall des europäischen Calls)

Wir nehmen an, dass $\sigma$ positiv ist. Der Fall eines negativen $\sigma$ ist analog. Nach der Vorbemerkung ist lediglich der folgende Erwartungswert zu berechnen

$$E\left(e^{-rT}\left(p_1 \cdot e^{\sigma W(T)+\left(r-\frac{1}{2}\sigma^2\right)T} - K\right)^+\right) =$$

$$= \frac{1}{\sqrt{2\pi}} \int_{-\infty}^{\infty} e^{-rT}\left(p_1 e^{\sigma x+\left(r-\frac{1}{2}\sigma^2\right)T} - K\right)^+ e^{-\frac{x^2}{2T}} dx = \frac{1}{\sqrt{2\pi}} \int_{c}^{\infty} e^{-rT}\left(p_1 e^{\sigma x+\left(r-\frac{1}{2}\sigma^2\right)T} - K\right) e^{-\frac{x^2}{2T}} dx,$$

wobei der Wert $c$, ab dem der Positivteil des Integranden strikt positiv ist, durch

$$c = \frac{\ln\left(K/p_1\right) - \left(r - \frac{1}{2}\sigma^2\right)T}{\sigma}$$

gegeben ist. Jetzt kann man die Differenz unter dem Integral auflösen und muss nur noch die zwei entstehenden Integrale berechnen

$$\frac{1}{\sqrt{2\pi}} \int_c^\infty e^{-rT} p_1 e^{\sigma x + \left(r - \frac{1}{2}\sigma^2\right)T} e^{-\frac{x^2}{2T}} dx = \frac{1}{\sqrt{2\pi}} \int_c^\infty p_1 e^{-\frac{(x+\sigma T)^2}{2T}} dx$$

$$= p_1 \cdot \Phi\left(-\frac{c+\sigma T}{\sqrt{T}}\right) = p_1 \cdot \Phi\left(\frac{\ln\left(p_1/K\right) + \left(r + \frac{1}{2}\sigma^2\right)T}{\sigma\sqrt{T}}\right)$$

$$\frac{1}{\sqrt{2\pi}} \int_c^\infty e^{-rT} K e^{-\frac{x^2}{2T}} dx = e^{-rT} K \cdot \Phi\left(-\frac{c}{\sqrt{T}}\right) = e^{-rT} K \cdot \Phi\left(\frac{\ln\left(p_1/K\right) + \left(r - \frac{1}{2}\sigma^2\right)T}{\sigma\sqrt{T}}\right)$$

Hieraus folgt die Behauptung. □

**Anmerkungen**

1. Existenz einer Duplikationsstrategie
Es kann gezeigt werden, dass das oben beschriebene Black-Scholes-Modell, bestehend aus der risikolosen Anlage und einer Aktie, vollständig ist. Dies stellt sicher, dass sowohl für den europäischen Call als auch für den europäischen Put eine Duplikationsstrategie existiert (siehe Korn und Korn (1999)). Dies sichert die Eindeutigkeit der jeweiligen Optionspreise für Put und Call.
2. Unabhängigkeit von der Ertragsrate
Der wohl entscheidende Grund für die Akzeptanz der Black-Scholes-Formel in der Praxis ist die Unabhängigkeit des Optionspreises von der Ertragsrate $b$ der Aktie, was ein Analogon zur Unabhängigkeit des Call-Preises von $p$ im Binomialmodell darstellt. Der Festzins $r$ lässt sich nämlich direkt am Markt beobachten, die Volatilität $\sigma$ kann gut aus den Daten geschätzt werden, während es zwei verschiedene Investoren sicherlich schwer haben, sich über den Wert der Ertragsrate $b$ zu einigen. Deshalb war für die Praktiker eine wissenschaftlich fundierte Optionspreisformel, in der dieser umstrittene Parameter nicht vorkam, natürlich ein willkommenes Resultat.
3. Preisberechnung und risiko-neutrales Maß
Die Wahl von $b=r$ zur Preisberechnung im Black-Scholes-Modell entspricht der Berechnung des abgezinsten Erwartungswerts der Endzahlung der Option bzgl. dem (eindeutigen) risiko-neutralen Maß, da sich ja für $b=r$ Bond- und Aktienpreise im Mittel gleich entwickeln. Im Gegensatz zum Binomialmodell, in dem dieses Maß durch die Wahrscheinlichkeiten $q_n$ explizit gegeben ist, spielt es hier nur eine indirekte Rolle (eben über die Annahme $b=r$). Es gilt aber für alle europäischen Optionen mit Endzahlung $B$, die vom Kursverlauf der Aktie im Zeitraum $[0,T]$ abhängen,

$$p_B = E\left(e^{-rt} B\right)$$

wobei $p_B$ den heutigen Optionspreis bezeichnet.

## 6.9 Mathematische Grundlagen: Simulation von Optionspreisen mit Hilfe der Monte-Carlo-Methode , insbesondere bei exotischen Optionen

**Optionspreisberechnung mittels Monte-Carlo-Methode**

Optionspreise ergeben sich immer als Erwartungswerte. Das heißt aber auch, dass alle Methoden, die geeignet sind, Erwartungswerte zu berechnen, potentielle Methoden zur Berechnung von Optionspreisen darstellen. Die in diesem Zusammenhang wohl populärste Methode mit stochastischem Hintergrund ist die ***Monte-Carlo-Methode***. Sie basiert darauf, dass sich ein Erwartungswert im Grunde als der theoretische Mittelwert ergibt, den man erhalten würde, wenn man das zum Erwartungswert zugehörige Zufallsexperiment unendlich oft unabhängig voneinander wiederholen würde. Mathematisch wird dieser Satz durch das starke Gesetz der großen Zahl präzisiert, das wir hier in einer möglichst einfachen Form angeben:

**Satz:** Starkes Gesetz der großen Zahl
Es seien $X_1, X_2,\ldots$ eine Folge von unabhängigen, identisch verteilten Zufallsvariablen mit

$$\mu = E(X_1) < \infty,$$

die alle auf einem gemeinsamen Wahrscheinlichkeitsraum $(\Omega, F, P)$ definiert sind. Dann gilt:

$$P\left(\left\{\omega \in \Omega \;\middle|\; \lim_{n\to\infty} \frac{1}{n}\sum_{i=1}^{n} X_i(\omega) = \mu\right\}\right) = 1.$$

Dieser Satz besagt, dass für alle $\omega$ (bis auf Elemente aus einer Menge mit Wahrscheinlichkeit Null) die Zahlenfolgen $\frac{1}{n}\sum_{i=1}^{n} X_i(\omega)$ gegen den Erwartungswert $\mu$ konvergieren und man kann annehmen, dass man damit für große $n$ eine gute Näherung für $E(X_1)$ erhält. Die Konsequenz aus dem starken Gesetz ist der folgende Algorithmus:

**Algorithmus 6.1:** „***Monte-Carlo-Methode***" - Näherungsweise Berechnung eines Erwartungswertes $E(X)$ einer Zufallsvariablen $X$

**1. Schritt:** Simuliere hinreichend viele Zufallsexperimente mit gleicher Verteilung wie die Zufallsvariable $X$, um Ergebnisse $X_1(\omega),\ldots,X_n(\omega)$ zu erhalten.

**2. Schritt:** Berechne $\frac{1}{n}\sum_{i=1}^{n} X_i(\omega)$ und verwende es als Approximation für $E(X)$.

Hierbei bedeutet der 1. Schritt, dass man z.B. mit Hilfe des Computers $n$ Zufallszahlen $X_1,\ldots, X_n$ erzeugt, wobei die $X_i$ unabhängig sind und die gleiche Verteilung wie $X$ besitzen sowie $n$ sehr groß ist.

Man „würfelt" sozusagen den Erwartungswert aus, indem man die zugehörigen Experimente hinreichend oft durchführt. Der Name ***Monte-Carlo-Methode*** soll assoziieren, dass wir unser Resultat mit Hilfe des Zufalls erhalten.

Hierbei sind folgende Fragen zu klären:
- Wie erhalte ich die geeigneten Zufallszahlen?
- Wie groß muss die Anzahl $n$ der Versuchswiederholungen sein, damit die Approximation des Erwartungwerts einigermaßen genau wird ?

Die Erzeugung geeigneter Zufallszahlen wurde in Kapitel 5.8 beschrieben. Zur Beantwortung der zweiten Frage verweisen wir darauf, dass aus dem zentralen Grenzwertsatz, den wir hier nur im Spezialfall des Satzes von de Moivre-Laplace vorgestellt hatten, folgt, dass man für große $n$ erhält

$$\tfrac{1}{n}\sum_{i=1}^{n} X_n \text{ ist approximativ } N\left(\mu,\sigma^2/n\right)\text{-verteilt,}$$

falls zusätzlich zu obigen Annahmen $\sigma^2 := Var(X) < \infty$ gilt. Daraus sieht man zum einen deutlich, dass man auch bei gleicher Anzahl der Versuchswiederholungen $n$ im Allgemeinen zwei verschiedene Werte des arithmetischen Mittels bei zweimaligem Durchführen der Simulationsreihe erhält, da es sich ja um eine Summe von Zufallszahlen handelt. Des Weiteren sieht man, dass die durch die (approximative) Standardabweichung bestimmte Schwankungsbreite als Funktion von $n$ wie $1/\sqrt{n}$ fällt. D.h. aber insbesondere, dass man zur Erhöhung der (mittleren) Genauigkeit des obigen ***Monte-Carlo-Schätzers*** (also des arithmetischen Mittels) um eine Kommastelle die $100$-fache Anzahl der zu erzeugenden Zufallszahlen benötigt. Es liegt also eine recht langsame Konvergenz des arithmetischen Mittels gegen den Erwartungswert vor. Dies wird im folgenden Bild illustriert, in dem der Erwartungswert $0$ einer $N(0,1)$-verteilten Zufallsvariablen mit der Monte-Carlo-Methode für verschiedene Versuchsanzahlen $n$ geschätzt wird.

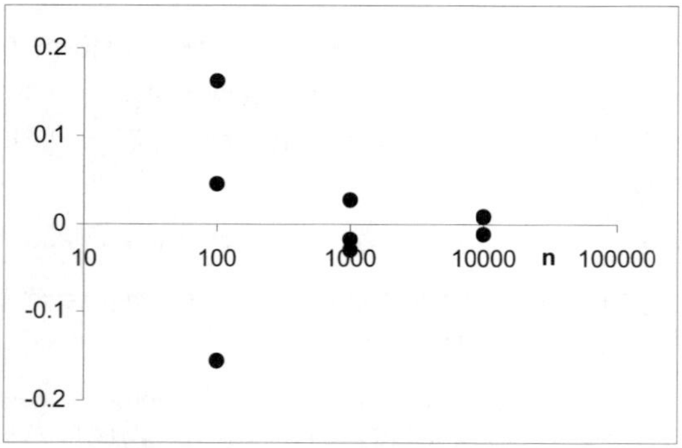


**Abbildung 6.12** *Genauigkeit von Monte-Carlo-Schätzern*

Hierzu wurden mit den verschiedenen Wahlen von $n$ = $100$, $1000$, $10\ 000$ je drei Simulationsreihen erstellt und dann in Bild 6.12 die jeweils erhaltenen arithmetischen Mittel aufgetragen. Man sieht deutlich, dass die Werte bei $n = 100$ Versuchen eine große Schwankungsbreite von 0,16 bis –0,15 besitzen, die sich bei $n$ = 10 000 auf 0,01 bis –0,01 reduziert, also tatsächlich um etwa den Faktor $10$. Anhand der Abbildung wird klar, dass man in der Regel als großes $n$ Werte in der Größenordnung von mindestens $10\ 000$ wählen sollte. Generell sollte man im Zweifelsfall lieber größere Versuchsanzahlen wählen, wobei dann aber auch der Rechenzeitaufwand recht groß wird.

## Anwendung der Monte-Carlo-Methode zur Berechnung eines europäischen Calls

Obwohl wir die Black-Scholes-Formel zur Berechnung des Wertes eines europäischen Calls schon kennen, wollen wir die Anwendung der Monte-Carlo-Methode zur approximativen Berechnung eines Optionspreises anhand dieses Falls demonstrieren. Wir erinnern uns, dass wir zur Bestimmung des Optionspreises den abgezinsten Erwartungswert der Auszahlung $B$ der Option im risiko-neutralen Markt berechnen mussten

$$E\left(e^{-rT}\left(p_1 \cdot e^{\sigma Z+\left(r-\frac{1}{2}\sigma^2\right)T}-K\right)^+\right),$$

wobei $Z$ eine normalverteilte Zufallsvariable mit $Z\sim N(0,T)$ ist.
Zur approximativen Berechnung des Optionspreises gehen wir wie folgt vor:
**1. Schritt:** Wir erzeugen $n$ unabhängige, standardnormalverteilte Zufallsvariablen $X_i$. Somit ist

$$Z_i = \sqrt{T} \cdot X_i$$

$N(0,T)$-verteilt. Damit berechnen wir $n$-mal den Endpreis der Aktie, wobei wir den risikolosen Zinssatz $r$ wählen dürfen, da wir uns für die Optionspreisberechnung im risiko-neutralen Markt befinden

$$P_1^{(i)}(T) = p_1 \cdot e^{\sigma Z_i+\left(r-\frac{1}{2}\sigma^2\right)T}.$$

**2. Schritt:** Mit diesen simulierten Preisen der Aktie (im risiko-neutralen Markt!) berechnen wir die jeweilige Auszahlung der Option

$$B^{(i)} = \left(P_1^{(i)}(T)-K\right)^+.$$

**3. Schritt:** Mit den $n$ simulierten Werten der Auszahlung können wir den Optionspreis approximativ berechnen, indem wir den abgezinsten Erwartungswert näherungsweise schätzen

$$p_{Call,approx.} = e^{-rT} \cdot \frac{1}{n} \cdot \sum_{i=1}^{n} B^{(i)}.$$

## Die Monte-Carlo-Methode zur Preisberechnung bei exotischen Optionen

Der Handel mit Optionskontrakten (und der spekulative Handel) wurde in den zurück liegenden Jahrzehnten so populär, dass Angebot und Nachfrage nach Optionen, die von einem anderen Typ als die Standardbeispiele Call und Put sind, heute ganz enorm ist. Man hat als Oberbegriff für diese neuen Optionstypen die Bezeichnung ***exotische Optionen*** geprägt. Neben ihrem spekulativen Charakter haben sie weitere vorteilhafte Aspekte, bergen aber auch z.T. größere Risiken.

### i) Alles-oder-Nichts-Option

Wie der Name bereits sagt, erhält der Besitzer einer Alles-oder-Nichts-Option am Ende der Laufzeit der Option entweder den maximal möglichen Auszahlungsbetrag (den wir hier der Einfachheit halber auf $B = 1$ festsetzen) oder aber keine Auszahlung. Beim Alles-oder-Nichts-Call bekommt der Besitzer die maximale Endzahlung, also eine Geldeinheit, falls die zugrunde liegende Aktie am Verfallstag der Option einen Kurs von mindestens $K$ Geldeinheiten hat, ansonsten fließt keine Zahlung an den Halter der Option. Beim Alles-oder-Nichts-Put ist es genau umgekehrt: Der Optionshalter erhält die eine Geldeinheit, falls der Aktienkurs am Verfallstag unterhalb von $K$ liegt, ansonsten erfolgt keine Zahlung. Die Besonderheiten der Alles-oder-Nichts-Optionen im Vergleich zu den bisher kennen gelernten Calls oder Puts liegen also in:

- einer unstetigen Endzahlung und
- einer Endzahlung, die nur zwei mögliche Werte annehmen kann, nämlich 0 oder 1

Mit Hilfe des im vorangegangenen Abschnitt beschriebenen Bewertungsprinzips ist es nun relativ einfach, die Preise der beiden Alles-oder-Nichts-Optionen im Black-Scholes-Modell zu bestimmen. Es gilt

$$p_{alles-oder-nichts-Call} = Q\left(P_1(T) \geq K\right), \qquad p_{alles-oder-nichts-Put} = Q\left(P_1(T) < K\right),$$

wobei $Q$ das risiko-neutrale Maß bezeichnet. Man beachte, dass der Erwartungswert einer Zufallsvariablen, die nur die Werte 0 und 1 annehmen kann (und genau eine solche ist die Endzahlung einer Alles-oder-Nichts-Option !), gerade gleich der Wahrscheinlichkeit ist, mit der sie den Wert 1 angenimmt. Ähnlich wie im Fall der europäischen Calls und Puts lassen sich nun die obigen Wahrscheinlichkeiten berechnen als (siehe auch Kapitel 4 in Korn und Korn (1999))

$$p_{alles-oder-nichts-Call} = e^{-rT}\Phi\left(\frac{\ln\left(P_1/K\right)+\left(r-\frac{1}{2}\sigma^2\right)T}{\sigma\sqrt{T}}\right),$$

$$p_{alles-oder-nichts-Put} = e^{-rT}\Phi\left(-\frac{\ln\left(P_1/K\right)+\left(r-\frac{1}{2}\sigma^2\right)T}{\sigma\sqrt{T}}\right).$$

Auch hier kann man den Optionspreis mit der Monte-Carlo-Methode näherungsweise erhalten. Man geht analog zur Verwendung der Monte-Carlo-Methode im europäischen Call-Fall vor, nur im 2.Schritt muss man beachten, dass diese Option eine andere Auszahlung besitzt.

**2. Schritt der Monte-Carlo-Methode:** Mit diesen simulierten Preisen der Aktie (im risikoneutralen Markt!) berechnen wir die jeweilige Auszahlung der Option

$$B_{alles-oder-nichts-Call}{}^{(i)} = \begin{cases} 1, & \text{falls } P_1^{(i)}(T) \geq K \\ 0, & \text{sonst} \end{cases},$$

$$B_{alles-oder-nichts-Put}{}^{(i)} = \begin{cases} 1, & \text{falls } P_1^{(i)}(T) < K \\ 0, & \text{sonst} \end{cases}.$$

**ii) Barriere-Optionen**

Die Haupteigenschaft einer Barriere-Option ist die, dass bei ihr das Unter- oder Überschreiten einer gegebenen Barriere durch den Aktienkurs während der Laufzeit des Optionsvertrags eine entscheidende Bedeutung hat. So ist z.B. die Endzahlung eines ***Knock-Out-Barrier-Calls*** mit Schranke $C$ und Ausübungspreis $K$ durch

$$B = \begin{cases} \left(P_1(T) - K\right)^+, & \text{falls } P_1(t) < C \text{ für alle } t \leq T \\ 0, & sonst \end{cases}$$

gegeben. D.h. der Besitzer eines solchen Knock-Out-Barrier-Calls erhält nur dann am Ende der Laufzeit der Option die Auszahlung eines gewöhnlichen Calls mit Ausübungspreis $K$, wenn der Aktienkurs nie vor dem Ende der Laufzeit der Option die Barriere $C$ überschreitet. Sobald hingegen diese Schranke überschritten wird, verfällt der Knock-Out-Barrier-Call wertlos. Man kann sich nun leicht die weiteren möglichen Varianten, wie z.B. den ***Knock-In-Barrier-Call*** oder den ***Knock-Out-Barrier-Put***, vorstellen. Hierbei kann es sich ebenso gut um untere statt obere Schranken handeln. Auch Doppelbarriere-Optionen (d.h. es existieren gleichzeitig untere und obere Schranken für den Aktienpreis) werden in ihren verschiedenen Varianten angeboten. Der

praktische Vorteil einer Barriere-Option besteht darin, dass sie natürlich billiger ist als die entsprechende Put- oder Call-Option. Allerdings ist das Risiko, keine positive Endzahlung zu erhalten, gegenüber einem einfachen Put oder Call deutlich erhöht.
Für die einfachen Barriere-Optionen gibt es zum Teil geschlossene (komplizierte) Formeln zur Preisberechnung (siehe Kapitel 4 in Korn und Korn (1999)), der Preis einer Doppelbarriere-Option kann im Allgemeinen nur mittels numerischer Verfahren approximativ berechnet werden. Barriere-Optionen sind eine Gelegenheit, auf die Monte-Carlo-Methode zurückzugreifen. Der wesentliche Unterschied zu allen vorher beschriebenen Beispielen ist, dass man den gesamten Preisverlauf der Aktie simulieren muss, um die Auszahlung der Option zu berechnen. Wir demonstrieren dies am Beispiel einer Doppelbarriere-Option:
**vorbereitender Schritt:** Wir teilen das Zeitintervall $[0, T]$ in $m$ gleichmäßige Zeitintervalle $[t_i, t_{i+1}]$ auf mit

$$0 = t_0 < t_1 < \ldots < t_m = T .$$

**1. Schritt:** Wir erzeugen $n \cdot m$ unabhängige, standardnormalverteilte Zufallsvariablen $X_{i,j}$ . Somit ist

$$Z_{i,j} = \sqrt{t_j} \cdot X_{i,j}, \quad i = 1,\ldots,n, \quad j = 1,\ldots,m ,$$

$N(0,t_j)$-verteilt. Damit berechnen wir $n$-mal (approximativ) den Preisverlauf der Aktie auf $[0, T]$ sowie den Endpreis der Aktie, wobei wir den risikolosen Zinssatz $r$ wählen dürfen, da wir uns für die Optionspreisberechnung im risiko-neutralen Markt befinden

$$P_1^{(i)}\left(t_j\right) = p_1 \cdot e^{\sigma Z_{i,j} + \left(r - \frac{1}{2}\sigma^2\right) t_j} .$$

**2. Schritt:** Mit diesen simulierten Preisverläufen der Aktie (im risiko-neutralen Markt!) berechnen wir die jeweilige Auszahlung der Option

$$B^{(i)} = \begin{cases} \left(P_1^{(i)}(T) - K\right)^+, & \text{falls } C_1 < P_1^{(i)}\left(t_j\right) < C_2 \text{ für alle } t_j, j = 0,1,\ldots,m \\ 0, & \text{sonst} \end{cases} .$$

**3. Schritt:** Mit den $n$ simulierten Werten der Auszahlung können wir den Optionspreis approximativ berechnen, indem wir den Erwartungswert schätzen als

$$p_{Doppelbarriere-Call,approx.} = e^{-rT} \cdot \frac{1}{n} \cdot \sum_{i=1}^{n} B^{(i)} .$$

*Bemerkung aus der Praxis*: Wie man sieht, ist der Programmieraufwand erheblich, außerdem müssen noch einige Fallstricke beachtet werden. Die Qualität der Zufallszahlen ist in diesem Zusammenhang besonders wichtig; selbst wenn man „nur" 20 Zeitpunkte auswertet, braucht man mit der obigen Faustregel bereits $20 \cdot 10\,000 = 200\,000$ Zufallszahlen! Viele der im Computer vorgegebenen Zufallszahlengeneratoren sind damit überfordert. Beim tatsächlichen praktischen Einsatz der Monte-Carlo-Methoden müssen geeignete (Pseudo-)Zufallszahlengeneratoren gewählt werden. Die Erstellung und Erprobung solcher Generatoren stellt ein aktuelles mathematisches Forschungsgebiet dar. Ein weiteres Problem ist auch darin zu sehen, dass man ja nicht den gesamten Preisverlauf, sondern nur einzelne Punkte simuliert. Die Gefahr des Verfallens der Option ist somit in Wirklichkeit größer. Man erhält durch die Monte-Carlo-Methode somit streng genommen nur eine untere Schranke für den Preis der Doppelbarriere-Option.

### iii) Asiatische Optionen

Eine weitere populäre Klasse exotischer Optionen ist die der asiatischen Optionen. Sie besteht im Wesentlichen aus Optionen, bei denen die Endauszahlung eine Funktion vom durchschnittlichen Wert des Aktienkurses während der Laufzeit der Option ist, wie z.B.

$$B=\left(\frac{1}{T}\int_0^T P_1(t)\,dt-K\right)^+ .$$

Auch in diesem Fall gibt es in der Regel nur die Möglichkeit, den Optionspreis mittels numerischer Verfahren näherungsweise zu berechnen. Die Anwendung der Monte-Carlo-Methode beschreiben wir hier jedoch nicht, denn es gilt zu berücksichtigen, dass der Preisverlauf interpoliert werden muss!
Der Sinn einer solchen asiatischen Option besteht darin, dass es in Märkten mit wenigen Marktteilnehmern (wie z.B. im Gold- oder im Ölmarkt) für einzelne Teilnehmer möglich ist, den Preis des gehandelten Guts an wenigen Tagen stark zu beeinflussen. Dies kann für einen europäischen Call verheerende Auswirkungen haben, denn seine Endzahlung hängt nur vom Preis des zugrunde liegenden Guts im Endzeitpunkt ab. Da es aber für jeden Marktteilnehmer schwer sein wird, den Preis des Guts während eines kompletten Zeitraums zu beeinflussen, hat man die asiatischen Optionen eingeführt, bei denen die Preise des Guts zu allen Zeitpunkten mit gleichem Gewicht in die Endzahlung der Option eingehen. Die explizite analytische Bestimmung eines Preises einer asiatischen Option vom oben vorgestellten Typ ist bisher nicht gelungen.

### iv) Pfadunabhängige exotische Optionen

Im Gegensatz zur Alles-oder-Nichts-Option (die auch als „Digital-Option" bezeichnet wird) waren die Endzahlungen einer Barriere-Option oder einer asiatischen Option vom vollständigen Verlauf des Aktienpreises während der Laufzeit der Optionen abhängig. Man nennt solche Optionen deshalb ***pfadabhängige*** Optionen. Die Berechnung ihrer Preise ist deutlich schwieriger als die Berechnung der Preise ***pfadunabhängiger*** exotischer Optionen, bei denen die Endzahlung der Option lediglich eine (wenn auch manchmal komplizierte) Funktion des Aktienkurses am Ende der Laufzeit der Option ist. Typischerweise handelt es sich bei pfadunabhängigen exotischenOptionen um Optionen, deren Endzahlung vom Kurs mehrerer Wertpapiere abhängt. Ein klassisches Beispiel ist die sogenannte ***Basketoption***, die es in mehreren Varianten gibt. Wir betrachten nun einen Basket-Call auf zwei voneinander unabhängige Aktien, deren Preise (im risikoneutralen Markt) im Zeitpunkt $T$ die Darstellungen

$$P_1(T)=p_1\exp\left(\left(r-\tfrac{1}{2}\sigma_1^2\right)T+\sigma_1W_1(T)\right),$$

$$P_2(T)=p_2\exp\left(\left(r-\tfrac{1}{2}\sigma_2^2\right)T+\sigma_2W_2(T)\right)$$

besitzen, wobei für die voneinander unabhängigen Zufallsvariablen $W_1(T)$, $W_2(T)$ gilt:

$$W_1(T)\sim N(0,T),\quad W_2(T)\sim N(0,T).$$

Die Endzahlung des Basket-Calls mit Ausübungspreis $K$ ist durch

$$B_{Basket-Call}=\left(P_1(T)+P_2(T)-K\right)^+$$

gegeben, wobei keine geschlossene Formel für den Optionspreis vorhanden ist.
Die Anwendung des Monte-Carlo-Algorithmus ist nun denkbar einfach. Es werden hinreichend viele der benötigten Zufallszahlen erzeugt, die zugehörigen Endzahlungen der Option berechnet

und dann das sich daraus ergebende arithmetische Mittel (entsprechend abgezinst) als Approximation für den Optionspreis genommen. Genauer:

**1. Schritt:** Wir erzeugen $2 \cdot n$ unabhängige, standardnormalverteilte Zufallsvariablen $X_i$. Somit sind

$$W_{1,i} = \sqrt{T} \cdot X_{2i-1}, \quad W_{2,i} = \sqrt{T} \cdot X_{2i}, \quad i = 1,\ldots,n,$$

$N(0,T)$-verteilt und unabhängig. Damit berechnen wir $n$-mal den Endpreis der Aktie 1 und $n$-mal den Endpreis der Aktie 2, wobei wir wiederum den risikolosen Zinssatz $r$ wählen dürfen, da wir uns für die Optionspreisberechnung im risiko-neutralen Markt befinden

$$P_1^{(i)}(T) := p_1 \exp\left(\left(r - \tfrac{1}{2}\sigma_1^2\right)T + \sigma_1 W_{1,i}(T)\right),$$

$$P_2^{(i)}(T) := p_2 \exp\left(\left(r - \tfrac{1}{2}\sigma_2^2\right)T + \sigma_2 W_{2,i}(T)\right).$$

**2. Schritt:** Mit diesen simulierten Endpreisen der Aktien (im risiko-neutralen Markt!) berechnen wir die jeweilige Auszahlung der Option

$$B_{Basket-Call}{}^{(i)} := \left(P_1^{(i)}(T) + P_2^{(i)}(T) - K\right)^+.$$

**3. Schritt:** Mit den $n$ simulierten Werten der Auszahlung können wir den Optionspreis approximativ berechnen, indem wir den Erwartungswert schätzen als

$$p_{Basket-Call,approx.} = e^{-rT} \cdot \frac{1}{n} \cdot \sum_{i=1}^{n} B_{Basket-Call}{}^{(i)}.$$

**v) Noch mehr exotische Produkte?**

Die mittlerweile vorhandene Fülle exotischer Optionen ist fast nicht mehr überschaubar und dank ausgefeilter mathematischer Modelle nimmt ihre Vielfalt sogar noch zu. Umgekehrt sind es oft die (großen) Marktteilnehmer, die mit Forderungen wie „Wenn der DAX innerhalb einer Woche um 10% fällt, möchte ich die Hälfte meines Verlustes erstattet bekommen, sofern er $X$ Geldeinheiten übersteigt" die Motivation für immer neue Optionstypen geben. So wird es auch in Zukunft genügend Bewertungsprobleme für die Finanzmathematiker innerhalb und außerhalb der Banken geben.

## 6.10 Zusammenfassung

Da auf den modernen Finanzmärkten Optionen eine wichtige Rolle spielen, wurden sie in verschiedenen Ausprägungen in diesem Kapitel vorgestellt. Zunächst wurde der Unterschied zu Forwardkontrakten hervorgehoben. Dann wurde auf die Bedeutung und Verwendung von Optionen zur Spekulation oder Absicherung eingegangen. Mathematisch interessant und auf den ersten Blick ökonomisch überraschend ist die Bewertung der Optionen mit Hilfe des Duplikationsprinzips. Dieses Prinzip basiert auf der Annahme der Arbitragefreiheit des jeweiligen Marktes. Betrachtet wurden Modelle vollständiger Märkte, wie z.B. $n$-Perioden-Binomial-Modelle oder das Black-Scholes-Modell, in denen man alle Optionen duplizieren kann. Für Calls und Puts wurden in beiden Modellen geschlossene Preisformeln vorgestellt, die nicht von der persönlichen Einschätzung des Aktientrends durch die Investoren abhängen, unter anderem die berühmte Black-Scholes-Formel. Des weiteren wurde die Monte-Carlo-Methode als einfaches numerisches Verfahren zur Berechnung der Preise exotischer Optionen präsentiert.